一個紅衛兵小報主編的文革記憶

周孜仁 著

一份忠實的歷史記錄

徐友漁

作為中國文化大革命的研究者，我讀過很多文革親歷者寫的自傳，寫作者有的只是普通的旁觀者，多數是有來頭的角色，甚至風雲人物；作品有的是正式出版的書籍，有的只是尚待發表的文稿；有中文寫成的，也有用英文出版的。周孜仁先生的《紅衛兵小報主編自述》是我讀得全神貫注、興味昂然的一部，也是我願意推薦給所有想瞭解文革歷史的人們的一部。這部書寫得有激情、有文采，而我最為看重的，是它的真實。

周先生文革時期是四川重慶地區一大派「重大八一五」的頭號理論家，並擔任《八一五戰報》的主編，他的「大局已定，八一五必勝」曾引起毛澤東的關注，自然也帶給他長期的厄運。這種經歷化成了本書的氣質：書中所記敘的決非瑣屑小事，作者的思想和文字仍然張揚和充滿力度。

重慶地區的文革歷史曾經是我研究的重點之一，該地區運動的以下特點引起我的注意：第一、派性鬥爭異常嚴重，不但造反派和保守派勢不兩立，而且造反派內部的兩派彼此視若寇仇；第二、武鬥特別厲害，尤其是因為兵工廠集中，交戰中死傷嚴重；第三、軍隊的介入和主導作用十分突出，軍隊和一派組織的結合相當緊密，而軍隊在文革運動中的決定性作用往往被研究者所忽視。周孜仁先生以其在文革時期的年齡、文化程度、介入程度，以及作用、地位，給我們提供了一幅關於重慶文革有始有終的、較全面準確的、點面結合的畫卷，提供了一個完整的，既有各種事件的描寫，又有個人內心情感刻畫的故事，這是一個可信的故事，也是一個感人的，令人掩卷深思的故事。

在文革中陷入很深，感情投入很多的人，特別是自以為革命的動機是理想和道義而非私利的人，難於以客觀的態度、冷靜的心態對待那段非同尋常的歷史，這幾乎是文革中當過頭頭、積極分子的過來人的通病。他們中大多數是誠實的，但他們講述的文革故事未必可信，不一定是有意撒謊或歪曲，而是沒有從具體是非恩怨中徹底擺脫出來。我無意說周孜仁先生對歷史已經大徹大悟——事實上，我認為本書對過去的距離拉得還不夠，但書中透露出來的批判意識和反思精神說明作者追求歷史真實的誠意是充分的。與某些文革頭面人物的回憶錄不同，周孜仁先生在書中沒有為自己辯護，甚至也不屑於辯誣，相反地，倒是有不少自我揭露、自嘲和批判性反省，我想，這是因為近四十年之後他的見識大大增進了，思想大大拓寬了，而且，在道義上他始終是自信的。

作者在書的開始說：「寫下後面的文字，我只有一個念頭：真實地，負責任地，為那頁可怕的時代履歷表填寫一行注腳。」我以為，本書的全部文字證明作者是努力作到這一點，忠實記錄自己的經歷、感情，記錄自己的所見、所聞、所思，不掩飾當時本人、朋友、戰友、自己派別的缺陷和陰暗面。

比如，對於自己在文革中的所作所為，作者作了如下解剖和總結：「正是這種宗教狂和年輕人惡性膨脹的虛榮心很容易結合，於是就有了畸形的表現欲和獻身狂。與此同時發生的，卻是家庭出生先天不足帶來的自卑感，讓我必須比別人表現得更為激進，同時又會在每一關鍵時刻裹足不前。渴望創造功勳卻又憂心忡忡以求自保，這就是機會主義發生之所在了。」據我自己的經驗，這樣的剖析是誠實的、深刻的。

又如，當毛澤東表態反對激進造反派對軍隊的攻擊後，作者所在的「重大八一五」可以非常驕傲於它的一貫正確，他在《八一五戰報》上連篇累牘地發表歌頌本派，抨擊對立派「反軍亂軍」的文章，對於某些文革積極分子來說，它們可以證明自己做的好事，這是至今也站得住腳的，但作者卻這麼評價：「從這些文字，當然可以看出一個小報主編心中再次喚醒的廉價、虛妄甚至有些無恥的愉悅。」我以為，這麼嚴格的自省，是難能可貴的。

我是既捲入文革又研究文革的人，「大局已定，八一五必勝」問世不久，就引起我極大的興趣和注意，二〇〇〇年得以結識此文作者，我頗感榮幸。我們只在北京見過一次面，交往基本上是通過郵件。老實說，我認識不少文革中的風雲人物，與周孜仁先生接觸是給我感覺最好者之一。他儘管有才華有能力，卻沒有因為命運不公、生活不順、報國無門而自怨自艾；沒有因為過去的風雲和輝煌而憤世嫉俗、鄙薄現世、一味沉湎於過去；沒有因為被無情的政治欺騙、玩弄而看穿一切，放棄理想和熱情；而我最為看重的是，他沒有因為自己一生的高峰體驗發生在文革而留戀它、歌頌它，沒有因為自己遭遇的不公和落魄而對歷史性轉折與進步格格不入；他也不滿和批評現實，但絲毫不帶文革餘孽的左派情緒。對於那些狀態不是這麼好的昔日英雄，我毫無責備之意，只有同情和痛心，我理解他們的遭遇，知道他們為自己的理想和熱情（無可諱言，也為自己的幼稚、輕信）付出了多麼大的代價。但是，我更為周兄的精神狀態高興，我希望有同樣經歷的人能夠堅持理想、自強不息，我願意用這句話與大家共勉：滄海橫流，方顯出英雄本色，哪怕我們無奈地卑微。

文章緣起

人家都說我是《八一五戰報》的主編。

文革動亂，耿耿十年，紅衛兵小報多如恒河沙數。從沒聽說誰給誰封過什麼主編的。我也是。那年月亂世英雄起四方，任何事都一哄而起，能者為之。我之所以認可為該報主編，是因為這份小報曾闖了一個大禍，其大也，以至於已忤達了聖聰，惹怒了龍顏——上面追究太緊了，誰都招架不住也不想再招架，總得有人出來承擔一下罪責吧？就這樣，我認了。本來，從籌建到編輯，這份小報許多具體工作都由我做，說我主編也不冤。

事情發生在一九六七年秋。其時，四川七千萬百姓分成兩大派，一本正經地為一對北方夫婦的政治命運鬧得不可開交。一派人聲稱：「劉張坐牢我坐牢，劉張殺頭我殺頭。」另一派則殺氣騰騰發誓：「劉張坐牢我把門，劉張殺頭我提刀！」

這一對來自山東、河南的中年夫婦全名劉結挺、張西挺，原分別在四川宜賓地區和宜賓市擔任地委書記和市委書記。兩派群眾的政治訴求不約而同提到「坐牢」二字，原因是劉、張在文革前確因開罪了中央西南局高官而深蒙冤屈，據說還身陷囹圄。後巧遇文化革命風雨大作，乃告狀不止，最後又東山再起。從此後二人便和貴州李再含、山東王效禹、山西劉格平、黑龍江潘復生等炙手可熱的左派新貴一樣，快捷地登上了權力頂峰。

一九六七年五月七日，中央正式批准成立四川省革命委員會籌備小組，劉結挺被欽點為革籌組副組長；

張西挺則任革籌組政工組負責人，相當於現在的省委組織部長兼宣傳部長，權力很大的。保劉張派的口號提坐牢，是表示要與這兩個政治新貴榮辱與共，生死相許。反對派提坐牢，則因劉張的上臺使自己處境尷尬萬分，發誓要奪回深蒙侵害的政治權益。

我屬於反對派。

文革期間群眾組織有兩種命名法，一是採用數碼，以造反時間為徽記。如「天大八一三」、「雲南八二三」、「西師八三一」等等。另一種以字元命名，多標識其革命誓言。如「衝派」、「砸派」、「鋼××等等。我參加的是數位派：「重慶八一五」。造反時間為一九六六年八月十五日，故名。保劉張派的核心組織也名以數碼，叫做「四川八二六」：造反於同年八月二十六日。從名字便可看出反劉張派比保劉張派資格更老，但後起之秀思潮更加新銳，尤其力挺劉張翻案，奔走呼號，立下汗馬功勞，劉張一旦上臺，自然身價百倍，咄咄而逼於他人。一貫以正確路線自居的「重慶八一五」眼見造反資格比自己嫩了許多的「八二六」一朝發達，大有整個兒併吞巴蜀之勢，於是衝冠一怒，起而拼死相爭。本已劍拔弩張的川內形勢因省革籌組的成立而火上加油，愈演愈烈。

六月，重慶大武鬥拉開帷幕，一場武鬥動輒數十數百甚至數萬人參加，從半自動步槍到三七高炮，從水陸兩用坦克到炮艦——除飛機外的所有輕重火炮全部登場撕殺；七月，劉、張發祥之地宜賓地區，由地區革籌組領導親自調兵遣將，發動「武裝支瀘」，進攻古城瀘州，死兩千餘、傷一萬六千餘、八千多人致殘；大小規模的「武鬥」在萬縣、涪陵、雲陽、永川、江津全面開花……巴蜀大地，血雨腥風：這已不是武鬥，完全是曠日持久的戰爭。

同年九月五日，權傾國中的文革秀才王力，關鋒、林傑三人意外地訇然倒臺，全國、從而四川的政治格局再次來了個大逆轉。

劉張政治聲望如日中天，但要真正蕩平全川卻面臨一個無法逾越的障礙，這就是駐節四川的四野嫡系鐵軍五十四軍，還有他們背後的、同為四野出身的成都軍區司令員、外號人稱「梁大牙」的虎將梁興初。四川省革籌備組成立，梁同時被欽點為副組長，權勢絕不讓於咄咄逼人的劉、張兩挺。八一五派敢於與其抗衡，正是有如此強硬的軍方背景。王、關、林倒臺的公開原因正是在所謂煽動揪「軍內一小撮走資本主義當權派」、「反軍亂軍」、「毀我長城」。那麼，他們的倒臺使對軍方耿耿於懷的劉張二人、以及緊跟其後的四川八二六派，無疑是一記狠狠悶棒。盛氣凌人的重慶八一五自然認為自己又正確了一回。勝券在握，需要「宜將剩勇追窮寇」了。

自詡為八一五派理論權威的重慶大學《八一五戰報》，躍躍欲試，也覺得該來點大塊文章了。頭腦發熱的編輯後生們在辦公室牆壁上畫了一張很可笑的全國地圖，還用鉛筆在上面畫滿紅圈、藍圈、紅箭頭、藍箭頭。就像歇斯底里的戰爭狂人一樣開始經天緯地，浮想連翩，舞文弄墨，好像只要小試鋒芒，全中國就都是他們的了——這就有了上面提到的那篇忤達聖聰、惹怒龍顏的「大毒草」，題曰：《大局已定，八一五必勝》。

文章是由四個同學分頭執筆的。寫好後由我統一潤色定稿。文畢感覺不錯，想增加一點份量，便找到當時八一五大派的機關報《山城戰報》商量，雙方當即達成共識：以兩報編輯部名義聯合發表，有點像文革期間凡旨意恢宏的指導性文章都由《人民日報》《解放軍報》和《紅旗》雜誌連袂隆重推出。《必勝》問世，反響果然巨大，當天便有學生遊行歡呼，稱該文章是「投向劉張獨立王國的一顆重磅炸彈」，「敲響了劉張獨立王國的喪鐘」，云云。遊行我沒有看見，但標語看見了——接下來，整個四川八一五派的小報幾乎同時轉載，一派「齊步走，向前進」的豪邁激越之勢，效果大大超出原來想像。事後，《山城戰報》編輯部專門開了一個座談會。該報主編、平時不苟言笑的重慶石油校老師李乃如，那天站在一堆破破爛爛的沙發中間，用安徽音濃重的普通話，不無得意地說了：

「真沒想到一文既出，洛陽紙貴呀！」

文章有個副標題，叫：「一評四川時局」。有一評當然得有二評、有三評、有四評……就如當年的流行說法，中共中央讓《人民日報》和《紅旗》雜誌來一個「九評」，談笑間就讓蘇修頭目赫魯雪夫灰飛煙滅。當時我們已走火如魔，堅信只要再來幾篇文章就足以把權傾巴蜀的劉、張二人也評成「歷史的狗屎堆」。《山城戰報》把我「關」進他們報社專辟的一間小屋，讓我續寫「二評」：《從王力的倒臺到新獨立王國的破產》、「三評」：《把無產階級專政下的反復辟鬥爭進行到底》。輪到「四評」我正好出差海南，遂恭請四川外語學院一個中文老師續寫。海南歸來，我非常敬重地拜讀了那篇大作——可惜一直無緣與作者謀面——寫過那篇文章，他似乎就再沒來過報社，以後也沒聽過任何關於他的消息。留在我的心目中這位才華橫溢的大學老師，成了來無影去無蹤的文林高人。該文留給我印象最深的，是其中寫了一場子虛烏有的婚禮，單道重慶反到底派——「反到底派」是八二六派在重慶的政治盟友——首領黃廉，在潘家坪高級賓館如何盡享婚宴豪華。其中一句話是這樣的：「新郎乜斜著醉意闌姍的眼睛」對新娘如此這般。我當時不認識「乜」字，還查了一下字典。還有，按當時的說法，這段描寫有點兒色情，所以我記得清楚。

誰知黃粱未熟，好夢已斷。一九六八年三月十五日，中央再次召見四川各路諸侯，周恩來以降全體文革操盤手到會並發表講話。現在，我已找不到那次講話的原文了，但我記得絕對清楚，在這個有名的「三一五指示」中，周傳達說：《大局已定，八一五必勝》，這篇文章，主席看了。毛主席說，《大局已定，八一五必勝》叫反到底批的一塌糊塗。這句話傳回四川，馬上被演化為：周××（指筆者）是毛主席點名的黑筆桿、反動文人，必須抓起來。雖然僅就字面而言，毛的指示十分中性，但聯繫會議批判八一五「右傾翻案」的整體基調，把這段「最高指示」演繹為對《必勝》直截了當的批判是有充分理由的。上面那段把我定性為「反動文人」的首長指示，就是張西挺在同年七月二十九日和八月十四日在四川省大學生分配工作座談會上講的。張西挺時任四川省大學生「分辦」主任，掌管著川內所有大學生的生殺大權。她有充分的權力對任何一個普通學子的人生抉擇作出判決。在僅有三個選項的分配自願表上，我曾非常痛快地填寫了如下自願：一：「毛主席揮手我前進」；二：「到最艱苦的地方去」；三：「西藏」。對此，張組長同樣非常痛快地在會上宣佈了：

通知西藏，「退貨！」

大字報上的說法就更多了。

那時就有了全國五大毒草之說。五大毒草分別是：清華大學周泉纓的《四一四思潮必勝》、廣西「四二二」派蕭普雲的《今日哥達綱領》、湖南「省無聯」楊曦光的《中國向何處去》及《我們的綱領》、重慶的《大局已定，八一五必勝》。記得《四》文是被毛點的名，《今》文是被康生點的名，湖南兩文被中央誰點名記不起了，而《必勝》被點名的「規格」等同《四》文，很高。除了自撰的拙文，筆者還讀過其中三篇，它們對於文化革命許多本原性問題所表現的大膽質疑，充分展示了作者敏銳的理論獨創和大無畏的戰鬥勇氣，而《必勝》充其量不過在操作層面上表現了一些毫無意義的煽動技巧而已。但不管怎樣，既然它已經被鎖定為文革祭壇上的犧牲，它的作者就必然需要放上政治砧板讓斧鉞任加宰割。

我在劫難逃了。

文革已經過去許多年了。我發配來雲南邊疆所受的折騰也夠充分了。個人竊以為，我力圖遠離政治，靠一個工科學生的誠實勞動，為社會兢兢業業作出了自己的貢獻，並且事實上得到了社會的承認，然而紅衛兵小報的生活經歷卻總像陰影一樣籠罩頭頂，揮之不去。一九八四年，我在一個大型共用事業公司擔任了技術科長、總工程師辦公室主任，某天，一位後來在炸藥廠擔任總工程師的同學、也曾在《八一五戰報》做過編輯的黃肇炎，專程從山區趕來找了我。炸藥廠在一片荒野山地的山頂，離昆明很遠的。山地裏同時還擺佈著許多屬於機密、絕密級別的國防工廠。按理說，去那兒工作政治上都必須完全可靠，可政治可靠的人都嫌那兒太偏僻，不去。主管大學生分配的人無可奈何，只好把出身可疑、甚至「階級敵人」的子女分去了一大堆——黃就是其中之一。炸藥廠經常出事，一出事就死人。和黃同分該廠一位清華高才生剛去不久就被炸死了。他一死了之，女朋友可苦壞了：成天就六神無主、暈暈叨叨的。某日上班，她對黃說昨晚她又夢見了愛人了：他正在天堂裏向她招手呢！天堂裏挺好玩兒的，要她趕快去：就在這天，她又被炸死了。事後黃給我來過一封信，說他從小接受唯物主義教育，可現在，他開始迷信了。

炸藥廠未來的總工程師那天來昆明不是要說廠裏的故事，而是專程告訴我，說母校來人啦！來調查你、還有戰報其他人員的情況。「你準備準備。小心啊！」他說。黃耳朵背，聽人說話很吃力，自己也就寡言，他說出的每句話都顯得極端認真，像深思熟慮之後推導出來的、勿庸質疑的結論。可那一天，聽他憂心忡忡的提醒，不知為什麼，我心境非常平靜，我說：反正國民黨的戰犯全都特赦了，國家總需要一些反面教員吧。讓他們來，我認了。

後來，重慶大學的外調人員果然來了。我知道，國家正在開始重用知識份子，我的許多同學已經或者正在被提拔到領導崗位。所有上崗人員都需要通過「文革表現」一關，所以——我現在承認——當時我惡作劇地嘲弄了一番遠道而來的外調人員，此外，除了為「親者諱」，我對他們想瞭解的同學一律評功擺好。此外，我給他們提供的，全是毫無用處的垃圾資訊，和偽證。

現在，又二十年過去了，《八一五戰報》和我共過事的、在文革中和我一起出生入死的同學都已年邁，有些已經作古。該退休的也已退下來了。該當官的也已當到頭了。他們都已經走完或者即將走完自己的仕途，把這些經歷如實記錄下來，應該不會對他們造成什麼傷害了，我想。寫下後面的文字，我只有一個念頭：真實地，負責任地，為那頁可怕的時代履歷表填寫一行注腳。

現在我開始寫。

8.15战报

大局已定，八·一五必胜！

《大局已定，八一五必勝》報照。正是這一篇引起毛澤東關注的「大毒草」，徹底改變了筆者的人生運途。

目次

一、加盟

文革運動中群眾組織要辦一份報紙，它的出版發行至少需要具備兩個條件：一是本身要有足夠的政治基礎和組織基礎；二是要有足夠的財力和物力。第一個條件，應該說重慶大學的八一五派自八月十五日造反伊始便已基本具備。文革起事，一般學校都是從少數派開始的，重大的情況卻十分特別：工科學生天然的吃苦、肯幹、認死理和團隊精神，使這個戰鬥團一成立就具備了人數上的絕對優勢和政治上的相對主動（關於這個，我們在下面的章節將有補述）。上面說到的第二個條件，則是同年十一月十九日才具備的。在此之前，學校的所有物質，從電話機房到廣播站、從印刷廠到汽車隊，全都在校當局及他們幕後操縱的保守派組織「毛澤東思想紅衛兵」掌控之中。

那時的造反派實在可憐。單說傳單，全都只能用最次的毛邊紙謄印。油印機也只能像原始人一樣土法製造：先用幾根木條釘一個框，再蒙上一層紗網，再用膠皮把油墨在紗網上來回回地刮——傳單就印出來了。土辦法印出的傳單質量差則差矣，可本身就極具宣傳效果。人類生而心多測隱，尤其莘莘市民，尤其從來不惹事生非的「和平老太婆」，最為同情弱者。一看見可憐巴巴的毛邊紙，他們就恨不得馬上高呼「八一五好得很」。一九六六年「十一」國慶，重大八一五學生故意把自製的油印木框作為道具參加遊行，當場便贏得無數同情之淚。相比之下，保守派的道林紙傳單美則美矣，可市民一看就反感。更何況每次進城開會他們都坐車，還派發點心，這就更難讓人接受。重慶地區中秋節喜吃麻餅，按照當時的生活水準，麻餅實屬高檔消費品了，因此聽說「思想兵」開會所發的點心為麻餅，市民更加義憤填膺，乾脆就把保守派一律蔑稱為「麻子兵」。該提法在重慶乃至四川廣為流傳。以後編撰文革專用語辭典，這一條目是不可遺漏的。我姐姐的大女兒當時十一歲，就讀於重慶南岸區雷鋒小學，報名參加「八一五小闖將」組織，口試便有如下一題：問：「思想兵」開會吃不吃麻餅？如果回答：吃。那行：ＯＫ！否則有保皇傾向。「思想兵」是保守派組織「毛澤東思想紅衛兵」的簡稱。

其時，重慶流傳有所謂「革命童謠」若干，其一如下：

保皇有功，
麻餅兩封；
保皇有賞，
麻餅二兩；
鐵桿保皇，
鋪蓋兩床。

所謂鋪蓋兩床，其意蓋雲造反派幹革命加夜班只能和衣而睡，而保守派加夜班不但有被子好蓋，而且一蓋就是兩床，足見兩者物質待遇之懸殊。筆者存疑：這些「童謠」很可能是大人編造的，但確實能客觀反應當時的市民心理。

還有一副對聯敘述以上事實，也表達了剛剛跨進政治幼稚園的大學生們天真爛漫的革命雄心：

想當年，八路軍小米加步槍打敗國民黨；
看今朝，造反派毛邊加油印打敗保皇派。

事情到了同年十月下旬，毛澤東主持的中央工作會議勝利結束，全國各地開始清算劉少奇的所謂「資產階級反動路線」，寒磣得忍無可忍的造反派終於理直氣壯地喊出口號：「物質條件必須為毛主席的無產階級革命路線服務！」接著便對當局掌控的「物質條件」實施了冠冕堂皇的打、砸、搶、抄。

重大八一五的大規模搶奪組織得十分隱密。行動發生在十一月十九日這一天上午十時。襲擊者把一切佈置就緒，校當局和「思想兵」對即將發生的事變還一無所知。那天早上，寧靜的重大校園依舊寧靜，只是校園小路上出奇地多了許多閒遊浪蕩的學生，平時，他們應該待在教室或者寢室裏寫大字報學領袖語錄什麼的，但這一天卻不。他們三三兩兩，鬼鬼祟祟地交頭接耳——很像地下黨在白區組織飛行集會。十點正，突然一陣號響，遊蕩的人們聞聲而動，頃刻間便四面八方湧來，潮水一般將校長室、電話總機房、廣播站，汽車隊，印刷廠等各要害目標團團包圍。造反男女手挽手肩靠肩，裏三層外三層組成人牆實施警戒，接著勇者或破門，或逾牆，或砸窗，很快將公章鑰匙之類象徵權力的器物，以及各色各樣具體的物質：從紙張到食品，一網打盡。習慣於循規蹈矩的保守學生還沒回過神來，自己曾擁有的一切已從此易手。原校長生活秘書曹某，四十開外的大塊頭，眼見得公章和鑰匙被學生一搶而去，委屈得一屁股坐在地上作小兒哭天狀，高呼右派翻天啦！右派翻天啦！

錢、食品、廣播器材、交通工具、印刷廠搶過來了，問題並沒有完全解決。比如印刷廠，原來印講義印教材什麼的，共四台四開機、一台石印機，還有幾台圓盤機，按當時水準設備算是不差了，工人也不算少。可工人階級全是對共產黨感情很深、或者深怕別人認為不深而遭受迫害者，所以運動一來，理所當然全參加了保守組織。造反派把廠子搶了，大家乾脆名正言順回家怠工以示對黨組織的耿耿忠心。最後只剩了一個乾瘦老頭兒沒走。

老頭兒姓名已不詳，他留給我的印象就是成天穿一件髒兮兮的長圍腰，兩隻袖套也髒不堪言，像是已被生活折磨得萬念俱灰。老東西一見人就低三下四地笑，對任何人的吩咐都一律非常謙卑地答一聲：「好！馬上！」，他遇到的任何一個人好像都是他的頂頭上司。聽人介紹，說這廝歷史有點問題，參加過國民黨、三青團什麼的，怕造反派整他，這才無可奈何留了下來——不管怎麼說，他成了「造反印刷廠」唯一的、不可或缺的技術權威。

車間裏字架密密麻麻，鉛字千千萬萬，要一個個揀出來拼成文章，還要印成報紙，光老頭兒一根獨苗苗當然不成，我們就想出一個笨辦法：叫來同學若干「分兵把口」，在字架前分頭站好，一人盯看幾個字架，再由一人高聲朗讀待排文稿，一字、一標點逐個念來。在字架前站位的同學一旦發現某字某標點在自己的範圍之內，便很是快活地高呼一句：「在這兒！」接著將鉛字揀出來，交由專人統一集中。集字者對自己的工作也很愜意，整日價蜂蝶採花一樣在密密字架間穿梭不息。鉛字集中好再交「獨苗苗」排版。

有這麼多大學生圍著一根「獨苗苗」轉，聽他吩咐，老傢伙很有成就感。他的表情和心情都慢慢兒放鬆了。眼神裏偶爾流露的高深莫測甚至讓我產生了一份好奇心：說不準他真有過一番不凡來歷呢！雖然我一直沒問過他。每拼好一篇文章，打出小樣，老傢伙都要逐字逐句閱讀，後來還尤其喜歡對文章來一番評頭論足。他的評論常常一語中的，讓人感覺醃臢老頭果然滿腹經綸，有點兒懷才不遇的冤情。他的評論雖然有失賣弄，但他對當權派、保皇派的憤怒和對造反派的同情溢於言表，絕對屬肺腑之言。這時我就斷定了，排印造反小報對於這傢伙肯定很愉快的事。原來在印刷廠，他一定很受欺負。

《八一五戰報》最初的發起人是動力系五年級同學劉福。劉福，四川中江人，好書畫並且熱心公益活動。大二擔任級會主席期間他曾主持辦過一次畫展。其時，筆者在校業餘文工團美術隊任隊長，故而被他一張大紅帖子請去「光臨指導」：二人從此便相識並結為知己。坦率說吧，那次畫展實在算不得什麼畫展。參展者辛辛苦苦弄出的書呀畫的——這些粗糙非常的作品水平雖不敢恭維，但畢竟敝帚自珍啊！——沒承想落到級會主席手上全變了廢書廢報一般，被劉非常敬業地用漿糊一張緊挨一張地糊上牆壁，糊得滿滿宕宕，像是鋪天蓋地的大字報。幾十年後，這位級會主席官至貴州甕福磷礦黨委書記。短短幾年間，國家對礦山的投資動輒幾十、上百個億，足見該礦規格不低，劉的官位也不低了：這是同學們意料之中的事。

劉書記一貫辦事認真，還有，他堅定不移地認為「我這人運氣特別好」。文革後他分配的第一個單位是貴州某縣一個只能用放大鏡才能發現的小化工廠，當鍋爐工。鍋爐實在太老牙，每日裏煙薰火燎，還三班倒——他忍無可忍了，於是給領導報告請求換一台新機。領導哈哈大笑，說咱們社會主義中國，計劃經濟，沒政府計畫，你哪兒弄去？真是天方夜談！領導笑過了，順便開了一句玩笑，說你有本事搞來新鍋爐，馬上免掉你燒鍋爐的差事。誰也沒料到，劉福真有本事回重慶輕而易舉就把一台新嶄嶄的鍋爐搞了回去，而且沒花錢——

廢金屬回收公司一位校友大筆一揮：「報損」！八噸鋼材指標就免費劃出去了。劉用這八噸指標去鋼材緊缺的鍋爐廠順順當當串換來一台新鍋爐。「空手出門，抱財歸家」的奇跡延伸下來，劉福很快成了貴州省化工系統「活學活用毛主席著作的先進典型」——那年月，任何成果，從政治經濟到雞毛蒜皮，理論上都是毛澤東思想的偉大勝利——接下來，入黨；再接下來：提幹……總而言之，一路躥紅。最後，劉還有一個優點：為人和氣，一開口就嘻嘻地笑，笑得十分認真，由於太認真，嘴裏總像吹氣不止，作可愛的嘻嘻之聲，讓人和他一接觸就覺得欠了他八輩子的情。

八一五戰鬥團成立前，劉福在北京辦事處當頭兒。後來辦事處撤銷，學校已經奪權，他就回來籌辦小報。我的文章在學校已頗有名氣，他自然邀我加盟。我一直推辭，皆因經不住他百般笑容，終於在最後一刻就了範。我說這樣吧：你總攬全局，我只做具體的文字工作。出了問題由你頂著。

他同意了。

文革那會兒，「紅衛兵小將」一個個牛氣衝天，動輒就「天下者，我們的天下。國家者，我們的國家。社會者，我們的社會。我們不說，誰說？我們不幹，誰幹？」而如我這般膽大妄為之徒，當時卻偏偏出此低調不祥之語，其中有一個只有自己心知肚明的原因：

文革一開始我就一直跳得高，甚至成了轟動四川的「八一五事件」的主要發起人，事件第二天還被秘密推為代表上北京告狀。秘密推出的告狀代表原本五人。五分之一的周家喻，後來成為名滿天下的八派一號；另一位叫吳慶舉的，也一直擔任八派主要「勤務員」。周、吳二人因滯留重慶組建「八一五戰鬥團」未能成行，先行出發的我、還有重慶師專造反派「一號」唐宗明、我校業餘舞蹈明星王太康，順利到達了朝思暮想的首都北京，分別於八月二十日和二十一日兩次受到當時中國四號人物陶鑄的接見，無上光榮地進了中南海——恰恰因為那一段時間我在北京，親眼目睹了貴族紅衛兵在京城實施「紅色恐怖」的無法無天和血腥慘狀，我突然失卻了底氣。

到北京那天正好是八月十八日、所謂「紅衛兵節」。毛澤東第一次接見所謂紅衛兵百萬大軍。毛在天安門城樓對敬獻袖標的一位文質彬彬的女學生煞有介事地發出指示：「要武嘛！」從第二天起，我們去北大、去清華，就看見到處已貼滿了對聯「老子英雄兒好漢，老子反動兒混蛋」，身著舊軍裝，手提銅頭皮帶的幹部子女滿街裏歇斯底里狂叫。我清楚記得有一天，幾個紅衛兵殺氣騰騰地衝上公交車，掄著皮帶大喊大叫，其勢也，全如殺人越貨、上天入地的狂徒凶漢，他們高呼：狗崽子搞階級報復啦！狗崽子翻天啦！瞧老子抓住你！扒你的皮！抽你的筋！挑出你的五臟六腑！然後滿車裏搜索。我記得很清楚：叫得最瘋狂的是一個女孩，相貌嬌媚可人，如果換一個時代，她完全應該成為迷倒萬人的電影明星的。又一天晚上，我步行回住地兵馬司胡同的地質部招待所，已是深夜，身後突然一片雜踏之聲，回頭看時，一隊中學生，一律舊軍裝，一律銅頭皮帶，怒呼口號，瘋叉叉地向什麼地方狂跑。那一剎那我心裏陡然發怵。我想：不知哪一個不幸的家庭又會遭殃，又會血濺靜夜，屍橫街衢了。

幾十年後的一九八五年春天，我第一次去剛剛開放的「國家視窗」深圳公差，在人民橋小商品市場，我正選購物品，突然聽見旁邊攤位傳過一陣清脆的、字正腔圓的京腔，驀然回首，幾位珠光寶氣的貴婦，正在非常專業、甚至有些居高臨下地和老闆討價還價。為首「徐娘」身已半老而風韻猶盛，年輕時一定很美的。按年齡和神態推斷，當年定是盛氣凌人的老紅衛兵了。久久側目，我莫名其妙將她和一九六六年八月掄著皮帶衝上公共汽車那位美少女聯繫在一起。那一刻，我才真正發覺：那個著了魔的時代，是被徹底地顛覆了。

在北京待了六天便匆匆返校，我斷然決定隱退了。其時，和我一起發動八一五造反行動的吳慶舉曾力邀我去總團工作，但我堅辭了，依舊回文工團美術隊戰鬥組去作起了一般成員。如此固執地激流勇退，其原因是我確信自己家庭出身十分可疑。所謂可疑，是因為我的父親在解放前到底幹了些什麼？什麼時候幹的？我渾然不知。大學五年，每次面對各種各樣的登記表我都准發愁，我搞不清楚父親是革命物件還是革命動力？我該是繼承他革命階級的優秀品質？還是該和他的反動本性劃清界限？是該將他視為楷模還是視為仇敵？我們兄弟姐妹十二個，每人填寫的家庭成分都不一樣。大姐工作最早，解放之初。她填寫的是：「民族資本家」，據說國旗上那四顆小星之一，就是民族資產階級。後來參加工作的，隨著階級政策風聲日緊，成分也就依次遞減，有的填「工商」；接下來：「商人」；再下來：「小商」；再下：「城市貧民」。我態居中庸，填的是倒數第二種。填是填了，心裏卻一直不踏實。北京「紅八月」的淋淋鮮血，「黑五類」被納粹黨徒驅趕追殺猶太人一樣迫害打殺的慘景讓我脆弱的神經不能不對我的家、我個人的命運憂心忡忡。事實是，我在成都的老家在事後三個月果然被抄，年邁的父母被鬥得死去活來。

古往今來，哲學家們窮經皓首，就喜歡研究這樣一個命題：我是誰？我從哪裡來？我到哪裡去？十多年的革命教育，曾讓我堅信自己是未來的英雄，我將毫無疑義地去承擔大任，拯救這個正在日益墮落的世界。一九六六年八月的北京之行卻讓我意外地、恐懼萬端地把自己迷失了。我不知道自己是是什麼人？是狗崽子、還是革命小將？我無所適從。劉福相邀太切，他的笑容實在讓我難以拒絕，只好勉強應承，再作馮婦了。

我查閱了一九六六年秋天的全部日記，認真回憶了當時每一個思維細節：在我的瘋狂的宗教狂熱中間，還沒有覺察任何個人的慾念。正是這種宗教狂和年輕人惡性膨脹的虛榮心很容易結合，於是就有了畸形的表現欲和獻身狂。與此同時發生的，卻是家庭出生先天不足帶來的自卑感，讓我必須比別人表現得更為激進，同時又會在每一關鍵時刻裹足不前。渴望創造功勳卻又憂心忡忡以求自保，這就是機會主義發生之所在了。

一九六六年十一月十三日，我回到成都被抄的狼籍不堪的老家。空蕩蕩的屋裏已一無所有，連地板都撬得精光，冰涼的泥地上就扔了幾捆稻草。年過七旬的父母親蜷在雜亂的草堆中。無處藏身的餓鼠在稻草中穿來穿去。灶台被徹底夷平，爸爸媽媽只能用三塊磚頭圍起來，像開野炊一樣做飯。面對如此淒傷的場面，我記得我公然表現得十分超然。我以為我沒有因他們的過失影響我而責東怪西，就非常大度了。我將重慶姐姐委託我稍回的一床舊棉被交給他們便匆匆離去。以後幾天，我都到外地學生接待站過夜。我查閱了當天日記，上面只有短短一行：

> 家被抄了，很冷落，也沒什麼了不起。大革命嘛，不打破一些罈罈罐罐怎麼行呢？

理論家們總是告知我們，共產主義要培養最無私的一代新人。而在文化大革命熱火朝天的一九六六年十一月十三日，我所表露的極端自私，卻讓人匪夷所思。

幾十年後，當父母的墳頭早已衰草離離，當我千里歸掃，跪倒在家鄉潮濕的泥土和散發著刺鼻腐臭的落葉之上，我默默祝禱老人的亡靈在遠方安息，我總要痛徹詛咒自己的自私與卑賤。

除了劉福和我，編輯部還有一位張姓同學，動力系學生，原在市文聯住點，眼鏡兒，也和劉福一樣，永遠對人微笑著。動力系四年級有位生得很體面的女生，吳秋仙，原先在《收租院》演出隊幫忙，後來退出來，對我說沒事情好幹，也就聘來了編輯部。張、吳二人沒有幹多久就離開了。戰報最興旺時，編輯多達十幾人，但開始就是這麼拼拼湊湊起家的。

這是一九六六年十一月底的事。

二、戰報創刊和「一二·四血案」

《八一五戰報》共出刊六十多期（筆者保留的合訂本共收六十期，其後報紙已無收集，故不知準確數字），前後歷時一年多。創刊號是一九六六年十二月九日出版的。

該報出版前五天，即十二月四日，重慶大田灣體育場發生了屆時全國最大規模的一場武鬥血案。血案直接導致了官辦保守組織的全面瓦解，同時也暗中點燃了造反派內部分裂的導火線，引爆了長達數年的、真正意義上的生死撕殺。剛剛在報刊編輯襁褓中牙牙學語的我，事件的發生是猝不及防的，面對如此重大的新聞，只好胡亂收集了幾篇現成的發言稿、大字報，再加點按語、評論，再加上一個發刊詞，加上一個稿約，這就匆匆發稿了。

血案發生的情況是這樣的：

十月中央工作會議——這次會議以劉少奇無可奈何的服罪而告結束——以後，各級黨委紛紛檢討自己「執行了資產階級反動路線」，「犯了方向性、路線性錯誤」，極不情願又不得不給運動初期因「造反」而被他們打成「反革命」、「右派」、「牛鬼蛇神」的群眾平反，銷毀「黑材料」。一直以誓死捍衛「黨的絕對領導」為宗旨的保守派組織，眼見得被他們捍衛的對象紛紛認錯，自尊心遭至極大傷害，頓時陷入了萬分尷尬的困境。他們有必要迅速做出姿態，表明心跡：對偉大領袖毛澤東和中央文革，他們同樣是一片耿耿赤誠。

十一月二十八日，霧都重慶飛傳一張《海報》，聲稱一周後的十二月四日，將在大田灣體育場召開一個

「高舉毛澤東思想偉大紅旗，深入揭發批判西南局、省市委所執行的資產階級反動路線誓師大會」。會議主持不知為何方神聖，只道落款是：「重慶工人戰鬥軍司令部」。

重慶的文革組織陣線很分明，造反派幾乎無一例外都在自己的名號前加上「八一五」三字；官辦組織也有名有姓，就四個：《毛澤東思想紅衛兵》、《毛澤東思想赤衛軍》、《毛澤東思想文藝兵》和《工人糾察隊》。《思想兵》和《赤衛軍》是學生組織。前者為純種「紅五類」專屬；《赤衛軍》則為《思想兵》之週邊組織，如三青團之於國民黨，成員均為出身成分較差，達不到前者的入圍標準者。《文藝兵》成員當然限於文藝圈。重慶是西南地區最大的老工業基地，所以工人組織雖然只一個，但《糾察隊》人多勢眾，絕對主力，最為不可小覷者。以上組織俗稱「保皇四軍」。前述海報所稱「重慶工人戰鬥軍」——重慶百姓很快弄清楚了——其實不過《工人糾察隊》改頭換面而已。《戰鬥軍》總司令不是別人，正是《糾察隊》總隊長、重慶大學汽車隊工人楚光輝。

幾十年後，這位顯赫一時的湘楚漢子垂垂老矣，談及當年舊事，除了無奈和茫然，他似乎很不願意再記起什麼，只說那個雄心勃勃的大會一流產，他隨即回老家湘潭避風許久。一九六六年秋天的楚光輝肯定是雄心勃發的。普普通通的轉業軍人、重慶大學的汽車班班長，文革一來就因為保衛黨委而一夜暴發，當上了校革籌成員（相當於現在的校董）、很快又當上了泱泱重慶擁有數十萬人馬的工人糾察隊總隊長。那一年不過三十出頭，年紀輕輕，他能頂得住如此誘惑嗎？關於「一二・四」血案，他還能記得的是：「我們成立組織部、宣傳部、安全部、交通部，還向全市各工礦企事業單位派發了十萬張入場票，但還是遠遠不夠。」「工糾」企圖改頭換面以擺脫困境重整旗鼓：在造反派氣勢如虹而保守派江河日下的局勢下出此臭招，政治用意實在太明顯不過了。

好不容易走出困境的造反派當然不允許搖搖欲墜的「老保」東山再起。「誓師大會」消息既出，重慶的造反派，還有外地、尤其首都三司駐渝聯絡站的紅衛兵毫不猶豫認定：「顫抖軍」的誓師大會是「黑市委及其保皇狗」策劃的「大陰謀」，是「周瑜打黃蓋」，是「假批判、真包庇」，是「假批判，真反撲」，是「假革命，真保皇」……必須堅決造反之。

大會造反是非常時髦的革命行為，程式概為：糾集人員——衝擊會場——搶奪話筒——發表造反聲明——佔領主席臺，最後取而代之。此種搗亂行動的結果，輕則大會流產，重則大打出手，雙方一場混戰。武鬥一開，接下來的必然就是：鬧事者「強烈抗議走資派挑動群眾鬥群眾」、「強烈要求嚴懲毒打革命群眾的一小撮兇手」等等，接下來事情就鬧大了。事情一鬧大就好：你走資派必然進退兩難、無法交代。事情鬧得再大一點，讓北京來說幾句話就更漂亮了——要把各地局面搞亂、當權派搞垮，中央文革現在事事都得靠著造反派。娘疼的孩子不嫌鬧。美國學者威廉·夏伊勒在納粹史研究專著《第三帝國的興亡》中談到希特勒衝鋒隊的任務，曾這樣定義：「保護納粹黨舉行的會議，搗亂其他政黨的集會」。古往今來，社會動亂的種種政治行為，總是如此雷同。

重慶市委對大會可能導致的武力衝突憂心忡忡。一周之內，他們先後在潘家坪、小泉等地緊急召見楚光輝等人，勸其取消大會，無果而終。接著通過黨委系統的條條塊塊：各部、委和各區委，緊急通知所屬各單位工人糾察隊不要參會，同樣無果而終。工人糾察隊本來是黨委掏腰包組織起來保衛自己的御林軍，現在卻對他們的苦口婆心置若罔聞了。一九六六年秋的中國實在邪了門，造反派的脾氣像傳染病毒一樣彌漫於整個中國，重慶市委幾個蹩腳的政治庸醫焉能妙手回春？政治社會和金錢社會一樣，所有活動總有一種終極推動力。後者是物質利益，前者是政治需求。政治需求對於處在社會金字塔尖的極少數人，是權力；而對於最廣大的老百姓，僅僅是虛無縹緲的信仰和微不足道的榮譽。後者的英雄往往是見利忘義的「小人」，而前者的英雄則是「殺身成仁，捨生取義」的「君子」。工糾急於要甩掉「資產階級保皇派」這頂不光彩的帽子，急於和造反派一樣充任忠於偉大領袖的時代英雄，大會不開，豈不授人以柄？幾個月來，他們絕對迷信的市委首長總是讓他們招致失敗和恥笑，他們還能讓這幫昏庸無能的婆婆來指手畫腳嗎？不能了。他們下決心要自己來一回了。箭已在弦，他們不能不發。

造反派的搗亂計畫緊鑼密鼓進行。十二月三日上午，以重大八一五戰鬥團為首的重慶紅衛兵革命造反司令部召開專門會議，制定具體的行動方案：首先，強衝主席臺要求發言，揭露對方陰謀，刺激老保們脆弱的神經中樞以造成會場混亂；此舉不成，立即將八一五的隊伍拉至市中心解放碑另開大會，堵塞遊行通道，與戰鬥軍大會分庭抗禮。該計畫很快遭到更為激進者的斥責，稱該方案太「右」太「溫良恭儉讓」。同日下午、晚上，工人造反軍總部和首都三司駐渝聯絡總站等立即拋出另外兩套方案，除安排誰衝主席臺、誰控制兩側看臺、誰卡住大門外，還特別安排在主席臺後邊馬路擺放救護車三輛以運送傷員。某頭目稱，就是要以血喚起山城人民的覺悟！要準備死人！要血戰一場！

這些情況是幾十年後從文革史家和親歷者的資料上看到的，當時我並不清楚。我正忙於報紙的出版。我親歷的情況是：十二月四日上午十時許，我從沙坪壩匆匆趕赴大會時，人山人海的大田灣體育場內已經開始人潮騷動，主席臺上已經開始人推聲嚷。高音喇叭將不知所云的雜亂之聲肆意放大，滿場一派刺耳的嘯叫。重慶紅衛兵革命造反司令部司令周家喻本是作為嘉賓請上臺的。他一上臺就搶奪話筒，強行要求發言。客人的無理自然遭到東道阻攔，雙方於是開打。

周家喻，重慶大學無線電三年級學生。精力充沛，伶牙俐齒，典型的「重慶崽兒」。一九七八年二月獲「『四人幫』在四川的代理人、幫派頭子、現行反革命分子」等罪名，逮捕監禁。一九八二年一月被判處有期徒刑十六年。判決書上都是些大得嚇人的罪名：「顛覆政府罪、反革命宣傳煽動罪、誣告陷害罪、反革命殺人傷人罪」。九十年代初出獄，他曾給遠在深圳的我寄來一封信，並夾寄彩照一張，照片上的他依舊一幅桀傲不馴模樣，而且竟然和當年在重大羽毛球隊當運動員時一樣年輕帥氣——這讓我有些納悶了：莫非他是用十多年前的老照片蒙我？只是上大學那會兒是絕沒彩照的，讓我不能不相信照片的即時性。半年後回重慶，我特意和他在母校見了面，地點是當年重慶文革內戰的主戰場：松林坡。一九六七年八月，三七高炮炮彈夜夜都掖著長長的火舌飛過天空，往這山坡和坡後廣闊的校園砸來，炸起驚天動地的轟響，在哪兒重逢容易讓我們想起人生的緊促和歲月的滄涼。多年的鐵窗生涯果然沒在甫出監獄的周的臉上留下半點痕跡，我愈發納悶了。他解釋說：有什麼奇怪呢？關進去了，也就沒有了任何慾念，也沒有了任何爭鬥了。心靜如水。「有點像進度假村」——他說。

關於一九六六年十二月四日發生在大田灣體育場那場爭鬥，他的記憶是：「我衝上主席臺，就被工糾抓走了。我圍了條圍巾，幾個工糾就抓住我的圍巾往後勒，把我拖出會場，差點拖憋了氣。」

八一五領袖的無禮取鬧激怒了滿場「老保」，喏大體育場響起了山呼海嘯般的吶喊：「八一五，暴徒！」「八一五，壞得很！」「八一五，滾出去！」

造反派要的就是這個。你一吼、一鬧，我動手就出師有名了。早已潛入會場的八一五從四面八方舉出旗幡，潮水一般向主席臺發起衝擊。整個會場完全亂了套，如有萬水急漲，浪激濤湧，霍霍咆哮之聲震耳欲聾。末日降臨前的等待、焦慮、憤怒、恐慌、懼怕和不知所措——全世界所有災難性的表情，都在我身邊洶湧澎湃——那時我已進入會場，置身混亂之中——我看清楚了，舉著紅旗衝在最前邊的，是重慶大學的亡命之徒，叫鄭全體。

鄭，採礦系六六級學生。此鄭做任何事情都熱忱奔放，幹勁十足。聞名全國的「智擒李井泉」事件，首席執行人就是他。大學畢業後他分配廣東平石礦務局挖煤，多次刷新日掘進尺新紀錄，頗得領導、群眾讚譽，於是很快入黨，接著還決定把他升任為礦務局局長：就在此時，重慶大學的一紙公函到了，歷數他文革中多種不是——尤其是關於該鄭公然在「一月革命」期間帶著中央辦公廳電報，秘密去上海緝拿躲在市委瑞金街招待所的西南局書記李井泉，要李「響應毛主席的號召，到群眾裏面去」，回四川接受批判。這個歷史問題實在過於嚴重。局長自然是當不成了，不僅如此，連黨籍也順便取消，從此後他心灰意懶，稀裏糊塗地混唄——直至退休歸家。

幾十年後，我去佛山看他——他已經調那兒一間中等專業學校教書——五十左右的他已臉面鬆弛，神色蕭索。無言相對許久，我真誠地對他說：不管怎樣，咱們曾經真誠地努力過吧？咱們總得對得起自己的過去吧？別讓人看我們的笑話不是？他平靜地淡淡一笑，對我說，他根本不想回憶過去，現在他只想做一件事：怎麼多掙錢？

那一刻，我莫名其妙想起了辛棄疾的一句詩：「還將萬字平戎策，換得東家種樹書」，心中暗暗有些蒼涼。

一九六六年十二月四日那一天，鄭帶領隊伍衝上重慶大田灣體育場的主席臺，等待場外的造反派大隊人馬便狂潮一般從水泄不通的甬道發起衝擊，混戰就此開始。臺上台下，通道內外，數萬群眾始而嘶叫謾罵；罵不解恨，就拳頭；拳頭不夠，就旗桿、就標語牌、就鞋子、就磚頭：武器五花八門，滿場哭喊喧囂。剛入場時，打鬥尚未開場，我僅被數十與會「老保」團團包圍。他們見我胸前配著「八一五」徽章，始而口誅舌伐，大罵「暴徒」「土匪」，繼而砸來許多太平拳。我忙不迭招架劈頭蓋腦的撕打，完全不知整個會場上發生了什麼——正危危乎殆哉，進攻者卻莫名其妙悄然遁走——我這時才看見主席臺已被八一五弟兄完全佔領。高音喇叭正在氣急敗壞地通知：「工人戰鬥軍的同志快快撤出會場！快快撤出會場！快快撤出會場！……」出爐伊始的工人戰鬥軍和三區八縣前來助陣的「保皇」學生、老師、大人、娃娃，扔一地狼藉旗桿、旗幟、標語牌、鞋帽，山傾雪崩一般稀裏嘩啦敗退而去——我發現自己已經自由，造反派已經佔領了整個會場，並且很快把整個城市都佔領了。

筆者當天的日記有如下記錄：

> ……人們抬著傷員在街上遊行。人們舉著血衣在街上遊行。宣傳車的廣播員跳上車頂，把繳來的兇器、袖章高高挑起，大喊大叫。工人們用白紙纏額，像電影上的日本示威者。白紙上寫著：以血還血！手裏拿著大紙板，寫著：這才是真正的鐵證如山！罪責難逃！他們在街上衝過去，衝過來，把工人糾察隊的標語統統撕個精光！在血的教訓面前，糾察隊員認清了，退出了，他們把袖章摘下來，扔到宣傳車上，一個北京女孩子把這些袖章穿成一串，掛起來，向群眾高呼：工人糾察隊中要革命的同志，好樣的，就站過來！

目睹這樣的血腥場面，如果有人告訴你會場上死了多少多少人，你絕對不會有半點懷疑。我也這樣。當我怒氣衝衝地從市區步行十多公里返回沙坪壩，一路聽得街傳路議，死人已由幾人迅速增至幾十人！走回寢室，我已悲憤難遏，邀約兩三個同學，抱一捆紙、提一桶墨汁便衝出校門，把沙坪壩窄窄的街道刷滿了標語：都是「以血還血，以命抵命」之類的惡毒詛咒。

完全殺紅了眼。當天晚上，我們又衝上學校松林坡頭，一口氣把設在那兒的「工糾」總部砸了。來犯者不過十來人，而總部保衛人員數倍於敵。之所以砸得輕而易舉，沒有遭遇半點兒反抗——我想——大概盛怒中的凶漢一定非常可怕。既然死了人，性質當然就不一樣了，工糾自覺輸理，怕我們殺人拼命，心裏先就軟了一截。我們砸櫃子，砸桌子，砸凳子，把油印機、點心、紙張——印過的和沒有印過的——通通抱走，糾察隊員只敢乖乖地讓去一邊發呆，站門口或路邊傻乎乎地看，嘴裏可憐巴巴地小聲罵：「八一五，暴徒！」「八點一刻，暴徒！」無可奈何地目送我們揚長而去。

等到把戰利品搬回到寢室，我又慶幸又害怕。如果工人糾察隊員們稍微有一點勇氣，我們當晚的遭遇將不堪設想。

死了人，文章就很好做了。「血」哪「命」哪這一類漢字是極具張力的，用這些辭彙造出的口號，如「以血還血」「以命抵命」之類，輕而易舉便將山城重慶的仇恨煽動到了極致。事件第二天，八一五派就在事發地大田灣體育場開了隆重異常的追悼會。關於會場氣氛，筆者當天的日記有如下記錄：

……我們用旗桿舉著長長的輓聯入場，群眾對我們熱烈鼓掌：是七尺男兒生能捨己／作千秋雄鬼死不還家；碧血濺山城，喜紅岩史詩又添新頁／風暴掃迷霧，看文化革命誰敢阻擋……人們自覺地從各地來到大田灣，一朵朵白花、一個個花環、一幅幅輓聯，為烈士堆成了一座小山。

學生首領周家喻、還有著名小說《紅岩》作者羅廣斌，共同領銜作煽動性發言。發言稱：西南局、省市委中一小撮走資派陰謀策劃其御用工具「赤膊上陣，拳打足踢，揮戈揚矛，大打出手。他們用鋼釬、木棍、鐵錘、鐵矛（就當時背景而論，說使用了上述三種金屬器械實在有點誇張，尤其鐵錘——筆者注）、旗桿、主席語錄牌……等等，打死打傷『八一五』派二百餘人，造成世所罕見的流血慘案」。發言者號召大家「踏著烈士的血跡前進！」第三天，即十二月七日，在同一地點又舉辦了陳放有五具屍體的「烈士遺體展」，前往悼念者凡數萬，花圈祭品無數。市歌舞團造反派以無比深厚的無產階級革命感情連夜譜寫悼歌一首，題曰：《親愛的戰友你在哪裡》。歌詞如下：

手捧著《毛主席語錄》想起了你，
親愛的戰友你在哪裡？
那天我們一起去開會，
會場上我們卻失去了你，
我們的好兄弟！
你上臺揭露了重慶市委，
你發言戳穿了陰謀詭計，
你勇敢戰鬥，你英勇無比，
誰知那一雙黑手把你青春奪去！

歌詞凡四段，每段開頭都是「幹什麼？」——「想起了你」。「幹什麼？」包括「唱起了語錄歌」「唱起了造反歌」云云。曲調淒婉悠揚，催人淚下。那年月硬梆梆的革命歌曲大行其道，兩相對比，這首煽情之歌自然大受歡迎。一時間，重慶大街小巷、碼頭車站，到處張掛歌單，好事者高踞桌凳義務教唱，學唱者唱會一批又來一批，情切切而意深深，當今卡拉ＯＫ發燒友無法與之比肩，其勢大有一夜楚歌，唱散十萬雄兵之概。

保守派被氣勢洶洶的反擊嚇破了膽，一直躲在屋裏不敢露面，幾乎半個月以後才又開始猥猥縮縮溜出門。害怕挨揍，都是一群一黨地集體活動。他們列隊走來街上，先選好一塊地兒，然後手拉手圍成弧形實施保衛，集體頌讀毛澤東主席語錄，儼如念咒誦符一般以為掩護，接著派員入圈內張貼大字報，對造反派的誇大不實之詞實施小心翼翼的反擊。其景悽惶寒磣，讓人望而憐憫。即使這樣，得理不讓人的造反派也決不給他們半點好臉色。筆者親眼見到如後一幕：重大的「思想兵」正在供電局門口的牆壁上張貼大字報，一位怒氣衝衝的老頭不問青紅皂白，粗暴撞開頌讀語錄的人牆，衝上前三把兩爪就將還沒貼完的大字報撕個精光，「思想兵」竟毫無反抗之意。小夥子小姑娘們面面相覷，好像剛才發生的事情和他們毫不相干，接著又排成兩行縱隊，高唱：「下定決心，不怕犧牲，排除萬難，去爭取勝利！」，尋找下一個張貼點。

一二・四事件確實打傷不少人。事發當天，筆者曾去醫院採訪過，鼻青臉腫者有之，腿瘸臂折者有之，更有甚者，不能動彈、躺在床上輸液的也不乏其人。文革史家何蜀在《首開大規模武鬥先例的重慶「一二・

四」事件》一文披露：「僅據造反派最後一次公佈的單方面統計的數字，就有四百五十人（基本上是造反派一方的傷員），若加上工人糾察隊一方的傷員人數，則至少會比這個數字多出一倍。」但是，說死了多少多少人，卻純屬子虛烏有。那個所謂的「烈士遺體展」，很快被證明是一場騙局。五具屍體，其中四具是從火葬場強行弄去的，另一位叫李天敏的死者，則剛剛因心臟病於醫院辭世，遺體草草展出後即被家屬運走火化了。最可憐剩下四位假烈士，在體育場暴屍多日尚不能安寧。十二月八日再次被喜歡折騰的造反派抬進市委辦公廳機要室停放，以威逼市委交出「黑材料」。事情鬧得過於荒唐了，以至造反派內部也開始發出歧議甚至抗議。鬧得太凶，北大南下學生不得不著文一則《為什麼要進行屍展》進行解釋。該文公示前還專門請《紅岩》的另一位作者、大作家楊益言親自修改潤色。有好好先生則認為大敵當前，大局為重，乾脆把「烈士屍體展覽」改為「可疑屍體展覽」吧——總之，幾個死人把整個重慶攪得很熱鬧。

真相已經不重要了。「死人」給了造反派一張克敵制勝的王牌，並且事實上已經把對方打得落花流水，再討論這王牌是真是假就完全失去了意義。保守派確曾試圖從「屍體」問題打開缺口，作最後一逞，他們驚魂甫定後貼出的第一批大字報，主題就一個：你們「親愛的戰友在哪裡？在火葬場！」。畢竟大勢已去，這種反擊已完全徒勞。

「當王朝和保王黨最終覆滅，就輪到革命黨人來打得頭破血流了。」「一二・四事件」將市委和「保皇四軍」最終逼下重慶政治舞臺，確實就該輪到造反派內部來捉對兒撕殺了。「一二・四事件」中所表現的同仇敵愾，事實上只是造反派內部最後的蜜月。作為重慶地區第一張造反派小報主編，我非常敬業地沉緬於忙忙碌碌的事務之中。我們慶幸「一二・四事件」給了創刊伊始的紅衛兵小報以絕佳的題材。從十二月九日創刊到一九六七年一月二十二日北京號召全國全面奪權，報紙共出刊七期，平均六天一期，非常準時，其中還加出了兩期增刊、一期「畫刊」。主要題目都是：「必須制裁反動派」、「讓暴風雨來得更猛烈些吧！」、「墨寫的謊言決掩蓋不了血寫的事實」、「重慶黑市委是『一二・四血案』的元兇」等等。滿紙豪言壯語，對保守派窮追猛打，必欲置之死地而後快。作為主編的我，根本不知道造反陣容內的兩派政治勢力，已經在暗地裏霍霍磨刀。在匆匆付印的《八一五戰報》創刊號的第四版，我們對等刊載了周家喻和羅廣斌在十二月五日追悼會上的發言全文。而僅僅不到一個月，作為兩種勢力的代表，二人便分道揚鑣，開始了公開的、劍拔弩張的生死對決。

三、羅廣斌其人

在當時的小報上，文章作者一般都不署個人姓名，而直接署「×××戰鬥組」或「××編輯部」。之所以如此，一是避突出個人之嫌。當時的中國，任何時候任何地點任何事情只能突出一個人：毛澤東；二呢，則是出了問題責任可由組織集體承擔。《八一五戰報》刊登「一二・五追悼會」的發言，連八一五的一號「勤務員」周家喻也只敢署名為「重慶大學八一五戰鬥團代表」，而偏偏羅廣斌是直書其名了，曰：「《紅岩》作者羅廣斌同志」。之所以如此稱謂，有兩層意思，一，不清楚他屬什麼組織代表；二是，他曾因一本小說《紅岩》而名滿天下，作者個人的名氣實屬超重量級。把他的名字抬出來，可以大大加重造反派的政治砝碼。

羅廣斌在「一二・五追悼會」的發言中有這樣一段話：「一個星期以前，我們在這兒追悼犧牲在中美合作所裏的革命先烈，一個星期以後的今天，我們又在這兒追悼犧牲在重慶體育場的無產階級革命造反英雄。」「一二・四」一個星期前，正好是十一月二十七日，大陸政權易手前夕國民黨製造著名的「渣滓洞」大屠殺的死難日。由於《紅岩》這部小說、以及小說改編的電影在年輕人心目中印象太深，位於重慶歌樂山的「渣滓洞」和「白公館」一直成為了中國青年一代嚮往的神聖地。「一一・二七」，成了憑悼先賢英烈的偉大忌日。羅廣斌作為小說作者和大屠殺的倖存者，隨之也成了中國青年頂禮膜拜的英雄。

幾十年後，筆者見到已年逾花甲的王大賓，即當年名震天下的北京五大領袖之一，北京地質學院《東方

重慶的男生最時髦的是這一身打扮：贗品軍裝＋武裝帶。

重慶大田灣體育場「一二四血案」現場。這個事件直接導致了重慶官方的「保皇」勢力土崩瓦解，同時催生了造反派內部的生死搏鬥。

在被人譽為「三步一個林青霞，五步一個張曼玉」的美女城市，文革中的重慶女孩，卻都喜歡穿上醜陋的贗品軍裝滿世界亂串。

紅公社》一號人物。他向我說起了一九六六年秋天的一件舊事：在周恩來主持的一次會議上，王莫名其妙就小說《紅岩》評價問題和中國第一夫人非常激烈地抬起杠來。這位來自於川西山區的小夥子一旦激動，連周恩來的眼神勸阻也全然不顧，不依不饒地向江青叫板：「如果《紅岩》算不得革命小說，中國的小說就沒有革命的了！」四川小子的桀傲不馴嚇得公安部長謝富治一散會就把他弄去部裏規勸許久，以至外間很快傳出流言：王某頂撞江青，被公安部抓了。《紅岩》對中國年輕一代影響之根深蒂固，由此可見一斑。

正因為這個，一九六六年的十一月二十七日，全國各地赴渝紅衛兵在重慶大田灣體育場舉行規模盛大的紀念大會，就尤其熱烈火爆。羅廣斌在會場上的出現，更引起了全場青年洶湧澎湃的歡呼。羅是以凱旋者的身份進入體育場的，並且繞場一周接受崇拜者們瘋狂的敬意。那情景很容易讓人想起毛澤東接受紅衛兵朝覲的場面。在全中國只允許一個權威，而且是絕對權威存在的年代，羅廣斌在少不更事的紅衛兵娃娃中煽起的偶像崇拜，實在有點離譜，難怪事後社會上立即傳出微詞，說羅的做法太過分了些。甚至以為：是可忍，孰不可忍？

來自外地的紅衛兵當然不知道羅廣斌自己的肚子疼。他雖然因一本《紅岩》而名滿天下，據說在日本諸國的青年中都引起巨大反響，均欲一睹風采而後快，但他的日子其實並不好過。恰恰因為他竟然在「渣滓洞」那場著名的大屠殺中倖存，那麼，在階級鬥爭「年年講、月月講、天天講」的年代，這就很容易、也恰恰構成了他讓人放心不下的最大歷史疑點。不是那麼多革命志士都壯烈犧牲了嗎？為什麼你羅廣斌偏偏溜掉了？肯定你經不住國民黨特務的酷刑和利誘，你投降了。共產黨最講氣節，對於變節者一律恨無赦。名不見經傳的小人物戚本禹，就因為考證出太平天國將領李秀成晚節不忠，武斷宣稱：「假投降就是真投降」，馬上就一路竄紅，被欽點為中央文革小組成員，相當於現在的中央政治局委員了。南開大學幾個學生在幾十年前的故紙堆中偶然發現了六十一位共產黨人的「自首書」，馬上被中央文革高度首肯，成了馳名遐邇的「揪叛徒」專業戶。羅廣斌在他自己小說裏創造的藝術形象浦志高，和現代京劇《紅燈記》中的王連舉一樣，成了全中國婦孺皆知的反面典型，只配讓雙槍老太婆之流「代表黨，代表人民」一槍崩掉。順理成章，只需給劉少奇戴一頂「叛徒」的帽子，要讓全中國人民都對他恨之並「永遠開除出黨」就輕而易舉了。那歲月要收拾一個異教徒實在太簡單了。不管多大名氣，都不可能成為你繼續存在的理由。五七年反右鬥爭搞掉的重量級人物夠多了吧？五九年反右傾搞掉的也沒一個是小不點兒！羅廣斌一介書生，不過出了一本小說書罷了，算老幾？該查的問題，查！該寫的交代，寫！一九六三年，羅的名氣如日中天，共青團中央提議推選他為全國青聯訪日代表，被「歷史問題有個別疑點」一句話便輕易否決。一九六四年共青團召開第九次全國代表大會，擬安排羅為團中央委員候選人，又遭同樣原因否決。後，日共邀請羅渡海東訪，再次被有關方面婉辭。羅終未能越雷池半步。廣闊社會的顯赫名聲和局部環境的重重懷疑、不信任和壓抑結合得如此完美：二十世紀六十年代偏居西南一隅的大作家，就生活在這樣的困境之中。應該寫出偉大作品的筆，只能猥猥瑣瑣地寫檢討書。應該被尊敬、鮮花和崇拜簇擁的一代才子，只能被「下放」到遠離城市的鄉下，做相當於「弼馬溫」的「場長」。「長壽湖漁場」的霧藹是沉重而寂寥的。羅廣斌終日在那兒消磨才華橫溢的日子。

因此我們有充分理由猜測，當整個社會秩序被一朝顛覆，當泰山巨石一樣壓得羅廣斌喘不過氣的重慶市委大人物們，突然間被稱為「八一五」的年輕娃娃打得落花流水，那一刻，他的興奮是多麼真誠。我們沒有理由懷疑他從文革一開始，就是真正的造反派。

他確實和重慶大學八一五的負責人秘密見過面。這位負責人叫黃順義。電機系四年級學生。外號人稱「老黃牛」。為人耿介，做事勤懇，仗義執言而從不轉彎抹角陰三詭四。黃的性格註定他只能在社會舞臺上充任本色演員。面對更多需要謀略甚至需要陰謀詭計的政治鬥爭，他的表現常常那麼激情有餘卻又幼稚無知。他出身血統工人，「三代紅」，文革一開始就被市委工作組欽點為校文革成員，可天然的正義感卻使他很快倒向遭受不公正待遇的造反派，並被群眾推舉為了八一五總團「勤務員」。

羅是通過在文聯駐點的重大同學為仲介和黃見面的，接頭地點是兩路口至菜園壩半山坡上那柱苔痕斑駁的紀念碑前面。時年四十一歲的大作家很有節制地對黃表示了他對八一五的支持，同時躲躲閃閃地向年少無知的大學生談到了市委內部若干恩恩怨怨是是非非。「老黃牛」非常認真地在全團戰鬥組長會議上通報了這次秘密會見，最後的結論，定然是冒著風險向學生崽兒表忠心的大作家始料不及的：

「聽說羅廣斌這人歷史有問題，我們不理他。」

重大的孩子們對黨的感情太深。工科生縝密的邏輯思維讓他們把抽象的「黨」和具體的重慶市委區分得清清楚楚。八月十五日重慶大學學生造反炮轟市委，直接的導火線，就是校長鄭思群被市委工作組以莫須有罪名被無端迫害，最後至於含冤自盡。

鄭思群，廣東潮汕人，早年留學日本並參加中共，曾任著名馬列主義哲學家艾思奇秘書，抗戰期間在延安任「抗大」某分校教務長，解放後則一直任重慶大學校長兼黨委書記。行政七級，算是共產黨的高級幹部了。他不苟言笑，身材瘦而且高，爬滿額頭的皺紋記錄著令年輕人羨慕不已的光榮歷史，一個典型老革命家的形象。問題在於，這位身居高位的老人對自己的學生恰恰非常平易，噓寒問暖，和老父親一樣和藹可親。這就給大學生形成了一種思維定勢：正宗的共產黨就應該是這樣的形象，而不該像市委工作組那樣橫不講理，以勢壓人。

六月份工作組點名批鄭，七月份緊接將鄭隔離松林坡進行內部批鬥——時值山城酷暑，路面焦燙灼人，同學目睹老頭亂髮覆額，被人押解赤足而行——消息傳來，全校學生皆憤憤難抑，敢怒而不敢言。更糟糕的是：就在毛澤東下令撤銷工作組的第八天，即八月二日凌晨，鄭在監護地用半片剃鬚刀割喉自盡，頸動脈血噴如注，將雪白的牆壁涂染得鮮紅狼籍。事發，工作組草草驗屍、清洗現場並火化，重慶市委立即宣佈該鄭自絕於黨自絕於人民，將其開除黨籍……一連串的事變讓工科學生確信：如此胡作非為的重慶市委絕對不能代表共產黨！而且整個事件處理過程中留下了太多讓人疑慮重重的蛛絲馬跡，其中定然暗藏許多說不清道不明的陰謀，大學生們甚至不排除這是一起蓄謀已久的兇殺案。年輕人一腔浩然之氣噴瀉而出，如水之決堤、火之燎原，愈演愈烈，最終鬧出了一個「八一五」造反派。

重慶大學的學生們不願意讓一個不乾不淨的人摻合進來玷污「八一五」對共產黨最純正的忠誠。

工科學生們只精通將機械的旋轉運動變成往復運動，只善於用計算尺計算節點電流和環路電壓，對於著名作家這個品牌、以及混跡宦海多年的老幹部的政治含金量，他們一無所知。重大八一五娃娃們的無知顯然使羅廣斌非常失望。文科學生就不一樣了。充沛的激情和多愁善感使他們和羅廣斌有一種天然的默契，更何況他們畢其一生的夢想，就是作一位像羅這樣的名人呢！於是羅廣斌理所當然受到了重慶另一個有實力的造反派組織：西南師範學院「八三一戰鬥縱隊」的青睞。該院中文系教師、後來被視為羅廣斌「反革命同夥」的楊向東，這樣回憶了兩者的政治初戀：「楊益言（小說《紅岩》的另一位作者）派人到人民小學……邀我去市文聯會晤。很快楊請我牽線，與西師造反派頭頭嶽朝亮見了面，從此西師造反派與羅等人的關係逐漸密切了起來。」

其時，西師八三一和首都三司等組織的駐渝聯絡站已結成聯盟，後者的通天手眼和全國性工作網路，必然使羅的政治膽量和社會慾望迅速膨脹，從而有了「一一・二七」紀念會上那場招來非議的檢閱表演。

有一種說法：革命，是無產階級的盛大節日。事實上遠非如此。所有期待改變命運的人，都把革命當成了自己的盛大節日。羅廣斌就是其中之一。一九六六年的秋天他確實是很愉快的。「一一・二七」紀念大會剛剛過去七天，「一二・四血案」又為他的政治記分薄狠狠進帳一分。

在「一二・四血案」第二天舉行的大會上，造反派真誠地讓羅廣斌出了一把風頭。事情還沒有到此為止。大作家在風雲變幻的中國政界混跡多年，敏銳的嗅覺讓他很快發現一張絕好的政治王牌：死人。他對人說：「犧牲十四個人，這是重慶學運以來都沒有過的，國民黨時期都沒有過的。」這張王牌一出，重慶市委必死無疑，羅本人的地位將再也無可置疑。他躍躍欲試。對於重慶大學學生領袖們的無知和麻木，他已經顯得有些不耐煩。在十二月五日那個同仇敵愾的主席臺上，他便迫不及待地提議搞「抬屍遊行」，並介紹說火葬場現成就有十四具屍體可用。重大八一五堅持認為事情未調查清楚，這樣做不合適的，將他的動議斷然否決了。

這樣就出現了讓情緒激動的與會群眾十分費解的蹊蹺事。事前通知，十二月五日大會八點鐘開會，群眾從四方八方連夜趕來，可大會就是遲遲不開，從八點推到八點半，又推到九點，又推到九點半、到十點：實在不能再拖了，主席臺這才宣佈說烈士遺體暫時未運來，會就先開吧。大會的第一個議程還是全體人員對著主席臺方向低頭，為死難烈士默哀。與會者注意到了：默哀前特別讓人把主席臺上那幅碩大無朋的毛畫像移開一邊去。

羅廣斌那麼固執地要打烈士牌，有兩種解釋，一是作家的職業習慣，豐富的想像力很容易讓他把幻覺變成連自己都堅信不移的事實；二，從政客的角度考慮，他急需一件儘快克敵制勝的法寶：而他確信現在唾手可得的法寶不是別的，就是亦真亦幻的死屍。羅廣斌非常清楚，只要以迅雷不及掩耳之勢把政敵打翻在地，即便手中武器真是謊言你也毫無辦法。反正歷史總是勝利者在書寫……總之，無論出於何種考慮，羅廣斌是不願坐失良機了。政治場和生意場一回事，機會總是稍縱即逝的。一二・五大會當晚，他馬上召集北大南下學生等在市文聯開會，宣佈早上的大會沒把屍體搶出來遊行，定然是「右」了。當夜他便趕去火葬場現場查勘，以防「黑市委」「毀屍滅跡」。接著馬上通知工人造反軍、二七戰鬥團等接管火葬場，停止火化屍體。次日，羅再次到火葬場視查，再次提出要抬屍遊行而不要死守屍體。接著又到一個剛剛組建的所謂「八一五聯合指揮部」，強調馬上抬屍遊行，並接著把屍體抬去市委、搞屍展、要求市委建烈士紀念碑……

一切安排就緒，十二月九日，勝券在握的羅參加由外地赴渝紅衛兵和重慶造反派組成的「一二・四慘案赴京控告團」，啟程北上。他一人獨掏腰包為十多個控告團成員購買了全部車票。同月十七日，北京工人體育場召開「全國在京革命派為捍衛毛主席的革命路線，奪取新的偉大勝利誓師大會」。首都紅衛兵第三司令部發起。周恩來、陳伯達、江青、謝富治、劉志堅、張春橋、謝鏜忠、王力、關鋒、戚本禹、穆欣、姚文元、汪東興等中央要員全體出席，大會規格之高可想而知。羅廣斌作為唯一的外地代表登臺發言。得以面對如此眾多顛峰高官一逞口舌之能，羅廣斌可謂備享殊榮了。據《首都紅衛兵報》報導：「重慶代表」在長達四十分鐘的發言中，「憤怒控訴重慶市委血腥鎮壓無產階級文化大革命，製造『一二・四』血案的滔天罪行」，並稱此次血案有革命群眾被打死。他強烈要求：「嚴懲製造血案的罪魁禍首，立即解散重慶工人糾察隊，打倒重慶市委，解放重慶山城！」。這個「重慶代表」，就是羅廣斌。在激動人心的會場上，羅顫巍巍地將「控告」材料通過主持大會的紅衛兵，莊嚴呈送周恩來、江青。

正當羅像一顆政治明星在北京的天空冉冉上升，重慶八一五對於對內部悄然出現的反對派活動已經有些不耐煩。當時，除了那個「赴京控告團」到處搶鏡頭，更有一個前面提到的、名叫「八一五聯合指揮部」的組織正式掛牌運作。「指揮部」成立伊始便開始狂批重大八一五「右」了、「修」了。組織者的意圖實在太明顯不過，就是要用它取代由重大八一五在造反派組織中事實上的主導地位。重大當然不高興。某日，重大八一五戰鬥團在松林坡禮堂召開全團辯論大會，快結束了，教師領袖趙雲生突然站起來，將一隻手臂高高舉起，像舉一面旗幟，直指天空，說：「我說一個問題！我就說一個問題！」趙老師身材乾瘦，永遠穿一件黑色的燈芯絨。小鬍子。精力極端充沛。他的每句話都斬釘截鐵，讓人感到極具份量。他說，關於「八一五聯合指揮部」，我們的意見是：

「框爛！」

文革那會兒，紅衛兵動輒就「砸爛」這個，「砸爛」那個，堂堂大學老師公然糊塗如斯，把司空見慣的「砸」讀成了「框」，頓時逗起滿堂大笑。趙不知出了什麼事了，把高舉的手指頭又揮了揮，再次重複：

「對！就是要框爛！」

其實同學們誰也不知道那個「聯合指揮部」是幹什麼的。只是聽說後來確實被砸爛了。羅廣斌也肯定是知道的，只是他遠在北京——造反派內部的爭鬥和羅的厄運，註定延期了。

一九六七年新年到了。新年前五天，十二月二十六日，即耶蘇聖誕次日，是偉大領袖毛澤東七十三歲華誕。生日那天，他對前來中南海朝賀的中央文革秀才們沒頭沒腦地說了一句話：「祝賀全國全面內戰！」這句偶然流露的「最高指示」頓時把摸頭不著腦的秀才們嚇了一跳。而全中國八億革命群眾，更是幾十年後在葉永烈的紀實文章裏才看到，當時誰能聽聞？我們只管沉浸在勝利的歡樂中。除了繼續揭露重慶市委和保守派製造「一二・四血案」之外，戰鬥團開始忙著深入學習毛澤東著作，整風，開赴工廠、農村、專縣，去「向工農兵學習」。這段時間《八一五戰報》發表的文章多屬這一類，如：「《為人民服務》學習輔導材料」、「《紀念白求恩》學習輔導材料」、「《愚公移山》學習輔導材料」、「學習「老三篇」，狠觸靈魂」、「對目前重慶工人運動的幾點參考意見」、「抓革命、促生產的好榜樣」、「像紅岩八三一那樣抓革命促生產」、「紅岩機器廠提前七天跨進一九六七年」、「關於重慶紅岩機器廠抓革命促生產問題給黨中央毛主席的第二封信」，等等。

這些題目已經沒有多少火藥味了。十二月二十七日，我把關於重慶紅岩機器廠的第二個調查報告「閃爍著共產主義光輝的新事物」完成，接著發排一九六七年一月一日出版的稿件，寫完元旦獻詞：「而今邁步從頭越」，就近歲末了。除夕夜，「風雨操場」舉行演出。操場就在印刷廠前面，跨出門口就到了。舞臺上全是些張牙舞爪的紅衛兵舞蹈，再加一些毛的語錄歌，覺得無甚意思，又回廠趕印賀年片。賀年片上同樣是紅衛兵，同樣張牙舞爪，作「拿起筆作刀槍集中火力打黑幫」狀。如果要說晚會給我有什麼印象，那就是：校業餘體育隊（而不是文工團）那位身材高挑的女摩托車手陳淑月，她表演的獨唱「我們共產黨員好比種子」，扮像、聲音、動作都出人意料的美麗動人。

但是後來她瘋了。

四、話說工人造反

仔細瀏閱從創刊到全市奪權之間的幾期《八一五戰報》，很容易發現，出現次數最頻繁的內容就是：「紅岩機器廠八三一」造反派如何如何、通過他們的行動，真正的工人造反派應當如何如何，等等。

要說清紅岩八三一，必須從重慶的工人造反風潮說起。

重慶大學的造反行動一開始的口號就是「殺出校門，走向社會」。具體做法就是到各區、各縣駐點辦聯絡站，和當地的中學娃娃一起開演講會、搞辯論、表演造反舞、印發傳單，諸如此類。少男少女們在一起，沒老師、家長管束，愛怎麼造反就怎麼造反，很是快活的。談清說愛之類的風流快事當然有，但是很少，珠胎暗結更沒有聽說過。筆者所在的電機五年級三班同學在重慶南岸三十九中駐點，一次放電影，有位仁兄忽然間春情難抑，憋不住動起手來，摸了該中學一「女戰友」大腿。中學生是一個非常有理性的小女孩，以大局為重，沒當場實施呼救，散場後才投訴於我班戰鬥組長黎某。黎是一個很善良很平和的人，深度眼鏡。從事政治和鑽研電路計算同樣一絲不苟。這一回他怒不可遏了，立即組織全班同學群起批之。先是頌讀毛語錄幾頁幾行、「三大紀律八項注意」某條某款：「不准調戲婦女」，接著馬上就定性了。結論：為正戰鬥團法紀，將此一念之差的登徒子斷然清洗出團。該可憐蟲無地自容了。從此以後以至畢業分配，他便一直孤魂野鬼似的四處遊蕩，也再無人與之搭理。兩年後畢業分配，全班同學一致決定將他發配邊疆，他半個「不」字也不敢哼。

那年月年輕人都以為自己從事的事業是屬於未來的，屬於未來的事業都是很神聖的，它需要獻身、禁慾和死亡，而不是塵世的歡樂。亞里斯多德評價柏拉圖《理想國》時說過這樣一段話：共產制度將人民投入一種難以忍受的密切聯繫之中；它使陰私或個性沒有容留之地；它假設人人都具有只有少數聖人才具有的耐心和合作的美德。文革那會兒，年輕人都以為自己是聖人——這是另一個話題。

下面繼續說工人運動。

一九六六年十月中央工作會後，重慶市委馬上誠惶誠恐地召開了「三級幹部會議」進行貫徹，情願或者不情願地認真檢討前一階段的「方向性、路線性錯誤」。運動初期被打成「反革命」的群眾開始被平反，整理、搜集的「黑材料」開始被清退或銷毀。這一下，聰明智慧的中國人算是搞清楚了：偉大領袖這一次顯然不準備舊計新用：什麼「引蛇出洞」、什麼「陽謀」、什麼「亂了敵人，鍛煉自己」，他統統不用了。副統帥林彪不是說過嗎，毛這樣的天才，「世界幾百年、中國幾千年才出一個」。他的招數多得很。

靜觀、徘徊了好幾個月的「工人階級」終於蠢蠢欲動了。

筆者查閱了一九六六年十一月二十三日筆者為《八一五戰報》所寫的一篇文章《重慶文化大革命的新任務》。在「偉大的轉折」小標題下，對當時的形勢有如下描述：

> 廣大的工農兵群眾掌握了真理，明白了真相，於是便起來革命、起來造反了！看，無產階級革命造反軍成立了！紅工八一五戰鬥團成立了！貧下中農革命造反軍成立了！居民八一五戰鬥團、供電８３０、紅岩８３１戰鬥團、重紡八一五戰鬥團……都在革命的喊殺聲中象雨後春筍般地出現了！……這是一股了不起的力量！這是一支頂天立地的隊伍！他們一登上無產階級文化大革命的舞臺，就以無產階級特有的高度民主覺悟、政治遠見和堅強鬥志表現了無窮的力量。所有這一切，標誌著重慶的文化大革命……已經轉向了新階段，這就是，由八一五所掀起的山城無產階級文化大革命，正在由單純的學生運動轉向工農群眾的革命運動。

上面提到這篇文章是筆者根據總團「勤務員」吳慶舉授意寫成的。在此之前，吳曾親自操筆寫過同樣意思的文章以指導運動，題目是：《殺出校門，和工農群眾相結合》，只是意猶未盡，文本欠煽動性，要我根據他的立意再寫一篇，其後故有斯文。這兒說寫文章「指導運動」，並非像政府機關那樣將文章印成「紅頭文件」下發。造反派不需要「紅頭文件」。除了毛澤東以及其所屬「無產階級司令部」的極少數寡頭，泱泱中華當時已沒有任何權威。紅衛兵娃娃連國家主席都想怎麼羞辱就怎麼羞辱，遑論區區總團「勤務員」？群眾組織的任何重大決策，都必須召開全體隊員的辯論大會以作出決定。

重慶大學八一五這種辯論大會一般都在風雨操場或者松林坡禮堂召開。松林坡禮堂比較古舊仄逼，常常無法承受辯論會上亂哄哄的歡呼、詛咒、謾罵、喧嘩與憤怒，於是大會常在風雨操場舉行。風雨操場位於一個半圓形的山凹，像頹毀的古羅馬鬥獸場那般巨大。這兒足夠讓所有角色來表演、挑釁、恫嚇和發表預言：英雄和懦夫、天真爛漫的烏托邦主義者和思維縝密的現實主義者、急於出鞘的行動和正在醞釀的謀略……總之，這是一個非常公開的舞臺，任何人都可能在這種集會上一瞬間成為政治天才、智者和辯手。可是，只要你有一句話不對眾人胃口，滿場噓聲也能夠馬上把你哄下去。吳慶舉雖為八一五的主要發起人，貴為造反元老，也照樣被灰溜溜地哄下來過。

吳慶舉，四川遂寧人。從小窮鄉野地長大，自然不似華街鬧市長大的學生那般伶牙俐齒，但卻比城裏孩子多了許多務實、堅韌和老成持重，另外還包括宿命。他曾一點不帶笑容地向我說起他唯一的一次算命經歷：出發來重慶上大學前夕，母親曾讓他前去拜別父墓。同行的鄉里「半仙」驚詫地發現圓形墓塋及兩旁葳蕤的柏樹酷似一頂烏紗帽，遂非常明確地向他提示過封侯拜相的美好願景——這個細節他是若干年後才告訴我的。當時他沒有說。當時我們交談的主題和交換的資訊，都是有關於中國的前途和命運，還有重慶大學校園內勃然肇起的革命風潮。我倆多年鄰室而居。吳在文工團樂隊當隊長，我在美術隊當隊長。「五十天白色恐怖」時期我倆同被工作組內定為「右派學生」。共同的遭遇讓我們是成莫逆。那段時間我倆的見面常常安排在熄燈以後。

同學們酣然如夢，二人便躡手躡腳來到走廊上，或者宿舍外的地壩，有時甚至在廁所。我們一本正經佯裝大便，然後在熏天臭氣中莊重地討論黨、國家、學校和自己的命運。我一貫理想主義，滿腦子的革命狂熱，吳的務實和精明就讓我尤感欽佩。還有很要命的一點：他出身貧農，根正苗紅——不似我身份可疑，事事都要瞻前顧後——一出娘胎就具備了脫穎而出的良好條件：關於這個，我在下面還有記述。

還說十月中央工作會後，重慶地區保守組織處境日蹙，加之工人造反風潮日盛一日，保守派就更顯出兵敗山倒的頹勢來。各地辦點的同學們覺得無事可幹，開始不耐煩，對總團過於刻板正統的管理模式開始提出質疑，甚至主張：「八一五必須大亂！」，揚言重慶文革要深入，首先「必須砸爛八一五總團！」云云。作為總團「勤務員」的吳慶舉是有足夠耐心的。此人的特點就是成天憂心忡忡，一付城府很深的模樣。恭維他的人說他「小諸葛」；小視他的人呢，就說他「多謀不善斷」。不論褒貶，反正上大學他就一頭「少年白」：就憑這點，你就得對他的鬼點子服氣。造反派內部出現上面那些混亂認識，吳就大會小會地宣傳他的「工人運動好得很！」，宣傳他的走「一二九道路」，宣傳他的「殺出校門，和工農群眾相結合」。在惶惶不可終日的動盪年代，一個精彩的提法，一個激動人心的口號往往就是一面旗幟，足以將無數人馬引來麾下，披荊斬棘，甚至從容赴死。吳的這一提法真靈，很快獲得了閒得難受的同學們的共識。

「知識份子向工農兵學習」，這一命題其實毛澤東早已教導多年，對一代青年學生，可說是刻骨銘心，已固化成一種潛意識甚至本能。文革前夕，筆者曾去達縣，即著名畫家羅中立悉心描繪過的川北山區，參加了七個月的農村「四清」。在異常貧苦艱難環境裏生存的世代山民，他們所表現的堅韌、樸直和厚道，確實讓人感動有加。同時，作為窮鄉野地的小生產者，他們的狹隘、偏見乃至於讓人很感可笑的自私，對人也記憶尤深。但當時我們卻不願意想這些，即使看到了，想到了，也必然馬上自警：快快剎車！這是知識份子的偏見作祟！毛主席教導我們：儘管他們「手是黑的，腳上有牛屎，」但還是「比知識份子乾淨得多」。文革之初，毛確曾熱情洋溢地鼓動紅衛兵造反，可此後不過兩年，他便怒氣衝衝將工、軍宣隊開進大學去教訓不聽招呼的娃娃兵了，並降旨「無產階級金棍子」姚文元，令其著文《工人階級必須領導一切》，把知識份子和「那些患了近視症但還不是死不改悔的走資本主義的當權派」並稱，一起加以「奉勸」：從此中國的知識份子全體蒙冤，當了整整十多年的「臭老九」。毛非常清楚知識和精神的力量是十分可怕的。讀書人一旦較起勁來，坐牢、殺頭、滿門抄斬，甚至誅滅十族都面不改色。毛不能讓你翹尾巴。大學的黨史老師在課堂上給我們反復講過延安整風，講過知識份子要「當眾脫褲子，忍痛割尾巴」，要學會「夾著尾巴作人。」——在毛的眼裏，知識份子只是一種尚未進化完全的脊椎動物，必須隨時隨地讓工匠或者農婦進行圈養馴化。重慶無線電三廠一個叫黃仲勤的女工，派到重慶大學當工宣隊員，天天把教授、學者召集起來學馬列學毛澤東思想，那時她剛滿十六歲。幾十年後，我在深圳一間公司作總經理，她被聘為出納，說起文革荒唐舊事，她一直覺得十分汗顏。

一九六六年的吳慶舉絕對是毛主席的好孩子，八一五的所有同學也絕對都是毛主席的好孩子，一聽說要「和工農相結合」「向工農兵學習」，大家二話不說，背起書包就出發：下廠去、下鄉去、下專縣去——只是這回的情況有點見鬼：如今的大學生，畢竟和原來不同了，毛澤東已經把他們寵壞了。他們已經不再是原來那種傻乎乎的、只能任人教訓的「沒頭腦」，他們已經見了大世面、經了大風雨，已經是天不怕、地不怕、敢作敢為的革命闖將。憑著幾個月的「革命經驗」，他們發現這些開始造反的所謂「工人」，尤其某些響噹噹的「工人領袖」，其實並不怎麼樣，並非毛告知的那樣「最大公無私」「最有組織性、紀律性」，反過來，保守派罵他們「社會渣滓」、「牛鬼蛇神」、「三教九流」，還真有點那個意思。問題很簡單，勞動模範、先進份子、共產黨員……這些人待在廠裏好吃好在，備享尊榮，他幹嗎造反？想造反的，全是那些受過或者正在受壓制、冤枉或者正在被冤枉、平時吊兒郎當、經常被領導數落的主兒，按十多年根深蒂固的觀點看來，他們當然不是好東西。

我姐夫就是重慶最先的工人造反派，按當時的說法，他對社會就有「不滿傾向」。姐夫出身重慶一個銀行世家，大約家境優裕，因此性格灑脫不羈，火爆任性。重慶剛一解放，他立馬投考「革大」，草草訓練數周，便派赴川西藏區開闢工作。出發前回銀行告別，他一身皺巴巴的「列寧裝」讓昔日的同事們驚羨不置：喲！沒想到你老佘原來是個地下黨呀！我姐夫姓佘。重慶南岸海棠溪，就數他們家族最大。

他滿懷豪情去了。到了雪山深處一個叫雜穀塭的蠻荒野地當了一名小小的財會人員。姐姐告訴我，說雪山中那個鎮子不過十來戶人家，買米打油需要騎馬向山外跑整整兩天，相當荒遠。不久開始「三反」了。共產黨的中央集權政府效率很高的，北京一個噴涕，連雜穀塭這樣的地方也免不了感冒。「三反」有一反是「反貪污」。山窩子加上我姐姐這樣的小學教員，吃官飯的也不過就十來號人。去哪兒找清洗對象？絕頂聰明的小鎮領導左思右想：小旮旯不有個姓佘的小子成天和錢打交道嗎？這傢伙自以為來自重慶大碼頭，傲氣熏天，有一回領導去信用社找他借電話打打他公然不買帳。他不貪污誰貪污？於是抓起來。於是開會鬥爭。你小子不承認啊？好辦。捆起來：打！打不服？行，跪玻璃渣！跪你個雙膝血淋淋。還不承認？好咧，吊起來，吊你個七竅斷生氣！那時候姐夫十八九歲，年輕氣盛，可畢竟肉身凡胎啊，實在受不了，只好認帳：我貪了。貪了多少？胡亂報個數字。這數字達不到領導期望值，於是又打、又跪，又吊。只好自我加碼，一直加到領導滿意為止。又問：你貪的錢放哪兒了？能放哪兒呢？他的行李就一口箱子，早翻來覆去抄過了。那時候，由雜谷塭到重慶遠如極地探險，巨額貪污款想送回老家都不可能。他只好說：都送土匪了。行，有來龍，有去脈，事實清楚，案犯供認不諱：運動於是勝利結束。姐夫被投進了大牢。他不是說錢都送土匪了嗎？理所當然把他和土匪關一起。小夥子是大都會來的白領呢，被查抄的皮箱裏，傻乎乎地還裝進好幾套平時捨不得穿的西裝和捨不得系的領帶呢。他壓根兒不知道在這兒是不需要穿西裝系領帶的，更不知道他如此嚮往的新社會還需要他和土匪一道領略雪山深處的鐵窗風景。十多年後，回憶起那段日子他還心有餘悸。他對我說，那些土匪真可怕呀！，一個個斜眉愣眼，滿臉橫肉，原來只是在美國西部電影見過啊！關了半年，查無實據，落實政策——我們黨是很喜歡落實政策的——於是，放了。於是發回原籍，到重慶南岸一個小得不能再小的煤窯：塗山煤礦當起了礦工。原本在重慶銀行寫字樓過得悠哉遊哉的小白領，現在繞一大圈回來，只能天天提一盞礦燈下井，黑不溜秋的，過著人稱「埋了還沒死」的日子。又過了二十年，四人幫終於倒臺，改革開放了，他接到一紙通知：那個遙遠又遙遠的縣政府寄來的。感謝黨，好歹算是寄來了。政府告訴他，說解放初那一回是搞錯了，特此平反，並補發損失費：兩百元。那一年，姐夫已兩鬢花髮，年逾半百。他用那兩百元錢去買了一把當時特時髦的「鴻運電扇」。他對我說：看！你姐夫一輩子，就值得這一把電扇呢。

文革開始時他還不老，但生活早把它折磨得萬念俱灰。夫妻分居，他只能常年住煤礦的集體宿舍。那不叫宿舍，是上百人群居的大窩棚。上大學時，隔幾個星期我總會去南岸看看他，而他總是沉默寡言，從井下省一個大號加班饅頭讓我吃，然後把我帶到亂七八糟的鋪位間繞去繞來，揀一個乾淨點的地方囫圇睡去。那時候有部階級教育片，叫《燎原》，描寫舊社會安源礦工日子如何之淒慘。每次惡臥塗山煤礦骯髒雜亂的集體宿舍，我都會想起電影裏的佈景。文化革命真夠偉大的，不過短短數月，公然把我姐夫這樣的人也鼓動起來了，成了最早的造反派。

我們家族中還有一位工人造反派，我的表哥。他是舅舅的兒子。兩房單傳，從小受到的溺愛無以復加。小學時我曾和他同班，娃娃中間，他不待說是稱王稱霸的，闖了禍，反正有爹媽給他賠禮擺平。有時我去外婆家找他玩，稍有不悅，他向大人告一狀，結果總是舅母不問青紅皂白將我訓斥一通，繼而「金生長、金生短」地將寶貝小子誑慰不止。「金生」是表兄的小名。如此任性嬌慣的孩子學習成績自然好不起來，和我同班一期便理所當然留級下去，而且後來還繼續留，留得不能再留了，只好參加工作。先在磚瓦廠混泥巴，後又去建築隊當小工。文革來了，好得很！「有朝一日春雷動，得會風雲上九重」。他沒上九重，卻當了個很實惠的小頭頭，腰桿上還別一柄盒子炮，神氣十足。有一次我和他偶爾相遇——他屬於我的對立派「八二六」——只是他全不像當時很多革命同志那樣「親不親，階級分」，為一個政治觀點，一家人反目成仇。他根本不和我探討政治問題。他對政治問題毫無興趣。他很得意地告訴我，說那位原本耀武揚威的街道辦事處主任如今見了他變得如何之畢恭畢敬低三下四；他還告訴我說，某次，他神氣活現帶著隊伍去「端」某街道據點，仗剛打響，突然發現對方也有真傢伙：他嚇得魂飛魄散，拔腿就跑。

家族中所有工人當中，只有成都的五姐夫是唯一的先知先覺。他是駕駛員，文化不算高，一輩子江湖上走南闖北，見識廣，在全中國人民都被搞得如癡如狂的一九六六年秋天，他公然對我說了這樣一句話：你們紅衛兵跳什麼跳？全給人家當官的墊背。不信走著瞧，運動完了，雞還是雞，鳳還是鳳。五姐夫的自信和固執簡直讓我瞠目結舌。

下面還是說在塗山煤礦當礦工的姐夫。十二月某天，他突然來到報社找我，我在重慶上大學五年，這是他第一次來重大。他告訴我說他們造反了，要成立戰鬥隊。工友們知道他的妻弟在重大，還是戰報編輯，特地要他來邀請我前去參會。聽到這消息，我當時一點也高興不起來。我知道我姐夫不是壞人，但理論上卻屬於社會的另類。我擔心他的造反對於他，對於我，甚至對於整個八一五，都不是好事情。但我不能把這些說出來。見我嗎嗎難決，姐夫又討好地慫恿說：不要緊的，你只要去主席臺坐一坐就行了，什麼話都不要你說。只要坐在那兒，保皇派一見「重大八一五」，心裏就發怵。我猶豫再三，讓另一個同學，就是「八一五事件」第二天和我一同秘密北京告狀的舞蹈隊員王泰康跟他去了。回來，王對我說，你姐夫：亞克西（行）！

王不知道，兩年後，在所謂清理階級隊伍的「十二級颱風」裏，我姐夫又被作為「牛鬼蛇神翻天」的典型揪出來，關進煤礦私設的監獄裏，一關又是好幾年，直到四人幫垮臺才「平反」。

這只是發生在我小小家族裏的故事，社會上工人造反者狀況的形形色色有多精彩便可想而知了。對於在類似修道院環境長大的大學生來說，所有這些陌生的社會風景便顯得有些猝不及防。他們理論上可以接受所謂「工人階級偉大」、「工人運動好得很」的結論，但面對千奇百怪的個案，他們只會不知所措。就在上面兩篇文章發表後不到一個月，十二月二十一日，《八一五戰報》便急不可待地出版特刊，發表了編輯部文章：《關於重慶工人運動的幾點參考意見》。該文是筆者所寫，但其中觀點並非報社自作主張，同樣是在全團大會一片吶喊和嘯叫中通過的，代表了同學們共同的忡忡憂心。文章煞有介事提出什麼「必須純潔組織」，「要提高警惕，嚴防敵人鑽入我們的陣營把我們從內部衝跨」，提出什麼「司令部要革命化」；提出什麼「應該保持工人階級勤勞樸素的的本色，不要搞脫離群眾的官僚主義機構和物質設備」，文章甚至還書生氣十足地搬出了在政治學習中輔導員危言聳聽的訓示：「現在，我們應當看到國家還不富裕，世界上還有三分之二的勞苦大眾在受苦，工人階級的歷史使命遠遠沒有完成，因此，我們千萬不能忘記做牛馬的時代，千萬不要忘記世界上的階級兄弟，一定不要貪圖享受，要把世界革命的大旗扛下去，要沿著毛主席開闢的革命航道走到底。」這些喋喋不休的說教，不僅現在看來，就是在當時，也天真得夠可以。難怪人家要說重大八一五「右」了，成了「變相的工作組」，等等。客觀地說，學生們在提出這些主張時候，他們是萬般真誠的。

在這種局勢下，作為領頭羊的重大八一五，當然急於要按圖索驥，尋找工人階級造反派的先進典型了。這個典型必須由真正的大工業產業工人組成，要有很多共產黨員，有勞動模範，所有成員必須歷史清白……總之，他們必須完全符合毛澤東所制定的無產階級的技術標準，一如當今業界的ISO9000、ISO9001之類。這樣，他們找到了紅岩機器廠。

五、關於紅岩機器廠

重慶紅岩機器廠是六十年代新建的內遷廠，位於遠離市區的北碚歇馬場。生產船用柴油機。工廠人員由兩個地方遷來：一部分來自無錫某廠，另一部分來自洛陽某廠，兩個派系的工人便組成了一個「雙民族」社會，兩個派系的代表便組成了一個「聯合政府」。中國人的家鄉觀念無疑是很要命的。古代兒童啟蒙讀物《增廣賢文》有云：「美不美，鄉中水；親不親，故鄉人」此之謂也。如果說老百姓為生活計，從五湖四海走一起來了，只用磨合磨合，最終並不難彼此融彙。麻煩是當官的，權力所誘，兩幫人就很難尿進一把壺了。退一步說，如果上級協調得當，問題也不難解決，反正都是一個共產黨領導啊。而問題恰恰在於，上級派來的工作組偏偏把屁股坐歪了，偏偏坐到了洛陽派一邊，事情就越攪越麻煩了。時間是文革初期，一九六六年六月。市委工作組本是來搞所謂工廠「四清」的。事情還沒「清」，市里的文革運動已鬧騰得風生水響。心裏憋了一肚子氣沒處發洩的無錫派工人，眼見得滿重慶已洪水滔天，學生娃娃又提供了現成樣板，他焉能不鬧？

這樣，八三一事件作為重慶最早的群體工人鬧事，便發生了。

關於這一事件，《八一五戰報》是這樣描述的：

> ……由於工作隊頑固地推行資產階級反動路線，嚴重地打擊了群眾革命熱情……幾個月來，把工廠搞得烏煙瘴氣……八月十五日發生的『八一五事件』把學校的鬥批改發展到社會上的鬥批改了，

鬥爭的矛頭指向了市委，革命的形勢發展很快。

在這種情況下，市委下禁令、封消息……忠實執行市委反動路線的紅岩工作隊更是把該廠封鎖得鐵桶一般！

但工人們迫切要求關心國家大事，紛紛要求到市里看大字報。在他們和工作隊進行了一番艱苦的鬥爭之後，終於在八月三十一日，一千多人一起到市里來了……在市里，他們與總工會的一小撮保皇分子做了兩天兩夜頑強的鬥爭，並於九月一日勝利返廠了。這就是轟動山城的八三一事件。

和當時發生的所有故事一樣，「市委工作隊」「急急忙忙在廠裏拼湊了一個『無產階級紅衛兵』（後改編成了全市性的工人糾察隊）……利用圍攻、鬥爭、盯稍、調職等手法，對『八三一』進行了全面的鎮壓……」和其他工廠發生的故事不一樣的是，在造反派連連得手之時，市委支持的一派工人乾脆撂攤子，拍拍屁股走人了。「工人糾察隊在離廠的時候，把廠裏的生產工具、保管室鑰匙、技術資料等都統統拿走了，給生產帶來了嚴重的困難。比如：……車輛被全部開走了……變電所走了四分之三，鍋爐房有一個中班走光了，水泵站人也走光，閥門也給鎖上了。總機、機要室、武裝部的護廠民兵等差不多走光，公章、公函、採購證等也統統鎖上或帶走……食堂炊事員走了百分之四十……托兒所的炊事員走光……」

那年頭發生的故事都是造反派快快活活地滿世界搗亂而保守派忍辱負重呆在家裏搞生產，紅岩機器廠恰恰反過來了。保守派心安理得出去上訪串聯，而把雙倍的生產任務留下來讓無錫籍的造反派們慢慢享用。八三一的造反派們確實還蠻爭氣的，他們不但把生產堅持下來，而且確實還幹得不錯，據《八一五戰報》載，「提前七天跨進一九六七年」

繼續大段摘引關於造反派弟兄「抓革命促生產」的事蹟顯然太膩味了。當年的虛妄和偏見，如今早已冷卻，已經被時間的泥土深埋為一堆化石，那麼今天，當我們重新扒開那些空泛、華麗的政治外殼，該怎樣解釋他們確實讓人感動的勞動激情呢？

群體的榮譽感。

我以為，這種群體榮譽感，實際上就是常言所說的愛國主義、民族情結這一類概念的微縮版。它是一種超越了物質和功利的文化現象。當經濟的發展讓千差萬別的民族文化走向全球性的溝通與融合，六十年代愈演愈烈的中國階級鬥爭卻讓本已相當狹隘的一國文化變得越來越狹隘。因為這種文化已經太直接地關乎到了這個群體、從而其中每一位個體生命的自身利益甚至基本的生存環境。那年月，你的行為稍有「不革命」，對毛澤東稍有不忠，你的敵人就可以像掐一隻蝨子一樣，名正言順、輕而易舉地將你掐死。為了戰勝洛陽來的對手，無錫人必須表現的非常革命。

根據筆者的日記，我前後曾兩次到紅岩廠調查。第一次是十一月二十八日至三十日。日記有如下一行：「到紅岩機器廠作了兩天多的工廠調查，教益不小，寫了關於該廠抓革命促生產的調查報告一份，擬送中央文革」「送中央文革」到底是怎麼回事我一直不清楚，只記得吳慶舉讓我去，我就去了。造反派都喜歡把自己的事情說得非常神聖，有點像生意人都喜歡把自己的廣告做得很響亮，都喜歡炫耀自己有某跨國集團的特殊背景一樣。吳作為總團「勤務員」尤其如此。大學畢業後的一九七三年，他不知為什麼突然受到市委領導青睞，派去南桐礦區當一個「工作組」的負責人。他從礦區興沖沖地寫信告訴我，說他正在讀克魯普斯卡婭的回憶錄，談到當年列寧在維堡區從事工運，列寧夫人說：正是那段經歷，「使依里奇成長為了真正的無產階級革命領袖」，足見吳慶舉把自己的一舉一動都想像得有多神聖。

我只是個事務主義者，不管當時或者現在，我都料定八一五總團沒本事和中央文革搭上熱線，讓這樣的破文章也能直達天聽。作為小報文章宣傳宣傳當然是不成問題的，反正印刷廠就在自己手上。於是毛澤東生日那天，我們將文章發在了《八一五戰報》的第三期，題曰：「抓革命促生產的好榜樣」。本文前面那些敘述就摘自該篇文章。

第二次去紅岩廠就在第一篇文章發表當天。那天的日記也是一行：「我和吳慶舉到紅岩廠去了，中央要求我們再寫一個紅岩廠的調查報告」次日，二十七日的日記也是一行：「把第二個調查報告完成了，題目是：《閃爍著共產主義光輝的新事物》，由紅岩廠的五名代表帶上北京去了。」這裏的「中央」絕對又屬子虛烏有。如果說沾一點譜，估計讓我們寫這篇文章是新華社重慶記者站出的招，因為後來，一九六七年一月十一日新華社播發的一則消息，確實用了約四百字的篇幅介紹「紅岩機器廠革命造反派職工」提前完成生產任務的事蹟。發表這則綜合消息，是為了配合當天「中共中央、國務院、中央軍委、中央文革」給上海工人造反派的「賀電」，反對經濟主義、打退所謂反動路線的「新反撲」。雖然消息長度不足我所寫文章的十分之一，但我們依然大受鼓舞，畢竟是新華社啊。畢竟是我們抓的典型啊。為了顯示我們對此事的專利，第二天，我們馬上以特刊形式，全文刊登了上面那篇據說是「中央」讓寫的調查報告。

幾十年後，我有機會調查了更多的工人造反個案。七十年代，我本身就曾因為一樁莫名其妙的反革命案件牽連而被弄去正兒八經當過多年工人。這個工廠在雲南文革中鬧得特別起勁。我有了條件完全近距離地瞭解工人們的造反經歷——對比之後，我以為重慶紅岩廠的情況實在沒有太多典型意義，更有代表性的，恰恰倒是我那位當礦工的姐夫和那位從小調皮倒蛋的表哥，還有我在雲南這個有名的「老大難」廠瞭解到的若干個案。比如，廠部造反頭目何某，原來在車間當維修電工，一次，因機床限位開關質量出問題，機頭從床身上衝了出來，廠保衛部門立即認定這是階級鬥爭新動向，於是對何拘押待審，百般盤查，折騰個沒完沒了。還有一鉗工，文姓，五十年代一次班前會，他和團支書發生口角繼而踢了對方一腳，團支書不依不饒，一狀告到廠黨委，文某立即被劃為「右派分子」。不是說工人不能劃右派嗎？那就劃「反黨反社會主義分子」吧！總而言之，名稱並不重要，重要的是他確被送去農場勞教了近二十年。「改正」後和我在同一車間幹活，下班返家，我倆常騎車同行。一次我問：踢人一腳就勞教你十多年，覺得冤麼？不料文師傅豁達一笑，回答：「我踢團支書一腳，就等於踢了共青團一腳；共青團是屬共產黨領導的，我就等於踢了共產黨一腳；踢共產黨一腳，就等於踢了共產黨主席一腳：踢毛主席一腳才勞教十多年，有什麼冤？值！」類似的個案還可以說出許多。

文革開始，這個廠的工人們理所當然把威風八面的保衛科長揪出來批鬥，戴高帽，掛黑牌——這黑牌可不是紙板作的，而是重達幾十公斤的氣缸蓋！用細鐵絲掛起來，往科長脖子上一套，細細的鐵絲便像刀鋒劍刃一般直往保衛科長的肉裏嵌，頓時嵌得鮮血淋淋！

這樣的故事太多了！

紅岩廠成為造反派典型，讓人費解的還有一點是：無錫作為著名的江南水鄉，民風素多溫婉娟秀，為何偏偏讓他們和「造反」這個往往意味著刁民梟雄的概念攪到一起？而不是同一個廠的、來自北方的洛陽人？這一回，紅岩廠的文化大革命偏偏讓強悍驃勇的北人反串了一回保守派的角色。歷史真是開了一回玩笑。

我至今還清楚地記得第一次去紅岩廠作調查的情景。在那個遠離城市的工廠，活動於那些熱情有加的造反工人中間，我沒有感到過半點火藥味，他們全都操著動聽的、音樂般的吳儂軟語。接待我的工人，有一位姓過，叫過文南，除了戲劇《十五貫》裏那位叫「過於執」的昏官，我是第二次遇到這個姓。過師傅精力充沛，一看而知具有南方人的精明。另一位是女工，我記不起名字了，只記得她眉清目秀，讓人想起六十年代名躁一時的風俗畫家徐啟雄筆下的江南採蓮女。她把我安排在不知誰的寢室過夜，事前將臥具全都換洗得乾乾淨淨，還能聞到淡淡的香皂味。剛剛鑽進被窩，我突然發現：在雪白的被單上，她還用圓珠筆認認真真寫了一行字：「向重大八一五小將學習、致敬！」——這個細節對我記憶尤深。在後來的一篇小說裏，我曾把這個細節寫了進去。

這樣，紅岩八三一理所當然成了八一五派的死硬分子，用當時的術語說，就是「鐵桿」、「鋼桿」。幾個月後，武鬥戰火燃遍山城。一九六七年「六・五慘案」（這個慘案後面還有詳述）發生後，根據兩派協定，八一五的武裝力量暫時撤出北碚區，讓給對立派「反到底」。這樣，紅岩機器廠就成為了孤島，習慣於堅守崗位的八三一工人，不幸就成了對方的甕中之鱉。據當時小報載，該年七月八日，「反到底」武鬥組織「猛虎團」、西師八三一等數千人用機槍、步槍、手榴彈、炸藥等，對紅岩機器廠發動突然襲擊，紅岩八三一慘遭敗績。七月二十五日出版的《八一五戰報》成都版，在「國際悲歌歌一曲，狂飆為我從天落」文章中刊出了該次武鬥的死者名單，紅岩機器廠計有四人：黃習琨、吳華明、徐秋林、余春保。聽到消息，扼腕咨嗟之餘，我唯一感到寬慰的是：名單中沒有過文南，以及那位像江南採蓮女一樣美麗的女工。

許多年後，一九八三年的深秋，我有機會第一次去無錫。是參加一個關於交流電機無級變速的技術研討會。我曾利用會餘閒暇時，獨自去舊城的尋常巷陌和寂靜的錫惠山麓低徊漫步，尋訪神往多年的二泉夜月，還有瞎子阿炳悠遠的旋律帶給我的種種遐想與幽思。那一刻，我突然又想起了遠在重慶北碚的歇馬場，那一座孤獨的內遷廠，想起那兒曾經發生過的激情、瘋狂和血案。有一剎那，我突然很自責。我對自己說：如果當初我不去那個工廠，不寫那幾篇大可不必的破文章，不將他們樹成典型，那麼，他們很可能就不會成為八一五的死黨了。他們旁邊，北碚區，不現成就有一個反到底派的主力「西師八三一」嗎？他們完全可能與他們結盟。這樣，在一九六七年七、八月烽火連天的重慶北碚，他們就不會淪為孤島了，也不會被忽然降臨的血洗而死去。

於是我在心裏詛咒：該死的《八一五戰報》！

六、新年的花絮

歷史上任何震撼世界的大革命必定都有它的華彩段。羅伯斯庇爾、馬拉和丹東有他們的一七九三年，列寧、托洛茨基和史達林有他們的一九一八。在這種史詩年代，各派政治勢力之間的鬥爭必然格外複雜和慘烈，這樣年代的故事必然異常悲壯動人，這樣的年代必然英雄輩出。中國的無產階級文化大革命，從本質上說，和法國大革命及蘇俄十月革命完全不是一回事。作為動亂的先驅：學生，僅僅是奉旨造反而已，只不過從若干社會活動的表像看，中國文革與前面兩場革命有很多相似的故事，這些故事中年輕人所表現出的機敏才智和勇敢無畏確也驚心動魄、可歌可泣。必須指出：催生這些英雄故事的政治產房，即人們似乎曾經擁有過的言論自由、集會結社自由、出版自由，等等，都是最高統帥欽賜的。只要最高統帥哪一天不高興了，將這些東西一旦收回，不可一世的「天兵天將」們便什麼事也辦不成了。一九六七年最高統帥還高興著哩，他還需要娃娃們繼續大鬧天宮，還想讓他們鍛煉鍛煉，哪怕動刀動槍動炮。他很輕鬆地說過一句話：你們要打，就像重慶那樣，雙方幾萬人，開大炮！偉大領袖賜給了這麼大的自由，一九六七年還能不精彩嗎？一九六七，是中國文革的華彩段。

在一月一日出版的《八一五戰報》上，我撰寫的「元旦獻詞」記錄了重慶大學造反學生新年伊始的洋洋自得：「一九六七年，我們要砸爛黑市委，直搗西南局，完成一鬥二批三改的光榮任務，我們要清算八二八的老帳，討還一二四的血債……一九六七年，我們在大破李井泉、黑市委的修正主義統治的同時，大立毛澤東思想，我們要到工廠去，到農村去，我們要踏遍蜀水巴山……使毛澤東思想的光輝照亮西南地區的每一個角落！」

同一天的《八一五戰報》還破例同步出版了一期畫刊。畫刊上的幾幅木刻版畫，均為四川美術學院兩位學生的大作。其時該二同學被我們禮聘為美術編輯。一名鄒昌義，現為「川美」繪畫系教授。他在文革中給我印象最深的不是他的繪畫才能，而是有一天他全副戎裝來找我。時間是一九六七年的八月。他氣喘猶急，卻很是開心地對我說，他們剛剛開著坦克去「敵佔區」示威回來。他頭戴鋼盔，腰間掛一柄槍：像是手槍，可槍口粗碩驚人。我正奇怪，他卻快活一笑，爽快地將槍遞過來，說：是打信號彈的哩！沒手槍，只好用這個對付對付。幾十年後久別重逢，見到我，他還像當年那樣親熱地大呼：「狗X的周孜仁！」。另一位叫毛世勳，文革造反，名字也就革成了「毛峰」並一直沿用至今。不同的只是，多彩的人生已經在他的名字前面堆積了許多讓人驚羨的頭銜：報社副主編、大學客座教授、書協副主席……等等。

文革那會兒倆畫家都剛出世道，極樸拙忠厚的。為了方便他們創作，我們報社專門開車去四川美術家協會免費弄來了許多梨木板。梨木板寬平細膩，刻版畫的上好材料，對於兩位窮學生來說，絕對是夢寐難求的極品。這事讓鄒、毛二生非常開心。木板原來的所有者、美協的版畫大師們極不情願地看著我們把寶貝木板一塊一塊搬上吉普車，心裏肯定極端難受。畫家們守在汽車面前認真地叮囑我們小心，別把板子碰壞了，還一再說明這些板子是去川西山區一個叫大樹公社的地方搞什麼政治宣傳時弄來的，來得十分不易。有的木板上甚至已經用鉛筆起好了草稿。於是我想：如果不是文革，板上的這些線條和塊面肯定已經印上全國一流報刊的顯著版面而被推崇備至。

六十年代，四川美協的版畫水平在全國是首屈一指的。還上中學、我還做著畫家夢的時候，李煥民、吳凡、牛文、徐匡、吳強年……這些顯赫的名字都是我心中的泰山北斗。到重慶上大學第二年，一次參加沙坪壩區文化館的美術活動，還專程恭請徐匡先生前來指導。我記得非常清楚，坐在他面前，我有一種高山仰止的感覺。但是一九六六年冬天我們開車前去強拉木板那天，看見畫家們一個個無可奈何地站在車下，眼睜睜看著陌生人把心愛的寶貝拖走，那一刻，我沒有把他們和上面那些名字一一對應。我已經不關心他們誰是誰。還有，看見畫家們悲憫的表情，我有點做賊心虛。木板裝車完畢便一溜煙開走了——我想，藝術家們的眼中，我們當時一定很像保守派傳單上罵的「土匪」和「暴徒」：雖然我以為我們很客氣。

一九六七年的一月，「保皇四軍」已經因為一個月前發生的「一二·四血案」而被搞得狼狽不堪。重慶市委事實上已經癱瘓。他們已經不知道該幹什麼，而事實上也什麼都不能幹了。面對氣勢洶洶的造反派，他們雖然還想做最後一搏，但已經毫無意義，無非是尷尬政治使命結束之前的回光反照而已。

下面摘抄的是一位同學當時的日記。日記主人叫侯念平，重慶大學機械系三年級學生，畢業後曾分配雲南邊疆工作。七十年代初他調回老家重慶，臨行前在昆明珍重地把保存完好的日記本送了我，他說，「您留下吧，以後寫文化革命歷史，您用得上的。」侯念平身材修長而精瘦，沉思的眼裏總有一種憂鬱的神情，讓人想起蘇聯電影裏隨時準備為壯麗事業獻身的青年布爾什維克：瓦西裏、安德列或者謝爾蓋什麼的。事實上，在一九六七年的重慶內戰，他真地扛起半自動步槍到槍林彈雨中去檢驗了自己崇高而荒唐的信念，這使我非常敬佩。侯的日記書寫得整潔規範，而且敘事論理嚴密、嚴謹而且嚴肅，一看而知出自於一位工科學生之手。日記字裏行間所流露的對領袖、共產黨的崇拜，對革命事業的忠誠，還有對於人鮮明的階級愛憎，都和數學推導一樣精確。從日記裏我還知道他有一位非常優秀的妹妹，正就學於中央舞蹈學院芭蕾舞專業，叫小莎。從名字和她的專業准能讓人猜想到她的美麗和可愛。侯在日記裏說他參加一九六六年九月絕食和徒步上京告狀行動，曾和小莎有過一次難忘的會面。兄妹倆極其認真商量的一件事就是：用何種方式、恰當地向父母親傳達京城資訊，要他們儘快把家裏屬於「四舊」的物品主動處理掉，別等紅衛兵上門找麻煩——從日記敘述的口吻，我完全猜想到他的家庭一定很有教養，很值得人羡慕的。邊疆分別時侯留下的日記和囑託，對我是那麼寶貴而沉甸甸的重。我珍重地保留下來——一直到幾十年後，我真地開始用自己的筆，記錄那一段惡夢般的年代。

一九六七年初，侯念平所在的班被派往長安機械廠「與工人群眾相結合」。該廠就是現在製造「長安」牌汽車的著名企業。很大，文革那會兒，它專業製造武器。這些日記，算是當時社會生活的一段實錄：

一月三日：今天下午長安廠舉行幹部大會，學習《將無產階級文化大革命進行到底》……黃順義代表重大八一五戰鬥團上去講了一些話，談得挺尖銳，但不怎麼突出重點，信口開河，有一些赤衛軍派人物感到難受就退場了。

一月四日：……從一月三日起我調換了工作崗位，並且開始實行半天勞動半天搞文化革命的時間制。原來的八小組群眾動得比較好了，現又調到一小組去……現在時間很緊，上午勞動，下午搞傳單、大字報。今日又幫助《九一》鋼鐵戰鬥隊整理材料……生活緊張，但是愉快。

一月五日：今天上午學習《將無產階級文化大革命進行到底》。小組要我讀，於是我邊讀邊講，結合自己通過幾個月文化革命的感受，及瞭解的情況，講了一下。這篇社論寫得好極了，無處不談出了我們心裏話，特別是對頑固堅持資產階級反動路線的人再次明確地指出了出路。對受蒙蔽的群眾給予了很大的教育。現在來廠勞動的學生越來越多，有造反派也有老保……聯絡站人來人往，十分繁忙，一直抽不出時間進廠區看大字報……

一月十日：……近幾日，重慶毛澤東思想工人戰鬥軍，即原工人糾察隊開始大肆活動，一小撮走資本主義的當權派繼續欺騙、蒙蔽一部分群眾，企圖為之保駕。……九日晚廠裏發生由於一輛可疑宣傳車被扣而調動大量戰鬥軍企圖製造衝突。並且一小撮垂死掙扎的混蛋企圖用破壞生產來破壞革命，煽動部分工人罷工。昨日、今日，好幾處地方停工。我廠戰鬥軍今日也進城去了，聚集了上萬人在兩路口一帶堵斷交通。想抄造反軍總部，至今而返。（注：筆者當天日記也有「罷工達到高潮。幾十萬工糾在市內包圍造反軍總部，我們發出呼籲書並奔赴最前線宣傳抓革命促生產」諸語，但具體情況已無從記憶。）

一月十二日：今天與另一同學參加了二十四車間的批判大會。車間指導員死頑固，在鐵的事實面前大出洋相，給保守派極好教育。一個前黨委辦公室副主任，在鐵的事實面前覺醒了，揭發了許多問題……

一月十三日：我們車間今日也開批判大會，會開得比較好……

一月十四日：今日全廠召開批判廠黨委執行資產階級反動路線大會，開得較成功，會後，造反派一舉接管了電臺（廣播站）、印刷所，讓這些為資產階級反動路線服務的工具重新回到人民的懷抱。一切權利歸左派。……今日我們車間一些人去紅岩831參觀，我和劉雲生作八一五代表前往。同行的有車間主任、管理員、老師傅及造反派共20餘人。

一月十六日……今天，我八一五戰鬥團採取了革命行動，一舉接管和砸爛了設在重大的一切保皇機構……戰果輝煌。我參與了砸工人戰鬥軍司令部的行動。我們擠開了用床、沙發等物抵著的原專家招待所的門，衝入房內，又把擋在樓梯上的工人戰鬥軍拉下來，衝上了樓，一舉攻佔了他們的司令部……我們總共繳獲了黑材料、數十萬張紙、油印機、油墨、喇叭、電子管、麻餅、香蕉、造謠傳單、廣播機……。這個行動，大長革命造反派志氣，大滅資產階級保皇派威風……晚上我們通過了對重慶黑市委的通令，勒令以魯大東為首的黑市委18日晚12點以前到我校報到，23日公開向全市人民做檢討，否則格抓格鬥勿論，並勒令解散市文革（筆者注：「通令」發出後，副市長段大明、候補書記丁長河、書記處書記廖蘇華、書記處書記魯大東確實均次第按時報到，分別安排在各學生寢室住宿，由專人監管。事後檢點，只有書記處書記岳林缺席，據說已被交通學院9－5戰鬥團的造反派們提走了。）

「交院九一五」擅自抓走岳林這件事，顯然是對重大八一五權威地位的公然蔑視。事實是：事情發展到一九六七年初，蔑視重大八一五權威地位的，已經不僅僅是一個交院九一五，而是整整一股暗中崛起的政治勢力。他們雄心勃勃、摩拳擦掌，下決心要在即將開始的全市奪權中重新洗牌，和重大八一五及其附庸一決雌雄。這股力量的代表是：黃廉為首的工人造反軍、西南師範學院八三一縱隊和交院九一五戰鬥團。他們背後，則是來自天子腳下的首都紅衛兵第一司令部和第三司令部的駐渝聯絡站。

重大八一五憑自己的本事造反起家，僅按時間早晚排序，在全國也算名列前茅，而且人多勢眾。他們從來不把這些來自皇城根兒的御林軍看在眼裏，對他們的指手畫腳從來置若罔聞。這讓京片子們無法忍受。他們下決心要讓這幫「土老財」嚐嚐「北京來人」的厲害。還有，後來幾乎主宰了整個四川命運的四川大學八二六戰鬥團，對於重大八一五這個山城地頭蛇公然跑去自己的地盤：省會成都招搖過市，也甚感憤憤。他們毫不猶豫站在反對派一邊。最後，大名鼎鼎的羅廣斌，不也正帶領著「一二・四慘案赴京控告團」堅守北京嗎，在十二月十七日北京工體的大會上他已經出足了風頭，正信心十足地等待中央首長再次接見，面授錦囊呢。

只是沒有時間了。全國全面奪權已經進入倒計時。羅廣斌實在太缺乏耐心。和他同樣落泊的「受迫害幹部」而後來險些兒當上「四川王」的劉結挺張西挺夫婦，當時的境況其實和他大同小異，可人家就老道得多。老婆帶幾個隨從待在北京做報告、造輿論、拉關係，老公則留在四川與造反派接應周旋。權威材料介紹：張留京期間，共作「控訴」報告五、六十次，聽眾三十多萬人。報告會的主辦單位包括：中央辦公廳下屬某單位、中央監委、新華總社、《人民日報》社、北京大學，等等。還特別出版張西挺《獄中日記》，細說李井泉、西南局對夫婦倆的迫害之如何殘酷，以及夫婦二人不屈不撓堅持鬥爭的高風亮節：雖然事後許多人都對「日記」的真實性表示懷疑。

其實，即便該「日記」千真萬確，其名氣和影響與《紅岩》相比，也差著好幾個數量級呢！劉氏夫妻的優點就是能等——這很要命——而他們確實等到了輿論造足，等到了上層關係攀附得很可以，等到了殺氣騰騰的「二月鎮反」不僅結束而且挨了中央狠狠一頓剋，時來運轉，二人這才風光無限地得勝凱旋。政治鬥爭是極其需要耐心的。王莽謙恭下士，劉玄德後園學圃：中國古代的政治家、陰謀家早就在韜光養晦方面提供了許多經典模式。再來看看羅廣斌，文人一個，連起碼的知識都不懂，能成什麼氣候？古人云：「秀才造反，三年不成」，就羅廣斌的個人命運而言，算是不幸言中了。一月十一日，羅等人從北京匆匆忙忙回到重慶，其時，所謂「一二・四烈士」這一要害情節已被證明純屬虛構。

再說，離開重慶一個月，文革鬧劇已經又交給山城百姓許多更為精彩的話題，羅廣斌押上巨大賭注的「一二・四慘案」，這個題材已很難再炒作出什麼轟動效應了。還有，企圖取代重大八一五地位的所謂「聯合指揮部」也無可懷疑地被人砸掉……可以猜想，出現在羅廣斌面前的一九六七年歲初的重慶，讓他心裏實在有點煩。好在沒有回來之前，弟兄們還沒有閑著，還做了幾樣事讓人感到爽爽的：一月六日，首都三司、一司渝辦、工人造反軍、西師八三一和交院九一五等代表，在牛角沱客運站急會密商，統一了鬥爭策略：就讓重大八一五去對付老保好了，我們就集中力量反反他們的「右傾」。在中國，反右總不會錯的，而且非常愉快。三天後，川大八二六戰鬥團駐渝辦先行發難，召開大會批重大八一五右傾：初試啼聲，雖未一鳴驚人，甚至被蠻不講理的重大學生造了反，但畢竟在老虎窩裏摸了一回「老虎屁股」，表示了自己的存在，勝利就不小了。羅廣斌回渝當晚，立即在市文聯召集上述各弟兄聚會，商議繼續「反右傾」、「踢開重大八一五」、由工人造反軍主持全市奪權諸事宜。

造反派內部「倒八」的程式從此正式啟動了。

對於這些活動，重大八一五壓根兒也沒看在眼裏，無非是幾個蒼蠅碰壁罷了。仔細檢看一月二十七日以前的所有報紙，看不到任何關於反對派活動的消息、以及以總團名義對此的表態，只是在一月十四日「關於山城八一五派中一些問題《八一五戰報》答群眾問」中輕描淡寫地說了如下一段話：「有的人，他們儼然以『當然左派』自居，瞧不起群眾，到處指手畫腳：這個組織『右』，那個組織『修』，惟獨老子最革命，以『永遠的少數派』為自豪，孤家寡人，個人突出；有的人，他們熱衷於僅僅拼刺刀，猛衝猛打，但是到運動深入到了要最大限度地團結群眾，建立廣泛的革命統一戰線的今天，他們卻不願意用階級分析的方法去對待嚴肅的政治鬥爭，只想衝個痛快，鬧個舒服。」

尤其奇怪的是，不管多熱鬧，到一月二十七日，《八一五戰報》第八期出版，轉載完《人民日報》社論「無產階級革命派大聯合，奪走資本主義道路當權派的權！」便突然宣佈終刊了。這有點像古代將軍在得勝凱旋路上，偶遇幾個打家劫舍的綠林小勇，他根本不屑一顧，虛晃一槍，便絕塵而去。

《八一五戰報》為什麼突然停刊？具體細節現在

已經想不全了。就我個人而言，至少對於停刊是很樂意的，說明革命馬上就該成功了。我應該趕快躬身其中感受勝利的歡樂，而不能老是呆坐在靜悄悄的編輯部舞文弄墨。一月二十四日的日記記錄了這種急不可耐的情緒：

> 滿街都是老保們戴高帽遊街。形勢發展很快／全國全面的奪權鬥爭已經展開／毛主席指示軍隊介入地方文化大革命，支持造反派／八一五的同志們還有什麼心思坐下來整風？不行了，殺出去，奪權！奪權！奪權！我們革命造反派想的是奪權，說的是奪權，幹的，也是奪權！／整風暫停，大家又殺出去了。／我真不想坐在編輯室裏，人都憋死了！

此前兩天，即北京正式號召全國奪權的二十二日，日記記錄了我在重慶奪權狂潮中的所見所聞，那天我「到八一印刷廠去（筆者注：報紙創刊後發行量增加很快。開始約為兩千至三千，不久便增至一萬多甚至兩萬。重大那個小廠的印刷能力遠遠不夠，從第五期起就改在八一印刷廠這個正規廠家印刷了。印刷質量看得出來，第五期及以後的報紙明顯比前四期好得多），順道去南岸，今天在城裏逗留一會，晚上回來了。」日記寫道：「解放碑又是水泄不通。正在開大會。什麼大會呢？老題目，新內容，就是那個八・二八。現在很多所謂的受害者都出來倒戈了，成立了『八・二八兵團』，到解放碑開控訴大會。所謂神醫季開陽等等，均被抓上臺掛以黑牌，冠以高帽，實在狼狽不堪。」

所謂「八・二八慘案」，是重慶市委為對付造反伊始的八一五而編造的一個謊言，說是重大學生在一九六六年八月二十八日那天，圍攻了江北區下橫街小學，把女教師的衣服拔光、頭髮拔光，遊街示眾。還有，他們用兩塊門板，把一個駝背老師夾在中間施壓整型。還有，有個老師被打成「脾破裂」，應該是不治之症了，後經季開陽大夫救治得以劫後餘生。在民風樸枘的當時，這些過分誇張的恐怖故事本來是很容易不攻自破的，可八一五畢竟剛剛出道，面對重慶市委精心策劃的大圍攻，和「保皇派」鋪天蓋地的傳單流言，一時間確被搞得驚慌失措，甚至不得不數千人星夜北上，去首都求救。時間是九月三日，學生們絕食兩天，無果，以困乏難耐之身，徒步行走數十里方得上車。其情其景，很有點紅軍撤離中央蘇區時的悲壯與淒滄。沒承想僅僅幾個月工夫，事情就完全翻了個個兒——八一五的得意激動之情，可想而知。

在那一天的日記裏，我驚異地發現了一段極為倉促的記錄：

在大街上，人的海洋裏，我看到一雙特別熟悉的眼睛和那張白皙的面孔，是她——就是過去『我相信我有一句話要對她說』的那位姑娘。她正和另外一個同學一起。很久沒見了。久別重逢，砰然一震，什麼也沒說就走了。心裏老不平靜。真的，太不平靜了！

在滿紙激言奮辭的日記中突然跳出這些純屬私人情緒的話語，實在有些唐突，也說明這個女孩在我生活中曾經多麼重要。請讀者原諒我需要費些筆墨對此做出解釋。因為我既然無可回避地成為了那個特殊時代的產兒，我所有的生活理念、行為方式甚至最隱密的私人情感，都必然帶著那個時代的胎記。我是把自己也作為一具標本的。我解剖自己，也是對我們曾賴以生存的時代的剖析。

在一部尚未完成的小說裏，我這樣記錄了我無言又無望的初戀：

第一次看見她，是在大一。大學一年級下期。夾竹桃鮮花盛開的季節。那年我十八歲，正是情竇初開的年紀。

校園裏夾竹桃極多。花開時節，紅白相間的花枝就蓬蓬勃勃，洪水一樣往道路中間洶湧，本來就擁擠的校園小路，就越發擁擠了。

命運註定我要和她窄路相逢。

我不知道她叫什麼名字，不知道她在哪個系哪個班，尤其糟糕的是，在比肩接踵的人群裏，我們每天相逢，匆匆邂逅剎那，我完全不知道她為什麼偏偏要向我微笑？目光如電，總讓我心跳難平。

很多很多年前，有一個寂寞的夏日的午後，我記得我曾在長滿青稻的平原上踽踽獨行，倏忽間初雷乍起，我驀然回首：在遙遠又漫長的地平線的上頭，在充塞天際的浩涵雲團中間赫然跳出一道白亮亮的閃電，將整個平原照耀得一派輝煌。我欣喜萬分又恐懼萬分。我以為我偷窺了宇宙的秘密。我渴望輝煌的奇跡再次出現卻又畏懼上蒼的懲罰。如今，走在長滿夾竹桃的小路上，我和她的眼睛天天相逢又倏然離去，我總會想起那一條遙遠的地平線和那一道輝照宇宙的閃電，我總會渴望，又喘喘不安。

那時候我剛剛讀到了泰戈爾一首無題詩，開頭幾句是這樣的：

我相信我有一句話要對她說
當我們的目光在路上相遇的時候
但是她走過去了，而這句話
卻像空船，在時間的每一陣波濤上搖盪
那句我要對她說的話

它的朦朧和準確讓我震攝不已，而且從此後日日都強烈地催動我甜美而陌生的心跳。我確信我愛上她了。這種情緒如此強烈，難以抑止，但是卻我不敢承認它。大學整整五年，我甚至連和她說話的勇氣都沒有。日復一日的反修大辯論、階級和階級鬥爭教育以及社會主義教育運動，隨時都在告知我們，整個世界正在墮落並等待拯救，偉大的黨所賦予的使命那麼神聖而激動人心。任何兒女私情都是不可寬恕的罪愆。我只巴望著為黨作一個「馴服工具」和一顆永不生銹的「螺絲釘」。這不是一個人，而是整整一代人的悲劇。漫長的大學時代，整整五年，「那句我要對她說的話」，只能「像螢火般在我心頭閃爍／在絕望的朦朧裏／尋找它自己的意義」。三十年後，我去了深圳，按照習慣的說法，我「下海」了。我和我的過去徹底告別：「鐵飯碗」、幾十年工齡、高級職稱和公房，開始真正以獨立的個體面對整個社會的挑戰。這時候，我才確信多年來我被扭曲、異化和泯滅了的個人自信、尊嚴和追求已經得以涅磐，於是我回到重慶，大膽約會了她，並且向她表白了鬱積幾十年的情懷。我對她說，我想對你講一個漫長的、無言而又無望的愛情故事，要聽嗎？她點點頭，還是用大學時代我曾熟悉的眼睛微笑。這是一個七月的雨後，沙區公園滿目青蔥。隔著圍牆，便是埋葬有四百三十三具冤魂的著名文革死難者公墓。公墓旁邊那座尖塔高聳的基督教堂正在修建中，還聽不到莊嚴的讚美詩和徐緩的晚鐘。靜靜的湖水裏只有我們一隻小舟。我給她背頌了泰戈爾的朦朧詩。她突然問我：當初，你為什麼不向我表白啊？

那一年，她已經兒女成行，我也年屆半百。

一九六七年一月那個下午，當我得意洋洋地從解放碑走回學校，我覺得我是一個征服者，我覺得整個城市很快就會因為我們而得救。因此，當看見她和「另外一個同學」同行（這人就是她後來的丈夫），我覺得是在勝利凱旋時刻，突然遭遇了無法回避的尷尬。我當然不願意承認這個失敗，因而只敢在日記上草草記了上面幾行文字。如果需要補充，那就是：那一刻——我至今記憶猶新——我很滑稽地想起了革命小說、當年我的生活教科書：《鋼鐵是怎麼煉成的》，風雪築路工地上，保爾・柯察金突然遇到了冬妮婭、和她的「資產階級丈夫」。

我連招呼都沒給她打一個，便高傲地擦肩而過。

批鬥西南局高官現場。現在看來，很像一幅地獄變相。

七、革聯會的誕生和羅廣斌之死

《八一五戰報》出刊總是很準時的，平均每週一刊。但第八期和第九期卻間隔了將近一個月。前面說了，這絕不是疏忽，而確屬停刊。因為二月十八日出版的第九期明白標上了「復刊號」三字。也就是說，這二十多天的生活，和《八一五戰報》沒有太多關係。而奪權作為文革的重要一節，我有必要把它記錄下來。

重慶造反派零零散散的奪權早就開始，大規模的行動，則是從一月二十一日開始的。那天晚上，中央人民廣播電臺播出了次日的《人民日報》社論：《無產階級革命派大聯合，奪走資本主義道路當權派的權》。社論稱：自下而上奪黨內走資派的權，是「文化大革命的一個新的飛躍」「是國際共產主義運動中的極其偉大的創舉」，「是毛主席對馬列主義的重大發展」為了讓虛榮的年輕人萌生類乎於「十月革命」的神聖聯想，社論故意把上海造反派的奪權稱之為「一月革命」。可惜的只是：這兒沒有圍打冬宮的吶喊、沒有阿芙樂爾戰艦的隆隆炮響，也沒有波羅的海水兵在大街嚓嚓走過，沒有穿皮夾克的衛隊長，一邊用梳子刮著頭髮，一邊對資產階級政府的官員說：先生們，你們的工作結束了，從現在，直到永遠。

重慶市的政權機構：市委和市人委及下屬部門事實上早就癱瘓。重慶奪權，無非按照中央意圖履行某種手續而已，沒有任何戲劇性的衝突和值得讓人記憶的精彩情節。唯一印象深刻的是：鄒昌義，就是上面曾經提到的四川美院聘來《八一五戰報》的美編告訴我，說他們學院那一幫前衛派小子對參加奪權這一歷史時刻非常珍惜，在順利收繳了各種印章後，均站在市委機關寬大的辦公桌前，模仿宣傳畫上工農兵英雄人物的流行動作，左手握毛語錄本護身，右手則作天王托塔狀，舉印章一枚，逐一拍照留念。當時滿街都是鼓動奪權的宣傳畫，畫上代表政權的印章都碩大如斗，而市委的印直徑只有三十六毫米，舉在手上一定是很滑稽的。

山城重慶連日連晚地遊行歡呼。以重大八一五為首的重慶紅衛兵革命造反司令部，卻正在設於少年宮的總部忙於分配權利。社論發表次日，總部緊急召集各種組織代表舉行聯席會議進行奪權部署。當時，雖然學生、尤其是重大八一五事實上一直高踞於整個重慶政治的主導位置，但理論上，卻必須就如何體現工農兵為主體進行奪權作出解釋和安排。這樣，應邀參會的組織就不能光光是些學生娃了，它應當確保工、農、商等各種行業的代表，以免授人以柄。次日，學生代表和應邀參會的二七戰團、紅農八一五、財貿八一五等工、農、商界代表在同一地點再次開會協商奪權諸事宜。兩次會議後來被反對派稱為重大八一五一手操控的「分封諸侯」會議。

對於學生娃娃一哄而起的奪權行動，毛澤東肯定是不放心的。奪權號召發佈的第二天，即二十三日，中共中央、國務院、中央軍委、中央文革馬上又發佈了《關於人民解放軍堅決支持革命左派群眾的決定》傳達毛的指示。《決定》稱：「凡是真正革命派要找解放軍支援、援助，都應當滿足他們的要求。」稱：「問題不是介入不介入的問題，而是站在哪一邊的問題。是支持革命派還是支持保守派、甚至右派的問題」。駐節重慶的五十四軍聞風而動，韋統泰軍長、謝家祥政委及藍亦農、劉潤泉、唐興盛等高級將校，迅速召見重大八一五總團勤務組周家喻、黃順義、吳慶舉、秦安全、熊代富、查正理等十餘人。這支四野鐵軍作風嚴謹，紀律嚴明。軍長韋統泰將軍，山東好漢，在衡寶戰役、朝鮮戰爭和中印邊界反擊戰中戰功赫赫。韋時年五十，肩寬腰圓，威儀棣棣，典型虎將風範。韋軍長在接見中毫不含糊地指稱重大八一五是「左派組織」，表示堅決支援，同時要求重大八一五主動聯合其他造反組織聯合奪權。會上，軍長還向學生領袖推薦了一大堆最佳合作夥伴，包括財貿系統造反派頭頭王紹川、軍工系統陽增泰，革命幹部段大明、甚至還有八一五造反第一時間就堅決要打倒的「鎮壓革命運動的劊子手」、市委書記辛易之。

三天後，二十六日，重慶地區七所軍事院校學生武裝遊行，十六輛軍車在山城街頭隆隆駛過，年輕軍人一路高呼：「八一五好得很！」「堅決支持八一五的革命行動！」再一日，軍事院校學生在大田彎集會，重申立場。再一日，駐軍兩千指戰員武裝示威，對重大八一五等造反組織及其奪權行動表示堅決支持。

共產黨是靠槍桿子奪取天下的。毛讓軍隊出面干預，這就確認了事實的合法性。從駐渝部隊表態的遞進過程可以看出來，五十四軍向群眾陳述自己政治立場是很講究技巧也很有層次的。事情已沒有任何懸念。「重慶市無產階級革命造反聯合委員會（簡稱革聯會）籌備會」迅速組成，正式接管了重慶市黨政機關一切權力。二十九日，重慶三十餘萬八一五派群眾在大田灣體育場舉行「無產階級革命派大聯合、大奪權、抓革命、促生產誓師大會」，宣佈造反派的奪權行為已經結束並且合法。會上，原市委第一書記任白戈、書記處書記魯大東、辛易之、孫先余、魯大東、廖蘇華及西南局宣傳部部長劉文珍等全部被揪到會場批鬥，按照慣例，一律高帽、黑牌、「噴氣式」侍侯，而後遊街示眾，遊行結束，還當眾焚燒劉少奇、鄧小平像——盛典勝利結束。

筆者有幸保留下來的一張新聞照片真實記錄了那次大會的現場。層層疊疊的主席臺前立滿了層層疊疊的高帽。高帽尖如古塔，高約一米許至於幾米，遠遠望去，尖帽如林，彷彿劍鋒之直指長天，紅衛兵一聲斷喝：向毛主席低頭認罪！如林高帽又嘩啦啦一齊倒向傾斜，有怒射天狼之概——場面蔚為壯觀，頗多電影國師張藝謀鏡頭之風，很有視覺衝擊力。

大規模戴高帽遊街活動始於一九六六年八月十八日所謂「紅衛兵節」後，百萬小將在天安門廣場朝覲既畢，就開始在全中國大幹了。史料記載，重慶的「破四舊」自八月二十二日始。由市委統一佈置，公安機關配合，官辦「毛澤東思想紅衛兵」具體實施，大規模地對「專政」對象進行抄家、封門、體罰、毆打，輔之以戴高帽、掛黑牌遊街，以長革命志氣，以滅敵人威風。自此後，被批鬥的人越來越多，高帽水平也越做越專業，尺寸越做越大。既然走資派可恨如斯，批鬥會的高帽就不僅高而且大了，大得常把臉面全掩了，這就須看黑牌上的名字方知道挨批者為誰。我有幸保留下來的一張新聞照片情況就如此：駭然第一位是「黑幫分子劉文珍」，其餘任某某、魯某某、辛某某及廖某某諸人名號僅依稀可辨，需和文字資料對照，方知被戴帽者身份。

粗略一算，臺上這些受辱者從教唆年輕人給別人戴高帽到自己被戴高帽，前後不過半年時間，真有點「你方唱罷我登場」的意思。又從資料看，任白戈一九〇六年生，一九六七正好為花甲次年；魯大東一九一五年生，應為五十二歲；廖蘇華最大，降誕年月暫未查得，但任白戈都管她叫大姐；再有，據《楊尚昆回憶錄》載：一九二六年楊初到上海，「四川進步青年」廖蘇華已先期在那兒從事革命活動了，年齡當比楊大許多，如此算來，那天挨鬥，她是快奔七十歲的老太太了。以風燭殘年之身而讓年輕人反剪雙臂，硬壓頭頂，勉做「牛不飲水強摁頭」之狀，當是很殘忍的一件事。

幫助我回憶這次大會的KEYWORD還有這樣一件事：當天深夜，突然有人來學生宿舍敲門，接著用汽車把睡得迷迷糊糊的我拉去《重慶日報》，接著由總編室一位中年女士給我交代任務。女士戴著一副很酷的眼鏡，儀態優雅，典型貴族氣質。我早就聽說過她：報社名記者沈世鳴。沈要我馬上寫一篇歡呼文章並說當即就要發稿。她的語調輕緩柔曼，但要求卻顯然不可動搖。我就在她旁邊胡亂檢一張桌子坐了。我想當時我的寫

一九六七年一月二十九日，重慶八一五派奪權慶祝大會。西南局及重慶市高官被悉數押赴現場批鬥。高帽林立，如劍指長空，蔚為大觀。

作狀態一定極佳，稀裏嘩啦一氣呵成，自有「日試萬言，依馬可待」的感覺，非常得意。文章題目俗套至極：「千鈞霹靂開新宇，萬里東風掃殘雲」，署名「紅鋒」，文題和筆名現在看來都十分噁心。很有風度的女記者異常平靜地看過我的文章，很快PASS了。她什麼話都沒有說，不管讚揚的還是批評的，像有心事重重——後來很快知道了，就在全市奪權不久，她斷然參加了我們的對立派：這消息讓我莫名其妙有些悵然。

我們已經看到，關於重慶的所有奪權活動，幾乎都是在重大八一五、或者以重大八一五為首的重慶紅造司主導下進行的。平心而論，重大八一五的權威確實不是誰封的，而是幾個月文革動亂造就的一個客觀事實。支左駐軍首先接見他們，與他們取得共識，這無疑又大大加重了他的政治砝碼。一般說來，作為工科高校的重大，它的學生與追求浪漫、創造、從而更加情緒化的文科學生相比，要更多一些理性、務實、固執和秩序感。對於最講究秩序的軍人，要選擇重慶大學而不選擇西南師範學院，完全是一拍即合的情理中事了。

西師八三一這一下子當然不高興了。不高興就要要點娃娃脾氣。二十四日下午一時，根據二十二、二十三日「分封諸侯」會議的決定，重大八一五主持對市委機關的奪權，他們如期來了，而主持市人委（現在的市政府）奪權的西師八三一偏偏不按時就位，最後根本不來。主持人缺席，只好匆匆忙忙調集其他造反派前來將收繳的印鑒、鑰匙、文檔等封存，待處。

政治鬥爭中要點小孩子脾氣、患點「政治感冒」之類的「小病」，有時當然不失為一種要脅對手的手段。袁世凱不是謊稱「腳疾」，和急於要他出山的清王朝討價還價嗎？文革後期，因為不滿政局而「小病大養、無病呻吟」的老幹部，不是大有人在嗎？這樣做的前提是：你必須有足夠的實力做後盾，方能待價而沽。重慶八一五對立派的實力不過五月的黃瓜剛起蒂兒，嫩著呢！你要娃娃脾氣有什麼用？權利的誘惑大得很，你不幹，反正有人幹。按當時的話說，就是「地球照樣轉動」，就是「死了張屠戶，不吃混毛豬」。

生米馬上就要煮成熟飯，「新生紅色政權」已成立在即，反對派這才有點作慌了，他們感到有必須採取實質性行動了。一月二十九日「革聯會」籌備大會召開，把反對派逼向絕境。第二天，一月三十日，重慶工人造反軍、西師八三一戰鬥縱隊及首都三司駐渝聯絡站等四十多個造反組織旋即在人民路小學正式集會，搞起一個反革聯會的「聯絡站」，並向中央發「加急電」——可惜郵局拒發，我們只能在二月九日出版的《首都紅衛兵》重慶版創刊號上讀到這則文本。電文主要內容如下：

> 以重大八一五戰鬥團周家喻為首的一些群眾性組織的領導人，執行了一條右傾機會主義和右傾投降主義路線，他們完全違背了毛主席關於大聯合大奪權的指示，完全違背了毛主席的群眾路線，客觀上迎合了黑市委的需要，於一月二十四日，以重慶十二所大專院校學生為主體，以重大『八一五』為核心，排斥了所有的工人革命造反組織，單方面的接管了黑市委和重慶市的全部市一級黨政領導機關的大權，為了使這種非法接管合法化，他們於一月二十六日拼湊了一個『重慶市無產階級革命派大聯合大奪權，抓革命促生產誓師大會籌備處』，這個處的周家喻等結黨營私，拉攏一批工人組織的領導人，排斥大多數工人革命造反組織，拉攏一些追隨右傾路線的外地學生，排斥與之作鬥爭的來渝串連革命師生。一月二十九日這個誓師大會發表的緊急通告，竟宣佈由大會主席團組成重慶無產階級革命造反派聯絡總站，這個由周家喻等一手炮製的、排斥了大多數工人革命造反組織的、根本違反巴黎公社原則的聯絡總站，接管市委市人委的一切領導權。這一系列行為，激起了全市廣大工人革命群眾的強烈不滿和堅決抵制。我們認為，這不是真正的奪權，而是假奪權，這不是真正的大聯合，而是在搞分裂。其實質是欺騙群眾，使黑市委竊據的各種大權名亡實存，使我市文化大革命流產。」

因廣彬同志姓「羅」，工人造反軍總部司令叫黃廉，該組織後來被八一五派戲稱為「廉羅棧」。

「加急電」發出了，西師八三一等迫不及待又提出了一系列政治訴求：「革聯會是大雜燴」、「踢開重大八一五，自己鬧革命」，等等。這些口號中最不明智的當是公開指責革聯會是「槍口下的大聯合」，把矛頭直指毛澤東也不敢輕易動作的政權柱石：軍隊。這實在犯了兵家大忌。其時大學生政治智慧之稚嫩，由此可見一斑。重慶反對派所有政治主張的核心是：「砸爛革聯會」，因此他們便有了一個文辭不雅但音節十分響亮的名字：「砸派」。因文辭不雅，幾個月後，位居四川省革籌副主任之尊的劉結挺來重慶視察，便親自給取了個新名字，叫「反到底」。

「砸派」聯絡站的成立大會尚未結束，二月一日，便有與會者到重慶大學告密。總團聞之大驚，當即決定還以顏色。時間是中午，總團團部突然派人趕來報社，要我以最快速度起草一份文稿揭露對方的陰謀。緊接著全團動員。地點還是在松林坡禮堂。會場氣氛十分激憤。我走上講臺宣讀文稿，全場頓時鴉雀無聲。那一天我成了真正的主角。我的文稿一定寫得很快而且很棒，我的朗誦也一定鏗鏘有致，宣讀剛剛完畢，風暴一般掌聲頓時響起來：通過！

我再次說到自己「日試萬言，依馬可待」的寫作狀態，並非還要為廉價的成功──如果也算是成功的話──沾沾自喜。絕不是這樣。俄羅斯哲人赫爾岑曾這樣描述過農奴制度下的「下等人」，說他們「有一半的孩子氣：一點小事情就會使他們高興，一點小事情也會使他們傷心；他們的慾望也很有限。這些慾望與其說是不道德的，倒不如說是天真的、合乎人情的。」我們不是「一半」而是「整個兒的孩子氣」。我們剛剛被送進政治幼稚園，掌聲和詛咒是我們的搖籃曲。

我還必須補充的是，為了論戰的需要，壓根兒未做過作家夢的我，對文學表現出了巨大的熱情。有這麼一個觀點，說戰爭的需要曾有力刺激並推動了科技進步。文革也是一場殘酷的戰爭。年輕人的潛能和智慧在文革期間被最大限度地調動，甚至透支──我就是這樣。那段時間，我是那麼貪婪地閱讀《史達林時代》，閱讀《第三帝國的興亡》，閱讀楊朔的散文，郭小川和賀敬之的詩歌，還有《古文觀止》、《為徐敬業討武曌檄》……半年前開始的文革，曾在「破四舊」旗幟下瘋狂地焚書毀籍，而同一場革命卻很快讓我像田鼠一樣在文化荒漠中貪婪地找尋殘留物餵養自己。這真是奇怪的現象。幾十年的歷史已經證明了，正是因為這一段生活讓我受到了太多懲罰，甚至整個人生命運都為此而改變。但我並不後悔。是的，我以為我理該為自己的荒唐付出代價，同時我也以為，正是從那時開始的文字訓練，使我有可能像刑余的史臣，以時代書記員和見證人的名義，痛苦而忠實地寫下那段不幸而又有幸遭遇的歷史。我為此竊感欣慰。

文稿緊接印發各戰鬥組抄寫成大字報若干。幾千人傾刻出動，一個下午便將全市七區三縣大街小巷覆了個密不透風。

現在輪到羅廣斌了。八一五決定擒賊先擒王。可以這樣設想：如果歷史可以重新書寫，羅廣斌當初真不該從渣滓洞裏逃跑出來。事到如今，一個現成稱謂就足以把他碾為齏粉：「叛徒」。更何況他在文藝界混跡日久：那本來就是毛最不放心、最想要打理的角落。三十一日，北京航空學院紅旗戰鬥隊駐渝聯絡站首先發難。散發傳單並張貼大字報，明確定義羅「歷史有問題」、「是周揚黑線上的人物」、是「革命造反派內部的定時炸彈」、是「山城頭號政治大扒手」、「是埋在山城革命造反派內部的一顆定時炸彈」。二月三日上午，砸派戰友看到羅廣斌故作鎮靜的談笑風生，當是這位大作家最後的微笑了。時間是上午九時許，羅來到設於人民小學後樓的聯絡站，西師中文系教師楊向東笑著問他：「老羅，有人說你是埋在造反派內部的定時炸彈，那你好久爆炸？」羅哈哈大笑道：「黔驢技窮，不屑一顧！」又問：「人家說你想當市委書記，有野心。」他依舊笑道：「我還嫌市委書記太小了哩！」

這是密友對他的最後印象。

重慶紅衛兵革命造反司令部已經發出「通令」：抓捕羅廣斌。砸派的力量實在太小了。自顧不暇呢，誰還能保得住本身就有軟肋的作家？二月五日，重慶建工學院八派紅衛兵，輕而易舉將羅廣斌從市文聯的家中綁架，抓走了。

精神領袖被抓，參加聯絡站的組織有點群龍無首，三三兩兩，悄然退出了。砸派的始作俑者西師八三一為挽回面子，硬著頭皮向重大八一五下貼挑戰：二月六日，在重慶市中區的標誌性建築物解放碑前，舉行公開辯論會。

這是兩派首領進行的最後一次僅僅用語言的平等較量——以後的較量完全就用暴力、甚至槍炮發言了。八派主辯為重慶大學周家喻、秦安全、熊代富，砸派主辯為西師周榮及其他成員。重慶的早春總是陰晦的，而那一天偏偏淫雨霏霏，寒意就顯得特別濃重。熱烈火爆的重慶人沒有讓解放碑冷場。輻條四射的街道上人山人海，連樓房上都人頭攢動。平心而論，文科高材生周榮是極具辯才的，縱橫捭闔，妙語連珠，一招一式都很具煽動性。只是面對工科學生邏輯嚴謹、推理縝密、不緊不慢的防守反擊，他顯得越來越力不從心。開始，以主席臺為軸心輻射而出的四條大街上一直闃無人語，所有市民都屏息靜聽。辯論至一半，周圍大樓的窗口便陸續掛出大標語：「砸派毫無道理！」「革聯會好得很！」「八一五好得很！」繼而聽眾開始向砸派辯手起哄——文革期間的這類辯論是不需要評委和仲裁人的，聽眾山呼海嘯的喊叫最後宣佈辯論會以革聯派大獲全勝告終。

文革中重大八一五有個專業辯論組，代號為「一一○一部隊」。組長柴天祺，動力系五年級學生，一九七六年死於唐山大地震。柴也是校文工團團員，在合唱隊唱歌。他的歌喉實在教人難以恭維，入團五年，一直只可在大合唱裏擔當可有可無的小勇，誰也沒想到文化大革命一來，他的口才竟大展頭角。他曾神秘兮兮地告訴我一個訣竅，說辯論成敗其實並非在你能說不能說，甚至也不在乎你在理不在理，最重要是你得把握好會場氣氛，要把握好會場氣氛，最重要的就是事前要組織好聽眾：一定要讓本派聽眾坐前面，辯論過程中他們要不停給對方辯手提問題、遞條子、甚至起哄，千方百計破壞對方情緒，擾亂對方思路。柴給我講了一個有趣的故事：某天他和首都三司一位女辯手辯論，題目是關於「以周家喻為首」的重大八一五右傾機會主義諸問題。辯論中間女辯手模仿毛澤東一貫口吻，說了一句氣吞山河的話：「周家喻的老虎屁股摸不得嗎？偏要摸！」因為被台下精心組織的聽眾鬧暈了頭，女士一急，把「老虎」二字說漏了，上面的話就成了：

「周家喻的屁股摸不得嗎？偏要摸！」

柴馬上提醒女辯手說：

「周家喻是個男生，你摸他的屁股不合適吧？」

滿堂大笑頓時把京妞哄下了講臺。

二月六日解放碑大辯論，重慶大學是否使用了上述技巧不得而知。我是以一個普通聽眾身份站在台下聽完全部辯論的。我感覺那天的氣氛挺正常。

下面的事情就流水下灘一樣順理成章了：

二月八日，「新生紅色政權」重慶市革聯會宣告正式成立。解放軍重慶警備司令部政治部副主任劉潤泉出任革聯會主任。

二月十一日，革聯派宣佈市文聯三個反革命聯會的群眾組織為「反革命組織」、「保羅（廣斌）組織」，勒令解散。

二月十二日，大田灣體育場舉行革聯會成立大會，歡呼「新山城」的誕生。砸派到場造反未遂，是夜又去《重慶日報》抄砸大會報導鉛版。公安機關以砸壞有毛澤東照片的鉛版為由抓捕為首人員。軍隊旋即開入報社實施警衛。「新生紅色政權」已經建立，整個社會需要秩序，再由不得有人胡鬧了。革聯會發佈《公告》。《公告》第四條稱：「加強無產階級專政。對那些破壞無產階級文化大革命的地富反壞右，牛鬼蛇神和一切無產階級的敵人，必須堅決鎮壓。只許左派造反，不許右派翻天。」

同日，北京地質學院東方紅公社駐渝聯絡站被革聯會一派抄砸。

接下來，十四日，首都三司駐渝聯絡站駐重慶分點、川大八二六駐渝聯絡站等，被革聯派抄砸……

似乎塵埃已經落定，一切都成定局。被囚禁在馬家堡某軍事院校的羅廣斌深感大勢已去，遂於十日早上八時許墜樓自盡。

他是從三樓的窗口跳下來的。離地距離為一千零七十三釐米。頭先觸地，頭顱從鼻樑起向上，正好裂為兩瓣，很像美國科幻電影裏機器人被砸開的頭殼，碎腦犖犖可辨。朝上的半個臉，大眼猶愕然圓瞪，蹦之欲

莫名其妙捲進文革的著名作家羅廣斌，在英雄夢破滅之後黯然跳樓自殺。這是羅死後的現場照。

出，另一隻眼則緊閉著，半個臉亂血縱橫，腦漿、頭髮、碎皮……像機器頭顱裏崩出的散碎零件，綻得滿階滿地，其狀恐怖萬端。據筆者保存的資料，現將整個過程的介紹照錄如下：「從二月五日叛徒羅廣斌被抓到畏罪自殺，一直由建院八一八等革命組織的三位戰士看守」，「二月九日，某院校廣播了羅廣斌的罪惡歷史，叛徒羅廣斌十分恐慌，情緒反常。九日，羅廣斌開始寫書面檢查，寫到解放前夕被釋放的情節時，他就停止往下寫了。當晚十二點後才睡覺，整夜翻來覆去，沒有入睡。十日晨八點，羅到三樓衛生間洗臉和解便，看守人員張××（建院八一八戰士）在廁所外面等候，約兩分鐘，張不見羅出來，回頭看時，羅已趁機爬上窗臺，張急忙喊了一聲：『你要做啥子？』羅廣斌卻從窗口跳了下去」

關於羅廣斌的死因，自殺？還是他殺？事後曾被兩派、尤其是替他打抱不平的砸派炒得沸沸揚揚。尤其引人注目的是：專門喜歡為「受迫害幹部」翻案、並翻案成功的中央文革嫡系：北地「東方紅」駐渝聯絡站，在羅廣斌身亡後的第一時間，很快就將為大作家翻案作為重頭戲列入議事議程，雄心勃勃地開始運作——事情一直折騰到第二年三月十五日，中央首長接見四川省革籌、成都軍區和五十軍、五十四軍領導的會議上，口含天憲的江青一錘定音，曰：「羅廣斌是羅廣文的弟弟，有人替他翻案，我們根本不理他。華鎣山游擊隊，根本糟得很，叛徒太多了。」兩派從此啞然，誰也不願、也確實再沒有在由主席夫人拍板釘釘的事情上繼續浪費口舌了。

一代才子羅廣斌，就這樣悄沒聲兒地成為了所謂「新生紅色政權」的第一道祭品。

重慶文革，從一九六六年夏天開始，吵吵嚷嚷鬧過許多回慘案。「八二八」：被市委和保守派渲染得天昏地黑，沒有死人；「一二四」：被造反派、包括羅廣斌本人，渲染得天昏地黑，也沒有死人。奪權了，一切順順當當，平平安安，卻死人了。正是曾經為莫須有的「文革烈士」大喊大叫的羅廣斌自己，反倒成了重慶造反的第一位殉道者。他太性急了，連撲向死神的懷抱也那麼急急匆匆。

上面提到的照片，共十五張，除了關於屍體不同角度的照片外，還有這樣兩張圖片和說明文字可以幫助我們猜測羅殉難前的悲楚和猶豫。圖片十四：「二月九日（自殺的頭一天），羅就在語錄本內的一張照片（『渣滓洞監獄』）的背面留下了遺言『這本毛主席語錄和這張照片是胡蜀興（筆者注：胡為羅廣斌夫人）的』」。還有圖十五：「叛徒羅廣斌進廁所時，把圍巾、呢帽、華達呢皮襖一件掛在廁所內。皮襖內有手錶、錢、糧、毛主席語錄本、照片等物。叛徒羅廣斌把名貴的皮襖（貂皮領）、手錶、照片等物留下來，正是他自殺前的準備」。

資料是我因一個偶然的原因保存下來的：一九六七年六月，重大八一五為了反擊砸派攻擊，在我們印刷廠印了一份對開大小的宣傳材料。前面提到的照片和相應的說明文字，就是印在那上面的。紙質不錯。印數太多，沒發完，一直就堆在報社角落裏。冬天了，閒來無事，我想釘一個本子抄些二胡曲譜，就檢來一摞，裁成八開大小訂成一大本。幾十年後，為寫這篇文章，我才忽然想起這本樂譜，於是翻找出來，一頁頁撤開：那些可怕的鏡頭重又由幾十年前跳到我的眼下。照片的背後，全是我手抄的、年青時候傾心鍾愛的樂曲：《北京有個金太陽》、《山村變了樣》、《三門峽暢想曲》、《金珠瑪米贊》……將紙頁的兩面對照檢看，我覺得真是對那個年代絕好的嘲諷。

他一生嚮往革命，為此不惜背棄優裕的權貴家庭。國民黨把他投進黑牢，共產黨對他卻並不寬容。他曾用橫溢的文學才華抗爭，成功了，是令人羨慕的巨大成功，但絲毫沒有改變尷尬的處境。文化大革命來了，他壓根兒不知道發動者的意圖，但對於個人，他確信是一個機會，於是開始用全然不同於文學的手段再次抗爭——這恰恰是他的弱項。他想重登彼岸，卻被一腳踹進了沒頂的驚濤駭浪。他是一隻撲燈蛾。他一次一次撲向光明，最後卻被無情的火焰整個兒燒毀：這就是羅廣斌的故事。我不知道文革史家們對羅廣斌之死有什麼新的考證。但我更願意相信他是自殺的。這不再是出於幾十年前的派性偏見，不是的。而是：我以為，他的自殺更符合文化革命的悲劇性邏輯。

一九六七年二月十九日重慶珊瑚壩批鬥
西南局書記李井泉大會

八、復刊：一場虛驚

《八一五戰報》自一月二十七日休刊僅僅二十天，很快又復刊了。

重慶八一五派一月二十四日順利奪權，二月十二日正式成立「最高權力機構」革聯會，應該說大功告成了。什麼是政權？按林彪著名的五一八講話「習慣語言」，就是：「政權就是鎮壓之權」。既然八一五已經擁有了重慶市的「鎮壓之權」，報紙的作用本來就可有可無、可大可小了。事實上問題卻並非這樣簡單。去年八月那會兒，重慶市委不也擁有絕對的鎮壓之權嗎？重大八一五照反不誤！年輕人、尤其讀了點兒書的年輕人，搗起亂來從來認死理，更何況他們確信背後有最高權威撐腰呢。現在砸派的情況也一樣，他們也確信背後有北京撐腰，何怕之有？革聯會「新生紅色政權」初處襁褓，弱不禁風呢！重大八一五對剛剛到手的權力憂心忡忡呢！輿論陣地怎敢輕言放棄？這就有了停刊二十天匆匆忙忙又復刊一節。

復刊說明「告讀者」煞有介事地說了：「從《八一五戰報》休刊以來，某些人利用報紙這一陣地，歪曲事實，借題發揮，向重大八一五和『革聯會』發起進攻。他們這樣作，嚴重地破壞了革命造反派的大聯合、大奪權，轉移了鬥爭的大方向。為了捍衛毛澤東思想，捍衛運動的大方向，宣傳黨的方針政策，應廣大工農群眾的強烈要求，我報決定從本期起暫行復刊。」

我查看了日記，復刊決定是在十五日作出的，離革聯會成立僅過三天。雖然精神領袖羅廣斌已經自殺，砸派的幾次行動都受挫敗，但搗亂活動卻從來就沒停止過。即使「新生紅色政權」成立如此隆重莊重的事——就是我那篇挺噁心的文章「千鈞霹靂開新宇，萬里東風掃殘雲」大肆謳歌的那次大會，他們也搗亂。問題之嚴重可想而知。

關於那次搗亂，引用侯念平同學的日記加以描述就夠了：

「二月十二日。今日全市幾十萬革命造反派在大田灣召開大會，歡慶重慶市革命造反派聯合委員會成立，宣告新山城誕生。但是在黨內走資本主義道路當權派的陰謀策劃、操縱下，造反軍、西師八三一等，借大反重大八一五右傾為名，妄想破壞革聯會，他們昨日晚衝進了大田灣會場，趕走了守衛的解放軍，幾千人占住了主席臺，破壞我們的會場佈置，撕毀標語……。我們團擔任會場服務，我們到時，氣氛很不對，有一些人動搖了，問我們會還開不開，我們堅定地宣佈，會一定要開，而且要開好！在紅號兵帶動下，我們衝上了主席臺。為了誓死保衛毛主席的革命路線，我們奮勇向上衝，沒有什麼力量能阻擋我們。我們衝上去了，紅旗插上去了，在一片歡呼聲和歌聲中我們衝上了主席臺，經過艱苦的鬥爭衝進了廣播室，抓住了打人的幾個兇手。我們勝利了，大會順利召開了，阻力排除了。這對那些妄想搞垮革聯會的混蛋們是多麼沉重的一棒啊！」

砸派脾氣之倔強，不撞南牆不回頭，由此可見一斑。八一五不敢掉以輕心了。

那一期報紙基本上就沒有咒罵走資派和保守派的東西了。除了第四版，其餘三個版面全都一哄而上，對砸派大批特批。頭版頂頭通欄，是毛澤東那首挖苦帝、修、反的著名詩詞：「小小環球，有幾個蒼蠅碰壁。」接下來是裝腔作勢的編輯部文章：「一唱雄雞天下白」，接下來是「樹立革聯會的革命權威」、「緊緊把握運動的大方向」、「堅持團結、反對分裂，堅持進步、反對倒退」，再接下來，三版整版，刊登了二月六日重慶大學和西南師範學院辯論會上周家喻發言全文：「鐵的事實，不容歪曲」。周的發言就事論事，介紹了奪權前後的許多內幕，編輯部文章則聳人聽聞地宣稱：「無產階級要奪權，資產階級要反奪權，這就是當前鬥爭的焦點，也就是當前這場內戰的實質。」文章非常輕鬆地栽贓「走資派」說——反正人倒了黴，你怎麼潑髒水都不會有風險——過去「拼揍一些保皇組織，操縱這些保守派的群眾去鬥造反派的群眾。而到了今天，在保皇組織紛紛垮臺、無產階級大聯合、大奪權的新形勢下，這些老爺為使資產階級反動路線苟延殘喘，保護自己過關，他們便採用更陰險、更狡猾的手段，糾集一些社會上的牛鬼蛇神，造謠生事，挑撥離間，製造混亂，利用革命隊伍中的個人野心家欺騙一些『熱情高漲』的群眾，挑起造反派群眾鬥造反派群眾……我們必須透過造反派打內戰這個現象，看到兩條路線鬥爭在新形勢下繼續的實質。我們也必須透過這場內戰中大量的內部矛盾這個現象，看到我們和一小撮走資本主義道路當權派的敵我矛盾的實質」

說句公道話，一九六七年二月那會兒，當權派們一個個早被搞得焦頭爛額，哪有條件幕後指揮？他們已經成了代表邪惡的政治標籤，這標籤只用往人身上一貼，那廝必死無疑。正如幾月前「血統論」大行其道，只要說你爹你媽七大姑八大姨祖宗十八代有何種紅疤黑跡，你立刻就成「狗崽子」，只能乖乖地讓貴族崽兒來打你個七竅流血遍體鱗傷。中世紀的宗教審判有一個最簡單、輕而易舉便致人死命的罪狀，叫：「魔鬼附身」。文革定人死罪的附身「魔鬼」名目似乎更為繁多：「黑五類」、「走資派」、「惡攻」「反對毛澤東思想」……比中世紀有過之而無不及。

復刊號發排完畢，吳慶舉和另外一位同學匆匆忙忙來編輯部找我。這位同學名何國光，電機系五年級學生，瘦高個兒。何同學生性耿介、憤世妒俗，上世紀六十年代的「憤青」代表人物。雖為工科生，他卻對政治和文學興趣尤甚。文革風潮過去了許多年，我每回重慶與他見面，或乘車、或步行，他依舊喜歡在公眾場合大聲疾呼地針砭時政，包括對現任中央領導評頭論足，像建築工程師對腳手架上的施工隊員進行技術交底。他太關注政治了，到了一九七六年毛澤東主席辭世，政治理所當然就開始關注他。收拾他的是一個流行罪名：四人幫「黑打手」、「黑爪牙」之類，此後他才慢慢收斂些。再後來他開始用全部心力來從事收集活動：從收集作家簽名、到郵票、到首日封、到實寄封……總而言之，極其微薄的工資和精力全被他耗在了那些破玩藝兒上，因而越發清貧超然，老婆也越發不高興——某社會雜誌撰文介紹何先生無怨無悔的集郵生涯，專門描寫了夫妻之間的這段齟齬，以說明何為人為事的執著。破郵票把他精力消耗得所剩無幾，針砭時政這才變得十分業餘。

文革那會兒何國光針砭時政當是極端專業的。吳慶舉自不待說。兩人一起來找我，肯定是關於政論文章寫作的事。吳遞給我一遝信簽紙，寫得密密麻麻的，果然大塊文章。造反派的文章一律越寫越長，皆因深受中共大罵蘇共的所謂「九評」影響，總以為掌握真理多寡和文章長短具有線性比例關係。吳告訴說該篇文章已和何同學推敲三天。馬上要送松林坡禮堂的辯論大會發佈。他倆對該文到會上一炮走紅信心十足，一如當初他的「走一二・九道路，與工農群眾相結合」一樣將革命再掀高潮。這回吳文的長度恰恰讓我深感不安。我認為在需要理性卻更需要刺激、不是喝彩就是喝倒彩的群眾大會，需要的恰恰該是斬釘截鐵的煽動，而不是拖泥帶水的長度。革命時期需要舌頭比頭腦跑得快些，更快些。不幸的是，吳的舌頭和頭腦相比，總顯得慢慢吞吞。我的看法給他們兜頭潑了一瓢冷水。時間實在來不及了，二人不得已拿著厚厚的文稿，心存僥倖去了松林坡禮堂。果然不出所料，還沒半個小時，吳、何二人灰溜溜回到編輯部，一臉無奈的苦笑，說是剛上臺就給哄了下來。他們要我馬上救場。

我抓緊按他們的觀點重寫了一則短文上陣。所謂短，也是相對而已，實際也有好幾千字。文章一開始就來了三個咄咄逼人的排比：「在今天的山城，這樣的走資派，不是別人，」正是誰誰誰，他們如何如何；「在今天的山城，這樣的牛鬼蛇神，不是別人，」正是誰誰誰，他們如何如何；「在今天的山城，這樣的個人野心家，不是別人，」正是——當然就是首都三司、西師八三一、川大八二六之類了。一陣滿堂彩。文章接下來挖苦：「他們在白色恐怖的艱苦時代，躲在個人主義的蝸殼裏氣都不敢吭一聲，現在，革命快要勝利了，他們於是躍躍然蹦出『峨眉山』，摘桃子來了，」話猶未了，全場又是鼓掌。罵過之後，很快來一段假惺惺的自謙之詞：「重大八一五有沒有缺點錯誤？有。可不可以批判？完全可以，非但可以，而且熱烈歡迎！」「重大八一五戰鬥團並沒有什麼了不起，他更不是什麼『老虎』……我們要恭恭敬敬地永遠作勞動人民的兒子，永遠作革命人民的小學生。我們願化為革命道路上的一顆鋪路石子，讓時代的列車在我們的脊背上滾滾地通過！」此時已經掌聲雷動了，繼續念完，又是掌聲：PASS！我又一次比誰都更陶醉。

這就是發表在《八一五戰報》第十期的編輯部文

章：《我們永遠是勞動人民的兒子，我們永遠當革命人民的小學生》」。該文和前一期的編輯部文章相比，沒有任何新內容，無非更加煽情而已。復刊後接下來的一期報紙也幾乎全是一哄而上的論辯文章。無非砸派如何如何的不是。除了《我們》一文外，其他文章題目分別是：「就《首都紅衛兵報》造謠攻擊我山城革命造反派一事，我《八一五戰報》發表嚴正聲明」，以及在「奇文共欣賞，疑義相與析」標題下、且加了編者按而轉載的《首都紅衛兵》報的三篇文章，還有「革聯會必勝」，還有「廉羅站醜態百出，分裂會嗚呼哀哉」，等等等。

八一五對自己的勝利太在意了，以至於對發生在自己身邊的災難竟然全然漠不關心。其時，一件即將從根本上改變四川政治格局的、非常要命的事情正在降臨，並且很快就波及到八一五自身的命運：對此我們竟毫無知覺。如此重要的事件，偏偏被我們放在了極不起眼的、只有幾十個字的《簡訊》欄目。一條是：二月十七日中央軍委給成都工人革命造反兵團、川大八二六的一封信，信件指出：「川大八二六戰鬥團大部分是革命的師生組成的。並嚴重警告川大八二六：『如果你們繼續圍攻成都軍區。一切後果由你們完全負責。』不知此時，川大八二六的難兄難弟西師八三一和三司駐渝聯絡總站作何感想？」另一條是：「二月十九日，『左』得可愛的川大八二六，全團辯論結束後，確認大方向錯了。並向毛主席、中央軍委請罪；向全國人民請罪，向解放軍請罪；向成都軍區廣大指戰員請罪。」消息證實了文革期間著名的四川「二月鎮反」開始，幾十萬人被抓被關。巴蜀大地，冤獄遍於域中。

在行政區劃尚屬於四川省的重慶，得五十四軍蔭庇，這兒的八一五僥倖躲過了此一厄運，風雨不動安如山。而與川大八二六結為同盟的西師八三一，顯然已在劫難逃。他們真的要完了。

《八一五戰報》迫不及待的復刊，看來確實只是一場虛驚。到了三月三日出版的第十一期，一切都已風平浪靜。幾乎和《人民日報》一樣，通版大好形勢，全是鶯歌燕舞了。第一版是「中共中央給全國農村人民公社貧下中農和各級幹部的信」，其餘幾版也都是些什麼「關於全團政治工作的幾點意見（草案）」、「堅決按毛主席的幹部政策辦事」、「砸爛私字，樹立公字」等等。看來「革命」是有點成功的意思了。

必須一提的是二月二十五日出版的戰報第十期還有一則紀念碑性質的消息，這就是對所謂西南地區「最大走資派」李井泉的批判，二月十九日是個高潮。這一天，正式以重慶市最高權力機構革聯會的名義召開了批鬥這位西南局前書記的大會。西南局宣傳部長劉文珍及重慶市委領導魯大東、廖蘇華諸人陪綁。他們一律被年輕人以手摁頂，反剪雙手、彎腰、低頭、掛黑牌。會畢，以毛澤東大幅油畫像為前導，駐軍部隊開道，將李、魯一行武裝押解遊街示眾。畫幅上的毛笑容可掬，對於這幫當年忠心耿耿跟他打天下，而如今低頭受辱的的蒙難者，毛的笑容顯得有些幸災樂禍。

批鬥大會的地點是珊瑚壩。這是長江上的一個江心島，水枯時節便和江岸連一起了，壩中還一直保留著抗日戰爭時期修建的飛機跑道，整個兒一天然的大會場。小報的消息稱參加批鬥會的人數達六十萬，估計不會有太多水份。筆者當時在場，親眼所見，整個壩子一早就被人群和紅旗擠得滿滿氹氹，我去時稍晚，只能遠遠站著看，以我非常好的視力而尚無法看清臺上情況，堆積在我前面的人群應該有上公里的範圍了。重慶的霧是很有名的。初春的霧藹把江兩邊的石岸和層層疊疊的城市建築全都隱去，眼前這無邊無際、滿是喧嘩和騷動的小島成了我眼中的全部世界。消息稱：「在文化革命運動中深受反革命修正主義分子李井泉鎮壓和迫害的山城廣大革命造反派，早就對李井泉恨之入骨，直欲將這個土皇帝千刀萬剮而後快。」故而「砸爛李井泉的狗頭」「誰反對毛主席就砸爛誰的狗頭」之類的口號在長江河谷蕭蕭風霧間顯特別震撼人心。我所保留的那一期報紙已經存放得很古舊了，但從第三版上共五張模糊不清的照片上，仍能清晰感受到批鬥現場的肅殺之氣。其中有一張李井泉的大特寫，面部已很不了然，只看見他的頭被一隻大手死死摁下，嘴吃力地微微張開，痛苦地向前咻咻喘氣。頭髮掉光了，更顯出一番特殊的淒蒼老邁。後來我查過了：李，江西臨川人，一九零五年生，算來當時不過六十一歲。六十一歲而顯如此蒼老，定是平時用腦過度了。看見這付尊容，實在說吧，我有些同情他——不為別的，就因為他太老了。

八一五造反不久就開始「打倒西南土皇帝李井泉」，在我看來，當時只是一個抽象的政治概念而已，說到底，也就是因為他反了「毛主席的革命路線」、因為他走了「資本主義道路」：其實這個「路線」和「道路」，本身也是很模糊的。讓我真正對這個大人物憎恨並且不想再原諒他，是在後來，一九六八年的春天，我看到了四川省委宣傳部副部長明朗先生的一份揭發材料。揭發材料非常肯定地說了這樣一件事：一九六〇年，自古豐饒富庶的四川大地饑哀滿地、餓殍盈野，這時的李井泉仍然強令農村實行高指標高徵購，將瀕臨絕境的農民們的救命糧送去北京邀功。當年的一次會議上，這個珊瑚壩批鬥會上顯得可憐巴巴的老傢伙，咬牙切齒地說了：

「你們說四川餓死人好？還是北京餓死人好？我看四川餓死人好。」

揭發材料很自然地勾起了我對長達三年之久的漉漉饑餓的刻骨回憶。一九六零年秋，饑荒像瘟疫一樣從農村向人心惶惶的城裏蔓延，城裏人開始省吃儉用，攢糧食攢糧票備荒——就在當年的九月一日，一個官方「通知」讓四川百姓全體震驚：省府當局突然襲擊，宣佈省糧票全部作廢！政府出此臭招，直教四川父老茹苦含辛積攢下來的「四千八百萬公斤舊糧票」頃刻間灰飛煙滅！此舉對百姓、還有政府公信度的打擊，不啻是雪上加霜！此舉對四川省的社會生活影響如此深刻，難以回避，以至四川省委在文革後編寫《大事記》時，將上述事實和資料明確地載入了史冊。

這還不夠。作為中學生，讓我印象更為深刻的是當局接著發下話來，號召所有人等一律「自覺要求」減低定量，為國家節約糧食。事實當然是你自覺也好，不自覺也好，反正都得減。大會動員，小會表態，吃飯一旦上升為政治問題，誰人敢說半個「不」字？中學娃娃標準定量三十二，一律「自願」減為十九斤。糧食的緊張本來就意味著副食品全面消失。少年人正長身體，正需要營養，每月吃十九斤食物意味什麼不言自明瞭。課間聚於走道，睡前躲進被窩，少年人談說的、爭論的、渴望的永恆的熱門話題都是什麼時候吃過什麼好東西。任何一種食物品名、原材料、調味品，包括每一個加工細節，全都如實道來，說得津津有味，無一遺漏，直說到饞涎欲滴、無法忍受便嘎然而止，最後總是一聲長歎：

「這輩子啥時能再吃到一嘴紅燒肉就好了！」

六一年我進了大學，繼續被饑餓折磨得夜夜無眠，惡臥床塌，來自各地的同學依舊只能做著關於紅燒肉的夢。還有就是喜歡攀比「你吃過的最糟糕的食品是什麼？」。我這個城裏孩子算是幸運了，最多只吃過枸樹葉，吃後三天沒有拉出大便。其他的農村同學則全如神農嚐百草，樹皮、草根、土茯苓、芭蕉根、乾豬草，死老鼠……什麼都吃。包括神農氏絕對沒有為人類嚐過的觀音土。只是吃了以後，必需用竹棍子到屁股眼兒去一點點把大便摳出來。

幾十年後，有關的歷史記錄已經很多了，近讀《姚依林百夕談》，其文證實說，當時「幾個中央局第一書記，宋任窮（東北局）、劉瀾濤（西北局）、陶鑄（中南局）、李雪峰（華北局）直接面對基層，承受壓力很大，在那幾年，都全力救災。只有華東的柯慶施和西南的李井泉依然故我。李井泉在大躍進期間極為活躍，與長江下游的柯慶施互相唱和，及至一九六〇年後川北大量餓死人，四川還多運糧食支援外地。」我對明朗先生的揭發之所以記憶深刻，是因為他作為地方官員，畢竟第一個站出來說明了真相啊！有點像安徒生筆下那個因為真實而變得勇敢的孩子，向皇帝說了：你身上什麼也沒有穿呀！

因為真實，因此這人、這話就格外撼人心魄。抽象的政治概念只有變為了真實的生活體驗，人們的政治立場、他的愛和仇恨，才變得格外真實。

文革結束後的一九八三年，我去四川南充市參加一個由中國青年出版社組織的筆會，市委領導曾舉辦酒會招待來自全國各地的作家。我與一位市委老幹部鄰座。席間，我突然想起：該市不正是文革前李井泉長期蹲點的地方嗎？老幹部回答說是的。老幹部文革時也是受過衝擊的。出於禮貌，我說，李井泉在文革中搞得也夠慘了，老婆肖裏上吊，兒子李黎風、李明清被打死，算是家破人亡了。

不料老幹部很肯定地打斷我，說：你只看見他家破人亡，你不知道在四川，他把多少人搞得家破人亡！

下面是我一九六七年的日記：

三月一日：

春天來到了嘉陵江。

在那溫暖的陽光下，在那淡淡的藍霧裏，山格外秀麗，路格外明亮，而那一片片潔白的沙灘中間，瓦藍瓦藍的江水托著一隻一隻的木船，慢慢地流向遠方。江邊，樹在發芽，鳥在喧噪……

經過一個冬天風寒考驗的山城，在春天，一

切都變得如此美好！

我們的戰鬥，不也這樣麼？」

三月四日：

春天來了（不是嗎？不知不覺，已是三月了）春天，對於我，總是這樣使人感到快慰。我們要不了多久就要分配了，我非常渴望到一個很邊遠很邊遠的地方去，幹一輩子革命……過去那些雄壯威武的幻想，纏綿緋側的私情，化為飛灰，飄然遁走了。留下的，就是作一個勤勤懇懇的人，作一個老老實實的人民勤務員。這就是我一生的理想。」

三月六日：

下午，原準備去參加段大明的檢討會，去晚了，都散會了，一個人跑進大禮堂轉了一圈。這是我到山城五年多來第一次走進這個地方。

當我踏進這個雄偉壯麗的宮殿般的大廳的時候，心潮起伏，激情洶湧。我想起了一幅畫：十月革命攻打冬宮後，兩個水兵正在安靜的大廳裏吸煙。華麗的大廳在戰鬥之後，彈痕斑駁，滿地狼籍。這時候，我自己不也在走進一幅歷史的畫卷麼？看一看幾個月來大字報和標語的廢跡，我覺得，這些不就是一場激戰後留下的彈痕麼？

我非常高興。我沿高高的石梯奔跑，我真想迎著滿城的東風豪邁地歌唱：「我們獻身過壯麗的事業，無限幸福無上榮光！」

這些日記於現在讀來，覺得自己整個兒就是一個傻B！

說什麼大好形勢呢？說什麼暗藏殺機呢？這些，都不是我們這些偏居西南一隅的娃娃們的功勞或者過錯，而僅僅是八一五感覺最遲鈍的高層鬥爭的投影而已。

九、四川大鎮反

一九六七年二月，中國最為震撼的事件，當數幾個老帥老將的所謂「大鬧懷仁堂」。

關於這個事件的具體情況，老百姓是在一年多以後，即一九六八年十月中共八大擴大的十二中全會、即把國家主席正式定義為「叛徒、內奸、工賊」並「永遠開除出黨」那次盛會之後，才很有限度知道的。此前大家只聽說有個「二月逆流」。

正式傳達是在在風雨操場進行的。那時大學生對於文革、甚至對政治都整個兒厭倦透頂。大家懶洋洋地到操場來，只不過閒得不耐煩了，想來聽點兒域外傳奇散散心。工人、解放軍毛澤東思想宣傳隊大隊長在臺上，且不理論盆地狀的操場裏怎麼亂哄哄，只管對著筆記本照本宣科。大隊長姓戴，來自重慶中梁山煤礦，由一個普通煤礦幹部而莫名其妙派來管理全國知名的高等學府，他是不是有點力不從心？總之，我對他的印象就是永遠穿一身色彩曖昧的燈芯絨，成天忙忙碌碌，像是隨時準備出席什麼重要或可有可無的不重要會議，反正一臉的隨遇而安、但求無過。表情總是曖昧不清。大隊長告訴大家說：一九六七年二月十六日，有人大鬧懷仁堂。某某某如何如何，某某某又如何如何，某某某大拍桌子，以至拍斷了手骨，云云。傳達中只有譚震林是直呼其名了，而且譚對黨進攻火色最足，說他一不該革命，二不該入黨，三不該跟著毛主席，四不該活到六十四歲。說他跟毛革命四十年，到四十一年不跟了。說罷拿起皮包拂袖而去。某某某忍無可忍，斷然一拍桌子，讓他回來。接著某某叫嚷：「不要走！留在這裏跟他們幹！砍腦袋，坐監牢，開除黨籍，也要鬥爭到底！」。總之，原來在年輕人心目中無比神聖的高級幹部，一個個都肝火甚旺，都喜歡拍桌子。某某某也是拍著桌子發言的。他說「這樣對老幹部，怎麼行？」……傳達完畢，我的印象就是一堆不知所云的「某某某」、「某某」和「某某某」……我算過，老帥中除了陳毅的姓名數是兩個字，其餘都是三個，因此，除了曉得哪幾句話是陳老總所言，曉得有人敢於和毛公然唱對臺戲，剩下的就莫名其妙了。這個傳達給八億百姓一體周知的大會文件有點像高僧們打坐在古屋青燈之下，故弄玄虛，唱偈說禪，局外人只能於五里霧中猜啞謎。這不能不說是現代政治歷史上一道獨特的風景線。

不知是在軍方氣勢洶洶的進攻面前暫時讓步？還是毛本來就喜歡翻雲覆雨？總之，一月二十八日中央軍委的「八條命令」顯然對造反派大大不利了。「八條」開宗明義便宣佈：「必須堅決支持真正的無產階級革命派，爭取和團結大多數，堅決反對右派，對那些證據確鑿的反革命組織和反革命分子，堅決採取專政措施。」——對於這樣一個在造反派看來很不順眼的文本，毛澤東卻很痛快地當天便批了：

「所定八條，很好，照發。」

既然最高統帥簽了字，對於剛剛介入地方工作、被無法無天的造反派搞得暈頭轉向的軍人來說，這毫無疑問是一樁深感鼓舞的利好消息。四川文革史上有名的「二‧一七信件」，即所謂「中央軍委給成都工人革命造反兵團和川大八二六的信件」，就是在懷仁堂事件第二天、即二月十七日發出的。那封信如此霸道和無庸質疑，以致於「兵團」和「八二六」這兩頭四川強牛不得不馬上低頭認罪、並「向毛主席、中央軍委請罪；向全國人民請罪，向解放軍請罪；向成都軍區廣大指戰員請罪」。來自中國最高軍事當局的信件毫不客氣地警告軍區門前圍坐了六天七夜、看來還不打算離開的群眾，說：「如果你們繼續圍攻成都軍區，一切嚴重後果由你們完全負責」。這種只該出現在交戰國之間、或者兩個對立派群眾組織之間的威脅性語言，用在中央領導給群眾的信中，實在有點不太相稱。

信件肇因於成都工人革命造反兵團和川大八二六對成都軍區的圍攻，而關於圍攻軍區的起因卻有點而含糊不清。按八二六的對立派「紅衛兵成都部隊」（俗稱「紅成」）所寫《暴風雨中的成都》的說法，情況是這樣的：一月二十九日，兵團街道工業分團到成都市公安局查抄「黑材料」，被成都軍區派員逮捕。三十日，兵團、八二六發表第一號聲明，支持成都市人民公安革命造反司令部對此事件發表的《最緊急呼籲》；支持解放軍成都部隊鎮壓這次反革命事件的革命行動。《呼籲》稱「這一行動幹得及時，幹得堅決，幹得好。」第二天，情況變了：兵團、八二六發表第二號聲明，宣佈「一．二九」事件不是反革命事件；被捕七人不是反革命分子，而是兵團中堅，基層骨幹。接著就組織人員對軍區實施圍堵衝擊。著名文革學者徐友漁的在《形形色色的造反》一書中談及成都軍區被圍一事，起因則是軍區機關造反派（名字好像叫「紅總」和「千鈞棒」——筆者按）被鎮壓而引起。八二六為了支持軍內造反派，遂組織人員前往靜坐示威。川大八二六帶人圍堵成都軍區南營門，北地東方紅帶人圍堵成都軍區東營門。

歷史從來是不關心原因的，對事件的道德評價也從不過問，它只關心結果。圍攻成都軍區的起因到底是什麼？中間有什麼更為微妙的東西？中央軍委信件的用語是否有失身份？其實這都不重要，反正信來了，是衝著兵團和川大八二六來的。這是問題的實質。

信件以電報形式發來。其時成都已近午夜，春寒料峭。成都軍區一位青年參謀拿著電文來到營門口，像外交發言人那樣乾巴巴地向目無王法的造反派宣讀，而後便揚長而去。暈頭轉向的示威者們初始有點不知所措，接著馬上又像四川歇後語說的：「鴨子死了嘴巴硬」，繼續不依不饒地大喊大叫，詛咒成都軍區領導「韋傑、甘渭漢之流」偽造假文件「罪該萬死！」；繼續要打倒這個打倒那個，繼續威脅軍人「鎮壓革命群眾絕沒有好下場！」……而腦瓜機靈者、包括一些威武不屈的頭頭，已經暗中開溜。中國的權力當局有時侯說話是很算數的，一旦動起真格來，嘴巴再硬的傢伙也得怵著三分。

事實是，發言人宣讀信件的同時，整個成都已在調兵遣將。獨立師的子弟兵們已把所有路口圍困得鐵桶一般。我一位中學同學，軍區子弟，上大學考入北京地質學院，其時正隨該校聲名顯赫的「東方紅」駐成都機構「紅色堡壘」成員一起靜坐，見勢不妙，率先跟學院的宣傳車撤了。伯母是個老軍醫，驚嚇連連地要兒子速速逃離軍區大院。

路口已封，整個成都已是兵城一座。詩人何其芳在《夜歌和白天的歌》裏曾經這樣寫過：「成都／又荒涼又小／像度過了無數荒唐的夜的人／在睡著覺」一九六七年二月的成都，已度過好幾個荒唐的夜了，這一夜卻無法入睡。像是在寒夜裏等待姦殺，她不敢驚呼也不敢掙扎，只能戰戰兢兢地等著厄運降臨。我的北地同學不敢坐車，徒步出城，夤夜翻過了冬寒猶緊的龍泉驛山脊，遠遠避禍他鄉。後來知道，軍區門口沒撤走的人全部落網。

面對軍人鐵腕，川大八二六的造反秀才除了投降，還能做什麼呢？什麼都不能做。下面的情況，是筆者從當時成都一份叫《八三一戰報》上摘抄的。小報系八二六對立派所辦，所披露的事實經過證實，無大出入。我抄下它們，是想見證六十年代真誠追隨革命的大學生是多麼可憐、可悲！如今讀來，猶讓人想替他們痛哭一場：

> 二一七信件下達以後，八二六到處寫巨幅標語：「二一七信件是黨和毛主席對八二六戰士的最大關懷！」「歡迎解放軍進駐川大鎮壓反革命！」等等；二月十九日下午，中文系分團在校內遊行請罪，化學系到軍區門口請罪；二月二十日上午，八二六勤務組發出給毛主席的請罪電；二月二十一日，川大八二六戰鬥團上街請罪。他們到人民南路（即現在的天府廣場——筆者注），一聲口令，全體下跪，去掉胸章袖套，團旗倒掛，以示請罪。
>
> ……

「二一七信件」印成傳單無數，由空軍駕機在全川散發。傳單凌空飄飛，如亂雪之驟至。鋒銳凌厲的四川大鎮反頃刻間寒流急卷，橫掃了巴山蜀水。據有關資料介紹，短短十餘天，全省逮捕「人犯」已達十萬。

重慶大學八一五赴蓉聯絡站主任、後險些兒當上廣東平石礦務局長又因母校一封公函而把黨籍徹底搞掉的鄭全體、還有聯絡站同學多人被抓，關押在成都太慈寺。太慈寺位於成都市中心，寺內動靜一時成了市民關注熱點。月後鎮反被否定，好事者就整天整天堵在廟門口看熱鬧。一旦有人出獄，四周便一片鼓掌歡呼，湊熱鬧的三輪車夫動作麻利地一蹬而上，得意洋洋地免費接送受難者回家。鄭全體等所有重大同學自然也釋放榮歸，回校後笑談短暫的土牢生涯，他們很驕傲地以為自己的表現很有「渣滓洞」英烈遺風。拘犯太多了，許多臨時拘留所都人滿為患。曾經剃度了中國著名高僧玄奘的古剎太慈寺，公然在文化大革命的烈火中反串了一回「渣滓洞」的角色。歷史真會開玩笑！

不光成都，重大八一五在川內各地縣串聯的學生也多有被抓捕、捆綁、刑訊者。資料介紹，江津軍分區支左領導小組主持，由永川專區公安處造反派組織出面開始「鎮反運動」，先後共逮捕兩百三十七人，刑事拘留七百四十六人。二十二日，萬縣軍分區宣佈「主力軍」為反革命組織，予以取締，重大學生和當地造反派骨幹多人落網……

還是回到重慶。

如果說「二月鎮反」是四川省範圍內以軍人為代表的反文革勢力對造反派一次大規模報復，那末，公正地說，重慶的情況確有些特殊。以重慶大學為首的八一五派，確實是名正言順的主流造反派，重慶駐軍確實是真心實意支持他們的。西師八三一、交院九一五，還有工人造反軍，這些組織也是造反派，但只是支流。就人數、名氣和資歷（中國人很喜歡講資歷）而言，當時他們和八一五還遠不在一個檔次上。既然八一五、從而重慶駐軍如此穩健地控制著局勢，大規模鎮壓反對派就沒有必要了。這兒說的是「大規模」。因為反對派不多，鎮壓起來簡簡單單，而且常常壓根兒就不需要荷槍實彈的大兵出面，來點八派的群眾，讓他們自己鬥鬥就夠了。他們互相之間不是已經仇恨得咬牙切齒、像烏眼雞一樣嗎？重慶的鎮反規模大不起來。

下面是具體情況：

二月二十日。首都三司駐渝聯絡站再次遭到八一五派砸抄。三司人員上街做毫無實際意義的遊行以示抗議；

二十日。「聯絡站」被八一五派砸抄；

二十二日。重大八一五及沙坪壩區大專院校、中學學生及工人造反派，出動宣傳車及卡車二十多輛，滿載人員前往北碚大鬧西師校園，搞所謂「會戰西師」。八三一縱隊被迫「開門整風」；

二十三日。晚。革聯會組織人員砸抄設於市總工會的工人造反軍總部、首都三司、一司駐渝聯絡站，多人被抓捕、打傷；

二十四日，革聯會重慶市公安局革命造反臨時委員會按照四川省公安廳革命造反委員會緊急通知，部署鎮反，決定由市革聯會、市無產階級專政委員會、駐軍代表、紅衛兵革命造反司令部和市公安局臨委會聯合組成「打擊現行反革命指揮部」，隨即自上而下，建立各級鎮反領導小組及「打鬼隊」專事抓捕「破壞文化大革命」的「現行反革命」。

西師八三一和交院九一五等組織還有過幾次比較大的活動，但已經沒有任何實際價值，無非讓老百姓感覺他們的倔強和革聯會的寬容，為政敵最終翦除他們提供一些藉口而已。二月二十七日下午，革聯會在人民大禮堂召開了一個的鬥爭魯大東、解放辛易之的大會（關於這次非常滑稽大會，筆者下面還另有記述），西師八三一、交院九一五等進城示威，揚言要到大會造反。革聯會早有佈防，令軍隊在上清寺一帶戒嚴，遊行隊伍被攔截於嘉陵江大橋至上清寺不得動彈。還有，三月八日，聯絡站及北京南下紅衛兵數千人以紀念《十六條》發表八周月為由舉行遊行，同樣在嘉陵江橋一帶遭遇阻截，由八一五中堅：六中三二一一戰鬥團及八一兵團出戰，兩方衝突至深夜乃止。

嘉陵江橋頭遭遇戰前一天晚上，八三一頭目周榮北京歸來，預感氣數將盡，意圖出奇兵絕路求生，突然宣佈接管西師的「黨、政、財、文」大權並發表聲明「支持」革聯會、擁護駐軍決定。此舉旋即遭「春雷」戰鬥兵團造反。

「春雷」是從八三一分裂出去的溫和派組織，鐵定投靠八一五。因為政治立場溫和，作為師範院校，成員本身又多女性，所以在反對派的漫畫中，「春雷」總是被描繪成嬌滴滴窈窕浪女；與之配套的重大八一五，工科大學多赳赳鬚眉，總是被狀為厚顏無恥的強漢。強漢總喜歡在漫畫上摟著浪女淫狎調情。在全中國都純潔無疵的革命年代，這類漫畫很吸引眼球。嬌滴滴的「春雷」向八三一造反，肯定是和軍隊串通一氣的。事變甫定，北碚駐軍立即宣佈西師八三一為「右派組織」，勒令解散。第二日晚上，革聯會所屬的北碚區公安分局「壓不倒」造反隊、西南師範學院「春雷」造反兵團、四川外語學院「星火燎原」戰鬥團，還有喜歡湊熱鬧的重大八一五戰鬥團等發佈《聯合公告》，宣佈接管西師一切黨、政、財、文大權。幾十年後，「星火燎原」的一號人物金某談說當年在網球場接受失敗者破旗受降，談說八三一頭目的垂頭喪氣，其情其景還讓他興奮不已。是夜，周榮等七人被捕。

九日。駐軍對後字二四二部隊實行戒嚴，宣佈取締該學院反革聯會的紅色造反者總團，拘捕三十多人，同時抓走駐該院的其他反革聯紅衛兵二十九人。

十日。革聯會建立重慶交通學院聯合奪權指揮部並發佈《公告》，宣告砸爛該院九一五戰鬥團團部。頭頭八人被捕。

十一日。以重大八一五為首的重慶紅衛兵革命造反司令部發出《通告》，開除西師八三一戰鬥縱隊、交院九一五戰鬥團，並對四川美術學院紅色尖兵戰鬥團、河運校航鋒戰鬥團、十三中九八戰鬥團給予嚴重警告處分……

聯絡站各成員組織紛紛落馬。大街小巷，到處一派請罪聲。偌大山城，除了「革聯會好得很」，已無戚戚雜音。街上已看不到大字報，沒有了鋪天蓋地的標語：天下太平了。

在這種背景下，我正式離開了《八一五戰報》。總團通知我，說八一五已經掌權了，原來市委的機關報《重慶日報》就算是咱們自己的報紙了。革聯會決定從主要院校各抽一人到報社參加工作，共八個人，組成新的言論班子。我被封為「言論組」組長。《重慶日報》於二月二十四日正式改版為《新重慶報》，鄧小平題寫的報頭當然不能再用。找魯迅手跡集字，拼出了新的報頭。

離開《八一五戰報》，劉福一再挽留我，捨不得。他說你走了，我也不想再呆了，說得很動感情，甚至要哭起來，這使我十分感動。事實是：如果不是後來的七月大武鬥，我說不準也就再也不會回到《八一五戰報》了，也不可能有後來那一篇倒楣的《大局已定，八一五必勝》。我此生遭遇的，很可能會是另外一番人生風景。從一九六七年二月末到七月初，我所經歷的許多事情都足以讓我有理由和報紙徹底絕緣。問題是性格使然，讓我在離開了劉福和報社四個月後，再做馮婦，又回《八一五戰報》重新組閣。而遠比我更為人情練達的劉福再沒回來過，直到過了很久，他才通知我說他已與一位女士確認了「關係」。那時說確認關係，也就是說雙方已經和正式夫妻沒有什麼區別了，只不過尚未舉行儀式和搬到一張床上生活而已。女方是嘉陵江對面一個化工研究所的技術員，胖，待人熱情得常常讓你難以招架。我過江去看了他們倆。小倆口在僅可容身的小屋裏煮了一碗很可口的麵條招待我。那時候對於政治我已心冷如灰。又到春天了，走出他們的斗室，我看見江北的田野滿目青翠，太陽在薄薄的雲藹上面向大地懶洋洋地播灑光輝。綠色的麥田那邊，遠遠的，不知誰在播放樂曲：《苗嶺的早晨》。我記得還在讀中學時侯聽過這曲子。歌詞的第一句是：「你見過雷公山的山頂嗎？」。悠揚的旋律突然把我拉回到只有許多好夢，而對社會全然無知的少年時代——我渡江看望劉福這件事發生在一年以後，《大局已定》已被北京點名，它可能帶給我的厄運已經讓我做好了坐牢的準備。

十、創辦《山城戰報》

現在需要建立秩序了。

作為輿論喉舌，《新重慶報》當然不允許亂發雜音，「言論組」也就形同虛設。組內七個大學生、一個中學生，成天便無所事事。報社招待所藏身於高樓間一個很不起眼的角落。霧重慶的天氣本來就陰暗，花台裏初綻的新芽寂寞地報告著春天的消息，大家越發焦躁不安了。筆桿子們待在這兒有點游離於社會之外的感覺。當現實社會已經沒有讓人關心的事情，抑或人們壓根兒就不再關心社會，剩下的事情就只有清談。「言論組」成了地道的「清談組」。來了好些天，任何實際工作都沒幹。

唯一的例外是來自重慶建工學院的張國禎。魯迅挖苦南人「群居終日，言不及義」。恰恰張國禎是北方人。老家甘肅張掖。北人「憨厚之弊也愚」。張從不參加清談，他戴一付深度近視鏡，成天只管撲在桌上筆耕不掇。他非常習慣按上面的意圖執筆，只要有參考範本，他寫起文章來也是個「日試萬言，依馬可待」的角兒。其餘七名調皮搗亂、最不喜歡按規矩出牌的才子對他很是不屑，乾脆也就落得清閒，讓他一個人埋頭苦幹好了——大家還一致同意給他起個渾名：「張言論」，真名倒忘記了。

幾十年後，我去貴陽公差，突然想起了他的名字，而且知道任勞任怨的北方小子已榮任貴陽鐵路分局黨委書記，於是驅前拜會，他竟熱情有加。貴州酒鄉，他開了一瓶絕對正宗的「茅臺」，談笑間大展驚人海量，「飲似長鯨吞百川」。完全和我印象中那個沉默寡言的「張言論」判若兩人。

實在閒極無聊，筆桿子們就今兒一個明兒一個地悄悄蒸發了。我正想趁機開溜，突然接到了一項新任務：要我去創辦《山城戰報》。

根據日記記錄，創辦《山城戰報》是革聯會三月五日會議決定的。日記記錄，鑒於如下三個原因，革聯會要求各學校和組織的小報一律停辦：「一，機器困難：全市今年印刷毛著任務大，一切印刷都得開道讓路；二，紙張困難；三，《新重慶報》暫不能為革聯會大喊大叫，因此按系統歸口，只辦《山城紅衛兵》和《工農兵戰報》」。日記中說的《山城紅衛兵》是原來紅衛兵造反司令部的機關報，一直辦著的；《工農兵戰報》則在創刊時改成了《山城戰報》。三月八日我搬進市委大院住宿，正式開始了報紙籌辦工作。

《山城戰報》社長是總後勤部駐渝辦的一位軍官，慈眉善眼，為人寬容厚道。估計他從沒接觸過辦報這行當，更缺乏和造反派打交道的經驗，也不想為此沾惹麻煩，採用「垂拱而治」的政策，對我們非常放手。此外他還明確確定編輯部由重大和師專的人員為主——這無需解釋，四川造反最早的標誌性事件「八一五事件」，始作俑者就是重慶大學和重慶師專。自己的孩子最心疼。兩校的人絕對不會背叛自己、背叛革聯會、背叛軍隊。

一年前的一九六六年七月，重慶師範專科學校出了兩個很小、又很有名氣的戰鬥隊「排炮」和「輕騎」。他們的故事和名滿天下的清華蒯大富、還有所有高校造反的故事一樣，出名全因為慘遭工作組壓制。一個月前的「六・一」，北京大學「第一張馬列主義大字報」橫空出世：文革開始了。可文革到底怎麼回事？如何搞法？除了毛澤東，全體中國人差不多全是白癡。而毛澤東翩然一隻雲中鶴，只管去西子湖、滴水洞、黃鶴樓四方雲遊，故意把傻乎乎的國家主席留在京城瞎折騰。毛不是什麼也不說嗎？那就老一套吧：派工作組、依靠左派，團結中間派，孤立右派……劉少奇「老革命遇到新問題」，大專院校的運動搞得下不了臺，毛又去武漢長江心情極好地遊一把，向劉少奇宣示自己身體非常棒，這才回京收拾殘局來了。重慶大學、包括筆者在內的「右派學生」如獲救星，再次壯起膽來向工作組叫板，發誓「拿起筆作刀槍，集中火力打黑幫」，重新搞得風生水響。「排炮」、「輕騎」兩個小不點兒早已不堪重壓，忽聽得膽大妄為的重大學生已衝出校門去社會上大唱「造反歌」，「排炮」組長唐忠明遂帶隊來重大文工團找到吳慶舉和我，要求聲援。唐忠明口才極好，據說重慶著名評書藝人徐勍曾多次勸他：你何不改學評書？你幹這一行絕對前途無量——這是後來的事。一九六六年八月十四日那天下午，唐鐵嘴直說得重大學生一個個義憤填膺，第二天就開出幾千人馬大鬧師專校園，果然搞出個「轟動山城第一炮」——「八一五事件」。

重大造反人數數千，一出門就鋪天蓋地，前面還有軍樂隊開道，氣勢蔚為大觀。而師專全部學生加起來不過數百，造反派就一百多。他們自比歐洲的社會主義的明燈「阿爾巴尼亞」，重大當然就成「中國」了。那年頭據說全世界的社會主義國家都「修」完「修」盡，全人類有幸只剩兩個中流砥柱，關係絕對是鐵定了……總而言之，中阿關係有多鐵，重大、師專的關係就有多鐵。

重大的代表當然我算一個。劉福——就是後來在貴州省當了一個正廳級磷礦的黨委書記——也來了。劉辦事認真，面面俱到，絕對一流的外交天才。能和他再度共事，我非常高興。可惜幾十年後，因為寫這篇文章，我興致勃勃打電話向他諮詢當年報社情況，卻遭到他非常友善又非常負責任的一番規勸，他說政治和歷史都是說不清道不明的一堆亂麻，要我千萬別自找麻煩。後來我去貴州，面對面地再次向他談起文革，雙方這回竟差一點兒紅臉。他不僅斷然拒絕了我的要求，而且乾脆對我說：「還討論這些幹什麼？你應該把文化大革命整個兒忘掉！」——這使我深感遺憾。參與編輯還有一個電機系叫胡潮正同學，他性格豁達，心氣十分和平——主角自然落在了我的頭上。軍代表一發話，我馬上就三板斧，而且通通大包大攬。「創刊宣言」《新山城是我們的》——我寫。第二期大塊文章，評西師八三一機關報《紅岩報》——我寫；第三期，二評《紅岩報》：《無產階級革命路線的叛徒》——我寫；第四期，三評《紅岩報》：《評二月黑風的階級基礎和社會根源》也我寫。其他還有什麼「八三一縱隊一命嗚呼，二四二紅總壽終正寢／難兄難弟，一樣下場／交院『九一五』、河運校『航鋒』等『反右』幹將也紛紛倒戈。」「借問瘟君欲何往，紙船明燭照天燒／歷史宣判分裂主義者罪大惡極／三司駐渝總站十大罪狀」……通通我寫。為了說明當時狀況，下面引一段「創刊宣言」：

> 我們的《山城戰報》，是毛澤東思想的紅色宣傳員；我們的《山城戰報》，是毛主席革命路線的誓死捍衛者；我們的《山城戰報》，是無產階級的革命造反家；我們的《山城戰報》，是天不怕、地不怕、鐵骨錚錚、頂天立地的英雄好漢！

至於辦報風格，「宣言」稱：

> 她誕生在這個驚天動地、被「一月革命」的歷史風暴所震撼的年代，她誕生在這個無產階級和資產階級兩個階級、兩條路線進行殊死的鏖戰搏擊的時刻，嚴酷的戰鬥，使她生就了一副英雄相！她沒有半點折衷主義的媚骨，也沒有一絲虛偽卑微的奴顏！「橫眉冷對千夫指，俯首甘為孺子牛」《山城戰報》旗幟鮮明，尖銳潑辣，毫不含含糊糊，毫不吞吞吐吐！。

《山城戰報》報頭下明明寫著：「重慶無產階級革命造反派聯合會主辦」，革聯會明明宣佈自己是「重慶市的最高權力機構」。代表最高權力機構說話的報紙，觀點竟如此橫蠻偏頗，說明這個政權肯定有點兒問題了。

斯賓諾莎在《政治論》一書中談到作為體現國家意志的法律時，有這樣一段話：「完善的法律對個人的關係與完善的理性對激情的關係是一樣的：那就是協調相互衝突的力量，以避免毀滅並增進整體的力量」歷史上的所有政府都該是一個調節器。它必然通過政策法令和政治手腕（包括輿論）來協調各階級、階層、各社會勢力、各利益集團的矛盾，乃至於衝突，使之達到平衡與和諧。讓社會全體成員都能在社會利益的蛋糕上分一塊食。《山城戰報》話語系統哪兒像一個政權機關的報紙？完全是地地道道的派別喉舌。而革聯會本身也如此，一開始就擺出壓倒一切的姿態，它的事情註定只會越搞越糟。

重慶師範專科學校來的都是中文系學生，一姓李，一姓張，一姓冉，相對就內秀得多了。其中李姓同學筆力最為雄健，頗多功力。報上的幾篇短評，如「大江東去」、如「小議亮相」、如「兩條道路，何去何從」等就出自他的手筆。

除了文字編輯，技術保障都由專業人士擔任。何文偉原系《重慶日報》編輯，老報人。頭髮捲曲有致，整天都和藹地向人微笑著，很容易讓人想起德高望重的老藝術家。看他一絲不苟地畫版樣、定字體、字型大小，我第一次知道編報還有那麼多學問。另一位編輯確實就是藝術家了，來自美術學院，版畫教授：尹瓊。山西人。他畫報頭、畫題花、漫畫，標題提字，從來精描細繪，兢兢業業。總之，從兩位長者身上，我發現了許多年輕人的浮躁和大可不必的自負。人們很難把他們和「造反派」這個詞聯繫起來。

報紙三月十四日創刊，由於有專業人士參加，又在《重慶日報》正而八經的專業印刷廠印刷，從版面安排、版式、質量、字體多樣性、美術水平等方面都可以看得出來，這份報紙是有專業水準的。

報社有人屬革聯會「鐵桿」，有人不惹事生非，自然就有不「鐵」、甚至充當「奸細」的。四川外語學院派來的編輯代表就是一個。此人叫黃貴。報社所有人員中，唯他的電話最多，每打電話他必先自報家門：「我叫黃貴，我叫黃貴」。黃系江浙小生，「我叫黃貴」的前三音吐字極其溫柔，而最後那個「貴」字卻發得崩兒響，像咬一粒剛炒好的脆豆。每次聽他自報家門我都會想起魯迅先生筆下的阿Q——他原來的名字不就叫「阿貴」嗎？如果讓阿Q打電話，我想也該是這樣自報家門的。

編輯部的同事從來不和黃貴開玩笑，因為他太一本正經。而他的一本正經肯定是自覺孤身落於虎狼之窩，心理上對外部環境有一種本能的恐懼和警惕。他的獨來獨往和沒完沒了的電話很快引起了大家警惕，並且很快發現該黃果然是砸派觀點：電話都非常小聲，像地下交通員向黨組織報告敵情。一般小聲打電話有兩種情況：一是談清說愛，第二種就是告密。大家確認他屬於後者：百分之百，他是在向人報告革聯會內部消息。

眾人終於忍無可忍。有一天——我的日記記載是四月二十四日——全體終於一致憤怒，先是有人上前指責他話費太多，接著就直奔主題，質問他為何告密？爭端一開，全體人員同仇敵愾，一哄而上——這類爭論若要較起真了，說不清誰勝誰負的——江浙小白臉自知寡不敵眾，怕挨打，很知趣地虛晃一槍便開溜。編輯們趁餘怒未消，去辦公區旁邊的寢室將「奸細」的被子、衣服卷成一團就往樓下扔。編輯部設在市委大院臨街道一幢大樓的三樓。這幢樓房原是市委幹部休閒喝茶的地方，一面臨街，還有一面則緊鄰居民小院。被子是扔向大街一面的。下樓去還得繞出一個地壩，走好長一段路才能去街上檢回落物。如果扔到居民院子裏情況就更複雜。我曾從三樓援梯而下，去過那居民院。那回我倒不是揀東西而是逃命：關於這個下面還有詳述。黃貴是怎麼跑去大街上檢回被子衣服？檢沒檢回來？我就不知道了。因為他那一走，就再沒有回來過。

這位生性靦腆的江浙小生後來當了砸派。

重看前面筆者為《山城戰報》所寫的一組評論，無非是一些老調重彈：西師八三一等組織如何反對奪權、如何反對革聯會——重點尤其又是羅廣斌如何操縱、如何煽動，等等。只是其中《評二月黑風的階級基礎和社會根源》說砸派歷史根源，提到了發生在八一五腹地重慶大學的一樁歷史公案，良多趣味，不記可惜。

公案主角叫徐光明。重大八一五有時無時提到所謂「託派」、「徐派」、「第三條道路」，就是說他。

徐光明，重大無線電系三年級學生。文革肇始，他絕對算得上重大校園出道最早的一條好漢。一九六六年六月十八日該系同學驅趕工作組，他曾是積極分子之一，後來還聽說自費去過一趟北京。徐脾氣怪異，從來喜歡獨來獨往，所以他去北京僅僅只是聽說。他真去了？或者只是口頭說去？或者根本就沒去？對重大的文革都毫無關係。

他最有名的故事還不是發生在文革期間，也不是他去沒去過北京，而是文革前夕他隨班級去銅梁縣駐軍某部當兵鍛煉。那年月「全國學習解放軍」，大學生見了軍人都如見天人。唯徐同學偏偏不，見了大兵他不僅不稍事恭敬，反而專門獨出心裁出怪招給軍人找麻煩。比如，某次他對炊事班長說，我好想吃一頓麻雀肉呢！軍人以雷峰同志為楷模，人家大學生前來鍛煉，畢竟客人呀。雷鋒遇到客人想吃麻雀肉該怎麼辦？那就抓呀！班長真就帶著幾個兵漫山遍野去為他一人逮麻雀。性格怪異再加上思想超前，這就註定他在文革運動中只能曲高合寡，難覓知音。

八一五和「保皇四軍」打得難解難分，他竟上不沾天下不著地，孤孤單單游離於兩派之間一本正經地專事理論探討。比如：「八一五本身就是不徹底的革命事件」、「九三、四上北京是右傾逃跑」、「砸爛八一五總團，實際上就是向中國社會的修正主義思潮開火」，等等。除了理論探討，他還真成立了一個組織，叫《紅岩公社》，社員太少，據說就十來個。時間是六六年十一月，造反派正和保守派鬥得你死我活。老保嫌他右，老八嫌他左，兩派共同嫌他人太少，誰也不搭理他。

《紅岩公社》絕對少數派狀態一直延續到畢業分配前夕，這才因一個偶然的、誰都沒有料到的原因：大學生畢業分配，突然奇跡般地起了變化。

六七年初「保皇四軍」解散，重慶大學再也沒有了對立派（至少是沒有像樣的反對派）。又過一年多，到第二年秋天了，按四川省畢業分配辦公室的要求——「分辦」主任張西挺，對罵她「爛蘿蔔」的重大八一五一直耿耿於懷，這回輪著她出損招了——規定所有高校的畢業分配領導小組必須由兩派人員對等組成。重大怎麼可能沒有兩派？《紅岩公社》（好像後來升格為《井岡山公社》了）不是一派嗎？更何況那時候徐光明已經正式加入「反到底」。人少？馬克思、恩格斯當初不也是少數派嗎？毛主席說啦，兩派都是革命群眾組織，政治上一律對等。這一下好了，為數不算少的、逍遙了一年多功夫的原「思想兵」、「赤衛軍」戰士，正發愁政治上無所依託、畢業分配上無人為之議價呢，一夜之間便紛紛參加《井岡山》當了社員。對此，寂寞多年的徐社長肯定是大喜過望的——只是他的高興沒管多久，因為畢業分配一結束，大夥兒便天南地北，各奔前程去也。再說新社員們從來就沒有關心過八一五到底右傾還是左傾，他們只關心自己分個好地方，最好還要照顧夫妻關係，別弄得分居兩地、牛郎織女的。那時候很多「逍遙派」「胖左派」都已結為夫妻或准夫妻。

幾十年後，平心靜氣而論，要做到和徐社長一樣特立獨行，敢於與眾不同是需要很大勇氣的。紅岩社社員之一鄒世友，電機系學生，早年參加八一五造反後來又反對八一五，曾被同學們一頓痛打。電機系還有一位女生，吳貴倫，造反也很早，後與八一五分道揚鑣，一人自立「偏在寒中俏」戰鬥隊，自然也被男同胞痛打。徐光明是不是挨過打不清楚。他個子太矮小，估計也經不住打，八一五的大個子們就喜歡把他揪住，用手將他的頭髮摸來弄去，揉得一團糟，他從不反抗。一位親歷者告訴我，說有一次見徐找八一五同學辯論，人多勢眾的老八根本就不屑於與他囉嗦，只管弄些稻草往他頭上掛，往他嘴裏喂：因為大家說「社長」一貫喜歡「撈稻草」。徐竟一點兒也不反抗，很有「大丈夫甘受胯下之辱」的落落大度。

更為滑稽的是：保守派垮臺，八一五和反到底又鬧開了，作為老八的對立面，反到底照樣不買他的帳，不但不買帳，而且同樣把他罵得一文不值。西師八三一《紅岩》報一九六七年的《新年獻詞》中就有這麼一段話：「特別值得注意的是，當前在我們的隊伍裏，機會主義思潮已經開始活躍起來，而且很能麻痺一部分群眾，享有相當的市場。重慶大學的『紅岩』公社就是推銷這種貨色的經理部。對於這種機會主義的反動思潮，我們千萬客氣不得，一定要把它扼殺在搖籃之中」，在此前的六六年十二月，《紅岩》報第六期還有一段更為經典的論斷，說徐「一邊舉起左手高喊打倒重慶市委，一邊卻舉起右手大叫要打倒八一五派。這真是毛主席早在四十年代就批判過的戴季陶主義的活標本。」

下面的事就更見鬼了，不過兩三月功夫，八三一為了對付八一五，很快和這個「戴季陶」握手言歡，跳進了同一條戰壕。六七年五月中央解決重慶問題，徐還被反到底推為二十個正式代表之一，到人民大會堂去向中央最高當局呈述政治立場。近代政治學鼻祖馬基雅維裡說：政治上沒有永恆的朋友，也沒有永恆的敵人，只有永恆的利益。誠哉斯言！

德國批評家本雅明在評論卡夫卡小說世界時說過一段話，對於描繪文革年代的社會肖像倒有點像：

> 在此，沒有任何事物在世界上有一個確切的位置，沒有任何事物具有穩固的、不可分割的輪廓。每一個存在物不是在上升就是在墮落。一切都在自己的鄰人或對手交換著特徵。那些該壽終正寢的事物都還沒有發育成熟；那些早已精疲力竭的生命還仍處在其漫長生涯的開始。在此根本不可能談論什麼秩序和等級。我們希望這個世界在神話世界中得到拯救，然而比起這個世界來，神話世界卻不知要年輕多少。

把《紅岩》評了「三評」就沒有再評下去了。不是無話可說了——要想說的廢話還很多——而是，全國的形勢風雲突變：大鬧懷仁堂的老帥老將遭到毛的反擊，譚震林首當其衝。對於四川來說，出現了一個相應的、類似噩耗的傳聞：三月十六日，王力在人民日報社編輯部工作人員會上講話，說四川翻過來了。那時通訊很不發達。這句話過了好些日子才傳到重慶。幾乎是一種巧合，我翻看日記，我個人對於革聯會發生動搖，恰恰也是在三月十六日。這次動搖是如此強烈，以至於延續了幾乎整整一個月。這樣說吧：神使鬼差，我差一點兒就站到砸派陣營去了。

山城戰報編輯部全體同仁合影。前排左二為筆者。

十一、迷惘與動搖

讓我對革聯會發生動搖的事情發生得有些突然。

三月十五日那天還好好的。日記這樣記錄了當天的好心情：「革聯會召了全市造反派的宣傳通訊會議。警備司令部作了形勢報告，很好。／西師八三一垮臺後，鬥爭緩和了，沒有什麼對立面，到處是升平景象。每天都有人來報喜報捷，人們思想革命化了，一切工作、搞好了。這個場面真有意思，在革聯會工作的老百姓出來接見報捷的老百姓，互相鼓勵互相祝賀多有意思多麼感動人／回學校跑了一趟，似乎一切都正常了，從今天起，機械系就開始軍訓了。整整半年沒有見過這種秩序，我感到有些不習慣。／我很想走了，走到遙遠遙遠的邊疆去！／正如一雛鷹，他在風暴裏練硬了翅膀，要到遠方去飛行了。」

第二天我的情緒就全變了。三月十六日，報社要我和西南農學院派來的黃天俊同學一起去天府煤礦採訪一個大會。變故就發生在這次採訪途中。

天府煤礦離城很遠，從市區到了北碚，過嘉陵江，還要坐好長一段小火車才能抵達。西南師範學院也在北碚，他們之間距離相對就近多了，八三一在那兒的影響自然大得多。毛澤東和劉少奇當初不都在安源煤礦搞過革命煽動嗎？現成一堆煤礦工人擺在面前，要想幹一番大事業的年輕人，自然要以偉大領袖為榜樣去那兒找礦工串聯。天府煤礦成了八三一的「紅色根據地」。八三一垮臺「紅色根據地」跟著倒楣，這自是題中之義了。三月十六日，該礦召開群眾大會，就是要把被砸派奪去的權力重新奪回來。

這是一個陰天，剛到下午，天就很灰暗了。天空密雨飄灑，細細地沾濕衣衫，讓人心裏有些壓抑。我和黃立在嘉陵江邊等了很久才過來一隻渡船。乘船過江，又在一個小煤站等了很久，才搭上運煤的小火車。在我的心目中，代表著大工業生產的礦山，到處都該有捲揚機轟隆隆的聲音、有篩煤機的扎扎聲、有煤矸石從車兜裏傾倒而出的嘩嘩聲。小鐵軌交錯縱橫，機車換軌、煤斗碰撞、調度員的哨子瞿瞿地叫……總之，到處都該是熱烈和喧嚷。但今天沒有。面前的礦場一派冷清。我覺得氣氛不正常，預感這兒將發生了什麼不祥。滿眼只有灰濛濛的密雨下個不停。我們坐在工棚等待，終於等來一列礦車，我們就坐在骯髒不堪的車斗裏，搖搖晃晃趕去了目的地。

大會在煤礦的大禮堂舉行。禮堂空間很大，很簡陋，頂上像是全用油毛氈搭起的，巨大的穹窿下能容得成百上千的人。我們向煤礦當局：軍代表，還有礦上的人說明了來意，然後就去了會場。禮堂早擠滿了人，喧聲鼎沸。我這才想起為何今兒礦山到處都冷冷清清，原來人都奔這兒看熱鬧來了。與會工人一律灰黑的勞保服，臉上也一律灰黑，好多人直接從掌子面來，滿面黑灰。我忽發奇想，如果以他們為模特兒畫一組素描，一定很有力度，很有體積感。

後來就開會了，主持人神情嚴肅地宣佈大會開始，然後宣佈把反革命分子某某某、某某某、某某某、某某某……揪上臺示眾。我記得名字好長一大串，主持人念了很久才完畢。被點名的人顯然早有準備，等主持人話音一落，馬上乖乖地從四面八方的角落裏一個個鑽出來，自覺去台沿口站好、低頭，恭恭順順作彎腰服罪狀。其中有事前將公章帶好者，上臺後先抖抖嗦嗦把公章倒在主席臺上，以示交出權力。這些圖章估計奪過去還沒機會蓋幾回，很快便再易其手、完璧歸趙了。接著大會發言，聲討「牛鬼蛇神造反」「右派翻天」的各種「滔天罪行」。發言人太多，反正類似的話那一段時間聽得很多，我也就不想記也記不起了，唯一印象深的事情，就是我第一次發現，一個工廠的公章大大小小集中起來，竟然有這麼一大堆！

我很快知道了：在臺上主持「反奪權」會議的，全是不久前才被八一五打垮的「工人戰鬥軍」骨幹——我開始有點兒不順氣了。從礦山回北碚，我和黃去他們學校西南農學院住一宿，第二天又去垮臺不久的「八三一」老巢西師採訪，這股子氣越發不順。

我的母校重慶大學絕對已經是一派太平盛世了，可一進西師校園，氣氛卻異常動盪，有點像當年八一五事件爆發前的情況，「山雨欲來風滿樓」，到處籠罩著焦躁不安。人人都忙碌而衝動，到處奔來跑去，有點兒「湯澆蟻穴、火燎蜂房」的感覺，隨時隨地都可能發生災難與不祥。我和黃走來一條林間小路（像是一個水池邊？），紮在兩株樹幹間的繩子上正好新掛出一溜煙大字報，怒氣衝衝的年輕人立即圍上去便爭論開來，彷彿發生了恐怖爆炸，頃刻之間從四面八方又湧來許多人參戰。我和黃被擠在中間了。

大字報是原八三一同學所寫，意為被打成「右派組織」鳴不平。掛大字報的同學當即遭來大幫「春雷」口誅舌伐，陣陣臭罵。前面說了，「春雷」是從八三一反水出來的溫和派，為首的骨幹分子確也都是老造反，可一旦把八三一打垮，為壯大勢力，短短時間便吸納了大量「思想兵」、「赤衛軍」，故而又被人譏為「老保翻天」組織，戲稱其為「春麻子」。

「春麻子」正在春風得意之時，加上人多勢眾，大字報前的辯論就越來越不講道理了，以至於我和黃天俊都覺得他們欺人太甚，乾脆就幫著可憐巴巴的八三一辯論起來。「春麻子」盛氣凌人，掉轉槍口又來收拾兩個不速之客——我們似乎感到自己身份不對，真要辯論起來絕對非常尷尬，只好虛晃一槍，溜了。反正，這時林間小路已趕來一幫助陣的八三一，雙方差不多勢均力敵。再說解放台還有一個大會等我們前去採訪。

昨天的雨已經停了，天氣像是在捉迷藏，這一天恰變恰成了重慶難得的大晴天，太陽暖洋洋高懸在解放台的頭頂，讓人心情特別愜意。解放台地處北碚街區，有點像農村演社戲的露天廣場，很簡陋，就一個光溜溜的地壩和一個光溜溜的小土台。我記得那天的氣氛一點兒不熱烈。聽眾就有些西師的學生，全集中在前排，之後就空空蕩蕩了，稀稀落落站些三三兩兩看客。我和黃就遠遠站在後面。

大會程式和前一天的天府煤礦差不多。一開始就氣勢洶洶宣佈把「反革命」某某、某某某揪出來示眾。今天的某某某不似昨天的一大排，就七個，西師八三一的主要「勤務員」周榮諸人。唯一一位女士，叫周德英，顯得特別突出。這些某某某一上臺同樣站一排，低頭，恭恭順順作彎腰服罪狀。不同的是，今天的某某某全都戴手銬，因此更顯出殺氣。當這七個年輕人戴著鐐銬押解出來的時候，筆者突然有一種匪夷所思的感覺，甚至簡直就感到一種頭皮發麻的驚心動魄。幾個月前，這幾個熱血青年不是和我們一個樣嗎：為了保衛心中的領袖、為了保衛某種純潔無疵的信念，造反、抗爭，與「黑市委」、與「保皇四軍」浴血奮戰，叱吒風雲、威武不屈……事情為什麼一下子變成這樣了呢？他們確實曾經和我們作對，確實作對得非常討厭，他們垮臺確實讓我們高興得彈冠相慶，但我們沒有想到要把他們真地打為敵人、鐵銬鋃鐺，倫為階下囚啊！

忽然間，我聽到身後一人憤憤不平地說：

「這樣對待革命小將，對嗎？他們也是造反派啊！」

我發現身後有好幾個來此看熱鬧的重大同學。說話的人正好我熟悉，他正是在問我。這個同學叫余明慶。人白淨而清瘦。脾氣極「衝」。他最喜歡的一句口頭禪就是：「現編！」。「現編」是重慶土語，翻譯成普通話就是：「馬上揍！」。「現編」也就成了他的綽號。武鬥時期「現編」擔任重慶大學專業武鬥隊伍「三○一」的發報組長，在「華瑩山根據地」曾闖過一次大禍：為了在女同學面前「衝」一回，他於夜間誤發了三顆綠色信號彈，讓整個華瑩山區一場虛驚。為此他被武鬥隊的哥兒們「編」了個鼻青臉腫：這是後來的故事。一九六七年三月十七日那天，他在北碚解放台鬥爭會表露的不滿，代表了與會重大造反派共同的情緒，大家不忍繼續看下去——包括我，也根本不願繼續採訪下去——憤然退場了。在那一天的日記裏我這樣寫道：

晴朗的星期日。在北碚解放台由春雷主持大會，鬥爭八三一的幾個頭目。作為一個造反派的我，看到這情景，心裏感到很不是滋味。

讓人心煩的事情還在繼續發生。革聯會決定「解放」辛易之，就是其中之一。

讓革命幹部代表參加「新生紅色政權」——這一點兒沒有錯。從理論上講，中央對各地奪權的要求就有一條：必須「實行軍隊、革命群眾代表和革命幹部的『三結合』」。砸派攻擊革聯會，致命的一條就是「學生單方面奪權」。軍隊緊接著介入，革聯會這張桌子算有了兩條腿，那還差一條呢。當時是有一個「革命幹部」的：徐正身。他一直站八一五一邊，但級別太低，僅僅一個小小的二商局局長，沒有說服力。政治上的事，必須首先在理論上站得住腳，操作上才站得住腳。

要說清楚「解放」辛易之為什麼讓八一五心煩，有必要把文革前後重慶市委的情況說一說。

先說第一書記任白戈。任籍出四川南充。那風水寶地人稱「三總」故鄉：總書記鄧小平、總司令朱德、總參謀長羅瑞卿都出籍那兒。除此之外，那兒還出過一位大人物：當時的中辦主任、後來的國家主席楊尚昆。任白戈身材矮胖，人稱「任胖子」，健談而熱情，很有人脈。以他的革命淵源和老鄉關係，和中央上層楊尚昆、羅瑞卿等長期保持著特殊的親密關係。還有，他喜歡舞文弄墨，三十年代在上海文藝圈就跟周揚跑過一段，多少算得個左翼作家。文化大革命以羅瑞卿落馬拉開序幕，加上被人稱為中宣部「二閻王」的周揚也正屬重點整肅之列，面對這場來頭不小而意圖含混的運動，與上述二人關係曖昧的任，內心的忐忑可想而知了。六月一日北京大學的「全國第一張馬列主義大字報」橫空出世，任白戈嚇得馬上按江蘇收拾南京大學校長匡亞民模式，照葫蘆畫瓢，於六月二十日毫不手軟將重大校長鄭思群打為「黑幫」，派出陣容豪華、人數多達二百有餘的工作組進駐，此一大手筆顯然想要表白自己緊跟中央部署的凜凜決心。他壓根兒沒想到，重大恰恰成了重慶市委的「滑鐵盧」。

鄭思群在學生中威信極高，皆因他雖貴為高幹，卻從不擺架子不罵人訓人。上課時，同學們會看見他悄悄坐在後排聽講，有時還掏出手絹擦拭玻璃窗上的塵灰。去食堂巡視，他甚至當著學生的面把掉在桶邊的飯粒從地上撿起來吃掉。電機系四年級有位同學：鄭志勝，家窮沒錢買鞋，赤腳上課，小鄭正好遇上老鄭了。老鄭遂問小鄭為何不穿鞋？問他在哪個系？哪個班？第二天，像奇跡一樣，一位和藹的陌生人便來到小鄭寢室，給他送來一雙嶄新的解放鞋：他很快知道，這位陌生的送鞋人，就是校長秘書。文革中，鄭志勝因多起血案牽連而被監禁十餘年，出獄後兩鬢斑白，萬念俱灰。筆者曾問他：當年，你何以要如此鐵心死保鄭思群？如此狠心毒打市委工作組長？並最後參加八一五造反？他眼神木納，沉思良久，極其認真地回答我：

「就為了那一雙鞋呀！」

工作組強令學生們把鬥爭矛頭對準校、系兩級領導，學生們偏偏把矛頭對準了工作組及其後面的重慶市委。工作組長惱羞成怒，親自召開全校團幹部及左派學生秘密大會，他在會上大義凜然地宣佈：重慶市委是高舉馬列主義、毛澤東思想的堅強堡壘，書記任白戈是堅強的馬列主義者，是經過考驗的好班長！任何懷疑都是錯誤的！反動的！演講說到激昂處，他拍案而起，險些把茶杯震翻在地。

工作組長確信他的恫嚇足以大收奇效。不料北京馬上就和他開了個政治玩笑。秘密報告後第二天：七月六日，《紅旗》雜誌署名文章《「國防文學」是王明機會主義的口號》便全國轉載，文章在兩條注釋中明確定義：任白戈是「大黑幫」周揚的「另一個追隨者」。任白戈、重慶市委、還有駐重慶大學的工作組，兜頭挨了一記狠狠悶棒。後來事實披露，這篇文章下來不久，任被迫「請假檢查」，以「海外僑胞」身份隱匿鄉下去了。

重慶市委的接力棒交到了市委書記魯大東和辛易之這一對兒女親家手上：正可謂受命於危難之間。魯成了老大，辛成了老二。去大專院校跑腿、安撫不安分的學生娃娃……這類囉嗦事自然全落到了辛頭上。八一五重大師專鬧事，前去滅火的，是辛易之。他被學生困至深夜而終於不肯吐露一字，拒絕承認學生的「革命行動」；九月三日、四日，重大學生在師專廣場絕食，前去滅火的，也是辛易之。這次他依舊故伎重演，拒絕承認「革命行動」。真是不是冤家不聚首。辛是八一五第一個要打倒的「鎮壓群眾的劊子手」，現在駐軍要八一五第一個解放的「革命幹部」，也是辛。你想得通嗎？

中國人傳統美德講究投桃報李。駐渝部隊如此賣力支持八一五，你八一五這點面子總要給吧？「鎮壓群眾的劊子手」積怨甚多，學生們思想不通，那就做工作吧。軍隊先做總團勤務員的工作，再通過總團勤務員做哥兒們的工作。總算勉強答應了，行，那就開會吧，來點儀式，名正言順。二月二十七日，在革聯會領導下，由市委、市人委、市文革機關革命造反派在人民大禮堂召開鬥爭魯大東大會。人民大禮堂是重慶市的標誌性建築。整個建築群依山而築。漫長的、層迭而上的巨大石階托起一座高高在上的園形穹頂。兩邊畫棟雕樑，廊腰曼迴，引伸出一帶盤盤囷囷、崢崢嶸嶸的高簷飛閣。禮堂外中而內西。圓形大廳很像莫斯科大劇院，包厢金碧輝煌，層迭直上，巨大的屋頂浩若蒼穹。在這兒舉行的會議都該是重量級會議了。是日五千人參會，聲勢蔚為浩大。參會者個個都心照不宣，所謂批鬥魯大東，不過是項莊舞劍罷了，真正意圖是要讓辛易之揭發、批鬥魯大東以「火線亮相」。其餘群眾代表的發言，不過是走走過場而已。多有抵觸情緒的重大八一五學生也熱熱鬧鬧前來參會，會中有口號云：「辛易之受蒙蔽無罪，反戈一擊有理！」、「革命不分先後」等語，大家也跟著喊。回校後卻一個個心裏添堵，彆扭得不行。據知情人介紹說，這個頗顯滑稽的批鬥會畢，魯大東被押回重慶大學學生七宿舍監護地，剛出汽車，他便訇然坐地，狀若小兒哭天，口中大呼冤枉，稱：不是辛受魯蒙蔽，而是魯受辛蒙蔽云。

為了確保辛易之儘快上臺，《山城戰報》也開足馬力。三月二十八日出版的《山城戰報》第五期，六個版面，「解放辛易之」就占了整整兩版。現將標題實錄如下：消息：「揭發批判辛易之的大會在重大『八一五廣場』舉行」／「歡迎辛易之和我們並肩戰鬥——重大八一五戰鬥團代表黃順義在三月二十三日批判辛易之大會的發言」／「貧下中農社員談辛易之（重大八一五戰鬥團冶五三戰鬥組）」／「為什麼辛易之可以參加革命的『三結合』」（重大八一五戰鬥團《要武》戰鬥隊、《二七》戰鬥隊、《紅旗》戰鬥隊）／「歡迎辛易之參加革命的『三結合』」（重慶八一五機械兵團川江電機兵團）／「我們所瞭解的辛易之」（市革聯會市黨校紅色革命造反兵團）……為了報答軍人對自己的支持，重慶八一五夠意思了。

只是辛易之沒有想到、力挺他的五十四軍沒有想到、甚至扭扭妮妮拉扯他的重大八一五也沒有想到，他的複出已經不可能：既然他已和八一五有過這樣曖昧不清的蜜月，那麼不久後平反復出的砸派理所當然就要把他看成自己的死敵。既然他已經成了兩派最具爭議的人物，那麼在重慶的政治宴席上，要讓他坐上「革命幹部」這把椅子就不合適了。一年後，重慶市革命委員會成立，坐在「革命幹部」席位上的，竟然是兩派都一致要打倒的魯大東。四川老百姓有句俗話：「久等吃好席」，在這兒倒剛好用得著。政治棋局上的博弈規則就是這麼滑稽：這是後話。

一九六七年乍暖還寒的三月下旬，重慶已經聽到有關「二月逆流」一說，預感到北京又出了什麼問題。就在意圖「解放」辛易之的同一期《山城戰報》，二版刊登了「本報觀察員」文章：「打退資本主義反革命復辟逆流」，同時配發消息：「死灰在復燃／保皇四軍言行錄」。特別值得一提的是，報紙很搶眼地摘要刊登了一直被八一五嗤之以鼻的「救世主」、首都三司頭目蒯大富的講話：「迎接第八個回合的大決戰」；還有因「第一張馬列主義大字報」而一夜暴發的聶元梓講話：「警惕階級敵人的新反撲」。被勝利弄得暈暈乎乎的八一五，現在必須從他們最瞧不起的御林軍眼色裏猜度北京的氣候變化了。

下面是那一段時間我的日記摘抄：

> 從戚本禹同志的一個講話中，我們意識到，資本主義復辟的反革命逆流在全國各地出現了。這股逆流的代表人物，就是在農林口搞反攻倒算的譚震林。／「王力同志講：四川整個地翻過來了／北京來信節節傳來，稱：北京輿論一邊倒，說重慶也實現了資本主義復辟，而革聯會正是這股逆流的產物，羅廣斌是革命烈士，紅代會發表聲明，支持西師，大罵重大八一五是叛徒集團／據傳周總理三．三一講話，說重大八一五變了……
>
> 一場巨大的風暴又在重醞釀起來，從同志們激烈的神情裏，從同志們按捺不住胸中的氣悶而爆發出來的歌聲中，從辯論會上慷慨的發言中，從滿地的大標語中，又可以聽到八一五春雷前的風音雨響，而且，同志們越來越意識到：問題出在軍隊。
>
> 有人寫大標語：不在沉默中爆發，就在沉默中死亡！」

這段文字記錄在三月十七日和四月一日之間，沒有具體標出時間，很隨意，這使我無法回憶起上面所說的發言慷慨的辯論會、滿地的大標語，特別那一條「不在沉默中爆發，就在沉默中死亡！」的大標語，具體是怎麼發生的？何時發生的？有些什麼細節？同學們有些什麼不滿和困惑？但這一點是很明白的：作為八一五事實上的政治中心，重大校園再度動盪不安了。一九六六年八月那一次，壓力很大，但他們心裏非常明白：毛澤東是是站在他們一邊的。這回不同了：他們根本搞不清楚自己的位置。說不準他們很可能會和剛剛被他們打垮的「思想兵」一樣，主觀想保衛毛，實際上卻走到事情的反面：這一點，使他們恐懼萬分。

四月一日出版的《山城戰報》第六期開始正式刊登文章：「炮轟譚震林，粉碎新反撲」。這個有些滯後的資訊向重慶人證實：在北京，以大鬧懷仁堂為標誌的軍人造反，已被毛輕而易舉擊敗。《山城戰報》跟著起哄，開始有點稀裏糊塗，不過聰明人很快就發現了：這一回，他們實際上是在向自己開炮。

十二、陷入動盪的重大校園

《山城戰報》以非常顯眼的通欄標題刊登文章「炮轟譚震林，粉碎新反撲」，表示重慶市的臨時最高權力機構緊跟北京開始動作了。但這什麼也不能說明。這篇長約一個整版的消息無非像本流水帳，乾巴巴地介紹了農業部在二月中旬發生的、在外人看來毫無故事性的雞毛蒜皮。中央高層到底發生了什麼？到底打算幹什麼？大家全懵在鼓裏。

八一五、革聯會及駐軍對所謂反資本主義復辟的理解，可以從該期刊登的幾篇文章看得出來。頭版頭條：「中國人民解放軍重慶警備司令部公函（一九六七年三月二十六日）」，公函重申了軍隊立場，大意如下：一，「原保守派組織的鬥爭大方向是錯誤的。」，「是李井泉通過原市委一手炮製的。」，「是推行資產階級反動路線的御用工具。」；二，「目前原保守組織中的某些少數人企圖重新恢復組織，，對此，我們是堅決不支持的。」；三，「參加原保守組織中的絕大多數群眾是受蒙蔽的，也是資產階級反動路線的受害者。」；四，「（原保守組織中）如有極少數別有用心的分子繼續玩火，那麼矛盾就會轉化。我們一定支持革命左派，粉碎資產階級復辟的反動逆流。」

該期報紙還發表了一篇社論：《宜將剩勇追窮寇，不可沽名學霸王》；還有一篇本報觀察員文章：《樹欲靜而風不止》，內容大同小異。根據我自己作的記號，那篇社論當是我寫的，現在重讀，亦不知所云，無非又把已經垮臺的、毫無還手之力的走資派、保守派數落一通，威脅一通。僅有一段屬專有所指，內容如下：「有的革命小將，由於頭腦中『私』字作祟，在運動發展的關鍵時刻，被階級敵人利用了，迷失了方向，犯了錯誤，對於這些革命小將，應當幫助他們，說服他們，鼓勵他們前進，可是有的人卻趁此機會搖身一變，以當然左派自居，不准他們革命，把這些革命小將一棒子打死。」這段話顯然表述了筆者三月十七日在北碚解放台眼見八三一頭目帶銬示眾時的不滿之情，久壓難抑，不吐不快了。

重慶大學的校園，這時已是山雨欲來風滿樓。

下面是我的日記：

三月三十一日。不平靜的夜。同學們不顧總團某些人的阻攔，徵集簽名，準備次日大遊行，粉碎資本主義復辟逆流。總團連夜召開小組長會，被迫上馬。

四月一日。壓抑在同學們心中大的全部激情統統爆發出來了，像火山的岩漿全部爆發出來了。／晨六時，緊急集合，召開全團大會。周家喻上臺大放厥詞，企圖阻止遊行，群眾大造其反，然後，數千人浩浩蕩蕩進城，進行了爆發性的遊行，震動甚大。

四月二日。人民日報社論《正確對待革命小將》發表，大大鼓舞了革命造反派，我們這一群為西師、交院早就抱不平的八一五，心裏感到無限興奮。

四月四日。革聯會召開了一個全市的不像樣子的大會誓師向劉少奇開火。會上，我校打出大標語：『警惕山城和平演變』『打擊革命小將就是打擊無產階級文化大革命』『革聯會必須堅持毛主席的革命路線』震動很大。在上清寺貼出了四・四大會質疑（革聯會原擬定於四月四日舉行全市的所謂『工代會』——筆者注）的大字報和不准工糾擠進工代會的大標語。對於即將在旌旗招展的人民大禮堂召開的所謂工代會，同學們表示，若要召開的話就堅決造反。／人們在議論：重大八一五要反了。

四月五日，革聯會連夜召開常委會，決定無限期延期召開工代會。」

時間過得太久了。我回憶了很久，還問過好些同學，可大家怎麼也想不起三月三十一日那個「不平靜的夜」，到底是怎麼不顧總團某些人阻攔，徵集簽名？總團連夜召開的小組長會上，又是怎麼被迫上馬的？次日凌晨六時，廣播裏號聲響起，熟睡的同學又是怎樣趁夜趕去八一五廣場（文革後改名為「思群廣場」——筆者注），將「大放厥詞」的周家喻哄下講臺？這些細節寫下來一定很精彩，可惜它們像塵封已久的舊膠片，被歲月抹上太多的劃跡和傷痕，以至很難看清原本的影像，只是把它們拼接在一起，尚能讓我們感受那個時代年輕人的追求、困惑和抗爭，這也就夠了。

西師八三一和交院九一五已經正式平反復出。重大八一五為此是付出了真誠努力的，對它們的複出確也由衷地表示過高興。問題是：八三一們認為自己的造反既然付出了比重大八一五造反更沉重的代價（他們的遭遇本身就構成了革聯會搞資本主義復辟的最好注腳），在重慶的政治盛宴中理所當然應該坐上主賓位了。這是一匹倔強的烈馬，原本就不願被八一五套上籠頭，現在自然更不可能成為附庸。政治搏弈的規則往往如此：成不了鐵錘，就只能作鐵砧。砸派既然不想成為附庸，必然就應該成為主宰。主宰、或者企圖成為主宰的人，辦起事情常常就不再需要理由了。馬基雅維裏這樣定義合格的「君主」：「一般地可以這樣說：他們是忘恩負義的、容易變心的，是偽裝者、冒牌貨，是逃避危難、追逐利益的。」他們應不受任何道德準則的束縛，可以不擇手段去實現自己的目的。對於一個君主來說，不僅不必具備各種美德，而且還要保留那些不會使自己亡國的惡行。馬氏被認為是現代政治學的開山鼻祖。

西師八三一複出後便開始接二連三地發表「嚴正聲明」。第一天的聲明說「重大八一五是堅強的革命左派」、「重大八一五的大方向始終是正確的」、「堅決和重大八一五團結在一起，戰鬥在一起」；第二天開始改口了。聲明莊嚴宣佈：我團原來發表的聲明，凡不符合毛澤東思想的，一律作廢；第三天的聲明就直奔主題了：重大八一五是山城最大的右傾機會主義集團。

這個彎子轉得也實在太快了些，搞得當初巴心巴腸為他們喊冤叫屈的工科學生實在不知如何是好。他們一邊要維護自己辛辛苦苦經營起來的八一五、革聯會，一邊又要伸張正義，使信念不被玷污，良知不受折磨，這一回，兩者竟然如此南轅北轍，他們註定只能在兩塊沉重的磨石之間接受擠壓、無可奈何地嚼食自己種下的苦果了。

四月五日的日記記錄了我的迷亂：「重慶亂了，一向稱為鐵板一塊的重大八一五也亂了。／向誰決戰呢？／重慶資本主義復辟的根子在什麼地方？／警備司令部有沒有譚震林？該不該砸爛革聯會把這個譚氏人物暴露出來？／重大八一五是不是被利用了……／一連串的問號，把勇敢的八一五戰士的思想攪亂了……」

砸革聯會的聲音一天比一天高，重大八一五不知所措，沉默了。校園裏開始出現大標語：「堅決砸爛偽革聯！」署名：「反到底」。這實在非常有趣：當時砸派還也還沒有誰想起這個名號呢，卻被八一五自己搶先用上了。同樣有趣的是，標語竟是當初發起八一五事件的主力：業餘文工團的幾個激進分子所寫！

四月六日日記：「然而，重大八一五沒有說話。兩種針鋒相對的見解在重大八一五內部進行著激烈的辯論。一次，沒有結果，又來一次，又沒有結果。在總團的會議上，一次，沒有結果，再開一次，也沒有結果，再開，還是沒有結果……／人們一見面，第一句話就是：「你是砸還是轟？」……

事實上擔當著領頭羊角色的重大八一五，它的沉默本身就意味著問題的嚴重性。在相當長的一段時間裏，重大校園幾乎就是重慶的政治大本營。上面一有風吹草動，八區三縣的「革命群眾」都喜歡到重大來找八一五討教。遇有這種情況，林木秀美的重大校園就非常熱鬧了。如趕廟會，如過佳日，如踏春冶遊。負者歌於途，行者休於樹，往來不絕者，求教者也。人們一般是先去總團信訪組，再由總團信訪組介紹到各系各班的戰鬥組接待，程式很規範的。造反伊始的一九六六年十月，我就曾經在寢室裏接待過文藝系統的幾個先鋒派人士，並且至今還記得他們的名字：歌舞團張運濤、越劇團田會珍、話劇團孟慶善、雜技團鄭洪等，一共八人，後來他們全都成了文藝界的造反先驅和領軍人物。那時他們尚未出道，見了造反派，神情激動不亞於在白區找到了地下黨組織，一個個都爭相表白，暢吐衷曲，出得校園則一律革命信心倍增。還有個同學，後來在我們報社做過一段編輯的，就在我們最為困惑的一九六七年四月，因為接待重慶紡織六廠來訪代表，和其中一位很迷人的女工一見鍾情。幾個月後，他們正式戀愛了。正式決定和這位美人確立戀愛關係前夜，該同學曾非常認真地把我拉到門外徵求意見，極其嚴肅地說道：

「周，你知道，我這個人資產階級思想很嚴重

——我就想找個漂亮的……」

我大笑，連連表示贊同說：「她——夠可以啦！」

後來他們就愛得難分難解，後來真地喜結了連理；再後來，事實證明這是一樁很失敗的婚姻，政治因素和感情因素糾纏交錯，演繹出太多事前根本無法預測的悲劇情節，二人最終只好分手——這個故事寫下來一定催人淚下——為了保護當事人，筆者只能在此姑隱其名。

重大八一五的沉默對於徘徊歧路的整個大派無異於一場災難。群龍無首，讓面臨抉擇的兄弟們無法忍受。有一個工人在重大校園貼了一張大字報，代表了八一五派共同的焦躁不安。這是一首叫《吶喊之聲》的詩歌，其時被很多同學傳抄，我也把它抄在了日記本上。下面照錄其中兩段：

不要這樣沉默，重大八一五
讓雷霆喊出你胸中的憤怒
為什麼萬里之外對你缺席審判
為什麼前後左右向你進攻
假如你胸中是一輪紅日，
解開鈕扣，把它托上解放碑峰

山城人民永遠熱愛你，重大八一五，
川江雄歌，決不做易水悲曲
誰個是紅心赤膽照長空
誰個是沽名釣譽夢雲樓
任它柳隨風擺，帆聽風說
還看今朝紅岩，豈效漁家輕舟？

四月五日，重慶建築工程學院八一八戰團舉行辯論會，率先統一了認識，接著數千人浩浩蕩蕩到重大來聲援遊行。前一年年的八月十三，重慶大學造反派第一次衝出校門造反，就是去的建工學院遊行，那次行動成為了重慶文革爆發標誌的八一五行動的預演。而這一次，事情反過來，輪到對方來推動自己了：重大八一五還有什麼可說？看到建院學生在團結廣場、在沿江馬路、在學生宿舍間夾竹桃長得密密匝匝的小路上穿行呼喊，重大的學生娃娃從寢室裏、從運動場自發地一湧而出，和建院的隊伍集和一起，又向重慶師專湧去。師專學生自然立即彙湧其中。接著，三中、一中、師專附中等校的「中八一五」也聞訊趕來。師專是八一五事件的發源地，此時此刻此地的的集合本身就具一種象徵性含義。在當天日記上我無限興奮地這樣寫：

> 「頓時，夜晚的八一五廣場變成了一片沸騰的海洋。八個月前，就是在這個廣場上，點起了重慶市文化大革命的第一把烽火，八個月後，在兩條道路、兩條路線大決戰的前夜，又在這個廣場上，響起了重慶市的第一聲春雷。夜啊，不眠的春夜，沙坪壩在燃燒，山城在燃燒……」

雨果在他的巨著《九三年》中這樣敘述大革命中的國民公會：「沒有什麼比國民公會更為畸形，也更為崇高的了。英雄成堆，懦夫成群。……他們相互摩擦、相互挑釁、相互恫嚇。」「那裏的一切都飄浮不定，人們懷疑、猶豫、退卻、拖延、窺視，人人自危。」

文革是不是這樣呢？群體無意識在那年代、那地方，發揮得淋漓盡致。

只是事情不可能靠一次集會所煽動起來的激情就徹底解決。年輕的心是飄浮不定的雲。這會兒吹東風，它向西邊飄去，一會兒刮西風，它又會飄向東頭。一九六七年春天的中國，天空裏刮的全是亂七八糟的狂飆罡風啊！

日記上記下的這樣一件事足以說明我的思想何等混亂：一天晚上我回學校，不是惡作劇，而是非常認真地「試著以砸派的觀點與（美術）隊上的同志辯論」，公然「我勝利了。」於是我興沖沖地馬上返回市區，和《山城戰報》的鄧姓編輯一道去找到革聯會主任劉潤泉，準備和他也這麼來一次模擬辯論。從沙區到市區十多公里地，平時坐車尚嫌挺麻煩呢，而那天晚上，我覺得自己簡直健步如飛。

劉潤泉，時任五十四軍政治部副主任。東北人。個子矮而碩壯。後五十四軍調防雲南，他升任昆明軍區的政治部副主任。再後來，他退休了，移居廣州軍區幹休所賦閑養老（他夫人是廣東人）。九十年代我到深圳經商，曾讓公司助理、原四川外語學院八派學生專程前去看他，探訪者回來對我說：他老多啦，看起來完全像一個郊區的菜農。其實在我的印象中，他身上一直就看不到更多軍人的威嚴，更像一個慈眉善眼的和藹老頭。

革聯會期間，我們呆在一個大院，隨時都能見到他，每向他說到反擊資本主義復辟逆流，說到由此而在社會、在八一五內部引起的種種混亂，他就只會歎氣，反問我：「我們該怎麼辦呢？事情都是你們搞起來的。我們解放軍只是對你們支持，你們也鬧，我們怎麼辦？」他態度的真誠本身就夠讓人感動了，你還有什麼話好說？

我已經記不起那一晚我和他的談話如何起？如何終？大約又是他的誠懇把我征服了。於是，我的日記上有了這麼一段記錄，說我和他交談後「對革聯會又做了重新估價。我有兩點看法：一，革聯會的問題是客觀存在的，問題是，這到底是由於譚氏人物造成？還是由於認識問題？到底能改？還是不能改？我的結論是後者。二，如何看待砸派？他們是真的掌握了大方向？還是出於復仇心理？是孤立地看待他們的行動？還是歷史地、全部地分析他們的行動？結論仍然是後者。介於這兩點，我認為革聯會不能砸。」接下來我寫到，「深夜，又趕回學校，把同志們說服了。」天哪！那一晚上我公然又從市區向沙區跑了十多公里地！我是不是有毛病啊？事過幾十年，如果要用一個辭彙來形容當時我的行為狀態，這四個字再恰當不過了：

「掐頭蒼蠅」。

駐軍部隊定然感覺到了事情的嚴重性和複雜性，四月八日這天，五十四軍副政委藍亦農、副軍長白斌決定親自出馬，穩定軍心。數輛軍車將重大八一五的二百餘名戰鬥組長，還有建工學院的部分代表拉到了鵝嶺公園山腳下的警備司令部。會面在離入口不遠的小禮堂進行。時間是下午，山城重慶的天色晦明不定。主席臺上點一盞綠色的臺燈，給人柔曼平和之感。白斌先傳達剛結束不久的中央軍委軍以上幹部會議精神，重點是林彪所謂「古今中外……影響一切的問題，是階級鬥爭問題」和文化大革命「損失是最小最小最小，而得到的成績是最大最大最大」的胡謅。接著藍亦農就革聯會、鎮反諸問題發表演講。我記得他說話慢條斯理，娓娓道來，看資料時還架一付老花眼鏡，顯得很是書卷氣。質樸的工科大學生被軍人的儒雅和真誠征服了。演講人肯定也感覺到了這一點，講話結束時，藍已勝券在握，意味深長地對台下的年輕人說：「我們心中是有數的。如俗話所說：任憑風浪起——」話猶未了，台下馬上大聲接茬：「穩坐釣魚臺！」

這一天是週末，五十四軍趁熱打鐵。當晚，劉潤泉馬上又到重大召開會議「交底」，對八一五表示堅決支持。

砸派的氣焰日盛一日。他們頭腦有點發熱，這就犯了一個錯誤：千方百計、採用各種手法來刺激八一五本已十分脆弱的神經，把革聯會罵得一文不值：什麼「叛徒集團」、什麼「資本主義復辟的工具」、什麼「被黑幫收買了」……還用漫畫將他們描繪為醜陋不堪的「癩格寶」（重慶地方語，即「癩蛤蟆」——筆者注）。其實，如果他們聰明一點，完全應該採用懷柔離間之策，打拉結合——如果真那樣，說不準重大八一五很快就四分五裂了。保守派垮臺不久，那些熱愛黨組織的乖寶寶們，他們和所謂「走資派」之間發生的所有悲喜劇八一五記憶猶新。八一五們不願意、甚至非常害怕自己一不小心便重蹈覆轍。事實上，上面說到的四月八日下午和晚上與軍人的會面，在重大校園裏很快就被一些激進分子指責為「拉一派打一派的黑會」，「和當初李井泉和思想兵的黑會沒有什麼兩樣」。八三一面對如此大好局面，偏偏還要步步緊逼，致使山窮水盡的重大八一五別無選擇。敵人的輕慢和年輕人的虛榮，註定他們只能把自己的命運緊緊捆在革聯會的戰車上。

四月九日，大田灣體育場再度成為重慶所有眼球聚焦的舞臺。八一五派重慶紅衛兵革命造反總司令部在此召開大會，誓師向中國的赫魯雪夫劉少奇開火。藍亦農再次到會演說。主旋律依舊是「革聯會好得很！」

這一次效果差了許多。會間，工業校八一五派不聽招呼的學生娃娃爬到主席臺前，大寫其標語：「革命無罪！言者無罪！大民主無罪！」中學九一縱隊乾脆多次衝擊主席臺。雖然造反未遂，但裂痕正式公開：八一五已經不再鐵板一塊。就在這個大會上，大家都不再遲疑地選定了自己的角色。該退場的，紛紛退場，要和革聯會站在一起的，因叛逆分子的胡鬧而乾脆鐵了心，就在會場上呆下來，偏偏把口號喊得震天價響。

從這一天起，重慶的政治格局重新明朗了。保衛革聯會營壘裏，重大八一五再度成為核心。

十三、革聯會，從迷亂走向明朗

《山城戰報》為三日刊。六期以前，出版都非常準時，到第七期卻推到五天後才出版，而且這一期簡直就沒有任何實質性的內容，和重慶人關心的東西毫不沾邊，全是些照本宣科批判「中國赫魯雪夫」的空泛消息、空泛感想、空泛文章，甚至鋪張以極地用一個多版面連載反劉少奇的先知先覺者陳里寧的《狂人日記》。這個長篇日記非常玄乎，真假莫辯，事後證明，這個姓陳的沽名釣譽之徒精神確實有點毛病。不過那年代整個中國都在患著精神疾病，他那點毛病也就顯不出什麼不正常了。毛澤東最高指示云：「凡是敵人反對的我們就要擁護，凡是敵人擁護的我們就要反對」，劉少奇是壞傢伙，反對劉少奇當然就是好傢伙了，歌頌那廝理所應當。其實，這篇奇文我壓根兒就沒看過，刊登它唯一的好處就是它長。在編輯部思想混亂、不知何云的時候，用這種文字垃圾佔領版面實在是最佳選擇：既符合大方向，又不用向讀者表明自己對現實問題的態度。

革聯會原定四日召開的工代會——這次大會是革聯會計畫中讓重慶社會秩序正常化的一個重要步驟——和我們報紙一樣，也被推遲了，比我們更慘的是，它無限期推遲。與此同時發生的是：六日始，革聯會連續用兩天時間召開了一個全市革命造反派負責人的聯席會議。同一天，革聯會發佈了《關於目前重慶市無產階級文化大革命運動中幾個問題的通告》。十日出版的《山城戰報》第八期用頭版全版刊登了文件。再三天後出版的第九期則在第二版刊登了聯席會議消息。從這個通告和這個會議的召開，可以看出革聯派通過一番折騰，思路已基本釐出了頭緒。四月六日《通告》共談了八個問題，（一）鬥爭的主要任務（二）關於革命的「三結合」；（三）正確對待革命群眾組織；（四）正確對待革命小將；（五）關於鎮反工作；（六）關於奪權中的問題；（七）關於保守組織；（八）抓革命促生產。《通告》的基本立場和對一些實質性問題的看法，在警備司令部三月二十六日《公函》的基礎上，又有所前進，並且表述得更加明晰具體。如第二條指出：「革命群眾組織的代表是革命的「三結合」的基礎……絕不許把他們當作陪襯，更不准把他們排斥在外」；第四條明確宣佈了「西南師範學院八三一戰鬥縱隊、交通學院九一五戰鬥團等組織是革命群眾組織」；第五條提出了「在這次鎮反工作中凡被錯打成反革命的群眾，一律平反」；第七條再次重申不許保守組織「糾集原班人馬打著『造反』旗號，恢復原有組織，更不允許招降納叛，改頭換面重新組織，否則，立即取締，對於首惡分子，必須……依法懲處。」第九期刊登的會議消息，報導了市革聯會常委會的六條決定。「決定」則從措施上對以上原則進行了落實，如：「立即對重慶的資本主義復辟逆流和肅反問題進行周密的調查和處理，抽調一百名紅衛兵，由兩名常委同志親自率領到八區三縣檢查，迅速糾偏」、「立即調查處理沙市紗廠（即重紡六廠——筆者注。我之所以要特別注明這一點，因為緊接著，我將在這個事件中遭遇一段九死一生的故事）等單位的問題，徹底打退走資本主義道路當權派操縱保皇勢力進行反奪權的資本主義反革命復辟逆流。凡是被保皇勢力反奪了權的地方，革聯會堅決支持並幫助真正的革命造反派把權立即奪回來」。至於西師八三一，交院九一五等革命組織，革聯會「現在公開認錯，並聽取他們的意見」。

會議能夠取得這些結果，應該說很不錯了。《山城戰報》第九期對會議做了這樣的報導：「各革命組織的同志高舉毛澤東思想偉大紅旗，充分發揚了大民主，發揚了敢想、敢說、敢造反的革命精神，用大量事實揭露了資本主義反革命復辟逆流在重慶的各種表現，同時對革聯會工作中的缺點和錯誤提出了尖銳的批評。」關於會場的氣氛，只輕描淡寫說了一語：「經過激烈的辯論」。正好，我的日記即時記錄當時的會場情況，作為對上述消息的注釋，很有意思：

四月七日至四月八日。革聯會召開炮轟大會。各革命造反派組織紛紛上臺發言，申訴（或者說是控訴吧）本單位資本主義復辟的情況。解放軍有很大的責任。當然，問題也是直接涉及到革聯會的。／會上，展開了一場嚴重的鬥爭，血和淚的控訴激蕩著人們的思想和感情。二輕兵團的一個代表跳上臺去，大聲說道：『同志們，革聯會是我們把它扶起來的，我們為它大喊大叫，為它鳴鑼開道，可是現在它卻成了資本主義復辟的工具，沒有為我們幹一件好事。我們不要它了！大家一道起來把他砸爛吧！』／一席話，把同志們激怒了，大家在下面亂噓、起哄：『滾下去！』『滾下去！』。師專唐宗明走上去：『同志們靜一靜，靜一靜，我說，革聯會是我們自己的，有錯誤，有缺點，我們炮轟它，幫助它改進，砸不是辦法……』外院余朝文衝上去：『同志們，剛才這個人發言是個大陰謀，我代表川外八二六表態，堅決砸爛革聯會！』全場大嘩，一群人衝上去，把餘推開，迅速在話筒前排成長隊，要求發言。／『我代表2307無產階級革命工人造反軍發言，我們堅決支援革聯會，革聯會是我們自己的，革聯會好得很！就是好得很！』／『我代表八一兵團表態，我們堅決支持革聯會，革聯不能砸，只能炮轟，只能支持，革聯會就是好……』／『我說，我是二輕兵團的，剛才那個人不能代表二輕兵團，只能代表他自己，我們二輕兵團的廣大戰士堅決支持革聯會，革聯會就是好，好得很！……』／發言，一個比一個激昂。情緒，一個比一個衝動。會場上，掌聲雷動，口號起伏，支持派和砸派，在這個會場上迅速地分化、集結……」

會議儘管吵得天昏地暗，但畢竟讓多數代表對革聯會達成了明確共識，即消息說的：「大家一直認為，革聯會是我們造反派長期浴血奮戰的成果，革聯會的大方向是正確的。……決不能把革聯會看得一團漆黑，一棍子打死。」會議的成功使得主持會議的革聯會常委、財貿八一五頭頭王紹川，心滿意足地代表革聯會對大家的批評表示了：「衷心感謝」。

會議的結果無疑是對五十四軍（即重慶警備司令部）的充分肯定，革聯會主任劉潤泉非常滿意，他在講話中高興地表示「會開得很好。」並再次真誠地發誓：

「鎮反工作要規定三條，不管任何人假借鎮反為名，鎮壓左派，調查清楚後要嚴加懲辦；二，如果有人背著革聯會幹壞事，調查清楚後要嚴加懲辦；三，今後逮捕人要經過警備司令部黨委批准。」軍參謀長耿志剛也到會助興，他以軍人的身份表態，稱：「革聯會好得很！我們過去支持革聯會，現在支持革聯會，將來還要支持革聯會。我們堅決支持革聯會，我們堅決保衛革聯會，支持和保護左派廣大革命群眾。」

就在會議開得熱熱鬧鬧的同時，思想處於極度迷亂的我，為《山城戰報》惹了一個不大不小的禍。這就是在刊登革聯會「關於目前重慶市無產階級文化大革命運動中幾個問題的通告」的那一期報紙，我寫了一篇社論，題目是：「吹響進軍號，迎接大決戰」。出版時間是四月九日。按時間推算，文稿當是開會前後寫的。

這篇文章惹出是非，完全因為對於形勢的判斷混亂釀成。

當時北京的提法是：「二月逆流」。而我們的提法——前面說過了——叫「二月分裂主義黑風」，接著還有一個什麼「三月資本主義復辟逆流」。這當然是八一五派偏居西南，對京城二月發生的事情毫不知情的前提下信口開河。需知：正統的政治概念是不允許絲毫修正的，我們在這個常識性的問題犯如此低級錯誤，既因為政治上的無知，也因為操作上的無可奈何。我們既已疏離於北京的文革主流，就只能像莽撞的迷途者在政治歧路間東奔西突，窺找機會，忙亂無措之間，我們感到風聲鶴唳、草木皆兵，發現自己面前的政敵太多了。剛剛平反的八三一是一撥；剛剛投入八一五懷抱而馬上又被狠狠一腳踹開的保守派，又是一撥；對八一五一貫耿耿於懷、站在旁邊看笑話的保守派、「走資派」，也算一撥。面臨幾股反對力量，我們不知如何招架，乾脆就一起對付了。於是，在「二月黑風」、「三月逆流」的後面有來了第三個提法：「多邊圍剿」。文革那會兒，把自己描繪成受害者很容易引起同情；而地位受到挑戰，又很容易把大家動員起來，同仇敵愾，抵禦外侮。我們力圖和北京的正宗提法接軌。事情就這樣定下來了：八一五遭受多邊圍剿了！到最危險的時候了！同志們！團結起來，戰鬥吧！

我就是在這種混亂之下寫了這篇社論。社論言之成理，很有煽動性、說服力，立即在編輯部會議上獲得通過。可是等到文稿送印刷廠付印了，我莫名其妙又恍然大悟，感覺出什麼問題了，馬上又把「掐頭蒼蠅」的洋相重演了一遍。關於這個洋相記錄在四月九日的日記上：

「晚上回校（即社論出版當天——筆者注），我和《八一五戰報》（我走後，《八一五戰報》由何國光，即前面提到的那位集郵專家主持——筆者注）的同志們又一道討論了形勢，大家基本上同意了我的觀點，否定了『多邊圍剿論』，於是我急急忙忙掛電話給《山城戰報》，闡明了我的觀點，希望同志們馬上考慮，如果這篇社論真有問題的話，該馬上通知印刷廠停印。他們又同意了我的觀點。」

第二天一早我就忙不迭趕進市區，匆匆忙忙跑回《山城戰報》。日記記錄：

「奇怪，刊有這篇社論的《山城戰報》已經在街上出售！我急忙向大家談及這一事，並迅速掛電話給印刷廠和發行科，要求立即停止發行，並將已發出的報紙迅速追回。

「可惜，事情已經遲了。這一天，街上已經出現了大標語：

「『《山城戰報》4·9社論是大毒草，必須批判！』」

報社很快把四月九日出版的《山城戰報》收回了，在該社論的位置臨時換上了上海《文匯報》四月七日的社論「在大批判中推進大聯合」，重新印刷，重新發行，同時刊發了「緊急啟事」一則，稱：「本報四月九日第八期社論『吹響進軍號，迎接大決戰』有嚴重錯誤，特緊急聲明這篇社論撤銷，已發出的少量報紙作廢。並於四月十日將本報第八期改版重印。」這樣，第八期的《山城戰報》就有了兩個版本和兩個出版日期。如果用集郵愛好者的術語來說，就是多了一個「錯版票」。這也算是文革小報歷史上的一道風景線吧。

隨著對革聯會「支」和「砸」的鬥爭的明朗化，《山城戰報》社論凸現出的思想迷亂也很快結束。那些天，幾乎天天都有人來重大聲援遊行。有大學生，有中學生，也有工人和別的什麼隊伍，他們敲鑼打鼓，穿行在夜幕中的校園廣場、沿江馬路和學生宿舍間夾竹桃長得密密匝匝的小路之間，有人還舉著火把，火光在春天的暗夜裏顯得晶紅耀眼。那場景說得浪漫一點，如古騷人秉燭之夜遊；說得悲壯一點，則讓人想起高爾基筆下那位為拯救人類災難的英雄丹柯，舉著自己胸中掏出的心，照耀人們前進。「向重大八一五學習！」「向重大八一五致敬！」的口號聲徹夜不息，鬧騰得重慶大學無法入睡。「每聞風飆之起，常懷凌雲之志」。迷亂的大學生們紛紛從床上躍起，趕去門外夾道歡迎。掌聲、歡呼聲、口號聲彙成一片，響徹夜天。

一天晚上回校，我正遇了這種情形，於是也激動萬分地擠進隊伍裏和大家一道呼口號，一道鼓掌。我在人群中遇到擠在中間一位姓薛的同學：電機系的激進派，上面提到的「偏在寒中俏」戰鬥隊發起人的同班同學，我大聲問：「還砸嗎？」他顯然也很激動，回答我：「不砸了。」我問：「為什麼？」他回答得很乾脆：「砸派要把我們打成叛徒，那怎麼行？」

四月十二日，重大八一五在風雨操場舉行全團辯論大會。會議剛剛開始，便有人跑上臺前寫了一幅動人心魄的大標語：「誓死捍衛一月革命的偉大成果！」——算是給大會定調了。人一旦陷入狂熱就必然放棄理性，而代之以對教義的的盲目崇拜，並任由這種盲目崇拜所掀起的激情氾濫，放縱自己隨波逐流。《八一五戰報》第十五期發表的《重慶大學紅衛兵團、八一五戰鬥團對目前形勢的再次嚴正立場》指出了，革聯會是一月革命的產物，而一月革命又是比「十月革命」「更偉大的」的歷史創舉，再對它懷疑不啻是無知，而完全就是觸犯天條了。這樣一來，以後的行為只需要訴諸情感的神聖激發而不必再作任何理性判斷。這一次辯論會，已經沒有任何雜音。

重大八一五需要用行動向世人宣示自己的統一意志了。四月十五日，週末，他們和師專八一五、重建八一八等沙坪壩區的造反派組織以紀念八一五事件八個月為名，舉行串聯遊行。隊伍由沙區出發，途經小龍坎、石橋鋪、大坪、兩路口直湧市中區，一路上，人越彙越多，到了解放碑——日記載：「已經彙成了數十萬人的洪流」——這個說法顯然很誇張。反正沒人點數，場面總之蔚為壯觀就是了。第二天，八一五派又在尚未漲水淹沒的長江珊瑚壩集會，日記載：「近百萬支革派冒雨召開誓師大會」，這個「近百萬」，顯然也是誇張過的數字，不過同樣也沒誰來點數。會議題目是「向中國頭號走資本主義道路當權派劉少奇發動總攻」，實際目標誰都知道是要炫耀文革派的實力。我已經記不起五十四軍的軍官們是不是到了會，李井泉諸人卻是絕對參加了。他們是會議必不可少的道具，因為：只要惡狠狠地把他們揪到臺上低頭示眾，就說明自己的大方向始終正確。

作為對等的行動，為表示自己的大方向也始終正確，砸派決定在下一個周日（二十三日）也開一個類似大會，他們的題目複雜一些，叫「打倒劉鄧陶，砸爛革聯會」，為此他們還向「偽革聯」發出一份「勒令」，要他們交出李井泉等諸道具供批鬥之用。

革聯會把這道難題是很當回事的，專門開了一個有各組織代表參加的會議共商對策。這一回，被激怒的八一五可沒給八三一們好臉色了。與會代表熱熱鬧鬧發表了一通憤激之情，之後，秦安全代表重大在會上作了長篇發言，算是一錘定了音。秦稱：當前鬥爭的大方向首先是向劉少奇開火，而砸派砸爛革聯會，顯然是在轉移鬥爭大方向；其次，砸派砸爛革聯會，本質上是企圖否定一月革命的偉大成果；最後一條特別刺激，秦提到了重慶市委的一段歷史公案，即所謂「蕭、李、廖反黨集團」問題，由此升發，他拋出了一個很有爆炸性的論點：本次運動中，市委的實力派受到了沉重打擊，而以蕭、李、廖為代表的少壯派則並未受到多大打擊，當前砸派的活動實際上就是為這些不甘於失敗的少壯派翻案，實施反奪權！

這個觀點確實很新潮：又是「反黨集團」、又是少壯派、又是反奪權……有點兒像撲朔迷離的推理故事，如《一雙繡花鞋》、《梅花黨》之類。聽眾很快被征服了，而且確信砸派已不小心落入非常危險的案中案、諜中諜，居然一無所知。八一五這一次覺得自己太聰明而砸派簡直愚不可及：他們註定要栽了。

秦安全，重慶大學無線電系五年級學生，校學生會幹部。秦生得眉清目秀，一表人才，用現代術語說：帥哥。尤其在饑餓年代度過青春期、個子普遍偏矮的一代人中間，秦一米七以上的身材算得是人才難得了。八一五總團勤務員當中，他出道最晚，戰鬥團成立後他一直被派去全市的紅衛兵造反司令部工作，校內鮮有名氣。他在校內第一次亮相是在「一二・四事件」發生後，一次關於羅廣斌組織「赴京告狀團」和「聯合指揮部」問題的辯論會。他思維的縝密、不溫不火的語調與工科學生的性格非常對路，於是一鳴驚人，從此後他便聲望雀起。他的演講詞雖無周家喻的激情煽動，卻事理俱在，推理嚴謹，很有說服力，一言既出，常常滿座為之嘆服。這一回關於「蕭、李、廖少壯派反奪權」的提法，再次彰顯了他的謀略和辯才。

在六十年代的重慶領導班子裏，確有蕭澤寬、李止舟和廖伯康其人。蕭為市委組織部部長、李為市委副秘書長、廖為辦公廳副主任兼團市委書記，青年才俊，雄姿英發，被人普遍視為第一書記任白戈心腹愛將，重慶政壇的少壯派人物。

是不是年少得志、頭腦發熱？抑或少不更事，喜露鋒芒？總而言之，在四川饑荒遍地，餓殍盈野的六十年代初，三個人神使鬼差，或用進京時機、或向暗訪的中央大員狀告西南局書記李井泉。這正是天妒英才呢！這些禦狀在北京、四川幾經輾轉，最後竟回到了李井泉手上。這不是虎口送食嗎？李處理這類問題是絕不手軟的。記得我還是孩子的時候，一九五八年，四川有人（肯定是非常不起眼的老百姓）也曾給李寫過一封信，匿名的。像是為對社會問題說了些大不敬的話。此信馬上被公安翻拍成膠片（當時沒有影印機），放大成足尺的照片無數，成都城內四處張掛，懸榜輯凶。對普通老百姓尚如此，在共產黨內，他豈容得你以下犯上、跳蚤成精？「李政委」如此震怒，任白戈雖欲保挾過關已不可得。他明確威脅任，如果不及時處理蕭李廖，就得考慮他自己的問題了。任白戈無奈之下，只好上演一場揮淚斬馬謖的苦戲，李、廖二人革職，蕭送四清工作團下鄉去也。時間是一九六三年五月，地點是重慶市委二十次全委擴大會。

本來，事情過去就過去了。不料三年後文革烽起，李井泉、任白戈為保自己過關，偏偏又舊帳重提，按北京批判「三家村」模式，把蕭李廖三隻「死老虎」拖將出來狂批一通。罪名是重慶「三家村」。批就批了吧，事情不出一月，任白戈自己便意外落馬，市委頭頭們也跟著一個個焦頭爛額，誰還來過問這三隻「死老虎」？其實蕭李廖也不想誰再來過問，平穩渡日可也。和羅廣斌不同，羅是文化名人，光環太多，只要哪一刻沒射燈照到頭上心裏就不踏實。蕭李廖本是政客，「流年學得烏龜法，得縮頭時且縮頭」。更何況文化革命史無前例，最後誰輸誰贏怎麼輸怎麼贏？只有天知道。

可偏偏有人要來過問他們——北京城紅透半邊天

的「北京地質學院東方紅」，見冤案就上的翻案專業戶，找上門來了。文革無奇不有，天津有個聞名全國的揪叛徒專業戶：天津大學八一三。「北地」恰恰反過來，專門喜歡為人翻案。「北地東方紅」學生領袖王大賓向筆者證實過，說躲藏在他們學院等待翻案的幹部太多，以至於多得連最喜歡鬧亂子的江青也難以接受了，曾陰陽怪氣地指責，說他們專門招降納叛。

如果說「北地東方紅」幫忙翻案最成功的案例是讓劉結挺、張西挺鹹魚翻身，在四川省革委會當上了顯赫要職，那麼最失敗的例子就當屬羅廣斌案了。「東方紅」等到羅死都死了才匆匆忙忙成立專案組。專案組由總勤務組李某負責，成員一為「北地」曾某（男），一為「西師」何某（女）。在此特別著名性別，因為最後翻案失敗——專案組歷時一年，費了九牛二虎之力，結果讓江青一句話就徹底告吹：「羅廣斌是羅廣文的弟弟，有人替他翻案，我們根本不理他。」。這句話毛夫人是在一九六八年三月十五日解決四川問題的會上說的。曾某何某見勢頭不對，馬上把資料全部上交省革籌，回成都去也——革命生涯雖不成功，但二人朝夕相處，漸生愛意，最後喜結連理，終成眷屬：這不能不說是革命留下的一份美麗的副產物。

相比之下，蕭李廖的翻案活動既不像羅廣斌案那樣波瀾迭起，也不像劉張案那樣卓有實效。事實上，政治嗅覺十分靈敏的「北地東方紅」確實早在一九六六年底即從拘禁地將「蕭案」苦主分頭找到，像蛇頭搞偷渡一樣先把他們接去該聯絡站的重慶駐地：市政協，接著再送北京，安排地院住下，後又悄悄轉入四川大學，讓他們集中提供「揭發李井泉」的材料，雄心勃勃要將他們打造成中央解決重慶問題的秘密武器。

秘密武器尚在秘密加工，不料被八一五先作為秘密武器拋了出來：至少當時我認為是一件秘密武器，非常震撼。幾十年後，我曾問過八一五總團的核心人物黃順義：對此情況，你們當時是怎麼掌握的？黃回答，說他對此也一無所知。秦安全從哪兒弄來這些情報呢？就不得而知了。重要的是，事情的新鮮感和衝擊力本身讓人耳目一新，這就夠了。革聯會最後決定：砸派如果不用「勒令」，對革聯會的稱謂上不加「偽」字，可以考慮將道具給出。否則：堅決不給。

作為報復，四月二十一日，西師八三一、西農八二六、川外八二六等組織對北碚地區八派召開的「向中國頭號走資本主義道路當權派劉少奇發動總攻誓師大會」發起造反。大會地點依然是北碚解放台，正是八三一頭目周榮一幫人最感恥辱的地方，所以造起反來怒不可擋。重大八一五的宣傳車當時正在此奏樂助興，八三一們一湧而上，把車、廣播器材及銅管樂器全部砸了個稀叭爛。

事後，八一五的傳單說那批銅管樂器價值上萬元：在當時是足以把人嚇死的天文數字，太誇張了。不過說它值錢不假。再說，從造反開始就一直掌握在重大業餘文工團員手上的這批銅管樂器，每次遊行時在隊伍前一列隊，一走步，一吹奏，確為造反派大壯行色：感情很深了！如今這些寶貝被反目成仇的八三一們公然砸爛，八一五的憤怒可想而知。消息傳來，正在重大集會的師專附中、一中等八一五派，立即和重大學生一起，殺氣騰騰，直奔北碚而去。示威人等一律身著民兵裝，腰紮皮帶，有點北京高幹子女在「紅八月」搞紅色恐怖的勁頭，嚇死人的。次日，不依不饒的重大及沙區學生上萬，繼續盛怒遊行。被砸壞的宣傳車、廣播器材、銅管樂器等等，全數隨隊展示，作為砸派挑起武鬥的如山鐵證，在市中區上、下半城殺氣騰騰地繞行一天。再次日，砸派在大田灣召開大會，就是上面說的「打倒劉鄧陶，砸爛革聯會」的大會，八一五繼續以牙還牙，對本來就不甚龐大的遊行隊伍實施圍堵、嘲弄、搗亂，把人數本來就不多的隊伍折騰得夠嗆，雙方糾纏了四、五個小時方才各自收兵。

全武行的重慶文革，好戲開台了。

十四、沙市紗廠歷險記

敘述重慶日益慘烈的群眾爭鬥之前，我想補充一段個人的歷險故事。時間是革聯會的迷亂時期，地點是沙市紗廠。

沙市紗廠是重慶棉紡六廠舊名。位於長江南岸的李家沱，從重大所在的沙坪壩到那兒非常遠。前面曾說到該廠工人代表來重大求訪，其中一位美女和我的編輯同學一見鍾情，並且共同演繹了一段很失敗的婚姻——當初，他們的愛情絕對是真誠的，每個週末美女都要大老遠從李家沱趕來沙坪壩和我同學約會，周日晚我同學又總要戀戀不捨把她送很遠很遠。看見他倆纏纏綿綿地離開重大，我都會不期然想起《詩經》裏的名句：「送子涉淇，至於頓丘。」這一段與沙市紗廠有關的熱戀實在令人羨慕。

沙市紗廠留給我的記憶卻特別糟糕，完全就是九死一生。

前面說過，四月六日革聯會常委會作了六條決定，其中第三條規定：「立即調查處理沙市紗廠等單位的問題，徹底打退走資本主義道路當權派操縱保皇勢力進行反奪權的資本主義反革命復辟逆流。凡是被保皇勢力反奪了權的地方，革聯會堅決支持並幫助真正的革命造反派把權立即奪回來」。事後革聯會確實很快這樣做了。

關於該廠「保皇勢力進行反奪權」的情況，西師八三一機關報《紅岩》第十期的「棉紡六廠資本主義復辟情況調查報告」作了詳細報導。這篇撰寫於四月十七日的文章有如下敘述：

六棉紡織兵團「於元月二十八日奪了黨內走資本主義道路當權派權所掌握的黨、政、財、文大權／但是……在四清運動中被列為四類幹部的廠長王××和一小撮頑固堅持資產階級反動路線的分子曾××（保衛科長）、屈××（廠辦公室主任）等，驚魂稍定，又立即支使已垮臺的工糾中的頑固分子，於二月二十三日拼湊了一個新的保皇機構——重棉六廠『二七』分團……／六棉『二七』分團，在革聯會和區×××部長的支持下，於三月十七日晚，借九龍坡區公安分局到該廠『鎮反』為名，從無產階級革命派手中進行反奪權之實。當時區公安分局的政法兵團何××說：『把章交出來！如果他們奪錯了，我們幫你們奪回來。』當晚革聯會也去了三人，其中王庭學（一直隸屬於八一五派的工人組織「二七兵團」一號頭目——筆者注）也表態說：『二七分團奪權的大方向是正確的。只是有些缺點和錯誤』……以後王××（廠長）等一小撮混蛋，還拉大旗作虎皮，欺騙群眾說：『三月十七號奪權，警備司令部是支持的。當時就是早奪了兩個鐘頭，若遲兩個鐘頭，警備司令部還要派一排人來支持奪權。』」

上述過程和四月十六日出版的第十期《山城戰報》介紹的大同小異，在此就不贅引了。關於反復辟奪權，《山城戰報》的消息則報導如下：

「四月三日，市革聯會組織六中三二一一一戰鬥團、三中抗大兵團、重大八一五戰鬥團等單位部分戰士開始進廠，配合著該廠的廣大革命戰士，一面調查研究，一面大造聲勢，協同作戰，在兵團戰士的凌厲攻勢下，幾天之內，廠內一小撮走資本主義道路當權派和他們的御用組織、純『工糾』變種——六廠二七兵團被打得落花流水，狼狽不堪。四月七日，兵團戰士在毛紡廠紅岩戰鬥團等革命組織的協助之下，把大權重新奪了回來，緊緊掌握在無產階級革命派的手中」

這篇文章肯定是我寫的，之所以印象特別深，不為別的，就因為棉紡六廠離沙坪壩太遠。大學時代我擔任校美術隊隊長，每年都要組織同學到四川美院參觀。從沙坪壩到美院所在的黃桷坪就夠遙遠了，而李家沱，還要從黃桷坪往前走到九龍坡，再從九龍坡乘船渡過長江方才到達。我在美院學生的寫生畫中多次看過薄霧中九龍坡、灰濛濛的長江和江對岸依稀可辨的李家沱。第一次去那兒，我對那兒風物環境感到特別新鮮，所以我能肯定這則消息是我去采寫的。為這則消息配發的評論員文章：「革命尚未成功，刀槍不能入庫」自然也是我寫的。文章題目很顯殺氣。眉題是：「只許左派造反，不准右派翻天，長革命左派志氣，滅階級敵人威風」；正題是：「紡織兵團六廠戰鬥團痛擊反革命逆流」。副題是：「他們重新掌權，揚眉吐氣，振臂高呼：毛主席的革命路線勝利萬歲！」消息和評論員文章共占一個整版。頂頭通欄則是毛澤東語錄：「人民得到的權利，絕不允許輕易喪失，必須用戰鬥來保衛。」可謂氣勢洶洶了。

相比之下，《紅岩》報的調查報告對於造反派重新奪權的記錄就很顯無奈，有點言不由衷了。報告只在最後一段輕描淡寫談到：「雖然在四月七日，革聯會的人來假惺惺地支持六棉革命造反軍『紅日』縱隊和紡織兵團把權奪回來了。這是真的支持嗎？……現在工糾變種六棉『二七分團』在高叫要砸爛革聯會！他們又是真的反革聯會嗎？不！是周瑜打黃蓋，在演雙簧，迷惑群眾，革命的同志們！警惕啊！」

按常理推斷，既然革聯會公開把「二七兵團」打成了「右派」，打成了「階級敵人」，——需知：在那個年代，這是最高級別的政治定罪啊——罪犯可能拿自己的政治生命和宣判者「演雙簧，迷惑群眾，」嗎？幾十年後，如果要實事求地敘述這件事，只能這樣說：當權者為了表示自己對毛的忠誠，不能不把真心投靠他們的重棉六廠「二七兵團」一腳踢回他們原來的位置；「二七兵團」為了表示自己對毛的忠誠，不幸而成為了政治遊戲的犧牲品；那麼，那個撰寫調查報告的西師同學呢，不幸的偏見讓他們跑得比無知離事實更遠。至於我，則因為這篇文章，莫名其妙經歷了一場九死一生的生活故事。

事件的經過是這樣的：

四月十七日，我和報社一冉姓編輯一道去燈泡廠採訪。燈泡廠也屬「老保翻天」重災區，反奪權情況之嚴重僅次於六廠，而且對該廠造反派的平反——據說

——是五十四軍副軍長白斌親自處理的，足見革聯會對此事重視有加。行前，我和冉先到軍代表郝子義辦公室瞭解情況。

郝子義，五十四軍某處副處長，在革聯會分管政工。與親善和藹的劉潤泉相比，郝的外表正好和形成了強烈反差。郝身材魁梧，絡鬚滿腮，很有軍人威儀。一九六七年烽火連天的八月二十二日，郝同另三位副處長、一位處長分乘三輛吉普從市區返回警備司令部聽報告，途經兩路口，意外遭遇佔據山城寬銀幕電影院的反到底派槍手襲擊，死處長一人，傷副處長及隨員5人。郝腹部中彈，大腸外流。另一副處長曾惠民股骨中彈，整條大腿截肢。兩年後二人隨部隊換防來到雲南，筆者曾在昆明和他們見面，話說重慶當年，二人憤慨良多。中印戰爭打得那麼厲害，該軍犧牲者最大不過營職，而重慶一日，竟傷亡六名正副團級大員！說起當年砸派，他們免不了怒火難抑。革聯會那會兒郝還沒有那多憤怒，我和冉走進他的辦公室，正好有二人坐在沙發上與郝交談，像是討論什麼問題，語氣平和，甚至很客氣的。見我和冉進門，郝忽有如釋重負的表情，很快把我推介給坐在沙發上的人。「他們就是報社的，」他說，「你們找他！」

我還在莫名其妙，二人已經向我發難：

「重棉六廠的文章是誰寫的？」

「我寫的。怎麼啦？」我說。

來人喜出望外，宣佈：今天要找的就是你！繼而臉色驟變，大聲威脅：

「你給我們平反！」

我明白怎麼回事了。

「誰打你反革命了？」我也拉下臉來，「處理六廠復辟是革聯會決定，你找我有什麼用？」我毫不示怯。

「我們就找你！」對方堅定不移地大喊大叫，「你把我們兩千革命群眾打成右派，我們就找你平反！」

「你胡攪蠻纏！」

我的態度非常強硬。在我政府機關，自家門口，我怕你麼？喜歡循規蹈矩的保守派和我鬥了幾個回合，自知不會有實質性結果，便悻悻撤退了。行前，他們沒有忘記問我的名字。我得意地宣佈：坐不改名，走不改姓：周某某。

二人走了。

第二天革聯會便通知我作為報社代表，前去六廠聽取意見：我想這該是郝的主意了。同去的還有一位軍代表，年紀與郝相仿，分管政法的，李姓。李給人的感覺是既不威嚴也不和善，就是瘦，一付拒人於千里之外的表情，讓你根本摸不透他水平到底有多高或多低。一路上他壓根兒就不和誰說話。我想他是應該向我問問情況的，可他就是一句話不說。黨的組織工作者大約都是這德行吧？我想。我心目中最為經典的布爾什維克組織工作者捷爾任斯基就是如此，在前蘇聯革命傳統故事片中，長著一綹山羊鬍子的捷氏從來沒有露過笑容。我記得他就會冷冰冰說一句話：「你這個叛徒！」。上次我去李家沱是趕公交車，輾轉許久，這次是革聯會派車送，雖然一路沉悶無話，還是不多久就到了，汽車從九龍坡乘輪渡過江，上岸，直接開進了六廠。

幾百職工早已守候在那裏，球場上亂麻麻一片，要求平反之聲震天動地。為首的就是那天在郝辦公室見過的人，他把我們領進一間很大的屋子（像是食堂），還沒落座，跟進的人群便將我們二人圍得水泄不通，要求平反之聲又起，震耳欲聾。我跟在軍人旁邊落座，莫名其妙想起了古老的三國故事：關雲長單刀赴會。那天我們算是雙刀赴會。有軍代表在側，我記得我很平靜。那年月所有東西都打破了，只有黃軍裝還代表秩序和權威。再說起哄的全是些老保，手下敗將，我確信他們只不過嘴上嚷嚷而已。會場組織得很糟糕，甚至根本就沒有組織，反正任憑大家一個勁兒地亂吼亂叫。

李代表正襟危坐，我也正襟危坐。老保欺軟怕硬，不敢怒對年紀偏長的軍人，叫罵聲就全衝我這個穿便裝的黃口稚子一人。我安坐鬧中，以逸待勞，很舒服地體會什麼叫硬著頭皮。幾十年後，我到雲南聽農民對歌，歌中總是多夾發語詞、語助詞，如「伊兒喲」、「哥勒妹子」之類，開始聽得我摸頭不著腦的，聽得多了，他們旦凡開口，我就把「伊兒喲」、「哥勒妹子」之類逐個剔除，內容就很明瞭了。這當兒我總會想起沙市紗廠的圍攻，幾百人吼來吼去，無非就是要我這個學生仔給他們平反，只是在內容中間加了很多「黑筆桿」、「爛筆桿」、「臭文人」、「死文人」之類的發語詞、語助詞。

軍代表很懂得後發制人，等眾人叫得再衰三竭，這才突然一聲斷喝：

「革聯會派我們來聽意見，你們誰說，就誰說呀！亂嚷嚷幹什麼？」

我突然對他刮目相看了：他才是今天真正的關雲長。群眾頓時被嚇得不知所措，滿場鴉雀無聲。俄而有勇者試探著帶頭又吼一聲，其餘人等這才回過神來，滿屋子又此起彼伏了。這情景又讓我想起了一個成語「一犬吠形，百犬吠聲」。「捷爾任斯基」則又開始以逸待勞，等眾人又吼得差不多了，才又不耐煩地再次斷喝：

「我們今天專程來聽意見，你們亂吼什麼？如果沒誠意，我們現在就走！」

看來軍代表也沒什麼可怕。會場反正沒人主持，人人皆可自由發揮。軍代表話音剛落，場上立馬又吼，而且越吼越來勁。

「捷爾任斯基」估計拿不出什麼絕招了，於是金剛怒目，拍案而起，斷然宣佈：「你們既然不想說意見——小周！咱們走！」

這猛然一拍，真地個把四周嚇壞了，會場再度鴉雀無聲，人們退潮一般乖乖閃開一條路，讓我們大搖大擺走了。這時我才發現圍攻者已經如此眾多，從大廳一直擠擠地排到球場：我們的車就孤零零停那兒。工人們繼續抓緊時機對我吼叫，依舊是要我平反和臭文人爛文人之類，只是加入了一些口水——沒人動手。我們關上車門便一溜煙走了。我在心裏慶幸：

天！多虧是老保！

但是事情並沒有完，老保也絕非我想像的那般無所作為。

事後第二或者第三天上午，山城戰報正開編輯部會，忽有兩個不速之客上樓來了，怯生生地向大家問：周某某在不在？我馬上敏感意識到他們是在問我。那天的上訪客記住了我的姓，估計我的名字他們只模糊地記了個音，所以今天來人所報的後二字都不正確。

主持會議的軍代表重複問了一次他們找誰？他們重複了一次——軍代表馬上回絕了，說報社無此人，然後繼續開會。二人無奈地下樓去了。

過一會，又換了二人上樓，又問周某某在不在，還是怯生生的，依舊把我的名字報錯了，軍代表很快回絕：二人又下樓去，會議繼續進行。我心裏的預感卻非常明確，他們肯定是來找我，而來人肯定就是重紡六廠的。說不準他們的大隊伍已經等候在了編輯部的樓下，專等我落網。

果然，我們下班下樓，地壩已被鬧嚷嚷的工人圍得滿滿宕宕。其他編輯先走了，我、慈眉善眼的軍代表、還有劉福最後出現，一下子就被團團包圍。有人認出我來，大吼一聲：

「就是他！」

然後一齊大吼：

「就是他把我們兩千革命職工打成右派！」。

「強烈要求他給我們平反！」……

三人被分割圍困。對軍人不敢造次，他們很快放行了。軍人順勢把劉福拉走，接著來拉我——但已不可能：我被圍得裏三層外三層，局面是一vs數百，無法脫身，我只能孤軍奮戰了。

今天的行動組織得好多了。有主有次，發現我確實無法逃跑，一個首領模樣的人過來向我交代政策：

「今天你跟我們回廠去！」

我故作鎮靜，問他：「跟你們回去幹嗎？」

回答：「給我們兩千革命群眾說清楚！平反！」

對方完全是非常得意的惡狠狠了。我的兩位戰友已不知去向。對抗顯然毫無意義，我爽快地回答說行，但我得吃了飯才能走。市委大院裏已看不見人來人往，沒有誰可以對我施以援手，唯一的自救辦法就是拖延時間，等上班人來，或者將他們引向人多的地方再尋機會。

老保畢竟老保，面對偶然得手的勝利，他們的姿態顯得很高，頭領痛快地答應了我的要求，並派出彪形漢子數位陪我前往食堂。一路上，頭領明確威脅：「把話給你說清楚，到了廠裏，群眾對你的態度不滿意，發生了什麼過激行動，我們是不負責任的。」那年代的所謂「群眾過激行動」，翻譯過來，誰都明白就是拳腳相加之類的意思。造反派打當權派、打保守派，即使打你個人命危淺、氣息奄奄，只要說一個「群眾過激行動」，法律就甭想來添亂。事已至此，我還有什麼話說？既已落入狼窩，我唯一可做的，就是表現自己的勇敢和氣節，於是我毫不示弱地回答：

「你們小心：我出了事，你們敢不負責！」

午飯時間已過，市委大院一派冷清。我和押解我的大漢們一路舌戰，一門心思只想著如何拖延時間等待救星出現，或者突然發現對方不知道的間隙，然後悄然逃命。一個人孤單單被人拖去關黑屋子、挨毒打絕非好買賣，我一定要想辦法自救……可惜，一路上什麼也沒發生，食堂已經到了，碩大的屋頂下空無一人。如果不出現奇跡，磨磨蹭蹭把飯吃了，最後還是只有一個結果，被這幫大漢綁架、由凶巴巴的工人呼啦啦吆喝回廠，去面對無法預料的「群眾過激行動」，

幾十年後，如果要說重慶市委機關食堂留給我的印象，應該說有這麼兩件：

第一件是前市委書記任白戈。這位讓人可望而不可即的大人物，文革一來，竟淪落到與我們為伍，同在一個食堂裏攪勺子，這事讓我非常直觀地感到世道的變化真是天翻地覆。

任是在前一年七月、文革伊始即被北京通過一篇署名文章點名，被打了下去，正因為倒臺早，反倒讓他「塞翁失馬」，減少了許多麻煩：其他那些還在臺上和學生糾纏不清的書記常委什麼的，後來七零八落，一個個全被群眾揪起來當人質、當寶貝，而他這只「死老虎」，誰都不想管，送革聯會一交了之，他反倒有了許多自由。他和我們在同一個機關食堂搭夥，憑票吃飯。因是走資派，這就有兩條不成文的規定：一、任何時候都必須站著吃飯。二、只能買低價位的菜。我曾有意識靠近他的飯桌吃飯，有時乾脆把菜端過去和他放同一張桌子站著吃，作近距離觀察：「死老虎」碗裏果然都是些清水菜肴。每頓飯他都吃得認真至極，滿嘴咂咂有聲：我猜想他的心態絕對正常，因此雖陷逆境而身體碩壯依舊，美中不足只是鬍鬚不常剃刮，如秋草之零亂，顯出了許多落泊來。

我如此觀察任書記完全出於好奇。一九六六年八月我曾寫過一篇大字報，描繪過此公的住房。解放後激情歲月，上峰成年累月總是號召人民艱苦奮鬥、號召大家學大慶「乾打壘」精神，先生產後生活什麼的。可此公常住人口好像就仨（他，夫人、人稱「山城母老虎」的華逸，還有一個上音樂學院的寶貝女兒），卻住了花園一院，別墅兩幢，一中一西，院中小廊迴合，曲徑通幽，道不盡的幽靜閒適。那時他已下臺，人去樓空，膽大包天的中學生便敢於逾牆而入，把公館打開辦了個展覽，這個展覽讓眾多在「乾打壘」和准「乾打壘」裏艱苦度日的山城老百姓大開了眼界，就像當初參觀階級教育展覽一樣，據說，有工人還當場哭起來，說真是修了真是修了，如此下去，勞動人民真地要吃二遍苦受二茬罪了。我寫的傳單題目就叫《六十年代的地主莊園》。傳單還專門提及了一件事，說任一家每月吃水果就花三十多元！其錢數實在讓人咋舌。重慶造反早、造反派

多，任白戈公館展應是功不可沒。這是另外一個話題。

且說機關食堂留給我深刻印象的第二件事，就該是綁架者威脅下我的那頓午餐了。

時間太晚，食堂早已空無一人，我徑直去伙房裏去打來飯菜，一個人回大廳輕嚼慢咽起來。食堂大，至少有二三十張桌子，條凳多已損毀，後來者打好飯菜往往只能站著吃，因此大家吃飯都要搶早搶快。這天沒誰和我搶，我只管慢慢悠悠地吃，或者說我根本就不是吃飯，只是以吃飯為幌子拖延時間觀察動靜：幾道大門果然都被彪形漢子封鎖。我第一次發現食堂那麼大，那麼空曠，任何一個動作，都會引起空空迴響。

大漢們發現我磨磨蹭蹭終於放了碗，於是走過來催我上路。其時，大院路上還是不見人影走動，離上班一定還早。我又找藉口說，六廠的事情具體由組織組的人經辦，必須找上他們和我一起去效果方好。老保又非常寬厚地同意了。大漢們再次跟我在大院裏亂竄。當時我滿腦子都抗日影片中游擊隊的「磨菇戰術」，我就帶他們到處瞎兜，故意找根本沒人的房間亂敲一氣，無人應答，又胡亂找另一間再敲。對方似乎發現了我的陰謀，不斷緊催強逼，並且繼續威脅說群眾會有過激行動云云。正在絕望，廁所突然出現在我面前，平時天天路過毫無感覺——不就是普普通通的廁所嗎？——這當兒我卻驚喜萬分。我想起了，那些天廁所後面的隔牆正在維修，扒開了一個大缺口，從正面是看不見的。我隱忍急切之情，鎮靜告訴對方說：「行。我去解解小便，解了就走。」

除了保守派工人的老實巴交之外，剩下的就是我的運氣了。大漢們傻呆呆等等候在廁所外的小路上，我已身手矯健地翻越廁所後面的圍牆：溜之乎也！牆後是市委領導宿舍區，一幢幢小樓掩映在初綠的林中。我如脫籠狡兔，一口氣急穿而過。其實，翻過圍牆那一剎那，我就確信已經脫險，但我還是跑得很快。我個子瘦小，體育活動的唯一強項就是長跑。這個良好習慣一直堅持幾十年，使我至今仍能在老邁之年保持旺盛精力。穿出宿舍區，下坡，一溜煙石階，左邊是科委機關什麼的。這些路我全熟悉，跑到底，面前就是巍峨高聳的人民大禮堂了。正好有公共汽車開來，我跳上去，直奔望龍門碼頭，然後乘纜車下坡，上輪渡。船行大江，長風浩浩，我大大地鬆了一口氣。

事情還沒有完。

我在南岸的姐姐家住了一晚，第二天又回學校待了兩天。報社是有電話的——大約當時資訊意識太差——我沒打電話，第三天下午，徑直又回市委大院去了，我以為綁架的人群無論如何該走了。從上清寺到市委大院的街道上，這天人特別多。我徑直走進大院，發現靜坐的人更多，熙熙攘攘像趕農貿市場。那段時間來大院走訪尋事的人很多，我自然不在意。

匆匆忙忙登樓，一進編輯部，劉福就驚詫詫喊起來，說：你怎麼回來了？我說：怎麼啦？不可以回來？他說：你沒看見下面這麼多人？我說：看見啦。

劉福一聲長歎：

「壞了！那些人就是抓你的！」

他告訴我說，六廠的人一直就沒走，在樓下靜坐好多天啦！幾天來聲援的、輪班的、看熱鬧的，人越來越多啦！

全編輯部都為我沒被發現而慶幸，馬上又為我如何脫身憂心如焚。沒有時間猶豫，大家當即派人下樓，不知哪兒找來一架很長的竹梯，悄悄繞去報社後側的居民院內，把竹梯架上來，讓我馬上援梯而逃。我當時定然是閃過了許多古代故事：武子胥過昭關、劉玄德躍檀溪、石達開縋城夜逃……當時我想我肯定也什麼都不能想。抓我的人隨時可能衝上來，我匆匆忙忙爬梯而下，穿出居民院，上坡，從另一個方向趄到市科委那個山坡，順三天前逃命的路徑再度直奔望龍門碼頭，再次渡過長江避難去了。

重棉六廠的二七兵團，後來正式成為了堅強的「反到底」派，即砸派。

十五、解決重慶問題

結束沙市紗廠危機，我就徹底回學校了。北京已傳來消息，說重慶問題將在解決四川問題後單獨處理，總團要我立即回去做資料工作，以備上京參加會議。這樣，從五月一日起，我就離開《山城戰報》，並且再也沒有在那兒呆過了。

還在四月，為配合四川省和重慶問題的解決，重大八一五就派出了陣容強大的「百人赴京戰鬥隊」去北京開展宣傳活動。領隊是吳慶舉。他非常喜歡主持這類具有悲壯色彩和轟動效應的活動，而且在這類活動裏總有獨膽英雄一類上佳表現。一九六六年九月，重大學生絕食兩天而後徒步上京，數千人呆在北京展覽館孤立無援，淒淒慘慘戚戚，那一次，便是吳帶領一幫人去府右街中央文革接待站苦守多日，終於等來了那位雖為國人卻必須隨時帶翻譯出場的陳夫子伯達的接見，陳老頭的福建話誰也聽不懂。那一回，陳夫子尚未接見之前，吳在中南海門外苦守太久，以至於自己都覺得快頂不住了，遂從府右街現場捎回一封信，傾吐了滿肚子的苦水，對此次北上流露出許多絕望。訴苦信連夜向惡臥地鋪的數千同學宣讀，當即有意志脆弱者痛哭失聲。那一晚我也在，九月秋涼，輾轉無法入睡，索性和幾個同學起而談議，直到東方之既白。

此時，軍號忽然意外響起，緊催眾人集合，俠肝義膽的「老黃牛」黃順義跳上石凳，向眾人大聲宣佈：昨晚吳慶舉的信把形勢估計錯了！現在我們重新估計！

平時我總覺得「老黃牛」缺少一點兒政治智慧的，北展九月那天早晨黃的表現讓我對他刮目相看。我第一次真真切切地懂得了「政治形勢」原來是可以根據需要來隨便估計的。黃順義充沛的激情再次把大家鼓動起來，當天，幾千人又打著紅旗到北京去四處活動，支援苦苦守候中南海邊的吳慶舉一行，終於堅持到了陳老夫子的接見，算是給剛出道的八一五挽回了許多面子，也給喜歡出風頭、卻又流露過悲觀論調的吳慶舉挽回了許多面子。一九六七年四月的吳慶舉當然老練多了。其時北京輿論幾乎一邊倒。清華《井岡山》報、北地《東方紅》等大牌小報配合四川、重慶問題的解決大造輿論。《山城在濃霧中》、《妖霧迷漫嘉陵江，黑雲滾滾壓山城》之類聳人聽聞的文章接二連三登陸那一時段的顯赫版面。僅讀標題就足以嚇得你毛骨聳然。吳慶舉帶領同樣自命不凡的重大同學披掛北上，正是要對首都三司作正面抗擊。

臨行前，吳慶舉帶領眾人在八一五廣場舉行儀式，正式宣誓出發，浩浩乎激烈壯懷，有點北上抗日的感覺。他們滿以為王師所至，一定所向披靡，殊不知這次的遭遇並不比一九六六年九月那次好，甚至還要糟得多！既然北京人在重慶被你八一五地頭蛇砸過、抄過、欺負過，現在你自個兒送上門來，我首都三司當然決不

重大八一五和它的軍方後臺。前排正中為成都軍區司令員梁興初將軍。微笑左右的分別是重慶大學學生領袖秦安全和吳慶舉。吳是與筆者共同發起815造反運動的另一學生領袖。

手軟，要來個一報還一報了。八一五的北上隊伍到北京不過幾天功夫，北地「東方紅」就兩次光顧他們的住地東大橋接待站。接待站原是一片新落成的住宅區，居民還沒入火，政府就臨時安排上訪人員待下了。首都的造反派衝進住房，把他們從重慶帶來的傳單、書籍、告狀材料一搶而空，把告狀隊的「戰旗」撕個粉碎，還「綁架、毒打我赴京彙報戰士」。「重慶崽兒」生性剛烈火暴，素多亡命之徒，敗而彌勇，百十號人立即開到中南海門口去排隊宣誓，把膽壯得足足的，接著馬上開去北京地院找「東方紅」算帳。明明是自投虎穴，寡不敵眾，抗議者自然少不了又被一頓好打——事後，告狀團的同學對我說起一個頗具戲劇性的情節：他們正被打得無可如何之時，突然間一彪單車隊呼嘯而來——一色黃軍裝、一律紅色無字袖標——飛車隊迅速對「東方紅暴徒」實施包圍，繼而皮帶如長鞭上下，對準「東方紅」便一陣亂打：八一五趁機溜了。後來知道，飛車一族原來是惡名昭彰的聯動份子、被中央文革巨頭搞得灰頭土臉的「貴族子弟」，對造反派有天然的刻骨仇恨。

刊登於《八一五戰報》十九期頭版的《告首都人民書》（寫於四月二十七日）、及刊登於二十一期頭版、寫於五月三日的「誓詞」，除了向首都市民介紹重慶一月革命偉大成果和八一五戰士忠於毛的拳拳苦心，也硬著頭皮向社會倒出了上述冤情。

「重慶崽兒」的強硬暴烈很起作用。我到北京後在東大橋住了十來天，「東方紅」就一直沒再來找過麻煩。我們在窗臺上堆滿磚頭、石塊。牆上貼了兩條字體斗大的對聯：「人不犯我，我不犯人；人若犯我，我必犯人」橫批：「堅決自衛」。那畫面，分明就是一個月後重慶大規模武鬥在首都的試用版。告狀團主帥吳慶舉已在幾年前作古，另外的總團勤務員對此事又依稀莫記，筆者只能根據僅有的文字資料和自己的記憶對告狀團的活動記略如上。

中央解決四川問題的決定（俗稱「紅十條」）是五月七日公佈的。我們果然很快接到正式通知：重慶問題單獨處理，要駐軍、革聯派和砸派三方派人同時上京與會，兩派群眾組織各出代表若干名——這兒說「若干」，因為現在無論採訪哪派當事人，都說不清具體人數幾何，有說五個的，有說十個的，有說二十個的。每個受訪者都言之鑿鑿——甚至舉出姓名，比如：羅廣斌老婆胡蜀興就是砸派正式代表，另一些受訪者斷然否認，說當時羅廣斌本人的事情還稀裏糊塗著呢，怎麼可能讓他老婆摻和進來添亂？——甚至舉出細節，說接見那天時已子夜，太晚，周總理一進來就請大家一起吃餅乾，吃得各方其樂也融融，另一些參加者則乾脆說吃夜宵純屬子虛烏有……弄得專攻重慶文革史的專家們頭痛不已。

歷史啊！

我是隨革聯派代表於九日晚十點乘二十次特快出發的。我記憶中的人數是三十五：但這不是正式參加會議的人數，比如三十五分之一的我，就一直安排在後臺做資料工作。所有代表先在重慶大學黨委辦公室集中做統一交代，這才齊赴車站。會上到底交代了什麼？誰交代？軍人出沒出場？討論過什麼別的東西？現已無法記憶。只記得在火車上我一直和後來擔任市革委會副主任的熊代富臨座，兩天多車程，隨時隨地都能聆聽他講大好形勢，講革聯會地位如何之固若金湯，中央對革聯會的態度是如何明朗。革聯會優秀如斯，要是中央不承認它——我堅信不移——事情之邪門就只有太陽從西邊出、流水由低而高可比。

熊，重慶大學冶金系學生，眼鏡兒。生性穩健，為人為事周到縝密，說話慢慢吞吞：正因為慢慢吞吞，他的話給人感覺就是字字權威，絕非戲言。幾十年後，我在深圳一間公司忝任總經理，曾專程回重慶把頗受當局夾磨的他弄來沙頭角分管一個生產標準件的合資企業。他踏實認真的工作作風、圓滑老到處世風格給我印象尤深。他之所以頗受夾磨，皆因新生紅色政權「重慶市革委」成立時他當過副主任（相當於現在的副市長），後來還當過市委常委、團市委書記什麼的，算是地地道道的所謂「三種人」了。其實，按他平和的性格，即便政壇風光之時，也肯定不會得罪任何人的，要不，就憑那年月的炙手可熱，等到「走資派」重掌權柄之年，隨便編個理由也足以把他弄進局子去「修理」幾年的。事實是他最終有驚無險，僅僅受點夾磨罷了。深圳共事幾年，我發現他凡見了老幹部，第一句話總是千篇一律：

「您老身體不錯啊？」

說得老傢伙心裏滋潤得很——這是後話。

駐軍要員謝家祥政委、白斌副軍長、耿志剛參謀長等則於次日晨直接飛京。其時，他們天上飛，地上的列車正路過我的家鄉成都，日記記錄了當時心情：

> 早上，車過成都……街上一片荒涼，站內也一片荒涼／我們在想，重慶是光明的重慶，重慶的革聯會有很大的成績，甚至可以說是一面紅旗吧。這次去，不會有什麼問題的。毛主席既然指示重慶問題要單獨解決，那麼，一定不能與四川問題的決議那樣處理／歡笑的車輪，鏗鏗鏘鏘地載著我們充滿希望的心，駛向北京……

我們很快就會看到，我個人、從而整個派別的這種自信，是多愚蠢可笑。

十一日晚車抵北京，飛京的軍方代表早已向軍委文革作過了長達三小時的彙報，並通過軍委文革將書面材料上報給周恩來和中央文革。這是解決重慶問題真正的、實質性的預備活動。對此，我們當時一無所知。我記得的僅僅是「赴京戰鬥隊」的哥兒們激情萬分地到車站接了我們，那一晚我們興奮無比地在東大橋地鋪上作達旦之談。還有就是，第二天起床就發現鼻子出血：我第一次體會到春天的北京空氣原來如此乾燥。

解決重慶問題第一次會議是我們到後的第三天，即十三日進行的，地點是人民大會堂，會議主持為周恩來、陳伯達、康生、楊成武、汪東興、王力、關鋒諸人。關於這次會議的情況現在已無任何具體可供回憶的材料，據我保存的材料，說是雙方各派十人出陣。砸派七人先行發言，而後革聯派三人發言。日記只有如下幾句：「我們取高姿態，而砸派以謠言含量達90%的咒罵向我發起攻勢。我們摸了他們的底，心裏更踏實了，決定下次全面反攻。」這些情況很可能是參加會議的勤務員們告訴我的。

幾十年後重讀日記，以為自我感覺不錯的我們實在幼稚得太可以。政治搏奕的所有結果，其實都不能用神聖、正義之類的概念來評價的，它們只不過是上層集團的利益、實力之間的平衡和妥協。在文革的政治搏奕中，學生充其量只是上層行為的背景而已。重慶問題怎麼處理？說穿了，得看文革派和軍方在分配權力方面如何討價還價？而毛準備如何平衡？和老百姓的一廂情願毫無關係。從可以確認的事實來看，砸派誰出席？誰發言？發些什麼言？都是由首都三司圈定的，而首都三司背後是中央文革的影子。同理，八一五誰出席？誰發言？發些什麼言？也都是軍隊在幕後提詞。接見第二天、即五月十四日，便有了四川省革籌小組張國華、梁興初、劉結挺、張西挺四人關於處理重慶問題的八條意見上奏。這些意見如此快捷精準，和後來公佈的中央關於重慶問題的決定絲絲入扣。如無上面授意，他們定然不可能如此快捷、如此準確地寫出如此要命的文檔。完全可以這樣猜測，這個與重慶數百萬人命運攸關的文檔本身，就是由北京準備就緒，無非讓他們簽字劃押而已。把所謂代表弄到人民大會堂接見廳去象徵性地發發言，不過是給熱血沸騰的造反群眾下點毛毛雨，作點心理安慰罷了。

十四日午後，我應召趕去西苑賓館，聽五十四軍參謀長耿志剛就中央重慶解決問題的意圖向八一五代表吹風。我們當時的想法當是很可笑的，以為北京把我們弄來北京象徵性地開開會，不過走走過場而已——北京早就按駐軍意見也就是八一五意見把事情定下來了，把革聯會以中央文件的形式確認下來了。讓我們去聽耿參謀長吹風，簡單說，就是去聽勝利捷報。

耿志剛，中等身材，壯實。看見他准會讓人想起少林寺的武林高僧。人前一站，他總是很顯威嚴。那天的情況卻有點邪了門。他剛剛開始說話，滿場便像捅漏了馬蜂窩，嗡嗡營營亂成了一團。代表們根本不願再聽下去，狂躁不安地只想找誰拼命又不知道該找誰拼命。我去的時候已遲到，一上二樓就陷入混亂，好不容易才搞清楚事情緣由。

原來北京的意思，是肯定駐軍成績，就是說，肯定駐軍支持的是革命左派，同時，為避開矛盾，決定繞過兩派爭論不休的革聯會，重新組建一個革命委員會籌備小組（市革籌），仍由駐軍負責主政——這個結果，對軍隊肯定是大大的利好、從而對八一五也大大的利好。可是，自以為是的學生領袖們那天全成了政治上的榆木腦袋、飯桶、白癡！一聽說北京不提革聯會三字，就像賈寶玉丟了通靈寶玉一樣失魂落魄，參謀長話猶未了，大家馬上罷會，一股腦兒要向樓下奔。耿身手敏捷地閃來樓口，大張雙臂阻攔，要大家留下來把話聽完——其實，當時誰也不知道要幹什麼？要奔哪兒去？只知道樓梯是唯一的通道，於是就死命往外掙。武林高僧果然力大無比，最後真把大家攔住了。

革聯會不就一個名字嗎？好比說錢，有人叫人民幣，有人叫鈔票，有人叫銀子，不管怎麼叫法，錢才是實質。幾個月來，八一五巴心巴肝、大喊大叫、誓死捍衛，又是寫文章、又是對口詞、又是打油詩、甚至還有歌曲，什麼「新山城嘿戰鼓敲，一月革命捲風暴，無產階級革命派，聯合奪了權，滾滾長江拍手笑……革聯會就是好，革命紅旗永不倒！」折騰來折騰去，結果把自己真正想要捍衛的東西都忘光了。不就是權嗎？現在權還不明明攥在駐軍、也就是攥在八一五手上嗎？亂嚷些什麼呢？西苑賓館這幫亂子客一聽人家把「革聯會」這名號像廢紙團一樣輕輕鬆鬆扔一邊去，就如喪考妣：政治上的無知何其可笑！

被「武林高僧」重新勸上二樓的政治白癡們好不容易把傳達聽完，無話可說，一個個垂頭喪氣散了。我返回東大橋，又和同樣困惑不解的哥兒們毫無實際意義地嚷一通，罵一通，睡覺。

在我的記憶裏，當時大家還傻乎乎地懷抱著一種僥倖心理，以為這一切的發生，皆因中央不瞭解重慶的真實情況所致。下次接見，我們還有機會向最高首長報告的，而且僥倖認為最後結果定然還會是「革聯會」的完勝——兩天後的第二次接見很快粉碎了這種天真無邪。那天正好五月十六，毛澤東發動文革標誌性文件「五一六通知」發表一周年。周恩來、康生、楊成武、王力一干人等走進人民大會堂西北廳的時候氣色非常好。關於重慶問題的中央文件已經敲定。周顯然沒有閒功夫和不懂事的娃娃們囉嗦，他一進會場就開宗明義宣佈：

「今天結束重慶問題。」

接見是深夜進行的。準確時間已經應該是十七日了，從一點十分開始，至三時三十三分結束，共兩個多小時。兩派都有許多人在大會堂門外等候消息。這是五月北京慣常的春天之夜。滿天星斗。天安門廣場闃無人聲。兩派都站在沉默無語的巨型圓柱之下等待。無人說話。他們應該說都是些重慶市最自命不凡的人物，而那兩個多小時，他們卻成了最不自信的人。站在夜幕裏，忍受著漫長等待的折磨，像囚徒惴惴不安地等待終審判決。

接見毫不拖泥帶水。周恩來宣佈「今天結束重慶問題。」之後，當即點名八一兵團張益代表八一五派發言，緊接點名江陵廠砸派代表發言，兩派代表發言完畢，不容任何人插嘴，周宣佈：「你們寫了不少材料，很多事情都弄清楚了，不要耽誤久了。」接著宣讀中央決定，並逐條作出解釋。

「決定」凡五條，其意略為：一，重慶市各革命組織應當把鬥爭矛頭指向全國最大的走資本主義當權派劉少奇、鄧小平、四川最大的走資本主義當權派的李井泉、重慶最大的走資本主義當權派任白戈；二：「應當實事求是地估計和對待重慶警備司令部在支左、支工、支農、軍管、軍訓工作中的成績和缺點錯誤。……他們在這些工作中是有顯著成績的。他們支持的是革命群眾組織。他們的缺點錯誤在於……沒有完全頂住成都軍區個別負責人把無產階級文化大革命變成鎮反運動的方向路線錯誤……錯誤地支援了一方，壓制了另一方；」三，「立即建立」由五十四軍副政委藍亦農為組長、副軍長白斌為副組長的重慶市革命委員會籌備小組；並吸收各派群眾參加；四，「對被錯誤宣佈為『非法組織』或『反動組織』的革命群眾組織要平反，對錯捕的革命群眾和革命群眾組織的負責人要釋放，並恢復名譽。」；五，要擁軍愛民，云云。這個決定後來被俗稱「紅五條」。

平心而論，這個正式決定和前面提到的張、梁、劉、張四人意見，大意無甚出入，而在肯定駐軍成績的程度上，還更有甚於四人意見，明顯讓八一五多撈了好些分。比如四人意見僅輕描淡寫說駐軍在「三支」「兩

一九六七年五月八一五派在無奈中舉行的大遊行，表態擁護中央關於解決重慶問題的五條決定（俗稱「紅五條」）

軍」工作中是「有成績的」，而正式決定則明確肯定：「有顯著成績的」；四人意見說駐軍在處理革命群眾組織問題上「沒有高舉毛澤東思想偉大紅旗」，正式決定乾脆將此話刪去。難怪事後，砸派一個代表說，聽完五條，心裏明白權還在五十四軍手裏，一下子懵了：「怎麼會是這樣呢？」。八一五帶頭羊周家喻在中央要員面前，則信誓旦旦向周、康表態，決心要解放全人類，要到保守派產業軍去做工作，云云——如此得意洋洋，算是明白人了。重慶傳聞，說周的表態被周恩來譽為「高姿態、高風格、高水準」——後來此兄遂有了一個著名的撮號，曰「周三高」。

相比之下，留在學校的勤務員們簡直就是糊塗蟲。「周三高」在人民大會堂西北廳得意洋洋表態「要解放全人類」，千里之外的重慶事情卻已完全失控。如果在家主政的人換一換，情況也許完全就是另外一種面貌了，可惜留在校內的，偏偏是激情有餘而理性不足的黃順義。重大八一五所有學生心裏都堵滿了乾柴，一點星火就足以點燃燎原烈焰。黃的失控偏偏就成了最早的火星。

那情景很像懸念電影裏峰迴路轉的故事：

五月十七日上午，「老黃牛」和留校的「勤務員」們全都值守在電話答錄機旁，焦躁不安地看著值班女生把北京來電逐字逐句記錄在紙上。四周如此安靜，只有磁帶機嘶嘶旋轉，還有女生的鋼筆尖在記錄紙上劃出沙沙聲。最後一個字記錄完畢了，中央文件裏終究沒有出現任何關於「革聯會」的字樣，勤務員們全傻了眼。他們的感覺和那位砸派代表的感覺一模一樣：

「怎麼會是這樣呢？」

這群政治上的「楞頭青」，他們對毛、對共產黨毋庸置疑的狂熱崇拜，幾個月來，已經毋庸置疑地物化為對革聯會的崇拜。同樣毋庸置疑的是：否定了革聯會，不管什麼意義上的否定，對他們來說都意味著整個世界的毀滅。同樣的情況發生在東大橋，告狀團的弟兄們在北京呆了快兩個月，該挨的打挨了，該遊行的遊了，該抗爭的爭了，所有一切皆屬白費。大家尚未聽完秦安全的傳達便一哄而散，遊山玩水去了。遠離旋渦，大家相對容易超脫。當天我去的十三陵。日記寫了：「思想太亂了。我想讓長途車上奔馳的冷風和十三陵前清涼的大氣沁一沁我的頭腦……。」

重慶卻沒有時間冷卻。整個學校都不知所措。馬上開總團會議傳達、辯論：吵得一團糟！接著在階梯教室召開小組長開會辯論：同樣一團糟！下午乾脆在風雨操場召開全團大辯論：情況更嚴重了。動力系四年級學生楊憲騰第一個跳上臺，他的發言劈頭蓋腦就是一句：

「給老子啷個搞起的！」

楊出身一個十分可疑的家庭。父親在大陸政權易手前夕跑了臺灣，留下孤兒寡母苦度日。按當時標準，算是標準的黑五類狗崽子了。大約置之死地而後生吧，位處絕境的楊兄反倒活得十分性情、輕鬆。文革期間該造反，他照樣造反，該罵誰，他照樣罵誰。這種性格後來讓他理所當然擔任了本校以「低姿態」論戰為宗旨的《橫眉》報主編。畢業分配時，有人狀告他罵過「林彪是奸臣」「江青是慈禧」云，把他弄來「學習班」和我們這幫「問題份子」一起寫交代。彼此同病相憐，我們自然都竭力幫他開脫，但實在說吧，我們內心裏都不踏實，大家對他的口無遮攔一直深信不疑。我沒有可能參加五月十七風雨操場的辯論會，但我堅信不移：楊的演說火色一定非常足，出格的話一定非常多。接下來的發言繼楊憲騰妄為，一個個均有聲有色，膽大包天。革聯會是八一五的聖殿，聖殿倒了，大崩潰的惶惑、迷亂以至於瘋狂，勢不可免。大家開始懷疑：五條意見毛澤東到底看沒有看？副統帥林，到底看沒有看？如果看了，那麼，一貫英明偉大的他們為何會糊塗如此？無線電系李姓學生甚至瘋瘋顛顛在六宿舍前公開寫出標語：「處理重慶問題的五條意見是資本主義復辟的進軍號」。

李的標語並非個案件。重大八一五的惶恐和迷亂已被推上了顛峰。當天，總團自己就迫不及待發表了一個「對當前時局的嚴正聲明」。「聲明」繼續自以為是地宣佈「重大八一五戰鬥團始終掌握了鬥爭的大方向。」毫無意義地繼續為不復存在的革聯會招魂，宣稱它「是以毛主席為代表的無產階級革命路線的產物，是「一月革命」的偉大成果，是山城數百萬革命造反派同志浴血奮戰的結晶」。「聲明」發誓要「堅決支持革聯會，誓死捍衛一月革命的偉大成果。一月革命萬歲！革聯會的革命精神萬歲！」。「聲明」怒氣衝衝地警告：「山城砸派從二月黑風以來，就一直犯了方向路線錯誤。你們必須改弦更張，懸崖勒馬……否則，堅持下去，就必然會走向自己的反面，矛盾就會轉化。」最後，他們高呼「革聯會必勝！砸派必敗！」

陡然降臨的絕望使八一五喪失了起碼的政治理

性，洋洋灑灑數千字，通篇竟然沒有半個關於中央「五條」和擁護「五條」的字樣。

這個嚴正聲刊登與五月十九日出版的《八一五戰報》第二十一期。

與此相反的是，十七日恰恰成了砸派的節日。或許他們同樣沒搞清楚怎麼回事，只是自己的敵人那麼氣急敗壞地拼命反對，他們當然就要堅決擁護。退一步說，或許他們已經明白自己依舊兩手空空，但反正「偽革聯」沒有了，他們就算是勝了一回。為什麼不高興高興？

文革期間，北京盛傳一個政治秘笈，叫《權經三十六條》什麼的。其中有幾條我至今記得。如：「胸懷遠大目標，堅定不移向前進，在命運的道路上碰得頭破血流也決不回頭」；又如：「政治鬥爭無誠實可言」；又如：「政治鬥爭中沒有永恆的敵人，也沒有永恆的朋友」；又如：「謠言重複三次就變成了真理」，還有什麼「與其花十倍的力量去掌握一門技藝，不如花十分之一的力量去交一個精通這門技藝的朋友」，等等。其中有一條極其刻毒而且極具可操作性：「誘導對方犯錯誤」。現在，重慶這個從來狂妄自大的八一五在犯錯誤了，砸派應該趁火打劫，火上添油了，快些兒把這幫神經脆弱的哥兒們推進深淵吧！

他們喜氣洋洋地舉行大遊行。歡呼五條的標語鋪天蓋地而來。重慶城滿街都是慶祝「偽革聯壽終正寢」的口號。文化宮大門前還紮了兩座紙做的「偽革聯之墓」，倒吊著紙紮的、象徵革聯會的「癩格寶（癩蛤蟆）」，頑童們則用竹竿吊著真正的癩蛤蟆滿街裏歡跑……

砸派的歡呼果然讓八一五輕而易舉落入圈套。十八日，砸派大遊行次日，八一五派馬上神經錯亂地舉行更大規模的反擊示威：「誓死捍衛革聯會」。好像國已破，家將亡，他們要冒死奮起，發出最後的吼聲了。氣氛悲壯嚴峻。重慶大學的隊伍尤其引人注目。走在最前邊的是體工隊員，牛高馬大，個個手握皮帶，殺氣騰騰地簇擁一道革聯會的金字招牌，上面還紮一朵紅綢。接下來是巨幅標語：「強烈要求張國華、梁興初到重慶答疑！」整個隊伍無任何擁護中央五條的標語，恰恰相反，革聯精神萬歲之類的誓言則比比皆是。每一張殺氣騰騰的臉上都寫滿對中共中央的怨尤和憤怒。

八一五氣還沒有緩過來，喜出望外的砸派馬上又開始第二波反擊，鋪天蓋地的大標語又狂撲而來：

「重大八一五炮打無產階級司令部，罪該萬死！」

「堅決揪出重大八一五炮打中央的一小撮反革命分子！」……

重大八一五素以穩健著稱，如此胡來實在讓人大吃一驚。眼見得沙坪壩方寸大亂，最著急的莫過於五十四軍了。無論如何，重大八一五事實上是重慶文革最重要的穩定性力量，它一旦崩盤，整個重慶的局勢將不堪設想。五一九大遊行次日，駐軍首長不能不氣急敗壞前來救火了。

那一天，副政委藍亦農、副軍長白斌、韓懷志、參謀長耿志剛全體出場。演講會還是在風雨操場舉行。軍人們一上臺就大大方方接受了重大學生獻給的「八一五的袖章」，還故作姿態地表示「能作為一個八一五戰士，我感到很光榮。」接著副軍長白斌宣佈，他們是來「向同學們學習，趁這個機會給同志們作個彙報」的……軍人一個動作幾句話，輕而易舉便把餘怒未消的大學生搞得熨熨貼貼。伸手不打笑面人。人家態度如此真誠謙恭，你學生娃娃還有什麼好說？於是不斷高呼「毛主席萬歲！」；高呼「重大八一五永遠忠於毛主席！」高呼「向解放軍學習！偉大的中國人民解放軍萬歲！」。

接下來，上任伊始的革籌組長藍亦農像幼稚園阿姨誆哄娃娃一樣向大學生證實文件的真實性。信誓旦旦地宣佈它確實是經過「毛主席批了的、林副主席看了的」。他發誓：「八一五總團的同志……要我們打包票，我們所有的軍的負責同志，參加了（會議）的，一致打包票。」

受了委屈的娃娃突然被大人在嘴裏塞了一顆糖，全場啞然。

接下來開始講故事。說的是一九六二年的中印邊界之戰。五十四軍是參戰勝方，講起故事來自然起伏跌宕，遊刃有餘，津津有味。故事的高潮是得勝收兵，繳獲了槍械無數。藍說，他們在五千多米的喜瑪拉雅山（多刺激！）把敵人散落的武器收起來，擦好，正要班師回朝——突然，故事峰迴路轉——上級通知他們把這些戰利品全數交還對方。「指揮部的同志有的哭，有的氣……當時想不通，我是作政治工作的，很發愁。這時馬上來了一個電報，說這是毛主席的指示，我們作政治工作的就很高興了，就把這句話傳下去，全體指戰員沒說二話。大家議論這是為什麼？說不出道理，只曉得毛主席說的就是對的。」

有點像熊外婆終於被羊媽媽打敗了——故事頓時贏得滿堂彩。

最後，他在演講中明確宣佈：「（軍隊）過去堅決支持你們，今後堅決支持你們、相信你們！（記錄稿此處注明：全場高呼向解放軍學習！向解放軍致敬！）」，今後「如果不依靠你們，不相信你們，（我）就是光桿司令」。面對滿場笑顏逐開的大學生，他又私授機宜，說：「看問題要看得遠，看一千里。革聯會是臨時的，過渡到革命委員會籌備小組是更上一層樓」

這句話後來變成了八一五派有名的口號：「革聯會開新宇，革籌組更上一層樓」。

白斌的演說更為惹火。他在接下來演說中從感情角度對學生娃娃繼續進行煽動。參加過當時會議的人，至今還記得白講的一件事，說重慶三中「抗大兵團」給五十四軍軍部打來電話，「他們一面打電話一面哭，心情很沉痛，說希望我們給重大八一五作一些工作。重大八一五是重慶八一五的旗手，這個紅旗不能倒。說我們三中抗大兵團看著他們。我們思想上也想不通，但五條是毛主席、林副主席批准的，我們就要堅決照辦（記錄稿此處注明：全場高呼向三中抗大兵團小將學習！毛主席萬歲！）……這是中學生將了大學生的軍，這個軍將得好！三娘教子，子教三娘，為什麼中學生不能教育大學生呢？完全可以。（記錄稿此處注明：全場高呼無產階級革命派聯合起來！打倒李井泉，解放大西南！）」。是不是大學生更書卷氣呢？相比之下，中學生確實更懂得實惠？下面這句有名的口號也出自於當時的中學生：「方糖也甜，圓糖也甜，砸派有個鏟鏟權」（筆者著：鏟鏟為四川俚語，空空如也之意）。幾十年後，重讀這些演說和激蕩滿場的口號，必須承認，中國軍人和國外的軍人確實大不一樣。外國軍人從不過問政治，而中國軍人，個個都是一流的政治鼓動家。當然，那年月的大學生思想水準本來就和小娃娃相去不遠。兩者結合，煽動效果自然很快凸現出來。

會後重大八一五立即發表「再次嚴正聲明」。「再次嚴正聲明」除繼續重申「重大八一五戰鬥團始終掌握了鬥爭的大方向。」革聯會是「以毛主席為代表的無產階級革命路線的產物，是『一月革命』的偉大成果，是山城數百萬革命造反派同志浴血奮戰的結晶。」除繼續抽象地表示要繼續誓死捍衛一月革命的偉大成果，繼續高呼一月革命萬歲、革聯會的革命精神萬歲之外，已經不再具體地要誓死捍衛什麼東西了，這些條文的位置也在聲明中明顯後挪。開宗明義第一條，是對中央五條「最最堅決擁護」「最最堅決執行」；第二條，堅決擁護由藍、白、唐等人組成的市革籌組的正確領導。從「嚴正聲明」到「再次嚴正聲明」，時間間隔不過三天：這個彎子轉得也實在太急了些，不免言不由衷。「再次嚴正聲明。」不像兩天前的「嚴正聲明」那般氣壯如牛，它沒有放一版的顯著位置，而故意放到了四版的尾巴上。第一版刊登的是「五條」原文，還有號召學習「五條」的通知，羞羞答答地告訴大家：「毛主席是舵手，八一五跟著走，毛主席說了算，八一五照著辦。」工科學生就是工科學生，還遠沒有修煉出搞政治活動的厚臉皮。

以上這些文本，發表在姍姍來遲的《戰報》第二十二期上。

到二十一日了，終於被折騰有點明白的八一五在大田灣重新召開大會，人數號稱二十五萬。會議主題：「堅決擁護中央五條」、「革籌組是毛主席革命路線的產物，是山城八一五派英勇奮鬥的勝利。革聯會好，革籌小組更好。」革籌組副組長白斌到會講話。大會通過給毛澤東的致敬電。

熱熱鬧鬧折騰了幾個月，這一個回合總算是塵埃落定了。「中央五條」、從而革籌組的存在已無可置疑。兩派都面臨了新的、巨大的難題。大凡執著於宗教信仰的人，當厄運驟至，他們要麼處變不驚，從容應對；要麼果敢拒絕，以死相爭。八一五和八三一，他們對信仰的狂熱不亞於宗教徒。問題是，他們的上帝和遠在虛空的上帝不一樣。天堂裏的上帝因為他的虛無而讓信徒有可能按自己的觀點去任意詮釋，從而最終實現自己心靈的平衡；真實存在的上帝則不一樣了。他健在，據說身體還非常非常健康，他隨時要親自發表「最高指示」。而且指示變化莫測，甚至自相矛盾，讓你既不能從容，更不敢拒絕，剩下的，就只能是尷尬和無奈。對於驕矜自負的八一五，他們原來所感知的砸派，就是不堪一擊的、只有「十幾個人、七八條槍」的「廉羅棧」的散兵遊勇，而如今，在他們必須遵循的紅頭文件裏，砸派突然間成了和他們平起平坐的一大派！他們必須學會與之平等生活；再說砸派（後來很快更名為滿有理論色彩的「反到底」派）。他們和成都的川大八二六一樣坐過牢，在雲詭波僑的政治搏奕中做過太大的風險投資，他們應該得到巨額回報了。川大八二六原來不就是紅衛兵成都部隊的一個小小支隊嗎？而現在一轉眼卻成了把紅成壓得喘不過氣的政治新貴。西師八三一呢？相比之下，他們收穫的利潤就太可憐了，充其量就平了個反，讓他們回到了原來的位置——有點像俄羅斯詩人普希金筆下那個貪得無厭的漁夫老太太，除了草屋和木盆，現在依舊一無所有。實權還在八一五一邊。他們依舊只能生活在槍桿子的陰影之下。

十六、我所親歷的六五大血案

上面說到「中央五條」第一時間發生的重慶戲劇，我都不在現場。我正在由武漢開往重慶的船上。

沒有坐直通火車從北京返回，而取道武漢乘船溯江而上，一是因為革聯會被否了，我的心情太差，想乘機去看看三峽風光，散散心。其實這不是主要的。主要原因是我有個姐姐在武漢作醫生。我叫她七姐。兄弟姊妹十一個，就我和她關係最好。不僅僅因為親情，更要緊的，她是兄弟姊妹中唯一的共產黨員，而且她長得最漂亮——我從來以為把她的照片登上時尚雜誌《大眾電影》封面，絕不會遜於任何當紅明星——我把她視為我們家族的驕傲、我的生活偶像和精神導師。整個大學時代我一直和她通信。凡遇了思想問題了，不論大小，只要一讀她的回信都會頃刻化解。雖然她信上的話和政治輔導員的說教沒有什麼太大區別，無非青年人應如何樹立革命人生觀、世界觀、如何放眼世界、胸懷全球，等等，但同樣的話一旦出現在姐姐信裏，我總是感到溫暖熨帖，心服口服。

這一次的武漢之行沒有解決任何問題。姐夫是南下幹部，大小算得個「當權派」級別，姐姐在她們單位多少也負點小責，早被文革理所當然抹去了光輝。再說，一個多月後即因為綁架中央大員而聞名全國的反動組織「百萬雄師」，正和「三鋼」「三新」一道把武漢地區的文革形勢鬧成一鍋粥。姐姐和姐夫自己還面臨許多理不清、解不開的精神死結呢，他們能給我什麼幫助？在姐姐家待了兩三天，同樣憋得難受，很快又離開了。從武漢到重慶整整需要五天工夫。五月二十四日一早出發，二十八日下午才到達朝天門碼頭。下面的日記記錄了當時的鬱悶：

五月二十五日。萬里晴空。／船在遼闊的大海一樣的長江上航行了一天。／山城的鬥爭，到底進行得怎麼樣呢？我不知道。在船上，什麼都聽不到。

五月二十六日。陰。／已經第三天了。昨天下午三時，船過沙市；今天凌晨兩點，船過宜昌，逆流而上，便已進入西陵峽了。大約四點過，從夢中醒來，披衣起望，兩岸已是群峰壁立……真的像到了世外桃園一樣，什麼都不知道，什麼消息都聽不見。」

五月二十七日，星期六。雨。／船在航行。／駛過幽暗的峽谷，繞過險惡的灘頭，白天黑夜，不倦地前進著，駛向山城……／船沒有在奉節過夜，今天上午九點，船到萬縣，剛一停船，我馬上就跑上岸去，我多麼想在大字報上找一點關於我們重慶的消息！／街上，大字報很多，但關於重慶的消息很少。在一個劇團門口，喇叭吵得特別厲害，在一條一條地數落重慶偽革聯的罪狀。／另外，在街上還看到一個重大八一五和建院八一八合辦的宣傳攔。上貼《八一五戰報》和《八一八戰報》各一。八一五戰報是五月十九日出刊的，第一版是重大八一五關於重慶時局的嚴正聲明，口氣很硬／在街上，還有所謂重慶來信，嘲笑偽革聯垮臺了，重大八一五公開寫大標語反中央。並一半人上京告狀云云／……我們的八一五，到底怎麼樣了？……

重慶等待我的是一派刀光劍影。

中央五條沒有給山城帶來和平。塵埃落定，八一五終於弄明白自己是真正的勝利者，於是開始以勝利者慣有的伎倆揮舞橄欖枝，連篇累牘發表文章呼籲和平，《八一五戰報》僅二十三期一期（五月三十一日出版）就有如下文章：「無產階級革命派聯合起來」、「立即停止武鬥」、「立即停止內戰」、「同志，你的槍口對準誰？」。六月三日第二十四期又發表大塊文章：「致西師八三一和交院九一五等革命群眾的一封公開信」呼籲停止內戰。

八三一心裏當然明白，同意對方的和平呼籲無異於束手就擒。他們與其被蠶食消解，寧願拼個魚死網破。一年前，在劉少奇的所謂「五十天白色恐怖」期間，仇恨幫助毛澤東培養出了一隻喜歡高呼造反的「天兵天將」，讓毛有可能順利地開始了倒劉運動；那麼現在，「二月鎮反」煉爐裏煅燒出來的，就不再是那麼幼稚的「天兵天將」了。他們已經窺破政治鬥爭的許多訣竅，老練多了。八三一不會傻乎乎地任人擺佈，他們懂得要奪取政權，必先攪亂局面，從而尋找機會。這樣一來，重慶文革舞臺，就有了不斷升級的、激動人心的精彩輿論，什麼「警惕沒有偽革聯的偽革聯」、什麼「打倒帶槍的劉鄧路線」、什麼「誓與山城趙永夫血戰到底！」——趙永夫是當時青海省軍隊的一位將領，據說因鎮壓群眾而被中央點了名。

重慶，也就有了實實在在的、大大小小的動作摩擦。

下面是根據日記回憶起的一些事件：

五月二十八日，砸派召開群眾大會，粉碎「炮打中央的反動逆流」。大會稱：「重大八一五不投降，就叫它滅亡」。八一五立即回敬：誰要八一五投降，先把頭顱交上。

五月三十日，重大四名學生前往重慶醫學院張貼大字報，遭對方圍攻並毆打。四人憤然回校，全戰鬥團正在風雨操場召開辯論會，瘋狂的掌聲把被打的同學簇擁上臺，其中一位受害者掀開上衣沿半圓形的台口繞行一遍，把背部尚在流血的累累傷痕向全體同學展露，滿場頓時一片盛怒難遏的仇恨旋風。

三十一日，八一五派在大田灣體育場召開鄒茂林「烈士」追悼會。鄒茂林，重慶石油學校學生。死時僅十九歲。從《八一五戰報》上刊登的照片看，完全是個稚氣未脫的娃娃。他是怎麼被打死我已無從知道。現在能找到的資料僅僅是《八一五戰報》二十六期，鄒茂林母親在追悼會上的發言，題目是：「紅衛兵勇獻青春，烈士志氣貫長虹」，發言除了一些流行的豪言壯語和孩子如何認真學習毛主席著作之類的事蹟，孩子的死情隻字未提。

六月二日，重大八一五數百人前往重醫遞交「照會」，就五月三十日我校同學被打一事提出抗議。去人再次遭醫學院及航鋒（河運校砸派組織）「毒打」。在那天的日記裏，我寫了這麼一段話：「人們懂得了，對於景陽崗上的老虎，沒有什麼可以忍讓的餘地。武裝起來！用戰鬥粉碎反革命的進攻！我們也要武裝起來，每人一把彈弓，每人一根棍棒，每人一頂藤帽，把每一座大樓，都築成一座堡壘。」

關於日記中的這些描述，我很快看到了現實生活中的樣板。

某天去石油校，天已快黑淨，石油校園內依舊一派繁忙。男男女女，全是半大的中學生，或往來不絕，扛石條（重慶叫連二石）、抬木料、或席地圍坐，用廢作業紙包石灰、用鐵錘砸石塊以作「彈藥」。教室的所有窗戶都掛上了草簾作為掩護……那景象和抗日傳統電影《地道戰》《地雷戰》上老百姓對付「鬼子」掃蕩前的繁忙毫無二致。重慶大學的抗戰準備好像比這些中學要晚得多，但起點不同，現代化程度要高得多：在當時沙坪壩區最高的建築物：第六教學大樓——正因為高，後來它就成了反到底火炮轟擊的最佳目標——門前，甚至架設了七彎八拐的管道系統和威力巨大的高壓噴射裝置：其力量足以致人死命……

重慶文革史著名的「六五大血案」，就在這樣的背景下發生了。

從北京回來後我一直無事可幹。《山城戰報》的軍代表已經撤走，由石油學校那位德高望重的中文老師李乃如重新組閣；《八一五戰報》在我離開後也一直由幾十年後重慶的著名集郵專家何國光等幾位同學操辦，我不願在涉足其間。我終日價到處晃蕩，繼續著從北京就開始的最為無所事事的時光——直到六月七日，這種悠閒終結了。

那一天黃昏，揮汗如雨的重慶突然變得有些涼爽，寢室窗外的山坡上，蓊郁的樹林在晚風裏閒散地沙沙響，讓人感到特別愜意。晚飯後，我坐在窗前閒翻書卷，樓梯上突然傳來一陣急促的腳步聲，文工團員王太康，還有另一位叫蔣元偉的，全副武裝闖進門來，大聲問我：

「敢不敢去打砸派？」

所謂全副武裝，當時的水平還停留在水泊梁山時代，就是一身玄色勞保服，頭上一頂藤帽，武器則為一根金屬棍棒，如景陽崗打虎武松之哨棒然。兩個玄色武夫面前一站，讓我恍若看見神話故事裏的力士金剛。王太康即八一五事件次日和我一起秘密赴京告狀的亡命之徒。而蔣之亡命程度又遠在太康之上。保守派甚囂塵上的一九六六年秋，蔣曾獨闖包圍圈，爬上幾十米高的煙囪頂上將「麻子兵」的大喇叭強行撤下：英雄獨膽，讓保守派欷嘘不止！蔣王都是舞蹈隊隊員，身手矯健。在他們眼裏，我分明只是手無縛雞之力、只能躲在屋子裏用筆桿子寫文章的酸秀才。二人手提棍棒衝來寢室，顯然是想下戰表逼我出洋相。年輕人的虛榮心當然不容許我怯場，甚至連去哪兒？什麼時候去？為什麼打？這些都沒有問，我放下書卷就回答了：

「有什麼不敢？打就打！」

半個多月，我閒得夠難受了。

王蔣二人不知又從哪兒弄了一根金屬棒給我。是鋁合金的，輕，估計打起人來不會致命，我拿在手裏很踏實。接著我們又一起爬上一輛裝滿人的卡車，開去三教學大樓前停下。三教學樓是採礦系辦公大樓，該系同學下礦實習時都由學校配備勞保用品的，藤帽極多。大家跳下車，一窩蜂跑進樓去一人取一頂戴上，這就出發了。我已經知道西南師範學院兩天前開始發生了大武鬥，至今還局面膠著，勝負難分。好像八三一占了點兒上風，春雷有點頂不住了，需要哥兒們馬上前去增援。

藤帽和棍棒都已備齊，我們的車卻沒有直接開去北碚——擁擠在一堆玄色武夫群裏，反正我什麼都不知道——很快開進距重大不遠的重慶師專——文革期間，重慶師專廣場經常成為沙坪壩區八一五的集體活動場所，而不是重慶大學——這時候，暮色迷離的操場早已停滿車輛。全是卡車，足有幾十輛。車箱裏擠滿武鬥人員，棍棒參差林立，氣勢蔚為壯觀。隊伍定然是要在這方面兒集中完畢才統一出發了。

天已黑淨，雨水越下越大。大家的衣服早已透濕，雨颯颯啦啦下個沒完。車上人可全不在乎，他們好像不是去經歷生死存亡，而是要趕赴從沒參加過的嘉年華。

我混混沌沌地擠在車斗裏，根本沒發現精力旺盛的蔣、王二人早已不見了。他們不知到哪兒溜躂了一圈回來，興沖沖地站在車下叫我快下去。我問為什麼？他們不答，只是很神秘地向我擠眼睛，要我馬上下去。我堅持要他們說明原因，他們最後只含糊其詞地說了一句要我躲躲雨，接著把我強拉下車，又推上了另一輛車。這是車隊裏唯一的一輛大客車。我猜他們二人大約發現我這個秀才今天的表現並沒拉稀，夠意思了，讓我晾在卡車上繼續淋雨有點於心不忍。

進了客車我才發現原來是輛指揮車。熊代富，就是後來的重慶市「副市長」，和一幫人正在緊緊張張商量作戰方略。熊是這此行動的總指揮。雨越下越大，夜色顯得更黑更濃。打仗的人就喜歡這天氣，今天天氣好像也偏偏幫忙湊趣，於是卡車就編隊出發了。雨太大，路滑得不行，汽車根本無法啟動，於是吆喝大家下車推。車輪邊上、駕駛室上、車箱下邊到處都是摩拳擦掌的人。馬達開始轟隆隆地嘶吼，滿身泥水的推車人也開始驚咋咋地叫喊。車燈的光柱裏雨絲如麻，人車一片，吼聲混響，戈矛交錯，讓人想起歷史巨片中大戰將臨的經典鏡頭。

我經歷的重慶文革史著名的六五大武鬥，就是這樣開始的。

屆時為止，這確實是雙方都有預謀、有組織、大範圍、調動了大量人力、器械、運輸工具的最大一次武鬥，所以很快成了兩派輿論渲染最多的新聞熱點。六月十六日出版的《八一五戰報》二十六期，幾乎用全部版面報導了此事，文章有：「一腔熱血怒澎湃，灑去猶能化碧濤——記西師六五大血案」、「西師八三一炮製六五大血案鐵證如山」、「殺害解放軍的兇手，往哪裡逃！」、「何其殘忍！何其狠毒！」、「勇獻青春譜壯曲，笑灑熱血寫春秋」、「鮮血和生命寫就的歷史」。文章有鋪墊、有高潮、有細節，而且每個細節都驚心動魄，通讀文章，宛如重讀戰爭年代的英雄故事。比如，寫到「八三一」將「春雷」圍困三樓，然後準備實施爆炸一節，文章道：「暴徒們點燃兩枚雷管的引線。引線在迅速地燃燒。大樓在危急之中！二百多名階級兄弟的生命就要毀於一旦！／在這千鈞一髮的時刻，一個高大的身軀衝上二樓，猛地撲向炸點。『轟——』雷管爆炸了！這個身穿綠軍裝、背著水壺的解放軍戰士應聲倒在血泊之中……大樓沒有炸毀。……他的共產主義英雄形象永遠活在我們心中。」關於事件的準備，《八一五戰報》則刊登了若干八三一戰士的揭露材料，其中有劉××說：「六月五日中午，我大隊勤務員說下午有個統一行動。下午約兩點半，同學通知我到美術系辦公室，並叫帶上棍棒……約三點到了總部，周學昌（勤務員）說今天下午攻新圖書館，把春雷趕出來……約四點，廣播裏吹起了衝鋒號。見很多八三一戰士手持棍棒衝進圖書館大樓。總部門前的宣傳車（北碚反復辟指揮部，是井岡山）高叫：『春麻挑起武鬥』……周榮說：「現在文化大革命發展到了武化大革命。四川最後是槍桿子解決問題，最後逼你拿起槍桿子了。」還有張XX說：

「五日午飯後，總部通知中文系大隊的全體戰士把基建科的鐵器搬辦公大樓上，搬完後回到宿舍。這時是兩點半左右，班勤務員個別通知說，等會兒廣播裏唱『大海航行靠舵手』時，開始行動，反穿衣為號。」

這些材料，估計是後來被俘的八三一人員被提審時的供詞。其中有一些現在尚可依據邏輯判斷進行證實或者證偽，有些卻比較難了。下面再摘引幾十年後兩位對立派人士的回憶：一位是周榮，「西師八三一」一號勤務員。他說事前他曾「主張佔領那幢樓（圖書館），未引起重視，結果被春雷占了，然後就是春雷不斷挑釁，八三一的人過路（到食堂）就常被打或擲石子，以後又看到在抬連二石修工事了（來的外單位的八一五派工人），他才向勤務組提出不能不爭取主動把樓搶過來。」另一位見證人叫楊向東，現重慶師範學院中文系教師，已退休賦閑。楊當時為西師教工五一紅衛隊負責人。他認為「六五事件」起因完全因為春雷的「挑釁」：先修工事，高音廣播每天挑釁，故意刺激八三一犯錯誤，而進攻確是八三一主動發起的。因「春雷居高臨下，占了優勢，又準備充分」，所以進攻「處於劣勢，受傷肯定是八三一的多。」

幾十年後，把那些偏頗、甚至過於離奇的成分剔除，重新敘述這段歷史，我以為過程應該是這樣的：先是，西師八三一總部設在中文系大樓。離它不遠的山頭上，圖書館大樓新建垂成，算是制高點了。勤務員周榮的主張未被採納而春雷遂搶了先手。春雷佔據大樓之後，立即著手修建工事。其間還邀請若干外單位的同派工人、學生參與修築工事。工事既成，裝於樓頂的高音廣播便開始日日挑釁八三一本已十分敏感的派別神經。周榮於是有了充足理由敦促勤務組發動進攻：把大樓搶過來。經八三一過一番精心策劃，遂在西農八二六、川外八二六、十三中「九八」、河運「航峰」、重慶醫學院等數百砸派支持下，於六月五日下午向大樓發動了突然襲擊。這是一座剛剛斷水的建築物，由閱覽樓（主樓）和藏書樓（附樓）兩部分組成。主樓高四層，附樓高六層，主樓二樓有天橋和附樓相通。八三一從主樓底層和藏書樓同時攻入，將春雷完全困到主樓的三層以上，既後將二、三樓之間的樓梯用炸藥炸斷，既後用火煙炙燒熏烤，火中還加上些辣椒、六六粉之類辛辣刺鼻之物以加強熏烤效果，欲將春困死樓頂。春雷事前顯然已有準備，用盛汽油的鐵皮桶裝了好些自來水，還準備了許多餅乾之類的乾糧。武鬥發生後，前來勸架的解放軍又用吊籃送去了一些食物，這樣，春雷得以在非常艱難困苦的環境堅持下來了。被困第三天，即六月七日晚，八一五經過精心策劃，幾十輛滿載武鬥人員的卡車於是在冥冥夜色、颯颯風雨中出發了。

從沙坪壩乘車到北碚，正常情況下只需要一個多小時，可那天我們的車卻走了整整一夜。天黑如墨，行動力圖隱秘，車速自然就很慢，更嚴重的是我們在行車途中不斷遭遇伏擊，車行就得步步小心了。

第一次遭伏是在雙碑。雙碑離沙坪壩只有十多公里，就是說，車隊從師專剛剛開出不到一小時，我們就遭到了伏擊。車正行進間，前面突然停了下來，整個車隊停駛許久，一輛吉普車才在雨中逆向駛來，駕駛室有人用手電筒直射天空，光柱裏看得見密密的雨絲——這是事前約定的信號——我們車也用手電筒光回應。指揮車位居車隊中間。吉普車嘎然急停，偵察兵跳出來，在雨中向客車裏喊話，報告說前面山谷已被砸派用石條封鎖，且兩邊山頭疑有伏兵，急問如何處置？熊總指揮立即碰頭議計並當即決定：命令指揮車後面的人全部下車，徒步上前包抄山頭，打掉伏兵，佔領隘口，抬開石條，待道路打通，指揮車前邊的車隊立即齊喊殺聲衝過，位居指揮車後的空車尾隨開到，佔領隘口的人員再上車跟行。

事情好像進行得比較順利。命令下達不久便再次得到偵察兵報告，說山頭已經攻佔，隘口已經疏通，指揮車於是下令所有車輛全速前進。那一剎那的情景我至今記憶猶新：恐怖的「殺」聲在曠野呼天嘯地而起，撕人心肺。所有汽車全部提速，像瘋牛一般狂衝而前。閃過隘口那一刻，我的瞳孔定然急劇放大：山峽兩邊站滿手握棍棒的人，亂七八糟的石條已被抬開——有那麼一剎那，山上好像還有一根木頭滾下，一個人跟著木頭滾下來，沒及站穩，被我方人員發現，衝過去一棒將他擲翻在地。

出了峽谷，車隊幾乎憑藉一種慣性狂奔。周遭墨黑一片，我們如墜地獄，什麼都看不見，什麼都不知道了。突然間，一陣驚天動地的破碎聲嘩嘩炸響，接著便發現汽車兩面的窗玻璃碎片四濺。車上有人被飛石砸得尖聲怪叫，頭部血流如注。我聽見我們前後的車隊中也是叫聲一片：我們中了伏擊了。指揮部急令停車，並派人下車去道路兩邊的田野搜尋、追擊。老半天，平靜無事了，車隊又緩緩前行。俄而雨腳漸住，野地雲路俱黑，依舊什麼都看不見。我們害怕再遭伏擊，車隊只敢時停時走，磨磨蹭蹭向前挨，好容易快到北碚了，突然又得報告，說前方隧洞裏似有火光閃爍，疑是伏兵，車隊只好又停下了。又派人先去包抄山頭——不知又過了幾時幾刻，反正大家都已困頓難支，頭一靠在凳子上就昏昏欲睡。等先遣隊把山頭佔領，天色已經依稀放明：隧洞裏原來是「紅農八一五」的農民舉著火把在那兒接應。車到北碚，天已完全大亮。大戰將臨，大家已全無倦意。當地老頭老太太簞食壺漿，送來許多稀飯、鹹菜、點心和雞蛋等物，我是一點也不想吃了，其他人好像也食欲不振，但求快些開車趕現場去。

西師圖書館現場讓我大吃了一驚：完全一幅典型的原始部落械鬥圖。廢墟一樣的樓頂上站滿了手持棍棒的軀體。他們全光著身子，或者穿著破爛不堪的背心，裸露的臉部、肩膀、肚子、腿部和手臂均被熏得斑斑駁駁的漆黑。沒有頭盔保護，他們便把被子裏撕出的棉花裹在頭上，很像蠻山荒嶺間的印第安土人頭上插滿翎毛。廢墟間火煙繚繞，其味焦臭刺鼻。我不覺心中一緊。

大隊援軍的突然出現顯然讓廢墟上的印第安土人有點兒興奮，也讓盤據在一樓二樓的佔領者有點兒猝不及防。進攻尚未開始發動。火煙繚繞的大樓四周出現了一片騷動不安的沉寂。八一五的指揮現場設在幾株小樹下。四周還安排一些武裝人員佈防。地上攤一張示意圖——像模像樣了。熊等人圍著示意圖蹲成一圈討論攻略。一會兒召來許多建築工人，又運來許多木料，很快釘成雲梯。接下來指揮人員用最古老的辦法：射箭，與四樓的「春雷」傳遞資訊，接著「春雷」從四樓扔下幾根長繩，攻方人員拉過繩頭將雲梯頂端捆好——攻略這就全部準備就緒。

俄傾總攻開始，號手將衝鋒號得很淒厲，雲梯被長繩迅速拉上三樓，武鬥人員頓時潮水一般從四面八方向大樓湧撲過去，援雲梯攀爬而上。多是些中學生。他們什麼裝備沒有，光著頭，也不穿勞保服什麼的，但勇如飛蝗，勢不可當，全不管石飛如雨，只顧悶著頭前赴後繼，奮勇爭先。有人被砸，有人落梯，或仰墜，或立撲，血流橫飛，喊聲震天，但無一退縮，那場面真的個驚心動魄。飛石是從二樓傾瀉下來的，如瀑如雨，颯啦啦擲地有聲。三、四樓的「春雷」為配合衝鋒登樓者，便奮力向二樓灑石灰扔石頭以為掩護。雲梯上雖有傷者墜落，但更多人已冒死上樓，爬進窗口接應早已疲憊不堪的「春痲兒」。

我站在遠處呆看，很快便被狂亂的衝動所感染，難以自抑，遂提著棍棒衝了上去。殘樓已被幾個方面團團包圍，唯正面大門堆滿石條，有厚厚的黑板阻擋，攻擊力量最顯薄弱。似有神秘力量控制，我自然而然往那個方向衝過去。進攻者和守衛者雙方通過大門上方的天窗互扔石頭對戰。外面人多，扔石多，很快把內面「火力」壓制了，眾人開始衝上前去搬石條，用棍棒砸黑板。裏面的敵人已無東西好扔，突然間竟扔出許多點心和茶葉雞蛋之類，攻方多為中學生和農民，一見擲物中有如此美味，馬上停下進攻俯首揀拾，一邊揀一邊揣物入囊。我雖不是頭領，眼見得勝利在望而這般人如此眼淺，忍不住疾首大呼：不要揀！不要揀！話音未落，裏面已一陣亂石拋出，當場砸得貪小利者驚叫不止，這才不敢懈怠了，抓緊扔石還擊，抓緊抬石頭、砸黑板。黑板很厚，砸了很久方才砸開。衝進大廳，大樓其餘各門均已洞開，八一五呼嘯而入。八三一全線潰散了。

衝上二樓的時候，我看見已全是自己人了。二、三之間的樓梯事前已被炸斷（八三一大約是要以此把三樓以上的春雷徹底困死），眾人一邊搭木板把「春雷」接下來，一邊又順天橋向後面的藏書樓衝擊。藏書樓空間狹小，窄窄樓道被勝利者擠得水泄不通。事實上，「大八三一」們早就跑了，沒有跑掉的人已為數極少。寡不敵眾，只能且戰且退，一層樓一層樓地向樓頂退去。八一五人多勢眾，從樓梯通道投石開路，吶喊著尾追而上，還有一些人則用棍棒衝打樓頂的鐵皮——藏書樓的書架是混凝土整體澆灌的，為通風計，在書架處預留了一排排空檔，其上疊放著一層層可以上下挪動的鐵皮隔板。隔板捅開，其餘人就一個勁兒地向空檔裏猛砸石頭。

「八三一」已兵敗如山倒，很快退到六樓：無處可退了。我們算是到達制高點，如蘇聯電影之攻克柏林然，紅旗應當插上國會大廈了。只是空間太窄，也沒有紅旗好舞動，面前就一群驚恐萬狀的戰敗者，於是得意洋洋狂呼：舉起手來！繳槍不殺！

造反派都喜歡慷慨激昂，動不動就要「誓死」這樣「誓死」那樣的，可一旦面對真刀真槍的敵人，舉手還是舉得很痛快的，而且一個舉得比一個快。也有舉得稍慢的，勝利者正好就有了表現自己英勇無比的機會，毫不客氣便一棒打去，打著哪兒是哪兒：頭部、肩部、胸部、臀部……只要打得叫喚就成。可惜滿屋子連舉得慢的人都沒有了，只好就砸碗、砸水瓶、砸洗臉用具什麼的，好像器皿也屬砸派觀點，都該挨打。

俘虜全部押下樓，一清點，多是北碚地區的中學崽兒。藏書樓一層空間就那麼大，容不得許多好漢。「戰鬥」結束，我曾溜躂到大樓旁邊收容俘虜的平房去看過，俘虜全蹲在地上，由帶隊者領頌毛語錄，還派發點心，並通知家長逐個領走。大學生就十來個，全押回重大了：這是我當時看到的情況。

事發第二天，重慶街頭卻出現驚人消息，說西師八三一在「六五血案」中有「三百壯士」跳樓，其穆烈悲偉絲毫不讓於抗日戰爭著名的狼牙山五壯士。這一消息頓時把我打懵了。我承認，在我過去所寫文章裏，敘事不實者有之、誇張駭聽者有之，究其原因，最多不過道聽塗說、派性偏見而已。在親歷了慘烈血火的切膚之痛，陡然發現輿論與真實竟如此天差地別，這卻是第一次。我記得非常清楚，就打那一刻開始，我的膽兒也突然間忒大了，我也讓哥兒們馬上寫出八一五的悲壯故事：在六五血案後緊接發生的「施家粱遭劫」中，八一五有「八百壯士投江！」。從那後來乃至很久，甚至大學畢業了，我被發配到了遙遠邊疆，在全民「慶九大、獻忠心」、即慶祝中共第九次代表大會向毛敬獻忠心的活動中，寫通訊稿、寫學毛著積極分子「講用材料」，我都一直沿襲紅衛兵年代遺風，隨心所欲、信筆由韁，愛怎麼寫怎麼寫，極大提高了當地宣傳部門的發稿率和好稿率，深得領導賞識。

當政治理想和支撐它的革命理論還是一種信仰的時候，人們的所有行為，不管崇高、愚蠢甚至荒唐，卻必然都是真誠的。而一旦發現政治僅僅是一種功利，人們就會把支撐它的理論僅僅當作一種武器了。

戰地重新平靜下來，滿場一派狼籍。後來，對方又組織了幾次反衝鋒，都無功而返。該打掃戰場了。那一輛用作指揮車的客車開來樓前地壩上，說是接運傷員先行返回。我的小腿在「戰鬥」中被石塊擊中，已腫得老粗，算得傷員了，自然被勸上車。附帶的任務就是把俘虜押解回重大。所謂押解，其實很簡單。俘虜們都被捆綁得結結實實，像箍桶一樣，還用繩子上上下下扎了好幾道箍。怕他們喊叫，又在地壩上胡亂揀些破布、襪子往嘴裏一堵，然後像木料一樣塞到座位下面。動彈都不可能，反抗絕對不會發生了。讓我們擔心的倒是：滿車都是傷病員，如果路上遭到對方武裝攔截，待會兒滿身被捆、嘴巴被堵、像木頭一樣塞在座位下面的，反過來就該輪到我們自己了。為安全計，乘客和汽車進行了偽裝，駕駛室前故意掛了個「三一路」公共汽車標牌。一乘客身上太髒，就把衣服反過來穿：雖然依舊很髒。一路上提心吊膽，故作鎮靜，遇了幾處盤查，還好，都是八一五的，放行了。回學校把俘虜交給了三〇二，我們這才大大松了一口氣。

當時重大有兩隻專業武鬥部隊，一曰三〇一，性質屬野戰，成員多為敢作敢為、敢拼敢打的血性漢子，比較受人尊崇。三〇二就不同了，負責校內治安，名喚衛戍部隊，大家更喜歡叫他們「鄉丁」，以為這幫人沒膽量上戰場，只敢在學校耀武揚威，純屬「門檻猴」。

回校第二天，有「門檻猴」興沖沖來叫我，像是發現了新大陸，說俘虜中有一個《紅岩》報編輯，要我前去幫忙審問。幾十年後，我怎麼也想不起那俘虜的姓名了，面貌更渾然不清：因為當時他的眼睛一直被蒙著，跪地板上，幾個同學就圍著他威脅恫嚇——我進門時有人正用腳踢他的肚子，當即被我勸阻了——這件事一直讓我納悶。一天前，衝上西師圖書館大樓樓頂的時候，我完全就像小說書上說過的、殺紅了眼的匪徒，手裏提根棍棒，看見任何人、任何東西都想打，事情僅僅過了一天，面對曾經和自己兵戎相向、你死我活的敵人，為什麼我卻忽然間成了聖人？那年代，人總是被仇恨追逼在天使和魔鬼兩種角色間來回變臉。神性和魔性，永遠在你身上表演和廝殺，一不小心，就會定格在天堂，或者冥界：你別無選擇。

看見跪在地板上的俘虜，我莫名其妙成天使了。我只覺得他怪可憐。我問他任何問題他都一一回答，而且回答得還忒老實。我對《紅岩》報知道的其實並不多，詰問起來也就東拉西扯：你們編輯部有多少人？他回答多少人；我問都是些什麼人？他又一五一十回答；我又問他自己寫過些什麼毒草？他馬上回答寫過什麼、什麼、什麼……反正我也不知道，他胡亂編派我也毫無辦法。很快無話可問了，於是就搜身。骯髒不堪的衣兜裏搜出了幾斤糧票，幾毛錢，還有幾張照片。其中有幾張是在縉雲山獅子峰頂拍照的，四個人，同牽一面「八三一」戰旗迎風而立，表情頗為悲壯：俘虜交代，說那是三月份八三一被打成反革命組織遭遇解散時的留念。

我馬上宣佈說：「反動照片，必須銷毀！」。他不表示異議，接著申辯，說其中有一張是他和姐姐的合影。他姐姐遠在新疆，好不容易來一趟重慶看他。他說錢、糧票和「反動照片」都可以交我們處理，他和姐姐的照片懇請留還。我仔細看了一下，果然有一張照片是他和一個女孩——我想那應該是他姐姐了——那一刻突然想起遠在武漢的我姐姐。我的姐姐顯然比她漂亮得多——因此我回答得十分肯定也十分大度：「可以滿足你的要求，這張照片、包括錢和糧票，都可以如數還你——你必須老實把你的罪行寫出來。」

審問就此結束。

後來鄉丁們把他怎麼處置的？我就一無所知了。聽說是寫了檢討，就放了。前面提到的《八一五戰報》上的揭發材料，估計就是出自於這些「俘虜」之手。

下面說八一五虐俘。

八一五並不是對所有俘虜都一律優待。關鍵得看倒楣蛋是什麼情況下被俘的？尤其還要看被俘後落在了什麼人手裏？我親眼見過的虐俘事件至少有兩次。考慮到可以理解的原因，我不便公開虐待者的名字。

一次是在兩派武鬥最為激烈、仇恨也最為激烈的時期，「門檻猴」在校內捉姦細，輕而易舉抓來了一位女老師。該老師是校文工團的話劇演員，不知怎麼參加了砸派，這就被盯上了。這位青年教師長得不算漂亮——正因為不漂亮，所以就從來沒有像漂亮姑娘那般喜歡出風頭，讓男生們對她眾星拱月——但她演技不錯，在文工團算是實力派明星。參演大型階級教育話劇《年輕的一代》，她出演革命老人蕭奶奶B角，演得出神入化，讓學生觀眾一個個感歎欷噓，發誓要繼承前輩遺志，為共產主義奮鬥終身。沒承想文革來了，她莫名其妙成了崇拜者眼中的奸細：有人揭發，說就是她給出的信號，致使我校某目標遭到了砸派炮擊，損失極為慘重。總之，就為這個，原來非常尊敬她的「鄉丁」們斷然將她抓了來，捆在一張凳子上，四五個壯漢圍著，用煙頭燒她的手臂，還用手搖電話機對她實施電刑。弄得她一忽兒痛苦地大喊大叫，一忽兒嚶嚶低聲痛哭。我正好從門口路過，我覺得那場面很像革命電影《烈火中永生》中英雄江姐受刑。不同的是，出現在我面前的真實的施刑者和被刑者，都是我的熟人，這一次，我無法在天使和魔鬼之間明確選擇自己的角色。我只能一走了之。

還有一次，我到文工團某隊找某個很要好的同學。他也是「鄉丁」。他正忙著打一個俘虜。俘虜是從河運校捉來的。河運校是砸派的「武鬥之花」，某次對陣重大三〇一，被打了個全軍覆沒——關於那場戰鬥，我在稍後的章節將會詳作介紹——俘虜便悉數押解回來交給了三〇二。這下可好了，「鄉丁」們總算有機會好好表現一先自己的階級覺悟了。我這位好友現在就正在發洩自己的革命仇恨。倒在地上的俘虜像箍桶一樣，全身上下被他打上了好幾道箍。這樣，「鄉丁」打起來就很方便了。他把金屬棒舉得高高，然後劈柴一樣猛砸而下，又舉起來，又砸。每砸一下，「俘虜」就慘叫一聲，疼得非常自然地、像木頭一般滾來滾去。「鄉丁」已經打得很累了，索性把衣服脫得光光，就穿條一條底褲，又打。見我進門，他很燦爛地愉快一笑，告訴我說：

「瞧：這就是砸派！河運校的！」那表情有點其樂無窮。

我總以為他是一個很有才氣的演員，他的表現欲應該去舞臺彩燈下去向那些渴慕和期待的眼睛發洩，而現在，他的發洩物件卻只有一個：而且是用這種過於殘忍的方式，而且是對一個毫無反抗能力的人（而不是觀眾）。在以後的相處中，這件事成了我們之間的一道陰影。

十七、施家梁兵敗和熊代富虎口餘生

六十年代的北碚是個小小城鎮。蔚藍的嘉陵江水靜靜地繞城而過。背後是鬱鬱蔥蔥的縉雲山。山下則是有名的北溫泉。就這麼一個彈丸之地，卻擺佈著西南師範學院、四川外語學院和西南農學院三所高等院校，算是文化禮儀之邦了。本來人就少，低頭不見抬頭見，很富於人情味的。「六五」這麼一打，雙方殺紅了眼，怨怨相報，很難再相處了。西師圖書館大樓被攻克之後，作為權宜之計，兩派代表達成妥協：八一五勢力暫時撤出北碚。

時間是六月九日，前來支援的數千八一五開始向市區撤退，害怕被報復的北碚居民也跟在後面撤，熊代富帶隊，走在最前面，其後是疲憊之師、和扶老攜幼的各色人等。車少，就先運老弱病殘，運進城再返回來，再運。為加快速度，車來回接運，人則不停步行向前。人太多，又雜亂無章，只能一步一步地挨，速度就很慢了。事後聽人說起那場面，我莫名其妙就會想起《三國演義》劉玄德攜民渡江時的尷尬和混亂。

隊伍剛剛離開北碚不遠，出一段隧洞，行至一個叫施家梁的地方，突然有若干卡車呼嘯駛來，與八一五的疲兵憊勇傷病老弱逆向而行，向北碚方向行去。八一五很快發現車上人員均頭戴藤帽、手執棍棒，預感事情不妙並且很快發現事情果然不妙，慌忙大叫中埋伏了！

從市區前來增援的砸派軍工井岡山幾十車人馬，事實上已經完成了對八一五的包圍。他們從前後兩個方面將他們堵截在狹長山谷中。如果他們的行動計算得更精准些，八一五的下場可能還會慘痛得多——好在八一五很快警覺了，峽谷中恰恰有一個三叉路口，路口有一座小橋，穿橋而過的一條小路可抵達嘉陵江邊。八一五便踞橋狙擊，掩護老弱病殘者撤退。只是路太窄，不可能疏散出多少人，而且對於不識水性者這兒正是一條絕路，更多的人便往旁邊的山坡上爬，依據高地且戰且退，散兵遊勇撒得漫山遍野，其狀真可謂落花流水。在「八一五」的歷史上，這實在是一次十分丟臉的戰鬥。

根據筆者對親歷者的採訪，現將幾個個案簡述如下。

個案之一：文昌武。電機系五年級學生。文個性豪爽，大學期間歷任我班文體委員。就「體」而言，他當是夠格了：籃球打得不錯，「文」就實在有點差強人意。那時每遇政治運動，學校和系上都喜歡搞文藝會演來配合宣傳鼓動，而每次演出總少不了有文同學新作問世。他進行音樂創作時的場景很特別：上身脫得光叉叉的，就留一條底褲（重慶天氣太熱），房門大開，他一個人便高高地站在寢室自習桌上邊舞邊唱——他身材瘦而高，桌上舞姿輕而易舉便讓人想起蹦蹦跳跳的大跳蚤——一旦唱至某句，感覺滿意了，他馬上就蹲下來記錄於紙。他創作的一首歌是關於植樹造林的，歌詞原文如下：「同志們，你們說怎麼辦？幹！加油幹！要把那荒山變果園……」前幾句侃切有力，最後一句節奏卻突然變緩，好像電唱機電量不足，唱片轉速突然變緩，歌聲也就跟著有氣無力，顯得非常搞笑。還有一首歌曲是配合愛國衛生運動的，歌名《耗兒歌》，歌詞如下：「那個耗兒嘛真可惡，一天到晚唏唏嗦嗦，咬爛衣服咬破鞋哎，夜晚又來咬耳朵！咬耳朵！咬耳朵！」大學畢業後文和我同赴雲南工作。某次我向妻子談及此歌，她大聲抗議，說我絕對是在醜化同窗。「世界不可能有這麼難聽的歌曲！」她說。不久文來我家作客，我故意當著妻子求證，文大笑不止，當即且歌且舞表演《耗兒歌》——恰如一隻大跳蚤，贏得滿屋喝彩。

文正是以這種慣有的政治激情瘋狂地投入了文革、並且參加了武鬥隊。可惜出師不利，第一仗就在施家梁峽谷遭遇了敵人伏擊。「我們看事情不好，馬上跳上路邊的保坎（擋土牆），用石頭還擊。」他告訴我說，還擊一會，發現敵人越來越多，「寡不敵眾，而且我們已連續作戰三天，體力明顯不支了，只好向山上敗走。」山坡陡峭，滿是亂生雜木，他和另兩個同學好容易會齊，像綠林好漢一樣提著哨棒，開始了漫無邊際的爬涉。完全搞不清方向，只能亂走。害怕被砸派告發，不敢輕易問路，也不敢輕易留宿，在山上整整輾轉三天才回到學校。他說印象最深的一件事便是餓得不行了，突然發現半山上有個么店子，他們便強行把櫃檯上唯一的食品：玻璃罐裏剩餘不多的硬糖通通向店主人「借」來吃了。看他們蓬頭垢面，滿臉凶相，店主人怎敢不借？借條倒是寫了一張的。事後文告訴我，他們哪有工夫去還？對方又怎敢來討？事實上，逃命回校後，他們連么店子在什麼方位也不知道呢！更何況兵慌馬亂，有何信義好講？

施家梁兵敗歸來，文就逍遙於運動之外了。據我所知，文剛進大學時填寫的「家庭成分」好像不錯，「貧農」什麼的，到後來農村開展「四清」了，不知怎麼被工作組查出乃父原是個「漏劃地主」——此事對文的打擊是很致命的。文能以黑五類之身而如此大無畏參加革命，已經很難得了。第一仗便打得窩窩囊囊，自然沒心思繼續冒險。再說，高年級學生本來就面臨畢業分配，馬上可以掙錢養家了，無辜身亡且輕如鴻毛，何以面對家中眼巴巴等著兒子寄錢的老父老母？後來文果然回老家和讀中學時的廖姓女同學專心致志談起戀愛來，並且最終結為連理。

個案之二是張國梁。機械系三年級學生。典型的成都崽兒，身材短小精悍，說話語多機鋒，有時還喜歡來點惡作劇，一不小心，甚至還會作出點驚世駭俗之舉。原先我曾讀過他寫的大字報，文筆犀利機智，頗多魯迅遺風，如果他棄工從文，我相信他定能成為雜文名家的。我第二次組閣《八一五戰報》就理所當然邀他加盟了。入盟前我和他到沿江馬路談心，我問：

「你最喜歡寫什麼樣的文章呢？」

他的回答非常肯定：

「罵砸派！」他說，「我就喜歡寫罵砸派的文章！」

施家梁兵敗逃跑，當是他多項驚世駭俗舉動之一。我已記不起他具體如何從亂軍叢中跑出，總之，衝出重圍他就一刻不停地順著渝碚公路向沙坪壩方向飛跑，一直跑到「二機校」——已經有二、三十公里了，已經是八一五勢力範圍了，有中學生前去攙扶時，他只說了一句：「我們遭伏擊了！」接著便昏迷過去。

蘇醒過來已是第二天，他發現自己躺在一張陌生的床上：是二機校的學生宿舍。一個女孩子正在給他打扇。從施家梁到二機校距離如此遙遠——中學生本來就對重大八一五非常崇拜，張國梁此舉自然而然讓他們想起古希臘那位長跑四十多公里報告勝利喜訊的傳令兵菲力彼得斯。菲氏跑到首都雅典，高呼勝利之後便倒地而亡。張雖倒地卻沒有身亡，而且報告的又是非常晦氣的消息，但這絲毫不影響中學生把他視為英雄。張被聘來戰報編輯後，那位打扇的女孩還常常來重大看他。每次坐在編輯部的辦公桌前，女孩含情脈脈，平時多言多語的張兄反過來也就無聲無息——哥兒們恨不得煽動張兄馬上採取「革命行動」。二人為何後來沒能結為伉儷？旁觀者無從知道，如果要用時下的流行術語解釋，顯然該歸於「緣分」了：話雖如此說，但總讓人感到有幾分遺憾。

最有名的個案，當算是「熊代富虎口脫險」了。熊名氣太大，所以一旦被抓，立即就讓敵方認了出來，遭遇也就最為慘烈。這段經歷後來被人寫成了一篇膾炙人口的傳單，題目叫《熊代富虎口餘生記》。文章把整個過程記錄得十分詳盡，可惜筆者沒有收集這份文檔。八十年代末，我在深圳某公司就任經理，曾禮聘熊前來就任副經理。距那次被抓已過了二十餘年，他那只被捆

成都軍區司令員梁興初中將（前排中戴眼鏡者）來重慶大學看望重大八一五學生領袖。前排右二即為熊代富）。

過的手還傷痕累累，繩跡犖犖如新，整隻手已變形如鳥爪一般可怕。他告訴我說，被抓那天，先是被打得昏迷不醒，繼而被對方用鐵絲和繩索反綁起來扔進西南農學院暖棚的泥地裏，醒來已不知過了幾日幾夜。後來又被注射大量麻醉劑弄去北京，病癒後手便無法復原了。

他被弄去北京的情況是這樣的：砸派大約想把他作為人質弄去北京關起來。反正砸派的北京哥們兒多的是。為了便於運送，遂給熊注射了大量麻醉藥。為了不讓人發現，還給他披一件大衣，由人以護送病人上京救治為名，在茄子溪或者離重慶更遠的一個小站上了車，一上車就關進一個軟臥車廂。房門終日緊閉。這情節很像現在電視上頻繁出現的綁匪鬼鬼祟祟偷運「肉票」的鏡頭，自然被一個叫徐登貴的乘警看出了疑竇，（他是八一五觀點，也見過熊代富）一路上就開始動腦筋了。具體情節我已無法回憶，記得是徐取得了車上同觀點的人的配合，在列車到達前與北京站派出所的員警取得了聯繫，綁架者剛剛背著熊走下火車，立即就被員警截獲了。

熊被民警截獲，雖算是逃出砸派虎口，日子並不好過。北京的公安部門是把他作為疑犯或者別的什麼身份可疑者關進某收容站的，也全然沒有了人身自由。在重慶，熊當是個跺跺腳都能讓地皮兒發顫的人物，可在皇城根兒，他卻一文不名，關著就關著，不管你也不放你。後來倒是重大的弟兄們急了，遂派出一個強大的營救小組赴京營救。組員就有前面提到的亡命之徒蔣元偉。事後據蔣介紹，說營救的過程十分驚險的，有點美國特別突擊隊去伊朗解救人質的意思，可惜現在我把細節通忘了。八十年代末熊和我雖然朝夕相處，可大家成天忙於做生意，竟無暇回憶這些陳年舊事。熊留給我印象最深的一件事情倒是：六月某日，我和他像平時一樣散著步去上班。「六四」風波剛剛平息，前些天熱鬧非凡的深圳大劇院和旁邊的荔枝公園顯得格外平靜，熊突然對我說一句話：

「這下好了，我們壓力終於減輕了。」

我有點莫名其妙，遂問他此話怎講。

他說：「政府花這麼大力氣去對付動亂份子，我們這些文革骨幹，可以鬆口氣了。」

我忽然想起：熊在他原來的單位確實被壓抑得太久。我專程去重慶調他那回，他們廠的人事幹部曾非常不屑地對我說：「他這種有歷史問題的人，根本是不能放到沿海去的。」我遊說許久，最後甚至發誓：我們也是國營企業，我本人也是共產黨員。他要真出了事，私逃了港澳，我甘願連坐受罰，這才把對方鎮住了。雖然，這一輩子我壓根兒——按我自己的說法，僅僅在思想上入過黨而從來沒有在組織上加入過共產黨。

作為整個事件的尾聲，是解放軍到現場制止武鬥過程中亦有多人被毆打或被扣押者，警備司令部甚至為此怒而向一個群眾組織發出公函索人。這也是重慶文革中僅有的一次。現將公函全文照錄如下，作為本章結尾：

中國人民解放軍重慶警備司令部（公函）

（67）警司字第22號

軍工井岡山：

六月九日八時左右，重慶炮校偵察營一連連長陳幹清率本連四十餘名戰士，和警司派出的部隊（均系徒手）共同在西師執行調解武鬥任務後，乘軍車返回天府煤礦（歸警司統一擔任軍管），在北碚渡口候船時，軍工井岡山一千餘人，手拿木棍，頭戴安全帽，從北碚街上，吹著衝鋒號，朝渡口衝來，先打、抓群眾，後圍住我偵察營的軍車，不問青紅皂白將連長陳幹清，班長周長軍、戰士鄭克儉、劉家榮等四同志，從車上拉下來，拳打腳踢，搶走帽徽，強行抓走。十四時左右，陳等被押至西農八二六，十七時左右又押至軍工井岡山總部進行非法審訊，審訊前用木棒壓在肩上，鐵棒壓在頭上，逼著戰士承認「打死了人」並說：「不老實，就打死你」。審訊中，均遭毒打。二十三時左右，班長周長軍等三同志被趕出門外。周長軍、鄭克儉重傷入院治療，劉家榮輕傷歸隊。連長陳幹清至今仍被扣押未放。

我們嚴正指出，軍工井岡山必須立即釋放連長陳幹清，並對這一事件進行賠禮道歉。同時還必須指出，你們這種強行架走、扣押、毆打和侮辱我人民解放軍人員的行為，是嚴重破壞了毛主席在一九六七年一月二十日親自簽發的軍委八條命令和一九六七年六月六日中共中央、國務院、中央軍委、中央文革小組的「七條通令」。在審訊我戰士時提出所謂「解放軍不是制止武鬥，是專來打人，還說用刺刀挑死三個女戰士」等一系列問題，純屬造謠。希望軍工井岡山的革命同志，能夠正視缺點，改正錯誤。否則，如對我們的勸告置若罔聞，一切後果，由你們完全負責。附：炮校偵察營戰士鄭克儉等同志向警司談「陳幹清等四同志被抓的情況」

中國人民解放軍重慶警備司令部

一九六七年六月十一日

主送：重慶軍工井岡山

抄送：重慶革命委員會籌備小組、各革命群眾組織

十八、《橫眉》和《八一五戰報》成都版

關於重慶文革的史料上，六五事件被公認為首次、最嚴重的流血事件。打鬥規模不小，雙方動員的人數多達數千。兩派以此為題材大造輿論，也算得夠聳人聽聞了。唯一讓人感到遺憾的是，這場血案雙方都難論輸贏：砸派雖被趕出了圖書館大樓，而施家梁對八一五追堵伏擊，使之損兵折將，還俘獲大將一員，兩相比較，八一五還算吃了個不大不小的虧。八一五派由此便總結慘痛教訓，以為不能在輿論宣傳上老說自己怎麼受害了：僅僅博取老百姓的一點廉價的同情已毫無意義。要解決重慶問題，歸根結底得靠自己「跎兒」（拳頭）大。基於這種思路，重慶各區八一五派便有了建立「捍紅指揮部」之舉。重慶大學八一五戰鬥團著名的野戰部隊三〇一就在這個背景下成立了。三〇一成立後，專門延請重慶搬運裝卸公司一位武林高手作教席。其人三十上下年紀，精瘦，一旦運氣，身上的肌肉便一塊塊鼓起來，每塊肌肉都非常漂亮，而且紋理和關係都顯現無遺，有點像解剖教科書上沒有蒙上皮膚的人體模特。當時沒有香港功夫片上市，如果有，我想大家定會把他和李小龍、成龍之流聯繫起來一起加以崇拜的。幾千大學生每天在此武星帶領下練拳習武，偌大的團結廣場便殺聲震天了，很有些全民皆兵的豪邁景象。反到底當然也不猶豫，北碚「猛虎團」、「黃山警備區」等專業武鬥組織也紛紛建立。重慶的大規模武鬥漸成格局。

與此相配套的宣傳輿論當然也不能一味高姿態。《八一五戰報》已經不行了。《八一五戰報》就喜歡高姿態，就喜歡板著面孔、煞有介事地講大道理。大家對

此意見已經很大了，總團於是決定馬上再辦一份低姿態報紙專門負責損人罵人、讓大家解恨出氣。這份報紙，就是後來的《橫眉》。

我從北京回來整日價閒遊浪蕩，「老黃牛」黃順義就把我叫住了，要我主持該報的編輯工作。籌備會在《八一五戰報》辦公室召開。參會人員有楊憲騰，就是前面說到罵「中央五條」「給老子啷個搞起的！」、罵「林彪是奸臣」、罵「江青是慈禧」那位仁兄；此外還有無線電系同學吳明才、採礦系同學龔堂光、吳紅彬，系班不詳的同學竇緒昭等，好像還有現今移居美國的電力專家劉雲仁。這些同學後來成了《橫眉》主力隊員。我自知性格使然，罵人損人絕非強項，但還是把事情應承下來了。關於刊名，最後定為《橫眉》，也是我取的，火藥味依然不濃。

《橫眉》於一九六七年「六五事件」後不久創刊，因其宗旨是作「低姿態」輿論進攻，到次年三月十五日中央解決四川問題，把八一五猛劾一頓，該報的文章就很難做了，從此終刊，不再為繼。我雖為該報始作俑者，但事實上卻從來沒管過。該報一共出版過多少期？發過些什麼文章？我一無所記，甚至一張樣報也沒有收藏過。具體主持《橫眉》的是楊憲騰。我之所以沒有介入該份報紙，和楊是大有關係的：在此必須說明。

楊，四川瀘州人。動力系四年級學生。八十年代移居美國，現在美某公司編寫軟體，一九九五年回國省親，他曾專程取道深圳出境，並同我一道小住數日。他的穿著言談還和學生時代毫無二致，隨便得很。有一天去珠海遊玩，他唯一的一件西裝外套遺失在船上了，返回房間時，見他穿一身暗紅色舊毛衣，書包斜挎肩頭，毛巾胡亂紮在書包帶上，依舊一幅典型的紅衛兵裝扮，我於是大笑，說：

「革命大串聯回來啦！」

他說：「在美國，我從來隨便如此！」

我說：「你們美國佬不講點企業形象麼？許多深圳公司上班還要求西裝革履呢！」

他說：「要什麼企業形象？我們老闆專門拉攏國防部，做政府定單。關我何事？」

他就這麼個德行。

只是談及文革經歷和去國生涯，他會向我流露出許多沉重和無奈。年輕時候，楊熱情奔放，嫉惡如仇，嘴巴尤其不忌生冷。脾氣如此火爆，參與《橫眉》編輯實在是再合適不過了。坦率地說，我對他印象一直不錯，但要由他來擔綱報紙編輯，我卻有點心裏發怵。前面說過，他家庭出身極端可疑，剛進大學，他報名參加美術隊，正好由我主持招考。在眾多應試者中間，他的繪畫水平不低，但一瞭解他的「政治面貌」，方知乃父一九四九年隨國民黨跑了臺灣，問題就嚴重了。筆者自己的家庭本來就非常可疑，當然尤其害怕沾惹屁股上屎比自己還多的人，因此否決了他的參隊申請。對此他竟毫不介意，一直和我交好如素。文革動亂，處處陷阱，我總希望有出身硬紮的人和我搭檔，出了問題好幫我擔戴些，豈敢再找一個包袱給自己背上？楊既然願意在《橫眉》主動攬事，我便趁機溜之乎也。具有諷刺意義的是，儘管我如此小心翼翼做人，畢業時還是和楊一起被揪出來，和他同時住了學習班，一起寫了兩個月的檢討，一起被發配邊地：他去了張家口一個煤礦，我去了雲南邊疆。這是後話。

既然不願主持《橫眉》，總團就要我到成都去協辦《八一五戰報》成都版。成都版剛剛創刊不久，由赴蓉挺進縱隊三位同學主持編務，負責人為機械系一年級同學王益富。王，四川夾江人，算是蘇東坡、郭沫若的老鄉了，人極聰明。小時候他在家鄉很出風頭的，過年過節，地方上的川劇表演總少不了讓小把戲登臺客串亮相。他的經典段子是《馬房放奎》，直到上了大學，他一高興，還喜歡自我陶醉地謳上一段：

明亮亮燈光往前照
耳聽譙樓已三敲
我陳文古做事把心壞了
只怕人饒哪，天不饒！

從夾江小城來到重慶大碼頭情況就不一樣了，大學裏高手如林，根本輪不到他來出風頭，尤其他參加校體育隊習長跑，每次比賽——據說——最後「趕鴨子」的總是非他莫屬，加上年級又低，因此總被高年級的師兄們當成馬仔呼來喚去。文革運動翩然而至，他一手好字、一手好文章意外派上用場，從此後他終於時來運轉。獨行於校園，他喜歡高視闊步，鞋底如置彈簧然，肩頭永遠一顛一聳，像在射燈下作時裝秀。先是保守派「破四舊」，收繳來許多「封、資、修」的舊書舊報舊唱片，一直堆在黨委小樓，八一五戰報由印刷廠遷來黨委小樓，這些老保時期的「戰利品」自然成了我們的囊中之物。王從中弄來了留聲機一台和老唱片若干，寶貝非常地放在自已枕頭邊上，每天睡前睡後總要播放不止，尤其那首印度電影插曲《拉茲之歌》。他對《馬房放奎》的熱情已黯然消退，現在他百聽不厭的，已經是油腔滑調的「到處流浪、到處流浪」了。只是，他特別中意的還不是正文，而是過門，過門完畢，演員剛要開唱正文，他馬上毫不留情地將唱針又放回起始位置重來，嘴裏同時大叫一聲：

「巴實！」

「巴實」是四川俚語，「真棒」之意。聽他大呼「巴實」的神態，你准會想起超級球迷高呼「GOAL（進球！）GOAL（進球！）」時的瘋狂：足見他的文革生涯是很愉快的。他愉快，還因為文化革命確實讓他得了很多實惠，比如，參加四川問題的學習班離京回川，他搭乘便機偕五十四軍的軍官們返回，成了莘莘學子中第一個乘坐飛機的人，真把師兄師弟們羨慕得要死，問他感覺如何？他便更得意，回答：

「總而言之：巴實！」

大學畢業，他出人意料地獲得了一份讓人想都不敢想的好工作：給某軍軍長當私人秘書。王的性格柔韌性本來就夠差，加上仕途風順，一遇到挫折就受不了了。一九七六年毛逝世不久，據說他代軍領導某某給江青草擬「勸進書」一份。江青一倒，上面追查下來，某某穩如泰山呢，他這個小秘書偏偏無法承受，拔出手槍自己把自己崩了。

成都版的另外二位編輯，一叫劉星泉，喜歡寫詩，因此多一些詩人的多愁善感而少一份造反派的張揚。另一位黃肇炎在本文開頭就提到了，後來曾任雲南某炸藥廠總工程師。這位師兄是天生工程師料，動手能力極強，甚至做飯、裁衣、打傢俱樣樣精到，皆因為出身可疑，乃父在國民黨軍隊裏服過務，所以在報社內他絕對低調，只做具體文字工作，出風頭的勾當通通留給了師弟王益富。

我六月中旬到成都。其時成都版已經辦了二期或者三期了。我參與的僅為第三期或者第四期，內容都由王等三人編寫，我只在編排、畫版樣等方面幫助做些技術指導。該報我一份都沒有保留，內容也全然無法記憶。印象深刻的倒是一些別的事情：編輯部設在華西醫科大學（當時叫四川醫學院）。華西是一座具有悠久歷史的名牌大學，所在地人稱華西壩。校園風景如畫，晚霞裏的鐘樓、肅穆的古典大屋頂、靜悄悄小溪和草坪都是成都風景照片的經典鏡頭，成都孩子兒時的夢中聖殿。編輯戰報那半個多月，我在那兒卻絲毫找不到半點詩意。我們在解剖房裏打地鋪睡覺，四周都是儲放死屍的黑匣子。把匣子的蓋板打開，看見的全是被肢解的耳、鼻、頭、手和五臟六腑，浸泡在福馬林的黑色液體中。喜歡惡作劇的中學男生，經常從液體裏提出一個人頭或一條手臂，跟在女孩子的後面追，嚇得女孩們驚吒吒地亂叫。和肢解的人體呆在一起生活實在難覓詩情畫意。

印象深刻的另一件事，就是我剛到幾天，成都形勢便急劇惡化，報紙根本辦不下去了。

成都形勢是這樣惡化的：

五月六日，解決四川問題的所謂「紅十條」下達當天，成都就發生了造反派衝擊飛機製造廠、該廠保衛人員開槍打死打傷數百衝擊者的流血事件，這個事件直接導致了保守派「產業軍」的徹底瓦解。按照文化革命的一般規律，保守派垮臺之後造反派內部還該有一個短暫蜜月。問題是：上任伊始的省革籌副主任劉結挺、張西挺夫婦迫不及待要把和他倆一道亡過命、坐過牢、共過患難的八二六哥兒們風風火火拉扯上臺。雖然沒坐過牢、但卻也一直幫忙翻案的紅衛兵成都部隊當然不高興了。老百姓做事尚講究個投桃報李，可劉張這兩口子，剛剛衣錦榮歸就把當年恩人忘個乾乾淨淨，紅成對此不能不深表絕望。一絕望就想搞點什麼動作，就像重大八一五當初要在風雨操場開大會，臭罵中央五條：「給老子啷個搞起的！」

六月二十四日，成都地質學院和成都工學院的學生衝去省革籌砸了辦公室，據說抄出大批整紅成和八一五的「黑材料」。還不解恨，二十五日又衝擊成都軍區，聲言要捉拿劉結挺是問。千迴百轉尋人不得，心中怨氣更是不打一處兒起，撤離軍區的時候，紅成隊員發誓：馬上到北京直接找毛澤東告狀。當初紅成幫你告御狀能夠推你上臺，如今再告一御狀，焉知不能叫你再次下課？總之，毛澤東好像是紅成的遠房親戚，只要到了北京，御狀總會一告一個准。

二十六日，人民南路廣場（即今天府廣場）隆重舉大會——參會人數號稱數十萬——歡送「紅成小將」千人上京告御狀。關於這次行動，我的日記對事件和情緒作了片斷記述：

沒有什麼可抱幻想的了！……除了造反，沒有其他道路可走了。破釜沉舟，背水一戰，還可能置之死地而後生！

地院的小將們把頭都推得平平的，準備當反革命！

小將們呼出了呼天搶地的口號：『生作毛主席的紅小兵，死，作毛主席的紅小鬼！』

紅成在大街上遊行，整齊、威武、像九月的白色恐怖下那樣。

紅衛東的工人在街上遊行，整齊、雄壯，他們高呼：「紅成小將往前衝，後面有我紅衛東！」……

「紅衛東」是成都東郊片區紅成派的工人造反組織。東郊是成都五十年代在蘇聯專家指導下發展起來的工業區，產業工人力量很強大的。改革開放以後情況就大不一樣了，國營工廠紛紛萎縮、轉制、倒閉、拍賣；當初為捍衛毛澤東出生入死的產業工人紛紛下崗和失業。成都東郊片成了成都「窮人區」的代名詞。文革那會兒可不一樣，能在東郊做一個產業工人是很讓人自豪的。一到禮拜天，東郊片的工人進城買東西，一旦和櫃檯後面的服務員吵架，開口第一句話就是：

「你怎麼了？老子是×機部的！」

那盛氣凌人的勁兒，好像東郊片區的車間裏生產的不是機器和元器件，而是國務院的部級官員。在他們的眼裏，和川大八二六沆瀣一氣的工人造反兵團，充其量不過是些雞鳴狗盜之徒：街道建築隊員、板車夫、修鞋匠、理髮匠、引車賣漿者流……他們算什麼工人階級？真是豈有此理！劉張這倆口兒也真莫名其妙，公然會把這些人也封為四川文化革命的什麼主力軍！紅衛東當然不服氣。他們誓作堅強後盾，讓紅成小將往前衝。

這次活動的後續情況，我在八一五戰報三十二期上查到如下兩則報導：

「七月十日，陳伯達同志親自打電話給廣元軍分區，要軍區派一武裝班護送紅成一百名代表上京

「紅成地區總部已於七月十一日早五點二十一分在解放軍的護送下，一百名代表乘34次車從廣

元赴京」。

成都到廣元，不過三百多公里，六月二十六日出發，七月十日才到，半過多月。紅成這次非常悲壯卻十分幼稚的大動作，看來很不順當了。簡直就非常失敗。其所以失敗，皆因為他們根本還沒有把政治遊戲規則搞清楚。政治遊戲是不興講投桃報李的。政治遊戲只講利益。劉那麼起勁地拉扯八二六，說到底，也因為利益而不是情感。

關於這次行動的另一份原始記錄，見於黃肇炎八十年代的一份說明材料。其時，重慶大學曾經在文革中蒙羞而後重掌權柄的一兩位當權者對造反學生總有骨梗在喉之感，於是四處發材料搞外調，如追索負案在逃的納粹分子。黃肇炎其時已在雲南邊疆群山之顛某炸藥廠任總工，多次獲得了國家和省級科技獎項，儘管如此，遠在母校的當權者仍不想讓其輕易漏網。黃遂做了如下交代：「一九六七年六月二十二日，因支持紅衛兵成都部隊北上告狀，受挺進隊派遣，隨同紅成去北京。當時縱隊負責人是鄭全體、張正茂、童正榮。我們一行二十多人，由童正榮、何培餘帶隊，同行有劉興泉、陳開陽、李川榮、張勝科、覃文發（擔任總務）、任開祥……七月七日到達北京，住二輕部接待站。到京後，我們在重大八一五駐京聯絡站的領導下參加文革。駐京聯絡站負責人是動力系曾世明……」

上北京告狀，尤其徒步上京告狀，對於重大學生絕對是強項，紅成兄弟上京，重大八一五赴蓉挺進縱隊全力配合，當屬天經地義。只是編輯部三個人走了兩個，剩下一個王益富也不知身遁何方，我一個局外人，工作也就難以為繼了。六月二十九日那一夜，四川盆地天氣特別悶熱，半夜還下了一場大雨。雨滴砸在車頂上劈劈趴趴亂響。乘坐三〇一次車返回重慶，我在日記上非常娃娃氣地寫了兩句話：

「長夜欲曉天更暗，殘冬將盡雪更寒。」

十九、七月，血火初起的山城

回重慶，八一五和反到底雙方已經開打。砸派不叫砸派了，剛剛走馬上任的省革籌組副組長劉結挺來重慶視察，親自給改名為「反到底」。砸派這個名字有點兒不雅，容易被人將諧音演繹為「雜種」「雜醬」之類意含譏諷的貶義詞。事實上確實如此，即便被正式更名「反到底」，八一五還是喜歡輕蔑地用「雜」字大做搞笑文章，挖苦對手。只是事情到了一九六七年的七月，名稱已經顯得不重要了，以「六五事件」為發端的武器的批判，已經遠遠比批判的武器更有說服力。

重慶地處長江、嘉陵江兩江並流處，群山環峙，氣候畸糟，交通發達而生活條件極其惡劣。特殊的自然環境和生活環境孕生了重慶人鮮明、火爆的群體個性，催生了許多耿介豪俠、敢作敢為的血性漢子。上個世紀八十年代，我的一個朋友、長期生活於雲南人溫厚內向環境的兒童作家張焰鐸第一次去重慶，當地人性格的熱烈火爆讓他大感驚詫，回昆明向我談說見聞，進門第一句話就是重重的驚嘆號：「重慶民族！重慶民族！」他認為重慶人作為特殊的社會群落，其鮮明個性完全足以構成一個獨特民族的文化特徵和心理特徵。這種環境孕生的性格特質足夠滋養鄒容、江竹筠、成然這樣驚天地、泣鬼神的英雄，而它一旦被導向了邪惡，必然將演繹出顛覆一切、毀滅一切的社會悲劇。其次，重慶軍工廠極多，除了飛機，幾乎所有常規武器都可以在此配套。據可以相信的資料記錄，一九六七年七月，反到底派一次就從兵工廠把「一萬二、三千條新式武器發出來擴散到外面」，所謂「反到底艦隊」，三隻船上均裝備了大炮，「大的一隻船裝了十門之多」。而八一五派也一次從國防廠「搶出一百二十萬發子彈」。兩個原因彙而合一，重慶成為中國文革武鬥最慘烈的地獄淵藪，便很自然了。

還有一條最要命的、全國共生的原因：文革前愈演愈烈的階級鬥爭教育，已把人起碼的良知泯滅漸盡，同時把對於假想敵的仇恨膨脹到了臨界點。人們從孩提時代開始成天關注的就是：蠶豆地裏踽踽獨行的老傢伙，是不是夢想變天的地主老財在偷食公社莊稼？成天蹲在學校門口的小攤販，是不是企圖用關於吃吃喝喝的兒歌腐蝕下一代？喜歡到宿舍區外吆喝的磨刀匠，會不會就是當年殺害村幹部的「雷四滾子」？……總而言之，炸藥桶長長的導火索早已四處點著，經過十多年緩緩引燒，到文化革命算是燃到盡頭，開始起爆了。人們對於應該給以百倍尊重的生命——自己的和他人的——都毫不足惜，可以輕薄，可以踐踏，可以蹂躪，可以屠殺。性格火爆而又掌握了殺人武器的重慶人，把人性的醜惡、殘忍，演繹得淋漓盡致。

六月下旬，我還在成都，天真得一塌糊塗的「紅成」娃娃們正壯懷激烈徒步北上，重慶已經熱熱鬧鬧打起來了。據現在能夠找到的資料，六月二十三日，便有了雙方由上百人參加的重醫附小武鬥事件。此役死四人，傷百餘人。七月一日，兩派在重慶醫學院附屬一院再次武鬥，使用鋼釺、刺刀、自製燃燒彈，死二人，傷數十人，附屬一院門診部被迫全天停診。這次武鬥中，重慶醫學院六八級畢業生、《東方欲曉》報主編余可被鋼釺刺死。反到底在市中心解放碑鬧市區為余可等「烈士」舉行了規模空前的「追悼大會」。「我失驕楊君失柳」之類「毛主席詩詞歌曲」迴腸盪氣。「烈士」親屬作控訴發言，表示決心「化悲痛為力量」，緊跟偉大統帥繼續革命到底。

我至今清楚記得返回重慶後一次經歷：黃昏，不知為什麼事情，我跟著學校的卡車去了位於石油路的五一技校。那兒已成雙方武力拉鋸的前線地區。八一五派大坪地區武鬥指揮部就設在那兒。暮色如晦，並不寬大的校園裏，少男少女們正在全力備戰。正值花季年齡啊！他們應該穿著寬鬆的T恤和漂亮的連衣裙去黃昏的花園小道談說自己的夢想和溫情，但是這時的他們，卻全都穿著骯髒的勞保服在抬石頭，構築教學樓前工事；還有的人則坐在地上，把石塊砸碎，再用筐子挑進大樓作武器；更多的女生則用作業紙分包石灰，一小包一小包地放好，也是做武器用的。所有窗戶都已砸得精光，學生們便掛上草薦做為掩護……這景象和革命電影《地道戰》上老百姓對付「鬼子」進村時的繁忙毫無二致。我在兵慌馬亂的校園裏胡亂溜一圈，接著就看見有人從不知什麼地方把幾個俘虜押上車來，眼被蒙著，脊背被打得鮮血淋淋，長長的傷痕等距離地道道相挨，像是用刀背細細砍出來的，非常可怕。第一次對一位受虐者做如此近距離觀察，我心中不覺直發顫。這已不是電影鏡頭的特技渲染，也不是教科書抽象的描述，更不是階級教育展覽館會的泥塑模特。他完全真實，就一個被打得皮開肉綻活人！我不敢直面它。我有意站到車廂板的另一面去。我竭力鼓動自己去回想一個月前在風雨操場展示過的、我的同學被打得同樣血肉模糊的背，好讓我儘快催生報復的快感，保持心理平衡。

等到天完全黑盡我們的車才開動。旁邊人告訴我抓的都是「紅大刀」成員：「紅大刀」是重慶建設機器廠有名的武鬥之花。這時我才知道，我們乘夜來此，是要將這幾些俘虜運回重大。大坪地處兩派拉鋸熱區，不安全。送去八一五的大本營、地處沙區的重大，當然非

四川武鬥的初級階段。還停留於「冷兵器時代」。「土八路」們頭戴藤帽，手執鋼釺，準備為虛無縹緲的革命理想獻身。一九六七年六月攝於宜賓。

常可靠了。在黑暗裏折騰許久，汽車徑直開到了重大的第六教學大樓。六教學樓正是我所在的電機系教學大樓。同學們上課、做實驗總是在那兒進進出出的。我知道這幢六層的黃色大樓是沙坪壩最高的建築物。我為它而自豪。每當月色清明之夜，下了晚自習，從長滿青苔的石階向宿舍走去，我心裏總是充溢著青春期躁動不安的、帶著幾分憂傷的情緒。和它共同生活了五年，可我壓根兒不知道大樓下面還有一條很可怕的、暗無天日的地道。地道很長，中間還隔著幾道沉重的鐵門，扭動鐵門把手，會發出地獄一般的匝匝聲。完全可以想像，將俘虜們關進去根本是無法逃跑的。

那一天的經歷使這樣的概念變得不可動搖：我們和對立派之間的仇恨已經完全無法逃避，也無法調和。不是我們把他們消滅掉，把他們像今天這些俘虜一樣關進地獄，那麼我們（包括我），就會被他們關進地獄，或者消滅掉。「階級鬥爭，一些階級勝利了，一些階級消滅了，這就是歷史，這就是幾千年的文明史。」我們念過千百次的毛教導已不再是「語錄本」上輕飄飄的教條，它已經變成了一九六七年的中國人類群體每個成員必須遵循的生存法則，和必須面對的殘酷現實！

婦女們積極參加武鬥備戰，為「前線」的男人輸送磚頭和石塊，圖中那位黑衣老太太，看得出年紀夠大的，搬運武器也夠敬業的。

可怕的事情每日每時都在發生，都在不可動搖地刺激我們的神經中樞。我知道我已經被綁上了奔向死亡的戰車。我別無選擇。我只能從我的視角將他們一件件記下來，記錄在我編輯的報紙上，如同無法逃遁的囚徒在牆壁上刻畫記號，作為隨同時間流逝的歷史見證。在我重新接手編輯的第一份《八一五戰報》第三十一期上，所有版面都充斥著血腥和仇恨：

二版、四版：悲歌震華瑩，碧血湧大江——望江機器廠反革命暴亂紀實

二版：七七槍聲：六中小將慘遭槍殺／二七戰士英勇獻身；匪徒血洗歇馬場／英雄頭斷紅岩廠；

第三版：死難烈士萬歲。刊登了近日武鬥死者生平事蹟。死者計有：

余成英。建設廠工人。六月二十三日，航峰、軍工井岡山九一縱隊「血洗」石油校時被長矛刺傷，搶救無效死亡，時年三十七歲；

楊勝金，紅衛紡織廠消防隊員，六月二十四日上午被對立派毒打致死，死後被剜眼、割去耳朵和生殖器，用鏹水腐蝕後沉江未遂。時年三十五歲；

馮仲榮，望江廠工人。六月二十三日，在望江廠「反革命暴亂」中被井岡山派用三棱刀刺為重傷後死亡，時年四十三歲；

余開泉，望江廠供銷科長，在該廠「反革命暴亂」中被井岡山派慘殺，年齡不詳；

張朝喜，林校學生，六月二十八日被紅陽中學對立派追打，落入水池。死後發現左耳被割，頭頂釘進二寸圓釘一顆，左肋骨被打斷一根，左胸被刺進一刀，喉管塞滿稻草。時年十七歲；

王吉強，供銷社職工，六月二十四日凌晨被砸派用彈弓石頭擊中頭部，跌下大樓，觸斷電線而亡，時年二十四歲；

蘇毅，六中學生，死時二十歲；

丁正貴，建設廠工人。七月一日被航峰武都隊員連刺九刀而亡，時年三十一歲；

鄧樹榮，重紡五廠老工人，據稱，七月一日，為制止砸派暴徒破壞該廠鍋爐，被進攻方用長矛刺中胸部、腹部和大腿，流血如注而亡；

周芳英，重紡五廠老工人，和鄧樹榮死於同一事件，同一時間，被刺穿腹部，腹中，已滿四個月的嬰兒尚在。死者年齡不詳。

王崇傑，四川外語學院學生。七月三日，北碚八一五派抗議重紡五廠71血案，抬屍遊行，砸派對遊行隊伍實施衝擊，王腹部被長矛刺穿，腸子外流，血湧如注而亡；

包自成，兵工廠（八一兵團二十團，不知為何廠——筆者）工人，七月五日被「偷襲」的對立派用鋼釺刺穿左胸死亡，時年二十八歲。

其他的死者就是「七・七槍聲」一文中，被小口徑步槍擊斃的六中學生陳樂州、八一兵團六十五團的李葉明，七月八日，「反到底」武鬥隊伍「猛虎團」等的發動突然襲擊中，紅岩機器廠的死者，計有：黃習琨、吳華明、徐秋林、余春保。

我就是在這樣的背景下回到《八一五戰報》、並且重新組建了編輯部。如果說一個月前創辦《橫眉》，我還表現了些許紳士風度，那麼現在沒有了。如果說過去，我做事情總會因種種原因而憂心忡忡，那麼現在不了。在你死我活的文革叢林裏，我必須為自己的繼續存在尋找一個理由：比如我對自己說，八一五是我們自己搞起來的，我必須和它生死相依；比如我對自己說，其他哥兒門都在捨生忘死，自己怎能作怕死鬼、懦夫、軟蛋？甚至對於自己的生命，我也開始感覺不再重要了。有一段時間，嘉陵江對岸砸派射出的三七炮彈夜夜在我們編輯部頭頂呼嘯，黑暗的天空劃出一道道紅通通的弧線，我們不得不深垂窗幕施行燈火管制。躲在揮汗如雨的斗室，我給一位深愛的我女友寫過一封信。她是我的同學，那時，她已逃回遠離重慶的老家。我在信中對她說：

「我隨時都準備死去。這封信很可能就是我們的永訣。」

我就是帶著這樣的情緒重新開始我的戰報生涯的。

我說重新組建編輯部，是因為《八一五戰報》原來的人員已經差不多都在武鬥開始後陸續離開，必須重新召集人馬。新班子相對要年輕些。名字非常女性化的男生霍曉琳和以罵砸派為樂事的「馬拉松英雄」張國梁同屬機械系三年級。冶金系吳克和負責發行的布依族同學韋亮清屬一年級。還有一個電機系四年級同學叫張忠雲。張忠雲最大的特點就是相貌極帥。他與霍曉琳還有一個共同特點：不僅具有工科學生縝密的邏輯思維，而且頗多政治智慧，發生在全國、四川和重慶社會生活中的零碎事件，很容易就被他們串在一起，迅速抽象出一個高屋建瓴、甚至聳人聽聞的理論或者觀點。他們考進工科大學完全是一種錯誤。他們完全應該去當政客。年級最高的就當數我，還有一個採礦系六六屆的郭德福。郭兄長相極富態，像階級教育展覽會上經常出現的殷實的富裕中農。

相比之下，兩個張、我和霍曉琳們四人，成了戰報的「黃金搭檔」，因此就有了後來闖下大禍的《大局已定，八一五必勝》，及後來評論四川時局的一系列「毒草」文章。

編輯部重新搭建起來了，但戰事日緊，運輸越來越困難，以至後來印刷器材供應、製版、發行等都變得極端麻煩，根本無法保證按時出刊。再後來，沙區和其他幾區的交通完全中斷，原來送城裏的印製一廠專業印刷的，後來只能回到學校印刷廠自己印了。發行渠道完全斷了。從三十四期開始，只能象徵性地印一兩千份，由編輯自己拿到街上去叫賣。從報面看，字體單調，印刷質量也明顯差了許多。

其實，當時報紙出多少份？甚至出與不出？都不重要了。在血火烽起的山城，輿論本身已顯得蒼白無力。武器的批判已經整個兒代替了批判的武器。《八一五戰報》繼續出版，唯一的作用僅僅是表示自己的存在。

一天晚上，我和張宗雲去沙坪壩賣報，一個小女孩笑嘻嘻地走來。我們以為她要買報，正要抽出報紙給她，對方卻連連擺手。她把自己的拳頭攥得緊緊的，伸向張忠雲，要他把手掌伸開。張把手掌打開了，她把她的小拳頭伸到上面，也打開：一枚金屬落在張忠雲握滿硬幣的手上——一聲清脆的叮噹響。我看清了，是一粒半自動步槍子彈。

女孩快活地笑道：

「拿去打砸派！」

然後又是一陣勝利的大笑，她飄然而去。

四川武鬥的初級階段。每座瓦房都是制高點，每塊瓦片都是現成的投擲武器。宜賓縣城的兩派都用這種戰略攻防，戰鬥結束，小城就變成了如此模樣。

二十、毫無意義的插曲：欽差大臣的重慶之行

一九六六年十月六日，中央文革的御用紅衛兵「首都三司」曾在北京工體召開了一個所謂「全國在京革命師生向資產階級反動路線猛烈開火誓師大會」。我讀過該次大會的報導，「北航紅旗」代表的發言給人記憶猶深。我非常懷疑那篇發言稿是經某演說家反復推敲潤色的，全文警句疊出，妙語連珠，每個段落都足以賺得如潮掌聲。比如：「當然，我們現在還是少數。可少數有什麼稀罕？馬克思和恩格斯只有兩個人，敢於向全世界宣戰！（大意）」還有一句，演說者說他很自豪，「因為偉大領袖毛主席親手發動的文化大革命，讓年輕人在最短的時間裏將人類階級鬥爭的歷史完整地重演了一遍。（大意）」我當時理解，發言者的意思是說，造反派從造輿論開始，到組建政治組織（如紅衛兵、戰鬥團之類），經過和政敵（指當權派和他們的附庸：保守派）反覆較量爭鬥，再到奪取政權（即搶廣播站、印刷廠之類）——年輕人有幸在短短幾個月內非常簡潔、非常有效地走了人類階級鬥爭歷史的全過程。

後來的事實很快說明了，一九六六年十月六日發言那個後生仔結論下得實在太匆忙。如果我們大體認同上述觀點，那麼必須補充的是，直到一九六七年夏天的全國武鬥，才算把那句話補全了：人類的械鬥撕殺，在短短幾個月內，便從野蠻時期的棍棒、石頭，到鐵器時代的大刀、長矛，非常簡潔、非常有效地升級到了現代的槍炮、坦克，即由冷兵器時代迅速前進到熱兵器時代。一年前說那句話的時候，可以非常浪漫非常威武雄壯，反正站著說話不腰疼，那時的武鬥大不了就揮揮拳

頭，掄掄皮帶，打死打傷幾個人就很了不起了——還相當於手工作業階段，沒有真正進入大工業生產時代。一九六七年的重慶可就不一樣了，坦克、軍艦、榴彈炮、高射炮、海岸炮、重機槍、輕機槍、半自動、手榴彈、火焰噴射器……真刀真槍，一應俱全。幸好這兒還沒修飛機製造廠，要不海陸空整個兒添全，更熱鬧了。準確說吧，那已經不叫武鬥，該叫戰爭了。面對這種氣氛，很多同學都困惑了。困惑無計，乾脆一走了之：回老家，談戀愛，幫爹媽種莊稼。

就在這時候，中央文革的欽差大臣謝富治、王力，還有空軍政委余立金帶著幾個「北航紅旗」的學生到西南巡遊來了。他們六月二十七日第一站到達昆明。據他們自稱，是來傳達貫徹毛主席關於「就地解決雲南問題」的指示的。七月四日離開昆明到達成都，還在成都軍區主持了什麼會議，接著到達重慶——他們快速穿梭，當然也是想要「就地解決問題」。

關於他們的重慶之行，《八一五戰報》第三十二期用大量篇幅作了報導。總題目是：「親切的關懷，巨大的鼓舞」。文章說謝、王諸人「受我們最最敬愛的偉大領袖毛主席的委派，於七月十三日抵達重慶，並於十四日凌晨接見了八一五革命派和山城砸派。中央首長聽取了雙方彙報並作了重要指示。」從報紙全文刊載的王力講話中，感覺他們似乎也想穩定局勢。講話中一再強調兩派要各自多作自我批評，說「資本主義復辟逆流是二、三月份的事」，中央十條和五條發出後，「四川問題，重慶問題，從原則上已經解決。」講話還一再說重慶駐軍五十四軍「是毛主席的好部隊，是可以信賴的。」在天下大亂的危局面前，軍隊是唯一尚存的權威。肯定軍隊，事實上也就是強調了穩定。中央大員的到來，給戰火初起的重慶和迷亂惶惑的重慶人，似乎帶來一線曙光。

但是沒有。

事實是，從「毛主席身邊來」來的人未必知道毛的心事。事實是，那時的毛根本就不想武鬥降溫。據文革史家印紅標《文化大革命中的武鬥》一文披露，七月十八日，即王力在重慶講話後第四天，毛在武漢召見周恩來、王力等人便說了：

「為什麼不能把工人、學生武裝起來？我看要把他們武裝起來。」

毛是十五日秘密到達武漢的。前二日，即謝、王諸人趕到重慶當日，周恩來匆匆忙忙趕赴武漢為毛的巡視作安排，並電告謝、王諸人火速赴鄂聽候提調。因此十四日凌晨謝、王對重慶兩派代表的接見顯得極其匆忙。會議在警備區禮堂進行。《八一五戰報》載：「會後，首長和全體代表合影留念，然後登上直升飛機，在一片毛主席萬歲的歡呼聲中離渝返京。」

戰報在一版顯著位置刊登了那張合影照片。重大八一五總團勤務員吳慶舉擠在謝身旁搶了個恰到好處的鏡頭：一臉笑容可掬，凸現出八一五戰士緊跟黨中央繼續革命的滿腹衷忱。其他人也都笑容可掬，表示對首長講話的一致擁護——其實，這些都毫無意義，業已被仇恨全速驅動的戰車已把整個山城拖入火海。而且代表們壓根兒不知道，這幾位大員並非「離渝返京」，而是開始吉凶難料的武漢之行——幾天後，正是那個王力惹得武漢「百萬雄師」衝冠一怒，直接導致了震驚全國的「七二〇事件」爆發。武漢老百姓說：如果那天不是王挺身而出讓群眾抓走，秘密住在東湖賓館的毛就差一點兒出事了。老百姓說：毛多年不坐飛機的。那一回，正當武漢滿城都在歡呼「好消息，好消息，中央批准鬥王力！」，這時，毛澤東匆匆忙忙金蟬脫殼，不得不潛飛離漢了。領袖遭險，舉國震驚，於是全民共討之，全軍共誅之。東海艦隊緊急奉命西進，溯江而上，近逼漢口，預防鄂省兵變……

這確實是一個非常具有戲劇性的題材，足夠讓後世的文藝家們演繹出票房價值極高的歷史大片。緊接著還有一件與山城老百姓、乃至全國老百姓命運攸關的事情，就是「七二〇事件」發生後第三天、即二十二日凌晨，怒氣衝衝的江青在北京接見河南群眾組織及其他方面代表，明確肯定了「文攻武衛」的口號。中國的第一夫人說：「你們不能太天真爛漫。當挑起武鬥的一小撮人，他們拿起武器打你們的時候，革命群眾可以拿起武器自衛，在雙方達成停止武鬥的協定以後，他們仍然不把武器收起來的話，你們自衛的武器不能放下！」「當他們不放下武器，拿著槍支、長矛、大刀對著你們，你們就放下武器，這是不對的。你們要吃虧的。」第二天，《文匯報》刊登了這個講話。

欽差大臣謝、王曾給重慶帶來過的些許安慰，完全風流雲散了。

那時戰報編輯部每天都會收到許多報紙。除了原來校黨委訂閱的、正經八百的各地黨報，全國數不勝數的小報每天都會由敬業精神極強的郵遞員準時送來。不幾天就一大摞。堆放成了問題，於是就不得不擇日賣掉。賣廢報紙那天是我們編輯部的節日。常常大家一齊出動，先去伙食團借一輛板車作運輸工具，然後把成捆的報紙拉去收購站，再順便拉著板車跑一趟農貿市場，買回一隻到兩隻鴨子（我想不起為什麼每次都是買鴨子？估計便宜）、再加上一堆土豆。接下來編輯部全體動手，自製一頓准共產主義美食狂吃爛飲。所謂准共產主義美食是指「土豆燒鴨肉」——文革前，政治輔導員們經常鄙夷地告訴我們說，蘇聯修正主義頭目赫魯雪夫給共產主義所下定義，公然是：「盛著土豆燒牛肉的一盤餐」。

小報太多，除了可以用來換鴨子和土豆之外，能夠提起我們閱讀興趣的實在太少，但是一九六七年七月二十四日的《文匯報》，仍然讓我們報社全體震驚。我在第一時間看到權力很大的毛夫人「懿旨」，總的感覺就是傻了眼。這種感覺說明我對日益惡化的戰爭狀態憂心忡忡，對可能實現的和平還心存僥倖。把《文匯報》交給大家傳閱的時候，我只說了一句話：

「既然中央都不想控制局面了，我們還等什麼？」

大家無話可說。我們不知道是恐懼？困惑？還是松了口氣？現在已經沒有誰打算保護你了。大家說：那就打吧！破罐子破摔，就名正言順亂打他一氣吧！

那一天，我非常憤怒地用墨汁，在編輯部的一面白牆上，橫橫斜斜地劃滿無可奈何的誓言：

雄心尚未收，
壯志何時酬？
不作怕死鬼，
盔甲誓苦鬥。

下面的事件是謝、王離開重慶之後一個月內發生的。我把它們從重慶文革研究史家陳曉文的《重慶武鬥大事記》中直接摘錄於後：

一九六七年七月二十五日兩派在工業校武鬥中使用槍支。其後全市相繼發生搶劫國防工廠和駐軍武器、彈藥事件，武鬥全面升級。

一九六七年七月三十一日到八月六日榮昌縣城兩派大規模武鬥，參戰共六百至七百人，使用機槍、步槍、手榴彈等武器，雙方死亡七十八人。

一九六七年八月三日望江機器廠武鬥隊用高射炮擊沉重慶軍分區交通艇，艦上三名軍人罹難。

一九六七年八月五日兩派在建設廠清水池發生大規模武鬥。動用坦克、高射機槍等武器，打死二十二人，傷多人。

一九六七年八月八日望江機器廠武鬥隊以三艘改裝炮船組成「艦隊」，沿長江炮擊東風造船廠、紅港大樓、國營長江電工廠及沿江船隻，打死二十四人，打沉船隻三艘，創十二艘。

一九六七年八月十二日至十三日兩派在嘉陵機器廠發生大規模武鬥。雙方直接參戰五六百人，支援人員上萬。動用各式槍炮和戰車、坦克，雙方死亡數十人。

一九六七年八月十二日至十三日望江機器廠武鬥隊進攻駐廠部隊指揮部（設在郭家沱中學），打死重慶軍分區參謀長張廷勤和兩名戰士，一名工人。

兩派在解放碑地區激戰，交電大樓及臨近建築被焚毀。

一九六七年八月十四日兩派在嘉陵江大橋武鬥，打死十一人，傷多人。燃燒市二輕工業局大樓、市六中學生宿舍、嘉陵印刷廠房及部分設備。

…………

閱讀這些條文，是不是有點像背誦小學歷史課本上的大事年表？也許會讓人感覺乏味，那麼作為注釋，我想在下面再直接引用一段文字——這是一位部隊官員在當年所謂「清理階級敵人」運動中的講話。講話介紹了軍工企業造反派頭頭方文正（八一五派）和鄧長春（反到底）在八月武鬥中的一些「罪行」，這些事實基本可信：

> 「一九六七年八月十八日，在艦艇反到底一號船上鄧長春為了紀念武鬥中打死的艦隊副司令李魯沂舉行追悼會上，鄧長春親自下令槍殺兩個革命同志，為李魯沂這個壞蛋祭靈。鄧長春本來決定要槍殺四個同志，其中有兩個學生遭到別人反對才沒被殺，但陪了殺場。……當時鄧長春把李魯沂留下的手槍交給付明禮，令他殺害了這兩個同志，屍體被丟在

了江裏。」

八月二十二日，八一五派撤出空壓廠，撤出前，方文正「陰險地問大家，地下室二十多個所謂俘虜怎麼辦？有人說用手榴彈去把他們全炸死。方文正同意了並指名三個學生去執行，……後地下通道堵塞，被火力封鎖不通，未去炸成。二十三日晚，……一個叫何大發的說，「全部炸死太多了，把有血債的五個打死」方文正同意了，並叫何大發帶三個學生去執行，何大發就將五個人提出來帶到一個車間旁邊槍殺了。……特別殘忍的是劉素德同志懷孕五個月。鄧（劉的丈夫，也屬五人之一）說：「你們把我殺了，不要殺我愛人」，遭到何大發拒絕，鄧又要求說，「你們等劉素德把孩子生了再殺吧！」何大發等人說不行而全部槍殺了。」

幾年前，好萊塢影片《辛德勒的名單》曾用非常真實的鏡頭再現了半個世紀前納粹黨徒屠殺猶太人的血腥場面，讓人震驚而顫慄。現在，當我重新摘錄曾真實地發生在自己身邊的這些殺人故事，我除了夢魘般的顫慄，還有，就是深深的自責：這一切不過才過去三十多年呀，為什麼我們差不多就忘卻了？

二十一、我的記憶中的死者

重慶大學在武鬥中共死亡二十四人。查閱一九六七年八月二十八日出版的《八一五戰報》第三十七期，在編輯部文章「活著的八一五要報仇」後面曾有一則啟事：「急告讀者」，說是「決定出版《青年英雄的壯麗史詩》」，希望這些「烈士的親友和同志們多多給我們提供材料和投稿」。後來，我們確實收集到了很多有關死者的資料、照片、同班同學寫的事蹟、日記、書信等，我把它們作了些文字上的整理、編排，又加了按語，集成一冊——只是書沒來得及出版，書稿卻在動盪中散失殆盡。因此，我手上已經沒有了死者的具體情況記錄，連死者的準確數字也經過幾番周折才弄清楚。

按照毛澤東的偉大教導：「村上的人死了，開個追悼會，寄託我們的哀思」。這些同學死去的時候，戰鬥團確實都舉行過追悼儀式，屍體下葬時，都向天空鳴了槍，讓那時候非常緊缺的子彈炸出驚心動魄的一片亂響，為死者送行。後來，一九六七年大規模武鬥結束，確實還在松林坡上為他們修了一座規模不小的「烈士陵園」。松林坡是學校緊靠嘉陵江的一座山坡，教授住宅區。坡上滿是密密的馬尾松，山頭有一片開闊寧靜的草坪，還有小亭一座，灰柱灰瓦，很有些幽情野趣的。假日，共青團員們都喜歡來這兒過組織活動，在霍霍作響的松濤中唱歌，朗誦報刊剛剛發表的抒情長詩。一九六七年秋天，沒有死的同學就在草坪中央挖了一個大坑，將被槍彈打得千瘡百孔的屍體一具具窖下去，埋上黃土，將校園內民主湖周圍的石欄杆拆掉，抬上山，為墓地砌成了圍欄。墳前立了紀念碑，還在進口處豎了很大一面詩屏，詩屏上刻著毛的浪漫詩句：「我失驕楊君失柳，楊柳輕颺，直上重霄九」。另外，紀念碑上刻了「革命英雄永垂不朽」的字樣，還鐫上八一五火炬的圖案，和一篇碑文。碑文是王益富寫的，而那個流傳很廣的八一五火炬圖案，則是戰報創刊不久我設計的一個題花。大概圖案比較簡潔鮮明吧，又比較好畫，很快被廣為採用，成了八一五派得以共識的徽記。

又過了幾年，我回母校造訪，重新登上蒼樹迷離的松林坡，這時，天正下著密密細雨。時間是一九七二年夏天。死去的同學的墓尚未掘除。無語的紀念碑上爬滿蒼苔。四周靜悄悄的，只有嘉陵江無語東流。我在潮濕的碑台前獨坐良久，感慨無已，隨即口占了一首古體詩，其意略為：

千里重歸訪舊塚／獨上松林路／雨濛濛／烽煙戰旗無尋處／草離離／殘碑苔痕濃
此別難再逢／邀我眾冤靈／出冥宮／一江碧濤作瓊漿／請共我／醉酒論英雄

後來，我果然已無法與這片墳塋重逢。母校那一

一九六七年的重慶武鬥，重慶大學八一五派共無辜死去二十四位優秀學子。活著的同學於是在校園教授住宅區松林坡頂修了一座公墓，還立了紀念碑。這是公墓草成時同學們的留影。後排左起第六即為與筆者共同發起八一五造反行動的吳慶舉。文革破產，被打倒的官員重掌權柄，很快便將該墓的全部學生屍骨毀了個蕩然無存。

兩個曾經在文革中備受衝擊的老領導東山再起，他們當然不願意讓這一堆亂草叢生的泥土——此外，還包括在廣場上一本正經揮動巨手巍然屹立的鋼筋水泥毛澤東，等等——繼續刺激他們本來就非常脆弱的神經。於是叫人把它們塑像砸了！把墳場挖了！通通的推了！毀了！毀它個了無痕跡，毀它個寸草不留，毀它個得白茫茫大地真乾淨！

又過了二十年，一九九二年，我因生意上的事情回到母校，下榻於松林坡外賓招待所。面前——我發現正好就是當年的墓地：只是現在已變成了招待所前的水池，半畝橫塘，裏面落滿了殘葉和暗淡的天光。我問剛剛成年的賓館服務員：

「這兒曾經打過仗。你相信嗎？」

天真爛漫的女孩拼命地搖頭。

「這兒曾經炮彈滿天飛，一晚上打幾百發炮彈，你相信嗎？」

還是搖頭，她的眼睛瞪得大大的。

於是我說了，這些都是真的，而且，就是在這兒，在現在水池這個位置，埋了好多好多死人，和你差不多，都是二十左右的年輕人！冤死的大學生！

這一次，她真地嚇壞了，嚇得跑進屋裏不敢出來。

我終究再也無法把他們的名字完全弄清楚，但他們中的好些人，我至今記憶猶新：唐世軒、李盛品和董繼平就是其中的三個，或許，還應該有段亞偉、劉文舉和別的人。

根據資料提示，重慶大學的第一位死者應當是張全興，採礦系統三年級學生。一九六七年七月二十五日死於化龍橋市工業校之戰，但對於我來說，印象最深的第一位死者，卻是唐世軒。他也死於同一天，死於同一個地方，同一場該死的工業校之戰。

唐是機械系三年級學生。出身工人家庭，獨子。非常奇怪，我們學校的好幾位死者，包括下面還要談到的李盛品和段亞偉，都是獨子。大約獨子所得到的太多的母愛很容易讓他們變得理想主義，甚至還有點兒任性。唐世軒剛進大學，正遇校黨委宣傳部要求美術隊把新聞攝影工作兼做起來。我們就懸榜招人，我主考，他來報名，這樣我便認識了唐世軒。他非常自豪地在我面前排開一摞照片請我鑒審：全是一二〇相機拍攝的六釐米乘以6釐米生活照。照片主角大約是他女朋友：斜歪在公園的草地上扭妮作態。女孩的相貌平平——這還不是主要的。問題是按當時的政治標準，這類照片反映的全該是「資產階級生活方式」了，只能藏起來偷偷地孤芳自賞，他怎麼可以恬不知恥地拿來向人炫耀呢？真是荒唐！我當時自以為自己是非常原則的黨的宣傳工具，理所當然把他回絕了。再說，唐世軒生得那般清瘦，簡直就尖嘴猴腮，我不相信他會有什麼藝術氣質。

但是他並沒為此灰心，事後他依舊常常找我套近乎。理由很簡單，當時學生都窮得很，想要擁有一架相機比現代人想要擁有一座高級別墅還難，而美術隊有相機——雖然是黨委宣傳部配發——這對唐世軒的誘惑力毋庸置疑。那是黨交給的宣傳工具啊！非常神聖。不管他怎麼表示親近我從來不敢私開缺口。

文化大革命爆發了。他終於找到了一展藝術才華的大好機會。造反了。他的性格使他的造反成了順理成章的事。他很快在總團宣傳部謀到一個夢寐以求的位置：攝影。那年頭自由得很，更何況他出身工人階級，底氣絕對十足。他有了自己的專用相機——不知他是從哪兒搞來的？那年月只要膽子大，要搞一台相機實在太容易了。反正他人已經死了，我們沒必要深究這個——九月徒步上京、天安門廣場謁見領袖、國慶大遊行，到處都能看見他不知疲倦地跑前跑後，累得大汗淋淋。八一五慘澹經營之初，所有活動的照片都出自他的鏡頭。《八一五戰報》成立後我們交道就更多了。他常常送些照片要我鑒賞，當然是希望我們能將作品刊諸報端。當時製版條件差，我一直沒能給他一個機會，雖然他的熱情總是那麼讓人感動，而我確實答應過一定安排版面給他發表——沒承想他死了，死得那麼突然！

事情是攻打工業校引起的。

重慶工業校位於沙區通往市區的咽喉地帶：化龍橋。化龍橋本屬於八派勢力範圍，反到底掌權的工業校正好成了一個「釘子戶」，有點骨鯁在喉的意思，八一五自然必欲拔之而後快：這就有了七月二十五日之役。八派進攻，先是死了張全興，這是重大八一五第一次死人，聽說是被守方射手用小口徑步槍射殺的。而且據說兇手還是市體委一名專業射擊運動員，槍法非常準。屍體運回，舉校譁然。從來喜歡出頭露面的唐世軒當然憋不住了，當即宣佈：我馬上去把現場拍下來！我要用鏡頭揭露砸派開槍殺人的罪行！於是就去了，趕得還特別急。據說當時八一五還處於冷兵器時代，意外出現的熱兵器槍聲使進攻方一時不知所措，全都停住衝擊，躲進了四面的安全地帶等候命令。唐世軒到了，看見主樓前面了無人影，心中好不歡喜：喏大空地，完全足夠他選擇一個最佳的拍攝位置呢！於是他大搖大擺走上前。於是，據說，主樓上狙擊手黑洞洞的槍口正好對準了他——躲在四旁的同夥們嚇壞了，大喊大叫要他趕快躲開。可他不！他是唐世軒呀！唐世軒是不管這一套的。他鎮定自若，旁若無人。他今天來，就是要抓拍這樣的好鏡頭呢！這才是過得硬的歷史罪證呢！他偏不躲！他聚精會神地對鏡頭，調焦距，撥光圈——還等不急摁下快門，槍又響了，就一槍。唐聚精會神對鏡頭的時候，槍手也正好有工夫認認真真地調整槍口準星，不錯，就一槍：正正擊中唐世軒額心。他死了。

唐世軒和張全興的屍體同時放在圖書館供同學們憑弔。二人的遺體都穿著軍裝。這些軍裝當然是贗品，總團不知從哪個紡織廠搞了些黃布來加工的，縫工極其粗陋。給他們的屍體穿上，算是安慰一下殉道者和苟活者焦慮難平的心吧。二人的死相都極可怕，而活著的模樣卻幼稚得可愛——我們在八月二日出版的第三十四期戰報上刊發了二人的照片，還用整整三個版面刊登了紀念文章，第三版幾乎還用一個整版刊登了張全興的日記摘抄，並用他日記中的一句話作了標題：「我要作一個雷峰、王傑似的人」。唐世軒沒有留下日記，本來想刊登幾張他的攝影作品以為紀念，但烽火連天，交通阻隔，進城去製作圖版實在太危險，只好作罷了，僅由「唐世軒烈士生前所在戰鬥組二一一縱隊」寫了一篇文章作為紀念，題目是「怒向刀叢覓小詩」。

幾十年後才得知，那一仗反到底也死了人。戰鬥以八一五的勝利而告結束，抓回的俘虜自然不少，都交重大處理了。重大的「衛戍部隊」除了將其中少數「首惡份子」扣押待審，其餘人等全部用翻斗車運去沙區門戶小龍坎，嘻哩嘩啦倒在街上了事。這事當然也很荒唐而且殘忍——現在重新爭論誰的死傷更為慘重已經不那麼重要。重要的是：到底是什麼原因，讓這些年輕人，會這麼神聖、這麼心甘情願地舉起殺人兇器，對準素不相識的、並無怨仇的陌生人下毒手？到底是什麼原因，讓這些年輕人這麼神聖、這麼心甘情願地從容赴死、暴屍街頭？說實話，我甚至更願意相信僅僅是我們這派死了人，這樣更能讓我永遠保留住那份震驚和悲哀。因為這悲哀完全屬於我自己的。把事實留給歷史學家去考證吧！

幾十年後得知的另外一個情況是，在那一場戰鬥中不僅僅「反到底」動用了熱兵器，八一五同樣也動了熱兵器——我突然想起，這說法確有實據。作為綜合性工科大學的學生，重大八一五利用其他院校學生不可能有的知識和條件，很早就開始試製熱兵器了。這些熱兵器包括：「八一五」式衝鋒槍、手榴彈、還有土火焰噴射器等。說土，是因為這種火焰噴射器不過是用普通滅火器的外殼，內部裝上一些液體燃料而已，這種改裝對於從事科技研究的大學師生雖屬「小兒科」，而在僅僅只有大刀和鐵矛的戰場上，它的出現，威力之大是可想而知的。中梁山戰鬥的勝利，很大程度是因為八一五方使用了自製的土火焰噴射器。

時間是一九六七年七月十日，重大三〇一縱隊得知反到底武鬥隊從煤校返回電機廠，便安排噴火手及土炮在路旁玉米地設伏，指揮者在房頂上用探照燈和號聲指揮。時逢反到底「武鬥之花」航鋒戰鬥隊先行通過，小夥子們勝利凱旋，士氣正旺，排成整整齊齊幾路縱隊，高呼「為毛主席而戰，完蛋——就完蛋！完蛋就完蛋！」，雄赳赳氣昂昂地挺矛而前，很像十九世紀歐洲精神戰時期神氣活現的步兵方陣。那勢不可擋的架勢，神經稍有脆弱，誰見了誰害怕。後來我曾聽成都方面的人說，到成都支援八二六的重慶砸派崽兒，就是憑著這種赤膊方陣，就是這樣高呼著「為毛主席而戰，完蛋——就完蛋！完蛋就完蛋！」，一天之內，兵不血刃，便將「紅成」的幾十個廣播戰端個精光。

且說一九六七年七月十日這一天，重慶大學三〇一縱隊看見「武鬥之花」的拼命方陣神氣活現挺矛而來，卻不慌不忙排成橫隊，挺直長矛攔住去路，只是個巍然不動。等到「敵軍」方陣步步接近，突然從屋頂上傳了一聲哨響，橫隊如門洞開，噴火手Z和H從人群中衝來正中：滅火罐中的火焰噴射而出——古典兵器遇到現代化，結果不言而喻：「武鬥之花」頓時被燒得陣腳大亂，潰不成軍，漫山遍野地逃命，大學生於是乘勝追擊——據幾年後清理文革學生「罪行」的結論性材料稱，該戰鬥燒死對方兩人，刺傷輕、重各兩人，活捉多人押回重大「處理」。

我曾有幸鑒賞過這類武器，甚至看過某些武器的製作過程，嚴格講，這些殺人兇器質量是很糟糕的，比如八一五式衝鋒槍，一摳板機，子彈沒射出，彈簧倒先從槍膛裏蹦了出來。更嚴重的是，手榴彈的引爆時間嚴重不準——據一位參與制造的同學、電機系姓D的高材生、現四川某大學教授告訴我——從拉環拉出到爆炸，時間應該是三秒六：這個時間正好足以投擲出去並正好殺傷敵人。可重大八一五自製的手榴彈，引爆時間七長八短，根本無法掌握投彈時間。李盛品，機械系一年級學生，當時著名的「八一五烈士」，就因為這個白白送了命。

李盛品，川北山區考來的農村孩子，喜歡梳偏分頭，一看便是那種很土卻非常乖巧的好後生。一九六七年八月八日出版的戰報第三十五期幾乎用了一個整版刊登關於他的文章，計有：八一五總團追認唐世軒、張全興、李盛品三人為「優秀紅衛兵、模範八一五戰士的決定」，有李的生平事蹟簡介，有悼念文章一篇、悼詞五則、評論：「無私才能無畏」等。但我始終想不起為什麼偏偏沒有登他的照片？那張梳偏分頭的照片絕對是送到我們編輯部的，我記得特別清楚。當然，給人印象更深的是發表在同一版的李盛品日記摘抄：「青年英雄的壯麗史詩」，和「李盛品烈士給一位朋友的遺書」。這封遺書，實際上是他死前寫給他女朋友的情書。當年大學生忌諱談戀愛，所以我們發表時在文字上做了技術處理：把「女」字刪了。該情書是武鬥剛開始時寫的，還來不及寄出他便死了。他在信中無限深情地回憶了舊社會他家所受過的大苦大難，結論道：「如果沒有祖國的前途，一切所謂個人的前途都是騙人的鬼話」因此，他對女友說：「階級敵人隨時到在夢想變天，我們怎能睡大覺？……現在的問題是將文化革命進行到底還是夭折的問題。毛主席早已下了決心，要把文化大革命搞深搞透。現在是決戰時刻，是關鍵，我們一定要努力奮鬥，不怕犧牲」。他告訴女友，「為了制止武鬥，宣傳群眾，掌握鬥爭大方向」，他將到一個「比較危險的」地區去。他沒有告訴她去做什麼。同學們可是知道的，就是去輔導中學生使用重大的自製土手榴彈。對於本校產品的質量問題：引爆時間他是非常清楚的，因此在進行演示時，他讓中學生躲得遠遠的，自個兒拉掉引信，然後將手榴彈握在手上測算投彈的最佳延遲時間。不幸的是，他試驗的這一棵，引爆時間恰恰很短。他粉身碎骨了。在那封沒來得及發出的信中，他這樣寫道：「我若有什麼不幸，希不要把消息告訴家裏人，如果我媽知道了我遇不幸，她肯定也不會再活下去了。你若有空，希到我家去玩，以免除家裏人的懷疑。他們若問到我，你可編些話來回答，注意不要前言不搭後語，要先想好。／你得消息後，要說不難過那是假的，我只希你不要傷心過度就行了，不要影響身體健康，要想開些，我對得起黨和毛主席對我的培養，沒有辜負他老人家，我想，你只要想到這一點，可能心裏就會開朗些。」信在刊登之前，曾用大字報的形式先行公佈的九宿舍門前，這個故事和抗美援朝時著名作家李準寫那個關於志願軍給妻子寫信的小說幾乎完全一樣，讓所有讀者都感動不已。在大家的一致要求下，總團專門派車派人去連天炮火中把他母親和女友從遙遠山區接來學校參加了追悼會。一老一少兩個不幸的女人來到學校，當天我就趕去看望了：老母親一直撲在學生宿舍的桌子上痛哭不止，整整一下午都沒抬起過頭。我只能看見一部散亂的蒼蒼白髮，那麼耀眼而攝人心魄！

董繼平的屍體不在墓坑裏。他中彈後沒有馬上死去，一直到了幾十年後，他才默默無聞地倒在了四川新津岷江支流一片冷冰冰的河灘地上而無人知曉。他的悲劇恰恰就在於：他當時沒能痛痛快快地死去。

這是由全市八一五派「文攻武衛指揮部」統一策劃的戰鬥。開始是想攻佔建設廠——那是一間著名的兵工廠——以獲取武器。隊伍開都開到了，快要開打了，該廠的內應人員卻說他們不知道對方的火力點佈置在什麼地方？真是荒唐透頂！好吧，反正人來也來了，就去攻攻空壓廠吧，空壓廠也是個好東西，廠裏武器肯定也不少，不攻白不攻。反正有坦克掩護，這回勝仗是打定了，這就衝。目標是該廠醫院和水塔一帶。時間是八月二日。這一仗戰況如何現在已無資料可查，但重大死了好幾個人卻一點沒錯，我能詢問到的，便有謝宗正、陳茂明、張顯明、劉文舉。在向水塔前衝的路上。董繼平的鋼盔被子彈擊落，接著子彈便從他的腦顱斜穿而出——他沒有死，甚至沒有成為植物人，經過相當時間的治療，他活了下來，會吃飯、會發音，開始是一些簡單的母音：「啊」「哦」之類的，後來，同學們去看他，故意在病床前高呼毛萬歲，他麻木的臉會微微一抖，接著會伸大姆指——表示贊同；哥兒們故意又說「劉少奇！王光美！「他又換成了小姆指。四十二期《八一五戰報》發表的專訪文章無比感慨地讚歎：董繼平同志「愛憎是何等鮮明！」——正因為這，大家把他稱之為我們身邊的「麥賢德式的英雄」。麥氏是廣東小夥子、六十年代青年人的絕對偶像。他在某次海戰中創造了子彈射穿腦顱還高呼毛萬歲的人間奇跡。再後來，董繼平可以在同學的攙扶下蹣跚學步。開始還好，同學們還在學校，還能隨時給他餵食，幫助他解便和洗澡，不久畢業分配了，人去校空，這位「麥賢德似的英雄」境況就說不完的淒涼了。尤其糟糕的是，他竟開始恢復了記憶！分配外地的同學回校看他，這位「英雄」便會傻傻地說：家裏還有老母親啊！還等我畢業寄錢啊！說著還會流淚！開始，學校每月還支付他十來塊生活費，後來，乾脆把他遣送回鄉了事。同學們都在天南地北為自己的命運奔忙，他也就被慢慢忘卻了。直到前幾年，我到四川新津縣公差，才知道他的母親早已去世，而生活完全不能自理的他，只能靠乞討和揀拾垃圾堆裏的食物為生，最後，不知什麼時間，他終於倒在了岷江支流那片冷冰冰的河灘地上。

關於這次戰鬥，一位親歷者：侯念平，就是將日記送給我作為素材的同學，對我作過這樣的敘述：

> L大漢做了簡單的動員，說這一仗我們有必勝的信心，大家接著就衝上去了。我們是分三路上去的。正行進間，聽冶金系縱隊方向有人問：口令！不等回答，雙方就交了火。我們是由「紅農八一五」的人帶上去的，突然發現前面有對方工事，大家急忙臥倒，緊接著從後面響起了炮聲，炮彈呼呼地從我們頭上飛過去。撲下身子回望，發現是空壓廠的坦克在掩護我們進攻。對方工事很快被摧毀了，但我們還是不敢進攻，整個指揮一團糟，我們害怕坦克打了我們自己。一直等到坦克開走了，我們才向山頭衝上去。上去了，對方戰壕裏還留下一架一二七（按：一種機槍，發射直徑十二點七毫米炮彈的）架子，槍管已經給扛走了，地下是一大灘血，估計槍手受傷撤退了。旁邊還留了很多炮彈。劉文舉，我們一起衝上來的同學，一看便高興了，高興得蹦起來——就在這時，正好一排子彈掃來，他大腿中彈，翻身倒地，鮮血湧流如泉。我們馬上組織還擊，把殘敵打跑，這才急急把劉背下山去，到空壓廠醫務室找人緊急處理。
>
> 一個醫生準備對劉的靜脈注射一種叫右旋糖酐——據說是擴容的藥劑。不知弄錯還是什麼原因？竟注射成了酒精（後來發現是用裝右旋糖酐的空瓶，裝的酒精）！把劉拉回重大的時候，血

管完全僵硬了。我們正圍著屍體抱頭痛哭，來了一個七軍醫大的女軍人，告訴我們，說那醫生很可能有意殺人。大家頓時盛怒難遏，提起槍就趕回去抓那醫生：那人已經跑掉了。

幾十年後，我想，幸好那位醫生跑了。如果不跑，文化革命的死亡簿上，肯定又會多添一具冤魂。

在這段筆記上，我還記了侯念平對我說到的另一個人：段亞偉，機械系四年級學生。侯告訴我，說段是在戰鬥中被對方抓住的，後來被拖在汽車後面，活活拖死了。侯對我說，他才是真正的英雄呀，才是真正沒有私心雜念的人呀。他說，我至今懷念他們！

段亞偉死後的情況我也至今記得清楚。同學們在廣場上為他開了一個追悼會，並且把他的父親和母親也請了來。父母親好像都是教師，而且好像也只有這樣一個兒子，茹苦含辛，好容易拉扯大。可以想像，兒子的死讓他們何其悲苦！但是發言的母親在會上沒有像來自山區的李盛品母親那樣泣不成聲，而更多些知識婦女的理性。母親的發言是這樣說的：

「我失去了親密的戰友，心愛的兒子，內心是非常悲痛的。但是我感到驕傲，因為培養子女的目的是為實現共產主義而鬥爭。」

她發言時的悲苦和莊嚴讓我想起德國版畫家珂勒惠支那幅有名的《犧牲》：可憐的母親用樹枝一樣枯瘦的手臂將自己的孩子無助地舉向上蒼。我們在《戰報》第四十三期刊登了追悼會的消息。時間是一九六七年十月九日。我想不起為什麼這麼晚才對他進行追悼？是不是一直沒有能找到他的屍體？大字報為他出了紀念專欄。我們把她母親發言中關於為共產黨培養了一個好兒子而驕傲這句話，寫成了通欄大標語。

幾十年後，我讀到了德國「廢墟文學」的代表人物伯爾的許多作品。作品中所表現出的毀滅、懺悔和沉思，讓我深深震動。現在我已不知道兩位可敬的父親母親身在何方？如果還健在，我真想再見一見他們，和他們一起平靜地討論一下發生在上個世紀六十年代的故事。因為很久以來，我都想把段亞偉和他母親的故事寫下來，我相信這個故事會和伯爾的故事一樣動人心魄。

二十二、沙坪壩。戰火中的社會生活、人和事

一九六七年的八月，沙坪壩是一座孤城。

它的政治地圖是這樣的：東北面，橫亙著嘉陵江深深的河谷和滾滾江流，對岸是被八一五稱做「淪陷區」的反到底勢力範圍。有名的兵工廠江陵機器廠的砸派絕對控制局面；東出化龍橋、沿江至少有三公里路段完全暴露在江陵的機槍火力之下。八一五周年紀念，曾有外地來渝參加慶祝會的年輕人，從城裏返回，正遇江北的機關槍密集掃射，子彈打在路邊岩壁上辟哩叭啦響，火光如電，亂石橫飛，全都是些真傢伙，頓時嚇得魂飛魄散，只得匍伏在地，靠著江邊馬路的石欄杆連續爬行幾公里，到了土灣方才敢起身直行；沙區東南出口是小龍坎，往前就到了大坪、楊家坪，那兒鏖戰正急，打得難分難解。卡車總會不時地拉些鮮血淋淋的傷病員和死屍回來，一會兒又將一卡車一卡車全副武裝的年輕人拉上戰場。和平老百姓們擠在小龍坎狹窄的街道兩旁，熱熱鬧鬧地向他們鼓掌歡呼，送稀飯送雞蛋什麼的，有點簞食壺漿以迎王師得勝凱旋、以送子弟為國捐軀的熱烈與悲壯。往西北好點，出北碚，一直向西，到合川、到武勝、到南充……都是八一五的勢力範圍。但是，沙坪壩最關心的，是它和重慶市的政治經濟中心：市中區的聯繫。一旦卡斷，它就成孤城了。

當然也有急事需要進城的，但必須是武裝車輛，如坦克、土裝甲之類。所謂土裝甲車，蓋有兩種，一種是在普通卡車的外面完整地蒙上一層鋼板，僅在駕駛室前面露一長方孔以作觀察之用，這種當然比較接近洋裝甲車了。還有一種更土的，則是在汽車四個車輪外各裝

一個圓形鋼板，車兜裏僅壘上砂袋，駕駛室外僅蒙些棉絮什麼的。用以運輸糧食，從化龍橋至沙坪壩來往的車，多是這種，遭遇襲擊，只要沒把車輪打壞、駕駛員打死，都可以全速開動衝過封鎖線。

我一直沒機會乘坐這種文革特色的運輸工具，將近兩個多月時間，六十多個日日夜夜，我一直呆在沙區，沒進過城。

一九六七年八月沙坪壩的夜是最黑暗的，黑暗得像地獄。夜還沒有來臨，熱烘烘的夕陽還懸在山頭發燙，嘉陵江兩岸的大喇叭就開始罵起陣來。先是北邊江陵廠的，總是氣勢洶洶宣告：「今晚我們將炮擊重大！今晚我們將炮擊重大！請重大周圍的和平居民後撤五公里！請重大周圍的和平居民後撤五公里！」接著是南邊重大的，重大的廣播內容要豐富些：首先，「向戰鬥在江北淪陷區的八一五戰友表示崇高的敬意！」接著，「對生活在江北淪陷區水深火熱中的江北和平居民表示親切慰問」接著還要奉勸對方的頑固份子棄暗投明、懸崖勒馬之類，最後才是「今晚我們將炮擊江陵！今晚我們將炮擊江陵！請江陵周圍的和平居民後撤十五公里！請江陵周圍的和平居民後撤十五公里！」，罵陣結束，

一九六七年夏天的重慶，這樣的場景隨時可見。陪伴這些冤魂遠行的，不是哀樂，而是槍聲。

不一會兒就動真格了。一排排炮彈挾著紅通通的火光從天而降，炸出震耳欲聾的聲音——關於這一段炮戰，我們還會在下面介紹——為了避免挨炸，大家都不敢開燈的，都躲安全地帶去了。校園一片漆黑。重慶大學圖書館一位職工曾這樣回憶當時的情況：「從前幾天起該廠（指江陵廠——筆者注）就每晚廣播，要重大和平居民後撤五裏，人們無處可撤，只好到幾棟樓房的底層去，各樓底層都人滿為患。水泥地上橫七豎八鋪著油布、席子，一家人不分男女老幼擠在一起過夜，天明再回家。幾天後沒有打炮了，但廣播依舊，人們躲疲了，就在家裏窗戶掛上棉絮，桌子上鋪上棉絮，人躲到桌子下。幾日無炮仗，以為平安了，誰知一天夜裏十點突然炮聲大作，還夾著機槍聲，出門一看，只見夜空中一顆顆炮彈從對方閃著紅光飛來，十分密集，人們頂著棉絮往樹林裏跑。炮彈像是在頭上飛過，十分駭人。一直到凌晨六時才停。」

《八一五戰報》報社位處江邊，遠離學生宿舍，一次我到宿舍區和同學聊天，深夜返回，只能在無邊無際的黑暗中摸索返回，突然間被荷槍實彈的人唬住，大呼：「口令！」——原來是三〇二，即學校的衛戍部隊在戒嚴。發現是我，他們放行了。事情過去很久，才知道他們是在殺人。據資料披露：被殺者為重慶水泵廠工人康水雲，當然是對立派人員。在重慶大學團結廣場旁邊那棵很大的黃桷樹下處決的。用半自動步槍射殺，對準頭部，就一槍。執行處決時先戒了嚴。時間是八月二十二日。

白天還是熱鬧的。戰爭打成這樣，工廠自然是不上班了，沒有去處，就到重大看熱鬧。重大校園面積不小，風景秀麗，看點很多。依舊行者遊於途，累者休於樹。有些人是被趕出來的，如江北「淪陷區」的八一五派，無處可逃，也就跑重大來了，反正重大錢大氣粗，對哥兒們管吃管住。有些「難民」住在學校裏，無事好幹，每天只能瞎逛。加上臨時來遊者，再加上本校學生，真的熱鬧非凡。看點幾乎都集中在民主湖邊的防空洞。那兒是停放死者的好地方。山城八月，毒日似火，屍體很容易腐爛，一腐爛就臭氣熏天，蚊蠅亂飛。防空洞涼快，停那兒自是好過些。難民和本地居民喜歡去那兒為隕命戰場的「烈士」灑幾滴淚，順帶也看看被小報傳單描繪得非常猙獰的「砸匪」到底什麼樣子？被俘的反到底分子一個個蓬頭垢面，被人押解，蹲在屍臭四溢的洞裏為「敵人」洗屍裹屍。負責押解和管理俘虜的同學叫鄭志勝。鄭志勝成天也總是蓬頭垢面，成天也和俘虜一樣蹲在屍臭四溢的洞裏為自己的戰友洗屍裹屍。

鄭志勝，電機系四年級學生。文革前，每逢課餘假日，他都喜歡背個竹簍到街上檢廢紙、廢物、桔子皮，去荒貨站賣掉，又買回些字紙簍、理髮剪什麼的為大家義務理髮。那時的大學生窮。同學們對他的義務服務讚賞有加，遂評為班級學雷鋒先進分子。他本人當然也窮。沒錢買鞋，就光著腳丫上課，某天，在五教學大樓階梯上遇到校長鄭思群，他不知道是校長。那時校長和中央首長一樣深居簡出，高不可攀。校長問了他為何不穿鞋？問了他哪個系、哪個班？第二天便出現了奇跡：一個和藹的陌生人來到鄭志勝的寢室，給他送來一雙嶄新的解放鞋。他很快知道了，這位陌生的送鞋人，就是校長秘書。文革初起，校長鄭思群無辜蒙冤，自殺身亡，重大學子因此奮起造反，首開「炮轟」省、市委和西南局的先河，鄭志勝順理成章成了八一五的鐵桿。因為太鐵，他便在一九六七年的武鬥中與多起血案牽連最終被監禁十餘年。出獄時鄭已兩鬢斑白，萬念俱灰。一次我去重慶公差，聽說他出來了，曾相約在母校見了面。話說文革當年，大家都說不完的感慨欷噓。我告訴他，當初看見他天天和俘虜們一起兢兢業業洗屍裹屍，我們都特別感動，我還在報社內部號召大家向他學習。實際行動就是讓編輯們走出辦公室，分批上前線做戰地採訪，和三〇一哥兒們並肩戰鬥。感慨之後，我認真問他，當時你為何造反呢？

他眼神木納，沉思良久，極其認真地回答我：

「就為了那一雙鞋呀！」

這已是上一世紀九十年代的事情。

一九六七年的他還風華正茂。武鬥初起，他對文革也曾想不通，非常困惑。讓他命運發生轉折是有一天黃順義來找到了他。擔任總團勤務員的黃是他同系同年級的同學。黃誠懇無比地對他說，現在送來重大的死人太多哪！本單位的、外單位的，凡死了人都送重大來。真是不堪重負呀！事情也是，誰叫你是重慶八一五的大哥大呢？誰讓高教部每年要撥這麼多白花花的銀子錢給你破費呢？現在不上課，教育經費自然都用來給文革派上用場了。黃說，總團請漢渝路的王老漢來裹屍，裹一個五十元，裹兩個一百，如今死人成堆，國家的經費受得了麼？黃順義對這個學雷鋒的模範說，反正你沒事，就幹幹這個吧！為國家省點兒錢！

鄭志勝二話沒說，出山了。他讓總團把俘虜全交給他——從此以後，他便有了重大文革史上很出名的一個綽號：「屍長」。

屍長非常敬業，每天一早就將俘虜們帶出來，先把裹屍布洗洗乾淨，在運動場的雙杠、單杠上晾好，然後像幼稚園阿姨一樣，成一行地帶著俘虜們向防空洞進發。俘虜衣服襤褸，他也衣服襤褸。俘虜蓬頭垢面，他也蓬頭垢面，和俘虜毫無二致。問題就出來了：老百姓站在防空洞外面看熱鬧，對「砸匪」罵罵咧咧，罵得起性，撿起石頭便砸，操起棍棒便打。屍長外觀既然和俘虜毫無二致，也就免不了要挨點石頭挨幾下棍棒什麼的。為了表示區別，總團就給他配了一柄手槍——當時武器緊張，配給他的槍是沒有機頭的，根本不能實戰，無非作為標識而已。不料這柄槍日後恰恰成了一條線索——有人就以此為線索，舉報他曾持槍殺人。他於是被審查了，於是就和我一起住了「學習班」，天天寫交代。

關於他的舉報材料最多，他的交代材料自然就寫得最是沒完沒了。有一天寫著寫著，他突然嚎淘大哭，自言自語叫道：「我處理過這麼多屍體，難道都是我殺的麼？這樣寫交代，什麼時候有個完？」說著拿起尚未寫完的材料便撕——被我攔住了。審查結束，工宣隊長給我們發放畢業分配證，念到鄭志勝名字，他從凳子上始而訕訕地站起，繼而猛然大呼：

「毛主席萬歲！」

接著便撲倒在床，大放悲聲，哭得人人為之動容。工宣隊長也感動了，走上前拍他肩膀，像誑娃娃一樣，說：「毛主席說過，老實人不吃虧！老實人不吃虧！你看，事情不是說清楚了嗎？」

事情當然沒有說清楚。事實是，在那個是非顛倒、整個中國都著了魔的年月，他已被套上了他自己無法解脫的鏈條。他果然參與過殺人。畢業離校不久，他便從遙遠的克拉瑪依被捉回來，投入了大牢。幾十年後，我看過有關他的審查資料。他和其他一些同時被捕入獄的同學們，在戰火紛紛的一九六七年八月，在那些個我們不知道的、戒嚴的黑夜裏所做過的一切，確實讓人震驚又匪夷所思。我竭力讓自己回到三十多年前的紛飛戰火中去，設身處地去重新想一想，去理解他們的所作所為。但我又總是這麼害怕。我無論如何不想去責怪他們，事實是，他們（其實也包括我自己）已經為此付出了太沉重的代價，這就夠了。

還是回到上一世紀的一九六七年八月。

江陵廠對重慶大學的炮轟是從八月初開始的，用的都是該廠自己的產品：三七高炮，不過作平射而已。所幸的是——按當時的說法——反到底掌握著高炮廠，也掌握著炮彈廠，但引爆的引信廠偏偏在八一五派手上，這就救了重大的命。炮彈沒有引信當然不會引爆。（幾十年後，江陵廠反到底的當事人斷然否認了上述說法。他說他們使用的完全是真炮真彈，之所以沒有爆炸——他的解釋是：他們使用的是穿甲彈——存疑）不會引爆的炮彈就等於一個會飛的鐵丸子。重慶大學高達六層的六教學樓是全沙坪壩最高的建築物，理所當然成了最佳攻擊目標，幾天之內便被打得千瘡百孔，有如蜂窩一般——也就蜂窩一般，無非戳了些直徑為三十七毫米的窟窿。房子巍然不動。一個人沒死沒傷。沒有死沒有傷的同學們每天早上就把四面八方散落的彈頭收集起來，裝進竹蘿，放在二宿舍和三宿舍間的馬路上辦展覽：這自然又成了戰火孤城的一道風景線。還有同學索性搭起梯子，用斗大字體在「蜂窩」上寫了一首毛澤東的戰地詩：「昨夜鏖戰急／彈洞前村壁／裝點此關山／今朝更好看」。

最具有喜劇意味的是，電機系系主任，後來重慶大學校長江擇佳的廚房也被一枚飛天鐵丸擊中，在牆壁上戳了一個直徑三十七毫米的窟窿。老教授哭笑不得，於是合偉大領袖原韻，寫了一張小字報貼在窟窿邊上。題目是：「八一八炮轟紀念」，詩雲：

通宵炮聲急
彈洞灶房壁
可惜好鋼鐵
不分我和敵

山城八月，許多年輕生命每時每刻都在血泊中訇然倒下。蓬勃生命裏無法阻擋的愛情也像潛流在暗地裏洶湧澎湃，演繹些非常特別的故事。下面是其中之一。

武鬥開始後，學校醫務室的醫生都跑光了，剛分來的兩個衛校畢業的女孩W和J，就成了唯二的戰地醫。傷員太多，兩人就輪流值班，一個白天一個晚上。麻煩的問題是，W和J都長得如花似玉，這就難免會惹得有人春情萌動，同時勢必影響到革命工作了。果然，一個大學生，我們叫他F好了，F沒上戰場——沒上戰場當然無可指責，對文革想不通唄！——問題是，他除了不上戰場，而且也不是什麼鐵桿，待在學校自然就無事可幹了。無事可幹自然容易春情萌動。還有一個問題：W和J住在三宿舍，F也剛好住在三宿舍，早不見晚見的。一來二去，F就和其中叫W的兩情相許了。W和J住一間屋，一個白天值班晚上睡，另一個晚上值班白天睡，事情就變得很方便了：F便總有機會和W躲進小樓成一統，在隆隆槍炮聲中盡情享受戰火中的青春。

隱情很快被發現。哥兒們全在為毛主席的革命路線出生入死，你老兄公然還如此地資產階級生活方式！是可忍，孰不可忍？憤怒的哥兒們於是設下陷阱，非抓F一個正著不可。

捉姦的全過程如下：

一個晚上，J值夜班，自然輪著F到W的房間幽會。當晚正好無戰事，武鬥隊員便在該房間四周秘密設伏，然後通知廣播站打開廣播：「下面播放緊急通知！下面播放緊急通知！今晚送來傷員太多，請W醫生聽到廣播後，馬上到校醫室來！請W醫生聽到廣播後，馬上

武鬥追悼會現場。從照片上看到的名單可以辨出，此次武鬥共死十八人。

到校醫室來！」學生宿舍的每個樓道都裝有喇叭，那晚戰火正歇，校園很靜的，喇叭一叫，全校都聽得清清楚楚，正在溫柔之鄉的W和F肯定也是聽明白了，只是半夜驚夢，他們定然如驚弓之鳥，他們定然害怕落入圈套，躲在帳中遲遲不出。伏擊隊員急了：他們單等W出門那一剎那便衝進屋將F從銷金帳中生擒活捉。廣播嚷了半天不見動靜，只好讓J回屋去喊W。這一次，W出來了，J剛一進屋，W就匆匆出門而且很快將房門帶上。二女孩前腳一走，武工隊員馬上後腳跟上，用J的鑰匙將門打開了。

奇怪，屋內空無一人！F已經出逃，爬到寢室旁邊的女衛生間去了。他是從窗戶上逃出的——房間在二樓，他顯然是像壁虎一般摳著牆縫從心上人的窗口爬過去的。他爬牆行走的情況一定也和上戰場一樣亡命和驚心動魄。愛情的力量和信仰的力量同樣偉大。

他還是落了網：他很快被哥兒們從衛生間裏抓出來了。武網恢恢，疏而不漏，他能逃哪兒呢？

第二天早上，重大校園傳出的頭條新聞便是：漂亮的女醫生W無地自容，服安眠藥自殺，未遂。

還是追悼會

二十三、八一五周年印象

《八一五戰報》一共出刊六十多期，基本上都是八開版，真正歸屬於「小」報。說「基本」是因為其中有兩期例外，算是四開大報了。一期是一九六八年一月一日出版的特刊，慶祝重慶大學革命委員會成立和毛澤東巨型塑像落成。另一期就是八一五周年的紀念號了，八月八日出版。

紀念號除了隆重刊出毛澤東大幅照片，花裏胡稍地摘登些不知從哪兒抄來的「世界人民熱愛毛主席」之類的詩歌、小故事、言論，第四版還在「毛主席的革命路線勝利萬歲」的通欄標題下拼湊了一期畫刊：《八一五之歌》，畫刊共含七張照片和五張畫作，還首次刊登了文藝作品：署名「周熾」實為筆者胡譪的半長不短抒情詩。五張畫作也是筆者在唱「獨角劇」。紀念號的紙質、排版和印刷質量都十分精美，和那段時間的報紙形成了巨大反差。

前面說過，由於重慶戰事日緊，沙區和市區的交通已完全斷絕，從八月二日第三十四期開始，一直到九月二十日第四十期，報紙都在學校印刷廠自己排印，紙質和印刷質量糟糕得沒法提，尤其八月十五日出版的第三十六期為最，報頭及題花連製金屬版已不可能，只好用木板代替：我畫稿，編輯部負責內勤的布依族同學韋亮清刊刻，有點兒抗戰時期傳單的味道，顯得十分土氣。八月八日提前出版的紀念號何以豪華如此？顯然事前早有準備，把文稿、圖版備齊，送進城裏正規印刷廠製作印刷，再想辦法拉回來的。

為準備慶祝八一五周年短命的節日，編輯部算是煞費苦心了。

煞費苦心的當然不止八一五，反到底也為迎接這個倒楣的節日絞盡了腦汁。幾十年後，一位反到底領袖人物在個人回憶錄裏專寫一段《向八一五的「生日」「獻禮」》，記敘了當時實況：

「一九六七年八月十三日上午九時左右，在反到底江北指揮部的會議室，由江北指揮部勤務組長蘇××主持召開會議，研究攻打嘉陵江大橋……。蘇××先報告大家，近幾天江北指揮部接到不少八一五派的恐嚇電話，說什麼八一五的一周年『生日』要到了，砸派準備拿什麼禮物貢獻給八一五？趕快讓出江北區，免得老子過生的時候生氣……

「蘇××的話，引起與會者一陣哄笑。八一五要過生，我們打嘉陵江大橋，不正是給他們獻大禮嗎？只不過這個大禮只會使八一五的兄弟夥『生日』過得難受就是了。」

會議制定了攻打嘉陵江大橋的詳細計畫，決定八月十四號晚上十一點三十分準時開始炮擊，「炮擊時間定為三十分鐘，到十二點為止。停止炮擊後，潛伏在大橋下邊的體委井岡山兄弟們就儘快衝

馬克思主义的道理千条万緒，归根結底，就是一句話，"造反有理。"

毛泽东

我們走在大路上

轟动山城的第一炮

815戰報

第36期

這是八一五造反一周年的紀念特刊。一九六七年的重慶八月，戰火紛飛，所有交通全部斷絕。《八一五戰報》只能靠手工作業進行印製。報中圖案全由時任主編的筆者自繪。頭版《轟動山城第一炮——致全市大專院校革命師生的一封公開信》系筆者所撰，在一年前的八月十五日，正式挑起了重慶八一五造反運動。

出去佔領橋頭……」

反到底派當時掌控著大部分武器生產廠。猛烈的炮火讓八一五措手不及，他們的計畫如期實現了：八月十五日清晨，反到底佔領了江北通往市區的門戶：嘉陵江南橋頭。

局面就是這樣的不斷惡化，雖然我們在報紙上拼命表現自己的勇武和豪邁，作為私人情緒的真實記錄，那些天的日記卻準確地記下了我、從而八一五派的鬱悶和尷尬：

八月五日。楊家坪戰鬥進行到第五天，人心惶惶。

「八一五風暴」劇組的十幾個同學心想不通，斷然退出劇組，回家「逍遙」去了。（「八一五風暴」是模仿著名的大型音樂舞蹈史詩「東方紅」，照葫蘆畫瓢搞的一台綜藝節目。類似做法當時全國各地都有：成都搞了個「四川很有希望」、雲南搞了個「八二三風暴」，等等。）據當天傳回的消息，劇組七位女同學和其他男生剛到火車站即被砸派武裝人員抓獲。下午，堅持戰鬥的演員們繞

此照片攝於一九六七年八月十五日「八一五派周年慶典」之夜。嘉陵江對岸的江陵廠反到底用三七高炮平射重慶大學校園，重慶大學學生則用重機槍進行象徵性。圖中橫向彈道為高炮軌跡，兩道斜線為機關槍軌跡。

舞臺遊行數周，宣誓將演出進行到底。

八月六日。楊家坪戰事繼續吃緊。

這天不知從哪兒跑來一幫武裝八一五，直接闖進重大總團，敦促三〇一馬上出兵馳援前線，否則立即交出彈藥。重大斷然拒絕了他們的要脅，雙方僵持不下，於是拔刀相向。重大校園內擺開戰場，打了一整夜的槍。槍好像都是向天上打的——因為事後沒聽說死人。三〇一一幫槍手氣急敗壞夜闖報社，把機槍直接架到我們編輯部窗口上。我的辦公室正好在二樓，算是制高點了。

八月八日。中共中央關於發動文化大革命的決定（俗稱「十六條」）公佈一周年紀念日。上午總團開了一個會，大約通知慶祝吧。但我沒去，心情很壞，根本沒心思慶祝。幾十年後，我從日記知道，那一天上午我們編輯部「來了許多客人……談論中國的命運……話題是從（？）……」開始的……

這一則日記很獨特。事實上，我真想不起話題是從什麼開始了。因為這一天的日記寫好不久，很多地方就被我自己用墨汁徹底塗掉：估計那些話太異端，怕日後出問題，就抹了。而且抹得非常黑。幾十年後，我曾用酒精和水去搽拭墨痕，可惜年深日久，底下的文字已很難露全，只是斷斷續續可以看到：「上午來了許多客人……談論中國的命運……話題是從……全國一大批……和某些受壓制的左派，難道不可能成為別的勢力嗎？中國又會怎麼樣？那時，恐怕就不會是蘇聯式的政變了，不會是了，而是公開的、大規模的武裝政變了。看一看今天的中國，原則在哪裡？純粹是宗派鬥爭！」

從沒有塗抹的日記中還能看得清楚，說當天無線電分團的勤務員們寫了一個「嚴正聲明」稱，對文化大革命不理解，越來越不理解，因此，「從八月八日起暫不介入文化大革命，」署名是「×井岡×延安，×韶山」。而當天晚上，我們編輯部不知哪兒去弄了些酒菜，「胡亂吃了一通，胡亂鬧了一通」。我是下過決心一輩子不沾煙酒的，但「這一天，我喝了酒，這是我第一次喝酒」。

八月十二日。日記寫道：「去年我們炮轟市委，今年的今天，砸派可是真的炮轟我們啦。真的炮轟。用打飛機的四聯機關炮或大炮。總之，昨天炮轟了我校一夜。……今天（早上）檢到一百多個彈頭。／今晚又炮轟……嘉陵江漆黑漆黑的，連一隻船都沒有。山城死亡啦！真的死亡啦！什麼也看不見，只有通紅通紅的炮彈在天空中轟轟地飛過，在山谷中引起一陣陣巨大的迴響。」

「八月十三日。昨天半夜，江邊造紙廠的草堆給燃燒彈打燃了，火燒得很大，沒法救，一直燒到今天。我們都伏在戰壕裏看，很晚才睡。」……

紀念會原來準備十四日舉行，不意天不作美，突然猛降大雨，遂改期在第二天。

大會地點選定在重慶三中（現南開中學）廣場。重慶大學位於江北反到低主力江陵廠炮火射程之內，絕對不能聚眾停留的。江陵廠在廣播裏放出風聲，要為八一五的生日放禮炮，這因素不能不考慮。前面說過，當時八一五的解釋，認為江陵廠的炮彈都沒有引信，無非是些會飛的鐵丸子，沒什麼殺傷力。可那畢竟是真正的大炮呀！重大八一五最多只有幾挺重機槍，射過去的子彈連人家的眼皮子也夠不著！雖然重大的廣播每天也叫得厲害，要對岸的砸派小心，要砸派附近的和平居民後撤，那完全是打腫臉孔充胖子。每天晚飯之後，重大的重機槍手都準時出發，開赴江邊陣地去過槍癮，作象徵性還擊，毫無實際意義地把子彈打得劈哩叭啦山響。哥兒們看見長得牛高馬大的武鬥同學扛著重機槍神氣活現走過，都要報以快活的掌聲，槍手們則很自豪地騰出手來向大家致意。

八月十四日這天，雙方都發出威脅，要對方附近的和平居民後撤五公里至十五公里。這一回，重慶大學特別認真地下通知實施燈火管制。八一五周年紀念的這一天，整個校園黑暗悽惶，完全說不上節日氣氛。

我就是在這樣的環境和心緒下迎接八一五周年紀念日的。

在南開中學舉行的紀念大會沒有什麼特別值得記憶的，無非是主席講話，代表捧場。據第三十七期《八一五戰報》載，紀念大會還專門成立了一個委員會對籌備大會作了精細安排，向全國各地發出了邀請信函。重大一號勤務員周家喻以主席身份作中心發言，接著發言的外地代表，有後來在中國政壇高官迭出的清華四一四總部代表：當時他們在中國文革舞臺似乎名氣還太小，當時頗多影響的新北大公社代表、西安交大紅衛兵總部代表、紅衛兵成都部隊代表等等，在以後的年代則紛紛落馬。本地代表發言的當然更多。所有八一五的鐵桿弟兄，都借此機會來這兒顯示自己的團結和實力。

把開會地點改在南開中學絕對是明智之舉。當天——據我的日記記載：江陵廠確實「連續向我們開炮。打得很厲害……聲稱，這是為我們鳴禮炮，我們也當真把這些炮當成禮花來看了，的確沒有什麼威力，只是嚇人，我們倒喜歡看呢！」紀念會後舉行了大型音樂舞蹈史詩《八一五風暴》的演出，演員們絕對非常賣力，但滿天的炮火似乎更有吸引力。

日記記載的是，那天，我僅僅將演出看了一半就走了，我和幾個同學專門跑到位置比較高的學生甲舍屋頂上去觀戰，看紅通通的炮彈像急雨一般向電機系的教學大樓傾瀉，炸出驚天動地的響聲。我們看得如此興趣昂然，直到天降大雨，這才次第離去。

需要補充的是，那天晚飯時分，嘉陵江對岸突然傳來幾聲巨大而沉悶的炮響。重慶大學威脅許多天了：要「炮擊江陵」要「炮擊江陵」——不過只在喇叭裏叫叫而已，而八月十五日這天重大的炮隊算是動真格了。這一回沒有虛張聲勢。這一回是真傢伙。而且打得很准。事後知道，重慶大學用得是真資格的榴彈炮，口徑為一百二十毫米。而且有引信。而且是由專業人士指揮的——結果可想而知。

第二天的日記記載：我們「轟了他們三發榴彈炮，他們是受不了的」當時盛傳，榴彈炮打得很到位，江陵的一幢辦公樓被打垮一半，死傷慘重——那一天對方確實被打懵了。事後，江陵對重大的炮擊聲確實啞了三天，直到八一八才又恢復。

幾十年後，江陵廠反到底派組織「軍工井岡山」某勤務員在他的回憶文本中證實，那次炮擊共打了九發炮彈。被打的「一處是翻砂車間，一處是廠技工校，一處是廠辦公大樓，還有一部分廠區圍牆也遭了殃。」該廠工人周厚才、陳鋒華、趙三傑和廠技校學生丁伯壽被打死，廠醫胡義衡等七人受傷。

六十年代初期，蘇共頭目赫魯雪夫有一句名言，大意是說，現代戰爭中的士兵不過是等著挨打的一堆肉。當時蘇共被明確定義為十惡不赦的修正主義。中共理所當然要反其道而行之，對武器的作用嗤之以鼻。林彪的所謂「人的因素第一」、所謂「精神原子彈……比物質原子彈強得多，有用得多」，當是把這種「唯意志論」觀點發揮到了極致。

重慶八月戰爭為我們提供了完全相反的佐證：毛澤東思想武裝的人沒有先進武器，確實只能成為一堆等著挨打的肉。狠狠教訓了江陵廠反到底弟兄的這門一二○榴彈炮從此成了無往不勝的八一五英雄，哪兒緊急就把它派往哪，哪兒需要就讓它馬上出發。八月十八日，調去攻打河運校、重醫學院、潘家坪，八月二十八日，調北碚歇馬場炮擊×××部隊（實際上是一個軍校），三次共發射炮彈三十二發。所到之處，無堅不催，屋殘壁斷，天崩地裂，真的個人心大快。

半個多月之後，戰事停歇，我重到滿目瘡痍的河運校和楊家坪大街去獨自徘徊，街兩邊向我湧來的無法回避的廢墟，突然間又讓我感到一種不可名狀的迷茫。

這門榴彈炮是「借」來的。

炮兵學校和我們八一五關係不錯，派一幫學生去「搶」，而對方半推半就，這就「搶」來了——那時候軍工企業基本上都被反到底控制了，八一五的武器大都只能去部隊去「搶」。大炮來之不易，很讓人珍惜，八一五戰士白天把它藏在防空洞裏，要用的時候才拉出來。停戰了，借來的東西得物歸原主，要送走它，哥兒們還依依不捨。九月二十一日是歸還日，三○一炮班的弟兄給炮口披紅掛花，然後，一個個全副戎裝，挨個兒和大炮站在一起照相留念。然後，敲鑼打鼓將它送出學校，送回把它「搶」來的地方。

光有物質基礎當然還是不行，這就得承認人的因素了。幾次炮戰彈無虛發，打出如此專業水準，有一個非常重要的原因，就是：每戰均由炮校教官親自指揮。

炮校一共來了三位教官，其中核心指揮的教官叫X。他的名字中有一個字很生僻，故而官方在後來審查他的文件往往寫錯。

X是一位充滿激情的小夥子。就因為他參與了這幾次炮戰，事後清查文革劣跡，他不可避免地被清除出了軍隊。開始是到成都一個機械製造廠當工人，後不知何故又轉到什麼環保製造部門，後來又不知為什麼，他乾脆獨個兒跑了南方。大約內地日子不好過吧？八十年代，他很有勇氣地隻身去廣州，開始了漫漫無涯的闖蕩。廣州東站後面有一個很偏僻的地方叫瘦狗嶺，他在那兒的小公路邊搭個棚子開始了慘澹經營，堆碼些石材兜攬生意。他雇了一個人守店，自己則成天開個摩托車到處「攻關」。店後的山坡是一片貧民窟似的大雜院，他在那兒租了一個單間住宿。每次我到廣州看他，兩人就擠在一張床上惡臥長談。有一回，他致電我說他弄到一部小轎車了，我去廣州，他一定要開車接我，我真以為他發了，很高興，等小車開到一看，原來不知什麼年代的伏爾加，周身油漆脫落，破敗不堪，簡直就像從垃圾堆中揀回的荒貨：我的心涼了半截。

某次，我的一個親戚從臺灣回大陸省親，專程取道廣州來看我，這消息使X十分振奮。那些天，他什麼生意都不做了，一早就用摩托車把我從瘦狗嶺載進城，全天候地陪伴我親戚遊覽、進餐，而且「叔叔」「嬸子」地叫得十分熨貼。臺灣來的夫婦倆都是極端虔誠的基督徒。每飯必禱告，感謝上帝賜福，如文革期間飯前必誦讀毛語錄一樣。我和X暗自好笑：明明我們買單請飯，可他們不感謝我們，偏偏去感謝主賜宏恩，真他媽牛頭不對馬嘴。X卻非常有耐心，他私下對我說：「老弟，你別急！等我用生意經去打敗他的聖經！」我說這廝太頑固，你未必能成功。他依舊信心十足，說當初我們信仰毛思想不挺頑固麼，現在如何？

親戚離境的前一晚，他果然情真意切地對臺灣來客說了：叔叔，大陸現在形勢不錯，可廣大山區的貧下中農還貧困得很啊！他繪聲繪色地告訴對凡間事毫無興趣的老夫婦，說山區有大量石料等待開採，而城市建設又急需石材，如果能幫助山區的農民弟兄開採石材，（一開採出來就是錢呢！），幫助他們致富，可是功德無量的善舉呀！只是，他說，他現在手頭資金非常短缺。

「叔叔！」他滿面誠懇地請求：「您能否幫忙在臺灣融點資？」

只懂得耶和華、摩西、路德、彼德和哥林多的老夫婦如聽天書，皆因撮了我們幾頓好菜好飯，吃人嘴軟，只得客客氣氣敷衍一通，說是回台後一定向富有的教友宣傳。事實是，我親戚一回臺灣便如泥牛入海，再無消息。

X的陰謀破產了。他依舊過著拮据的、卻依舊沒有屈服的日子。

他曾到深圳我們公司來看過我一次。依舊背個書包，依舊一身工裝，不修邊幅。事後我公司的員工非常不解，問我：

「你不是說他怎麼了得麼？在廣州闖蕩這麼多

年，怎麼還像個游擊隊長？」

我只好反問：「你們讀過巴爾扎克的《夏培上校》嗎？」

沒錯，我確實很尊重他。我以為，不管怎麼說，和巴爾扎克筆下那個跟隨拿破崙南征北戰法蘭西上校一樣，X畢竟在過去的時間裏英雄過，只不過命運把他毀了。

最後，需要補充的是，當時，對方的情報工作一定是很出色的。對我們的炮的行蹤非常清楚。八月十八日，大炮和X一起調去攻打河運校。當天晚上，江陵就恢復了對重大的炮擊，日記載，對方「向我們展開了大規模轟擊，估計打了三百多發炮彈，二舍、四舍和甲舍也都挨了炮」。我們那位備受尊敬的江教授韻和毛澤東的打油詩「彈洞灶房壁」，其靈感就源於那一晚的隆隆炮聲。

日記說，那一晚炮彈呼呼地在我們編輯部頭上飛。而我和另一位編輯，以「罵砸派」為重要嗜好的張國梁同學，已經呼呼入睡了。

二十四、戰爭無勝者

重慶的八月戰爭繼續進行。

毛澤東曾如此定義：「戰爭是流血的政治」。一九六七年的中國政治是如此稀裏糊塗，山城重慶的母腹中流血而出的怪胎，註定還要莫名其妙的繼續存活而且繼續折騰下去。

下面這段記錄重慶八月事件的文字，摘自一份重慶大學官方的結論性文檔（有根據確認這份文檔是按照「組織手續」報呈政府檔案機構正式存入歷史案卷的）。出於可以理解的原因，引文中人名一律隱去，用中文拼音的第一個字母代之：

「一九六七年八月十五日晚，重慶市八一五派『文攻武衛指揮部』武鬥司令Y等人到重大八一五戰鬥團找到Q商討武鬥問題。Q立即召開勤務員會議……著重研究攻打重慶河運校和潘家坪高幹招待所一線，以利固守沙坪壩地區。因武鬥規模大，Q建議Y召開沙區片會，做出決定和部署；

「八月十六日上午，Y在市一中召開沙區各單位各頭頭會議……一致同意馬上調集力量攻打河運校和潘家坪地區，並決定成立前線指揮部……各武鬥隊於十七日到指揮部報到。

「十七日下午，Q在×××部隊會議室召開武鬥部署會議，決定重大三〇一武鬥隊的榴彈炮陣地設在虎頭岩上，一中、三中和二機校的武鬥隊埋伏於×××部隊與河運校之間……二鋼廠等單位的武鬥隊佈置在重慶醫學院和潘家坪高幹招待所一線……十八日拂曉發起總攻。

「十八日凌晨先使用榴彈炮和高射機槍射擊各點後，開始衝鋒。僅把河運校的武鬥隊打跑了，其餘各點無進展。十九日凌晨又發動第二次總攻，也被對方打敗。

「由於連續兩天遭到失敗，Q、Y又召開會議研究，決定派T去樂池調三七高炮，派Z去北碚搬「援兵」，W去空壓廠調坦克車，二十日凌晨再次發動第三次總攻，亦未能奏效……」

「為了配合Q等人在大坪、潘家坪作戰，八一五派空壓廠頭頭Y等人將住在該廠的重大三〇一武鬥隊三三、三四、三五和三七縱隊調去攻打王家大山（重慶電力學校），此次武鬥中，三〇一武鬥隊的何孝柱、蕭再光等八人被打死，方維漢等七人受傷。……」

整篇文檔很長，筆者僅根據自己親歷親見親聞，摘錄了其中以為基本可信的部分。這篇歷史文檔中其餘更多部分，筆者以為修史者完全在信口雌黃甚至無中生有，即便一些事實基本可信的部分，其敘述語言也流露了太多的、本不應有的偏見，其偏見甚至有過於當年對立派人士的激烈。讀完這份官方的歷史性結論，我突然對曾經讀過的、古往今來數千年留下的官方正史的可靠性產生了懷疑。我必須坦白，正是讀了那則今後很可能會被未來的孩子們認為是正史的檔案材料，我痛感有必要在這篇回憶錄中，把我個人親身經歷的文革故事如實地記錄下來。

下面我接著寫。

武鬥者的死訊給活著的同學帶來的悲哀無疑是巨大的。八月二十日上午，重慶大學八一五總團組織了一次報告會，由前線返回的同學介紹戰地情況。會場設在冶金系學生食堂，一個系的學生食堂當然比平時開大會用的松林坡禮堂小得多，但依舊顯得空蕩蕩的：留校同學已經為數不多了。大家靜聚其中，坐著，整個世界鴉雀無聲，只有演說者一頓一挫、擲地有聲的發言：氣氛尤其悲壯肅穆。我在當天日記上記錄報告會內容，其中有一段是這樣的：

「……這個山頭（王家大山）易守難攻，我們堅持了五個鐘頭，人都快昏死了。本來，我們是可以撤退的，但考慮到全局，考慮到傷員同志，因此我們一直堅持下去，直打到彈盡糧絕。／我們的同志犧牲很多，我們心裏十分難過。我們一天都吃不下飯，我們要為他們報仇！」

前線指揮之一，身材魁梧的L在會上非常沉痛地說，雖然戰鬥中對方死的人比我們多，但是，我們的同學都是多好的同志呀！我們一個換他們十個也不值呀。L說得激越悲憤，聲淚俱下。台下一片沉重的唏噓和亢奮的呼喊。

王家大山的失利讓全團震動。不管怎麼說，一次戰鬥八死七傷，日後無論如何是難以交代的。再說，反到底派在軍工企業的勢力畢竟太大，武器配置畢竟太強，速戰速決已經不可能。總團的頭頭們的信心開始動搖了，很快決定把上述四個縱隊全部撤回學校休整，等候時機再行動作。其時北碚區已完全掌控在八一五派手中，建立起了所謂「模範區」——關於這個，筆者在後面還有記敘——再往西北：合川、武勝、南充、廣安……除了岳池縣還被反到底控制，整個西部已全線飄「八」。位居這片「紅色根據地」的中南段，有一座華鎣山，地勢險峻，危乎高哉，大陸解放前夕，共產黨的地下組織曾在此與國民黨進退周旋多日——是個堅持遊擊戰、保存實力、準備將來大反攻的好去處——經過幾番醞釀，重大八一五總團有了把隊伍拉上華鎣山，建立長期戰爭根據地的設想。

這當然是個無可奈何的決定。事實上，即使是在那幾場戰鬥中占了些便宜的反到底，對於亂作一團的重慶形勢，也並不樂觀——因此，得知中央調查團突然到來，雙方繃緊的心弦都莫名其妙露出過一種暫時的緩釋。

中央調查團到來的時間是八月二十一日，組長陳彬，總參謀部軍務部副部長。還有一位團員，名喚溫伯華，據說是周恩來聯絡員。調查團在重慶呆的時間很長，根據現今可以查閱的資料，他們至少到十一月份還沒有離開：十一月四日重慶大學開了個「熱烈歡呼毛主席最新指示，掀起教育革命新高潮誓師大會」，二人都參加了。在十一月十五日出版的第四十六期《八一五戰報》頭版刊登的大會照片上，二人和成都軍區司令員梁興初、重慶警司司令員韋統泰一字兒端坐在主席臺。陳彬戴眼鏡兒，瘦削，鼻略尖，很有些文弱書卷氣。

這個「央」字型大小的調查團到來並沒有立即給血雨腥風的山城帶來和平。超級文革大員謝富治、王力來了重慶，兩派照樣越打越熱鬧，小小陳斌算得老幾？整個重慶已經混戰一團，他們能有什麼新招？幾十年後我才知道，對於同時被勝負難料的戰爭搞得下不了臺的雙方頭頭，調查團的到來確實讓他們有過一絲兒僥倖的歡顏。

還是得引用那位反到底領袖的回憶：

「八月二十一日晚上，我因為剛到體育館，正和一些人在交換各自瞭解的情況……一個人匆匆來到了體育館。……（他）掩飾不住興奮的神情，神秘地告訴我們一個特大喜訊：

「中央調查組到重慶了！

「……我們聽到這一消息，都感到十分興奮，認為反到底派的救星來了。我們當時對五十四軍是不信任的，然而在重慶主政的就是五十四軍，他們明顯偏袒八一五派，我們對此毫無辦法，倍感壓力沉重。中央調查組的到來，對我們當然是意外的福音。我們相信中央調查組一定是公正無私的，一定會主持公道。我們一致決定：立即通知周圍各武鬥據點，不准再開槍。八一五的兄弟們肯定會跟往常一樣，不打一陣槍是睡不著覺的，就讓他們去過槍癮吧，我們絕對不要還擊，好讓中央調查組看到只有八一五在打槍。這樣，反到底在中央調查組面前就爭取了主動……」

反到底派領袖們的好夢，恰恰被他們自己人的一陣槍聲很快擊破。

中央調查團到達重慶第二天，即二十二日上午十一時許，警備司令部幹部處處長張甲奎、文化處處長郝子義、保衛處副處長曾惠平及衛生科科長戚宗勳、參謀吳士龍、司機李永梁等七人，分乘四輛吉普由市革籌組返回警備司令部開會，車過重慶交通樞紐兩路口，突遭據守寬銀幕電影院的反到底槍手射擊，先抓獲軍人一人；後，張甲奎被當場擊斃；司機李永梁重傷不治身亡；五人中彈受傷：郝子義、曾惠平、齊宗勳、吳士龍。其中受傷尤以曾惠平為重，腿部中彈，被反到底派人員送電影院旁的第一工人醫院，截去下肢，終身殘疾。

《八一五戰報》第三十八期對此事的報導原文如下：

「司機當場被打死。張處長身負重傷，送警司搶救無效，壯烈犧牲。郝處長被子彈擊中肚子，肚子被打穿四個洞，生命垂危。曾處長腿被打斷。戚科長手臂受傷。」

寬銀幕電影院的槍聲對於八一五當然該是福音。作為重慶文革中的特大案件，此事讓八一五的對立派確實付出了沉重代價：從是年八月下旬開始直到後來整個社會重新恢復秩序，反到底派從領袖到群眾，有三百餘人被審，或被關押。

即使如此，那一天我的日記依舊非常低調。我對於使用武器來進行的文化革命已如此厭倦。我誰也不願再相信。我看不見任何曙光。對於中央大員的到來，日記上只有輕描淡寫的幾行字：

「中央的調查團來了……不知道這次來又會幹些什麼？我不明白。不過我對他們是不抱任何希望的。／本來今天中午是第一次接見兩方代表，後來因故停開了。原因是砸派在兩路口開槍射擊警司首長，一人身死，三人重傷，他們都是師級幹部（按：原文如此），這，也許是給代表團的一個見面禮吧。」

出乎我的意料、同時也出乎許多人意料的是：曙光竟然很快出現了：不是因為寬銀幕電影院的槍聲，而是遠在北京宮緯後面再次發生了戲劇性變故。毛澤東從文革一開始就在他的綱領性文件《五一六通知》中提出了：「混進黨裏、政府裏、軍隊裏和各種文化界的資產階級代表人物，是一批反革命的修正主義分子。」一年多來他幾伸幾縮，多次試探，總感要對軍隊大動手術絕非易事，七月二十日發生的「武漢事件」及其後發生的一系列戲劇性事變最終讓固執的偉大領袖改變了主意。八月初，《紅旗》雜誌發表關於「揪軍內一小撮走資派」的社論《無產階級必須牢牢掌握槍桿子》，馬上就傳出毛的批示曰：「還我長城！」；接下來，「七二零事件」的凱旋英雄王力發表「煽動外交部奪權」的「八七講話」，毛更為震怒，馬上批之曰：「大、大、大毒草」：就為這個，「七二零」過去僅僅不到二十天，王就從「文革英雄」的寶座上一筋斗栽進了秦城監獄。——這一次，毛不像是信口開河了。他需要給槍桿子們吃一粒定心湯圓，也向胡亂攪局的反軍派遞個眼色，讓他們稍事收斂。運動搞了一年，毛澤東最大的一塊心病

——劉少奇敗局已定，該想辦法穩定穩定了。中央調查團到達重慶的第四天，八月二十五日，中共中央、國務院、中央軍委、中央文革即聯合發佈了《關於展開擁軍愛民運動運動的號召》。這個「中發表67（274）」號文件明確宣佈黨內最大的走資本主義的當權派「已經垮臺了」；要人民務必搞明白：「我國無產階級文化大革命能夠勝利進行，就是因為有人民解放軍這樣偉大的長城」。文件宣佈：「人民解放軍所擁有的武器、裝備和物資，是不能侵犯的，人民解放軍指揮機關是不允許外部的人進駐的。」文件警告：「要防止破壞，防止壞人挑撥離間渾水摸魚」……總而言之，與軍隊過不去的造反派不能再胡鬧下去了。文件最後把「中國人民解放軍」和偉大領袖相提並論，齊呼萬歲。

接下來，九月一日，周恩來及江青、陳伯達、康生諸人出席北京市革委擴大會議並發表談話，聲色俱厲地指出：「現在福州、廣州、瀋陽、南京、重慶很緊張，對野戰軍大軍區司令員動不動就打倒，新調去的野戰軍馬上受圍攻，這裏面沒有壞人伸手怎麼能令人相信咧？」（周恩來語）。任何場合都風頭必出的江青在會上自然更動感情，她說了：人民解放軍「是毛主席親自締造的，林副統帥親自領導的……世界上哪有這樣好的軍隊啊！你們奪他們的槍，到處抓軍內一小撮……這是有陰謀的」。一個月前還雄心勃勃要「揪軍內一小撮走資派」的康生，講起話來更是寡廉鮮恥：「解放軍關係到無產階級文化大革命成敗問題，他們想動搖毛主席的司令部完全是癡心妄想，是幾個蒼蠅碰壁。想動搖解放軍，白日做夢」。

再十一天，即九月五日，上述四單位再次發文。這個中發67（288）號文件乾脆就叫做命令了（俗稱「九五命令」）。題目全謂：「關於不准搶奪人民解放軍武器、裝備和各種兵種軍用物資的命令」。命令除了重申「八二五號召」中的幾個「不准」之外，更加肯定地宣佈：解放軍（對反軍搶槍者）「如勸阻無效，可對空鳴槍警告，令其撤回，如勸阻和警告仍無效時，可宣佈這種搶奪行為是反革命行為，應採取措施，對其少數壞頭頭和少數兇手予以逮捕法辦，遇到拒捕和抵抗，人民解放軍有權進行自衛還擊。」……

事情已經發展到了毛澤東高呼「還我長城」的時候，一直和駐軍保持著戰略夥伴關係的八一五，當然又可以非常驕傲於它的一貫正確了。翻看那段時間的《八一五戰報》，滿眼都是得意洋洋的呼喊：「舉起雙手，迎接革命大批判的新高潮！迎接偉大勝利的曙光！」（第四十期文章「編輯部就當前時局答讀者問」）、「把砸派的壞頭頭和黑後臺揪出來示眾！」（同期「六五支隊」文章）從這些文字，當然可以看出一個小報主編心中再次喚醒的廉價、虛妄甚至有些無恥的愉悅。

還是回過頭來說中央調查團到來後發生在山城的血腥故事。

反到底派槍擊警備司令部諸位處長這個「見面禮」確實起了作用。第二天凌晨四時二十分，中央文革辦事組即緊急致電重慶警司並要求轉交兩派群眾組織。這個電報刊登在《八一五戰報》第三十八期。原文照錄如下：

「根據中央調查團的反映，重慶武鬥嚴重。

「1，必須立即停止武鬥，希望兩派做到立即停止對一切工廠、學校、商店、街道和居民點進攻和射擊。請反到底派軍工井岡山立即停止對空壓廠的進攻，並撤出包圍；

「2，絕對不允許對防地巡邏哨和軍車射擊；

「3，雙方立即達成協議並保證切實執行。」

根據中央文獻出版社一九九七年五月版的《周恩來年譜（一九四九—一九七六）下卷》一百八十一頁載，該電報稿是周恩來親自審閱的：足見問題的嚴重性，亦足見這次來渝的中央調查團確實手眼通天。

電報中提到的空壓廠，當時正被反到底久圍強攻，形勢岌岌乎殆哉。進攻方主力「軍工井岡山」人多勢眾，控制在他們手上的武器多而精良。戰局上的劣勢正教八一五大感頭疼，中央調查團來了，八二五檔來了，他們可以高呼擁軍愛民的口號，順水推舟，體體面面地下臺，把破壞和平的罪責留給反到底。

剛剛在兩路口闖了大禍的反到底，公然還那麼傻乎乎地不給中央來人好臉色。北京電文已經明確指出，要反到底停止對空壓廠的進攻，他偏不。血戰一周，死人無數，好容易勝局在望，怎能輕易言退？反到底繼續加強武力強突猛攻。八一五反正是決定要撤退了。方文正：空壓八一兵團二六零二團一號勤務員，身材瘦小。不苟言笑的表情總給人一種城府頗深的感覺，但在決定光榮撤退的最後一次會議上，方文正遇到了一道難題。

他憂心忡忡地環顧四周，問大家：

「地下室裏那二十多個俘虜怎麼辦？」

有人說：「扔幾顆手榴彈，把他們全部炸死算啦！」

空壓廠陷落在即。方，這個不苟言笑江西小子別無選擇，同意了。

接著他指名三個學生去殺人。敵方火力太猛，地下通道被封鎖，行動延宕至第二天才得以執行。

第二天，一個叫何大發的弟兄似乎清醒了些，他對方文正說：「全部炸死，太多了吧？把有血債的五個打死行了！」

憂心忡忡的方文正看看他，又同意了。他同時讓何帶那三個學生去速速行刑。何去了。

他們從地下室將五個人提出來，帶到一個車間旁邊，悉數槍殺。

死者之一鄧×，是車間什麼幹部，他妻子劉素德已懷有五個月身孕。臨刑前，鄧哀求道：「你們把我殺了，不要殺我愛人！」，何沒有理會這個素無怨仇的工友。鄧又哀求，說「你們等劉素德把孩子生了再殺吧！」

全廠已鋒煙處處，沒時間延宕。何說不行，接著一陣亂槍，五人全部被殺……

又二天，八月二十五日，空壓廠被反到底佔領。

空壓廠之戰的失敗者撤出後第三天，八一五以牙還牙，在北碚歇馬場，把該地區反到底的最後一個據點：某軍校一鍋端了。繳獲步話機等軍用物資若干。八一五得意地把這次勝利稱為：「八二八歇馬場大捷」。

一九六七年的重慶八月戰爭，至此算是基本告一段落了。這是一場毫無意義的戰爭，一場稀裏糊塗的戰爭，一場莫名其妙的戰爭。這樣的戰爭註定沒有勝者。不管殺人者和被殺者，傷人者和被傷者，從本質上說來，他們在撕殺中所表現的真誠信念和獻身精神都不過是被人欺騙和愚弄而已。真正應該釘上歷史恥辱柱上的，只應該是那些高高在上、手握權柄、煽動仇恨的人。

只是，僅僅從表現形式來看，八一五沒有從戰場上得到的東西，輪到戰後來獲得了。畢竟中央調查團來了，畢竟「八二五號召」來了，畢竟「九一講話」來了，畢竟「九五命令」來了。這些東西都在斬釘截鐵地維護軍人的權威。反到底呢？他們那麼地沉不住氣，喊過那麼多讓重慶軍人怎麼也無法接受的口號，諸如「揪出山城趙永夫！」「打倒黑警司！」「絞死匪首藍亦農、白斌！」之類。從六五事件抓捕連長陳幹清等四人起，後來又有了八月三日望江廠人員用高炮擊沉軍分區交通艇致使三名軍人罹難一案。還有八月十三日，同樣在望江廠，軍分區參謀長張廷勤和兩名戰士被反到底人員打死一案。當然，還有就是八月二十二日兩路口，警備區處長多人被襲一案……總之，現在輪到反到底為自己的衝動付出代價了。而八一五，洋洋自得，他們為自己是始終和軍隊站在同一戰線而驕傲無比。

不管是頹喪、還是得勢，這一切有什麼意義呢？事實很快證明，所謂擁軍派的暫時勝利，也是根本靠不住的。要對付這幫無知的、充滿政治理想的、初涉政治幼稚園的大學生，實在是太簡單了。記得當年大饑荒，我至少有兩次餓得幾乎昏厥倒地，可聽政治輔導員站在講臺上一說：這些全是蘇聯修正主義作的孽！說：有志氣的中國青年，要發憤圖強臥薪嚐膽！說：黨中央說了，困難到此為止！我們馬上就激動得熱血沸騰，恨不得馬上就餓著肚子只穿一條褲衩去和赫魯雪夫拼命。一九六七年的八月，我們死了這多人，我們曾經那麼動搖不定，牢騷滿腹，曾經對文革疑慮重重，甚至開始反感，但一聽北京為自己說了幾句好話，頓時又受寵若驚了——恰恰是這種虛妄的短暫的狂喜，最終催生了後來我那篇文章，像陰影一樣籠罩了我整個人生的文章：「大局已定，八一五必勝」。

二十五、軍事根據地的喜劇

九月三日，我去北碚參加所謂「八二八祝捷大會」。當天的日記記錄了如下情景：

「作為八一五派紅色根據地的北碚城，給我留下了許多不可磨滅的印象。／我們的車是早上八點左右出發的。從重慶——北碚的公路，一直都十分平靜。到同興鄉時，開始有第一道關卡，三道交錯的石牆攔住去路，只留出一條很窄的S型通道。車停下了，一個手持『三八大蓋』的『兵』走上前檢查證明，然後放行。／一會兒，車過施家梁，沿著嘉陵江奔跑一段路，過龍鳳橋，便到北碚了。迎接我們的，又是一道檢查介紹信的關卡，又是一道有S通道的牆，再繞過一道用滅火機改裝的炸彈綱，便進入了繁華的北碚城。／祝捷會已經開完。大街上人聲鼎沸，車水馬龍，熱鬧非凡。其熱鬧程度，大概只有節日的解放碑可以與之匹敵。大字報非常多，大標語也稠密已極。一會兒，鑼鼓聲響過來了。紅旗和歡呼聲簇擁著一隊隊英雄隊伍。他們是在八二八大戰中，用生命換取勝利的英雄。他們都扛著槍，握著最高的獎賞——毛主席著作，驕傲地在大街上走過——街道的牆壁上，宣傳畫向他們歡呼，寫著喜報的大紅紙向他們歡呼，林蔭道中幡飛的標語向他們歡呼：『慶祝八二八大捷！』『文攻武衛好得很！』『窮追砸匪！』……」

祝捷大會的第二天，即關於收繳「武器、裝備和各種兵種軍用物資」的「九五命令」正式下達前夜，九月四日，重大三〇一縱隊以軍訓為名，私匿武器，神不知鬼不覺向華鎣山進發了：按照總團的部署，此行是去建立根據地，以保存實力為持久戰作準備。

那是一個月黑風高之夜，田野和山巒都肅殺無聲，很利於實施軍事行動的。此前，我們《八一五戰報》編輯部已開過會，決定要用實際行動向三〇一學習。實際行動之一就是派出人員分批跟隊三〇一做戰地採訪。霍曉林和張宗雲作為第一批成員跟隊出發——在華鎣山採訪數日返校，他們曾興致勃勃地向留守編輯彙報了全部見聞。所以我們知道這一天天很黑；知道從沙坪壩至北碚的道路和山巒也很黑；也知道了行進過程中，所有兵車的大燈全都關閉，只亮著熒火般的尾燈，行進得十分隱秘和緩慢。車上都配備步話機，每車一台：從「八二八大捷」中繳獲的。車與車之間完全用電臺傳遞信號。比如——霍曉林和張宗雲饒有興趣地向我們模仿道：「一號！一號！二號向你喊話！我們已到陳家橋！我們已到陳家橋！」「一號明白！一號明白！二號二號，請繼續前進！請繼續前進！」——完全和電影裏看過的鏡頭一樣，挺刺激、挺有英雄感。遇了部隊崗哨（那時軍隊已經開始動起了真格，對兩派的槍支格收無論），大家就遠遠地背起武器下車，從漆黑一團的田間繞行。從霍、張的介紹中我們也知道了三〇一的同學們住在山頂的江華鎮，指揮部設在一座小學校的校舍裏，而大家每天的活動就是學習毛主席著作、軍訓和打靶。此外，華鎣山到處都茂林嘉樹，潺潺流水，高路入雲端——記者的介紹十分刺激，談話間，還不時出示些武鬥隊發給他們的東西，如寶貝手榴彈之類。當然，還有三〇一縱隊成員才配發的贗品黃軍裝，這待遇，他們二人也享受了——這一切，足以把大夥兒的胃口調得足足的，一個個都恨不得馬上也輪值去根據地走一遭。

很快傳來一個讓人晦氣的驚人消息：九月十二日，「三一縱隊」十一名同學（其中包括一名女生、人稱「小聯動」的）在石埡鎮遭遇武裝伏擊，一人中彈身亡，十人被俘，生死不明。

事件親歷者之一劉抗生向筆者回憶說，他們此行是去執行一項偵察任務。整個南充地區都是八一五的天下，唯獨岳池縣尚為反到底盤據，老八想利用重大進駐華鎣山之際，趁機將老反一鼓而蕩平之。十一個人便這樣出發了。

下山後先到廣安，就是偉人小平的老家，當時屬八一五勢力範圍。在那兒問明情況，壯壯行色，又從縣城出發，繼續順公路兩側向岳池縣搜索前進。十一人很快到了廣門公社石埡鎮地界：這已是反到底勢力範圍了。一路無事，眾人膽愈發大了。槍端在胸前：是五六式衝鋒槍，算很先進的了，似覺有符咒貼身，刀槍入不得的，怕什麼？重慶那樣的大碼頭都闖過來了，料此荒遠地界能有何方凶神擋道？金秋已悄然來臨了。這是川中丘陵最豐饒的季節，蟬聲還沒消隱，小溪在繽紛的野菊花下歌唱，很難得的一派田家秋景。遠遠的坡頭上影影綽綽，好像有人頭晃動，大學生們遂停下來望望：不過是些村夫野老、牧童稚子罷？大家毫無警覺，依然次第前行——就這當兒，一梭子彈嗖嗖地從頭頂飛過來了，斬殺得路旁的草葉颯颯啦啦的亂飛。武鬥隊員發覺事情不妙了，迅疾地一齊撲倒在地。路邊一片紅苕地，枝蔓正旺，他們急匆匆地匍伏而進——這時，敵人已經完成了對他們的合圍！

武鬥隊員馮縱，校足球隊隊員，父親是重慶市中醫界的超級權威人物，家境優裕，小夥子故而一臉白白淨淨，靈毓清秀，帥氣逼人。如果當時他不去穿那一身愚蠢的贗品軍裝，不扛著衝鋒槍到素無怨仇的川中丘陵遊蕩，繼續留在校園裏，他絕對該是大學女生夢中的多情公子。可惜，歷史不可回避地讓他去了，不可回避地讓他爬進了那片紅苕地。紅苕地枝蔓橫生，茂密的葉片兒被他的贗品軍裝撕扯得嘩啦啦響。只是地勢太開闊，而他個子又高，還來不及成功隱蔽，一枚子彈已經準確無誤地射中他的胸膛：就一枚。彈孔應該是正穿了心臟，大動脈頓時血噴如注——撲臥他旁邊的劉抗生如是說——他只蹬了蹬腿，像臨死前的青蛙那樣，接著就不再動彈了。

那時候已顧不上處理「戰友」的屍體了。大家驚喜地發現旁邊正好有一間民房，急急忙忙便退進去——數倍於學生的敵人武裝緊跟著將小屋團團圍定了。

他們已無路可逃。躲進小屋的大學生全都摳死了槍機，握緊了手榴彈，對方只要敢衝進來——已經沒有別的選擇——那一刻，雙方只能玉石俱焚，同歸於盡！

這一刹那，劉抗生——就是向我講述這段生死經歷的同學，突然吶喊著向門外衝出去，他揮舞著手臂高喊：

「雙方都別打啦！雙方都別打啦！」

這是撕心裂肺的一聲喊。幾十年後，劉對我說，他自己也說不清為什麼當時要跑出去，為什麼要這樣喊，總之，命運就這樣讓他跑了、喊了：並且就因了這一聲喊，整個事件的進程便回轉了方向。餘下這十個大學生的命運，本已像急流出山，眼看就要跌落懸崖，摔得粉身碎骨，因了這一聲喊，事情便突然轉了向。人的命運常常總是這樣，因為一件事變、甚至一個小小的細節，便整個兒改變得面目全非。幾十年後，我已無法記全這十個人的名字，除了劉抗生，還該有鍾永志、範和棣、郭漢宗、李偉森、劉再明……我總相信，如果當時沒有那一聲喊，那麼，我們西南地區的廠礦，包括昆明鋼鐵公司這樣的特大型鋼鐵企業，就會缺席了這幾位優秀的總工程師、廠長和高級工程師。

對方首先把劉捉了。敵人在繼續對屋子實施武力圍困的同時，對他進行了突審。

劉抗生，四川成都人，機械系四年級學生。他本來他應該是上五年級的。一九六一年高中畢業參加高考，因乃父曾作過國民黨成都市府秘書長，他理所當然落了榜。悟性極高的劉對於這個結果早有所料，於是毫無怨尤、心平氣和地走上了社會。他性格快爽耿介，敢說敢為，聚談豪飲間，他的伶牙俐齒、如流的粗言俚語總讓人嘖嘖嘆服，這些，讓他很快在江湖闖蕩中得到了別人的認同。一九六二年，劉少奇、鄧小平出面收拾毛澤東大躍進留下的亂局，四川副省長康乃爾主持川內考務，寬大的階級政策成了被家庭包袱壓得喘不過氣的青年們的福音。劉初聞此言，信疑摻半，他不相信共產黨會對他們這幫另類網開一面，皆因勸說的人多了，他姑妄聽之，不抱任何希望地再次去了考場試試運氣。不料這一回他竟然中了——大概就因為此，他做事從來不會憂心忡忡瞻前顧後，從來敢說敢幹。他相信運氣。

岳池被俘前，劉抗生至少註定應該還死過兩次。第一次是在一九六七年三月，地點是李子壩，他開「造反車」進城——「造反車」是文革專用術語，即既未經過正規駕駛訓練，也無正式手續取得車輛使用權，胡亂弄一輛汽車就去滿世界狂奔。那一天劉駕車進城路過李子壩，不知為什麼就翻了，打著滾兒翻下了幾十米高的懸岩，車被摔得粉身碎骨，人公然沒被摔死，而且很快又活鮮鮮地走下病床繼續革命了。第二次也是六七年，去炮兵學校「搶」槍。該校軍人本來和八一五觀點一致，也不知道為何神使鬼差，那天卻得到一個假情報，說是有幾車「砸匪」要前去搶槍。軍人們火不打一處起，當即槍上膛、刀出鞘，嚴陣以待。這一回劉抗生依然神氣活現地開著「造反車」，車門兩邊還神氣活現地站倆護衛。他們名為「搶」槍，實為到八一五哥兒們的倉庫去搬武器，當然不會什麼任何危險。護衛站在車門邊上，一手抓車窗，一手騰出來迎著萬里東風揮舞開道，那感覺很酷的（按：那時的「造反車」上幾乎都有如此護衛。更神氣的還背上交叉插兩把紅綢大刀，或者在腰間別兩柄盒子炮）。既然炮兵學校的學生們事前已經得知「砸匪」要開車來搶槍，而現在果然又來了這麼幾車耀武揚威的不速之客，當然不客氣了。第一撥子彈刷刷射出，首先就把站在車門邊出風頭的大學生撂翻落地，其餘人等見情況不妙，驚慌失措地四下裏逃散——誤會當然很快澄清了，可是人已經不可能死而復活，而奇跡恰恰在於，就在死者身旁把玩方向盤的劉，公然又躲過了一劫！

死過兩次了，劉站在死亡面前自然容易鎮靜自若。周圍都是林林總總的刀刀槍槍。劉故意裝出一付懶洋洋的、無可奈何的表情，像被人脅迫的鄉下佬。

對方問他：

「做啥子的？」

「我能做啥子？工人。」他說，「掙錢吃飯唄！養婆娘養娃娃唄！」

這已經很有人情味了，審訊他的人軟了半截。又問：「你工人，有婆娘娃娃，為啥還到我們這兒胡鬧？」

「廠裏個個都參加革命，我不參加行麼？毛主席號召麼！不參加，人家說你覺悟不高，以後我在廠裏還能混得下去？」

他還說，除了婆娘娃娃，家裏還上有高堂老母，體弱多病，難著呢！工資本來就低，日子本來就難過，你們打死我我倒痛快了，老母親咋辦？婆娘娃娃咋辦？造孽啊！他說你們就看著辦吧！反正我活著也難！他還說了，還困在屋子裏那些弟兄們倒淨是些無牽無掛的小年輕，都沒結過婚，沒老沒小，他們真要和你們拼起命來，誰吃虧誰划算說不準呢！

若論舌戰，專縣上的「土八路」當然不是他的對手？事情很快定下來了：行，不打了。你動員你的弟兄們先繳械吧！繳了械再說。

事情暫時就這樣擺平了。

十個人被關了起來。據說，對方還同意對馮縱的屍體先做了妥善處理。算是非常人道主義了。

這些情況，我當然是事後才知道的。當時傳回華鎣山的消息只說是全軍覆沒。梁大漢，冶金系五年級學生，三〇一縱隊司令員，星夜從廣安驅車回重慶搬兵。政委吳慶舉正好夜奔廣安前線。兩車路遇，風塵僕僕的梁跳下來，大叫一聲：我們十一個弟兄全完哪！說罷，便與吳抱頭痛哭！梁大漢道旁發誓，除非砸派乖乖放人，否則，不將岳池小城踏為平地，絕無顏再見全校弟兄！——後來，聽說他果然把重慶八一五的各種土洋戰車、土洋武器通通動員起來，把岳池小縣圍了個水泄不通——該消息是否確切，待考。因為部隊收繳武器風聲日緊，大規模的武力調動如何進行？再說，當時五十四軍確已通過成都軍區對岳池縣的武裝部施加了壓力，打了招呼，和平談判已很快提到了議事日程，武裝包圍已似無必要。五十四軍甚至還承諾，如果和平解決無望，他們將派出「突擊隊」性質的精兵，以野營拉練的名義進城，俟機將被俘者搶救出來。

八一五戰報的第二批前線記者就是這時候趕上華鎣山的。第二批記者也是兩人：尤好罵砸派的張國梁，還有我。

我們趕去山上，岳池方面的情況已完全明朗：雙方沒有打起來。通過軍隊干預，對方同意重大八一五派人前去談判俘虜問題。關於這次非常富於戲劇性的談判，上一世紀七十年代，八一五首席代表吳慶舉曾非常詳細地對我說過所有細節，只是年深日久，記不全了，而吳已於幾年前作古，許多情況也無從證實，如今尚能記起的兩件事情是：一，由於當時的形勢對我們非常有利，因此八一五方面是很主動，甚至有點兒以勢壓人。對方不敢出來，非要八一五進岳池談判不可。去就去吧！無非虎穴狼窩！還能把得理不讓人的八一五怎麼樣？吳帶一個高參（機械系鍾姓老師）一個警衛員（冶金系一個大漢），當即就出發了，還專門開了一輛外表不錯的吉普車去。車過廣門，到敵方地盤了。砸派的武裝部隊荷槍實彈恭候大駕光臨，刀刀槍槍在路兩邊一字兒排開，像古裝電影的軍陣，很是殺氣威武。對方要吳等三人下車，換乘他們預備的車輛入境。吳很有大將風度，走下吉普，帶領參謀、警衛威儀棣棣登上對方破車，然後絕塵而去。那情景很有鴻門宴的感覺：吳對我如是說。第二件事情就是在談判過程中，吳發現對方對國內形勢省內形勢完全稀裏糊塗，於是就大談八二五號召，大談九一講話，大談九五命令，談得對方誠惶誠恐，轉彎抹角倒想反過來巴結八一五，事前商定的所有談判事宜自然十分順利，都按八一五說的辦。

最難的是一個小小細節：膠捲問題。吳告訴我，說十位同學被俘後，曾被對方強迫舉手做投降狀，逐一拍照留影存檔——這就太損八一五革命戰士的光輝形象了。八一五從一九六六年八月造反伊始，就有一句響噹噹的誓言：「頭可斷，血可流，毛澤東思想不能丟！可挨打，可挨鬥，誓死不低革命頭！」中央音樂學院的南下學生還心情激動地將它譜成戰歌，大會小會，遊行示威，眾口一詞，均高唱此番戰鬥旋律，非常震撼人心。可現在，你瞧，八一五的鋼鐵戰士們公然在敵人的淫威下舉手投降，成何體統？——幾十年後，我已經無法想起此膠捲問題是否確實？可能有，那麼，艱難的談判肯定已經把它擺平，就是說：毀了，為出生入死保衛毛革命路線的弟兄們挽回了面子。也可能沒有，那麼該問題的談判就完全是多此一舉。幾十年後舊事重提，他們舉沒有舉手？投沒投降？當然已經毫無意義。因為雙方冒死捍衛的，都是莫名其妙的、虛妄的玩藝兒。忠於它和背叛它，其道德評價沒有什麼不同。

西線無戰事，根據地自然無事好幹。戰報編輯去了，大夥兒自然要我們給講講山外的革命大好形勢。沒有事了，我也就跟著他們軍訓、打靶。打靶是每天早上必修的晨課，半自動、衝鋒槍、機關槍，都要輪著打。這就遇到一件趣事，差點要了大夥兒的命，不記可惜，茲簡述如後：

卻說某天早上，大家正在打靶，旁邊閒遊浪蕩地來了仨人：一男，後跟著倆女。男的就是前面曾經提到過的「現編」、鎮反期間和我同在北碚解放台前對批鬥西師八三一「壞頭頭」表示過不滿的機械系學生，時任根據地電臺負責人。倆女孩是電臺發報員，記不起是何系何年級同學了。前面已經介紹過，「現編」脾氣極「衝」，好出風頭，現在，有倆女戰士緊跟側旁，他當然更想露一手。看見大家打靶，「現編」自然也想來幾個「十環」讓女同胞開開眼。

可惜持槍弟兄們對他的作派偏偏不買帳。你想打？偏不給！他求了幾個同學，都不行，真太丟人了！一氣之下，他拂袖而去，按情節分析，他還該對倆女孩說了一句：

「有什麼稀罕的？今晚上，你們等著，我有更好的讓你們打！」

早訓結束，總部傳下話來，說岳池被俘同學已經定於當日出獄，要各縱隊安排代表一起前去廣安縣城迎接。早飯畢，四輛卡車便浩浩蕩蕩出發了。幾十年後，為晉謁中國改革開放總設計師鄧小平故居，我專程去過廣安。那已是上一世紀九十年代，廣安已撤縣建市，寬廣的街道花團錦簇，大樓楞次櫛比，很現代化了。一九六七年九月第一次去那兒，廣安很寒磣的。麻石路兩邊全是低矮發黑的木板房舍，城口甚至還有一座非常古老的城門洞，牆頭亂草萋萋，很顯衰敗荒老。從華鎣山到廣安不遠，早餐後出發，中午就到了。吃罷午飯，岳池方面還沒有消息。大家就扛著槍滿街裏遊蕩，去空寂無語的渠江邊揀瓦片打「水漂」，用衝鋒槍射擊對岸的石頭……一直挨到黃昏了，吃過了晚飯，岳池的戰友還沒有回來——那邊傳來消息，說尚有些細節沒有談妥，要我們今天不必等了，大夥兒只好訕訕地驅車回營。那一夜天很黑，沒有星月，山峰和曠野晦明莫辨，我們如歷虛空，如墜地獄，大家都擠在車斗裏任崎嶇的山路顛簸。

突然，我們聽見司機在駕駛室裏大叫「危險」：大家警覺起來。奇怪：凡遇道口和轉彎處，黑暗中都有人用手電筒發發信號。整個根據地實現聯防，每晚都會給出一個通行口令，遇到意外情況就需進行緊急盤查。那晚上的口令是「三長兩短」。就是說，如遇了盤查，行人需回答「三長兩短」，汽車則需用喇叭鳴三長聲，兩短聲。如果錯了，地下到處都有地雷，馬上就會拉響，埋伏的槍手也會亂彈齊發，打你個人仰馬翻。那一晚我們沒聽說有什麼緊急情況，何來一路盤查警示呢？司機捏著一把汗，不停地鳴著「三長兩短」，顫顫兢兢地沿山路盤旋而回。坐在車上的人也顫顫兢兢，深怕司機摁錯了節奏，頓時車毀人亡！

好容易回山了，指揮部空蕩蕩的，為數很少的留守人員一下子全衝上前把我們包圍了。他們不是要問我們是否接到了被俘同學，而是：這是怎麼回事呢？

我們莫名其妙。

此時，武鬥人員也從四面八方的山頭上撤回總部，把我們包圍了。他們光著膀子，氣喘噓噓，子彈帶斜挎在汗水淋淋的肩上。槍刺在黑暗裏閃爍有光。有的人還拖著重機槍，槍拴拉得嘩啦嘩啦響。他們也不關心我們是否接到了俘虜，而是：這是怎麼回事？

我們更加莫名其妙了。好一會才明白：他們差一點兒就把我們當做入侵之敵予以殲滅了！幸好我們回答正確，要不，機關槍早已瞄準，地雷也早侍侯著呢！情況是：當晚，不知誰傳來情報，說有四車砸派將要前來偷襲。而我們的車，又正好四輛！更為蹊蹺的是，當晚，天上確實發了三顆信號彈，均為綠色——這正好是當晚的特急信號。已經酣然入睡的武裝隊員翻身而起，立馬拖槍上山，進入陣地，各就各位，準備迎擊來犯之敵了。

問題又出來了，這三顆綠色信號彈，是誰打的？幾十個人集結在黑黢黢的小地壩上，你一言我一語地開始排查，很快證實：總部絕對沒有任何人發過信號。那麼是誰呢？山就這麼大，人就這麼幾個，目標很快集中到了一個人身上：「現編」。對，就是他！前面不是說過嗎？早上，他想在女孩子面前出風頭，碰了一鼻子灰，有人就聽他說了：「今晚上，你們等著，我有更好的讓你們打！」

沒錯，確實是「現編」。那一天，他不知道怎麼搞到一隻信號槍，三枚信號彈。趁著月黑風高，他確實帶著倆女孩，上荒野山頭去小小地過了一回槍癮，一人一槍，偏偏都是：綠色！

有點像古時候的故事了：烽火戲諸侯。武鬥隊員們怒不可遏，如狼似虎一般齊撲「現編」的房間。「現編」知道壞事了，倚門而立，手裏緊緊摳住那柄信號槍，把一顆信號彈頂上槍膛——那槍彈射出來，近距離還是很有殺傷力的。「進來呀！」他喊道，「誰敢來，我就開槍！」

沒有人上去。幾十人全呆圍在四周。局面正在僵持，總團勤務員查正禮趕來了，他慢吞吞上前，對「現編」命令道：「把槍放下！」

「現編」乖乖把槍放下了。不等查再說什麼，怒氣衝衝的武鬥大漢們已一湧而上，把他按翻在地，結結實實地「編」了個鼻青臉腫。

第二天早上，在小學校的小地壩上開了「軍人大會」。鼻青臉腫的「現編」和兩個女戰士規規矩矩做了檢討，說自己犯了「自由主義」，違反了「三大紀律八項注意」。

又一天，被俘的同學回來了。好像是直接回的學校。因為不久。根據地也就解散了。時間是九月二十八日。三〇一從上山到下山，一共二十四天。

下面是我的日記：

「九月二十九日。陰。

「三〇一的戰士都回來了。在北碚繳了槍。是昨晚回來的。我去接了他們。回來的時候，那心情該是怎麼樣呢？就像一個久經沙場的戰士解甲歸田一樣。大家狂跳，亂吼：好了！完了！大聯合了！和平了！要武鬥，再從拳頭重新開始升級吧！」

二十六、無法重歸的私人生活

華鎣山根據地解散，標誌著一九六七年的重慶戰爭正式結束，人們可以鬆一口氣了。接下來是國慶日，我抽空去南岸看了姐姐。這是三個月來我第一次進城。日記記錄了當時的輕鬆心情：

「現在是『和平民主新階段』，到處是戰後恢復時期的景象／……從兩路口一直走到紅港（按：即朝天門），又走回來，細細觀察了一番戰爭的遺跡和戰後的恢復景象／航鋒（按：指河運校）、解放碑交電公司可算是首屈一指的戰爭紀念物，經過戰火摧毀之後，全剩些光架架了。紅港大樓和我校的六大樓差不多，密集的彈痕記下了血痕斑斑的『八・八慘案』。在大樓前的街心花園裏，有一個新壘的土堆，上面壓滿白花，前面有一個木牌，上寫：『八八事件殉難烈士』……／街上人不少，因為商店全關著，遊人只好在街上溜躂。這些人大多和我一樣，是來看稀奇的。／電車線正在修復。『人交八一五』寫出大標語：『向搶修線路的五十四軍學習！』／一輛輛汽車在街上賓士。為了避免檢查站的解放軍同志多此一舉，因此車上都掛著牌：『郵政專用車』、『糧煤專用車』、『蔬菜專用車』、『毛著印刷專用車』等等。／小街上的垃圾堆如小山，現在正被一車車拉走。／這一天，恰好是大太陽。九月明麗的陽光下，山城像在春天裏一樣蘇生了。……我心裏非常舒暢，我真想喊一聲：／『新山城，你好！』」

我開始第一次領了工資。時間是九月二十八日。日記是這樣記錄的：

「這是我的人生中第一次領工資，這個日子是值得紀念的。我不再是消費階級了，而是一個用自己的勞動來為人民工作、養活自己的人了。工資是這樣一個標誌。／在過去讀過的詩歌中，我記得是歌頌過這件事情的。但我沒有心情寫詩。想起死去的夥伴，那些勇敢的英雄……我感到難過。」

工資標準是四十二點五元。我給父母寄去了二十，餘下的，除了補交伙食費，我還為自己買了一件燈芯絨外衣。動亂一年中，我的衣物已丟失殆盡。後來發配雲南邊疆，出發時檢點行李，總重量僅僅十三公斤，除去非常壓秤的一大捆書籍、筆記本和畫冊（還有我保存至今的文革資料），衣物重量幾乎為零。我差不多是赤條條走向遠方的。

同學們都陸續返校。十一月四日，全校學生在風雨操場召開聲勢浩大的動員會，宣佈「復課鬧革命」。成都軍區司令員梁興初、中央調查組陳斌一行、駐軍首長藍亦農、白斌一行均出席了大會並演講致辭。《八一五戰報》第四十六期用了整整兩個版面刊登大會消息及首長講話，還配發了社論。緊接出版的第四十八期（第四十七期為與《山城戰報》的合刊）又繼續發表社論：「讓教育革命的暴風雨來得更猛烈些吧」，發表頭條消息：「歡呼我校教育革命高潮的興起／不是春光，勝似春光」。「革命」把大學生早已搞得心灰意懶，他們不想再折騰了。北京的目的好像也基本實現，當局不想大學生再胡鬧了。一九六七年初三月，「重慶革聯會」如日中天之時，重慶大學也搞過一次「復課鬧革命」，但很快因為「反擊二月逆流」而流產。這回不一樣了，不是因為這次的號召更鼓舞人心，而是心如死灰的大學生已精明了許多，也務實了許多。把壯麗的理想和官場的是是非非通通留給政治家吧！老百姓靠空頭政治是過不了日子的。要在社會上立足，最終解決問題的還是一身過硬本領。

同學們有些巴結地紛紛去把老師請回講臺，重新向自己傳道授業。情況完全反過來了。原來批判「資產階級反動學術權威」，教授、學者、權威們在他們眼裏全是些一文不值的「白癡」，甚至乾脆就是些「牛鬼蛇神」，必須對他們實行無產階級專政。現在不了。他們非常急迫地感覺有必要從曾被他們「打倒」、「批判」的人身上學習能夠立足社會的本領。毛澤東的文革，在他所期望的若干領域，開始悄悄走向自己的反面。

採礦系同學入校時個個都為未來能在黑色的礦井裏獻出一顆紅心而驕傲，但是現在不了。他們已經懂得在暗無天日、充滿冒頂、爆炸、灌水等諸種危險的井下作業意味些什麼？空泛理想的滋味讓他們嚐夠了。他們現在需要實實在在的利益。不用誰批准，全體同學一致宣佈「造反」：通通轉入「機電專業」學習，而且事實上他們就這樣做了。這個「革命行動」日後改變了很多人的命運。幾十年後，在我認識的採礦系校友中，至少有一位丁姓同學，後來成了雲南省非常著名的電腦輔助設計專家，而不是在黑不溜秋的礦井裏爬進爬出的技術員。

五年級的同學已經沒有什麼專業知識好學了。筆者正是如此。我剛剛完成了我的大學畢業設計——我的設計課題是「潛水電機」。據說是哪兒下給學校的一個科研專案，很容易讓人產生想像力的。我至今保存完好的總裝圖上每一根粗實線、細實線、點劃線、圓和弧形，都能幫助我想起初次進入科技實踐的有趣故事——我們興高采烈地帶著我們的研究成果趕到黨委去報了喜，第二天、未名湖畔那張「馬列主義大字報」便橫空出世了。我們、繼而全體中國人的生活都被徹底攪亂。既然偉大領袖發出如此偉大的號召，我們還能有什麼猶豫？這就幹了：這一干就是整整一年！捨生忘死革命一年多，畢業生們都心甘情願悉數免單，工資分文未取——我的同期校友們越想越覺得吃虧——現在總算好了，吃了一年多虧，總算可以那錢了。我已記不起給我們發工資的中央指示原話如何講的，反正是敬愛的周恩來總理髮的話就是了：就為這個，十年後他老先生辭世，大夥兒要為他流眼淚、為他十裏長街送靈柩就絕對有充分理由。

因為眼見得就可以領工資了，所以高年級同學的革命徹底性一直就不如低年級同學。武鬥開始那會兒，低年級鬥志昂揚堅守陣地，高年級的師兄們卻接二連三牽四掛五地全往家裏溜，像筆者這樣「堅持戰鬥」的癡迷者確係少數。回家做什麼？一曰避禍。五年寒窗好容易熬過來，馬上該掙錢了，死之可惜；二曰談情說愛。

談情說愛在我的大學時代是個很嚴重的政治問題。一九六三年那年我上大二，上面就正式傳達了高教部的文件，將談清說愛明文列入禁止條款，共青團員更被要求帶頭模範實行之。

那一段日子的團支部組織生活是很顯殺氣的。領導總是板著面孔交代政策：有異性朋友的，必須一律交出情書，宣佈與之一刀兩斷，並作出深刻檢討，絕交信和檢討書均需在支部會上念交眾人通過。沒有朋友的——沒有朋友相對好辦得多：以前者為鑒戒，下不為例就是了。我在班上為年紀最小者，大約來不及戀愛，沒現行——這一點讓我深感自豪，但我清楚記得師兄們垂頭喪氣交出情書、無條件繳械時的狼狽相。文革動亂，所有舊秩序一律砸爛，誰還管得了誰？原先轉入地下狀態的故情舊愛全部反彈，轟轟烈烈浮出了水面，有人乾脆宣佈：咱們結婚啦！結婚當然就需要錢。錢比革命理想更實在。國務院總理發話給錢，誰會拒絕呢？反正不打槍不打炮了，逃難在外的師兄們迫不及待從四面八方回校領錢來了。

報社的人也都回齊了。含歷任編輯，含成都版的編輯，都回到了設在黨委小院的編輯部，熱熱鬧鬧聚會了一次，座談見聞和別情，還照了相，然後留下部分骨幹，其餘散夥各自回班。歷任編輯湊在一起，細數下來共二十來個，遂去民主湖畔留影一張，再去風雨操場的黃桷樹前留影一張：那時候相機和膠捲都金貴得很，拍兩張六乘六尺寸就很難得了。人太多而鏡頭幅面又有限得很，好些人只能爬到樹椏上去站位，所以大家管這張紀念照叫「樹倒猢猻散」。

既然「樹倒猢猻散」，既然高年級同學（包括我），已經開始領工資而且馬上開始畢業分配，編輯部自然就該由低年級同學接班了。大家一致推舉王亦富，就是那位對《拉茲之歌》的「過門」部分百聽不厭的「王二麻」做主編，他經過一番純屬禮節性的推辭便欣然接受了。前面說過，王也自幼聰明，喜歡和人紮堆，喜歡自我表現，命中註定他很容易在文革中找到了自己的位置並最終為它殉葬——一九七七年江青一夥垮臺，他因替某軍要員起草過給江青的勸進信而被收審，自覺太丟臉了，於是拔出手槍對準自己的頭部開了一槍。

戰報召開散夥會，時置八一五政治上豪氣正雄，有很多風頭可以出的，更何況武人剛剛結束了他們的光榮，再次輪到文人來表演了：王主編在這個時候就任，實在正當其時。

我算功成身退了。一年文革，為我漫長的大學生涯劃上了一個圓滿句號，我為此自豪無比。進大學第一天，我曾坐在宿舍走廊的路燈下莊嚴地寫過一篇日記，模仿我國發展國民經濟五年計劃的意思，寫了一個「我的大學五年計劃」。這本日記後來不幸丟失，該計畫的具體條文也已十分模糊，但大意卻記得清楚。大意是，五年以後，在社會主義建設的某一個崗位，人們將發現來了這樣一個年輕人：他朝氣蓬勃，工作勤奮，熱愛生活，富於理想……等等，總而言之，他優點非常眾多因而倍受領導賞識和群眾讚揚。大學五年，我確實以為自己在政治學習、業務學習、社會活動等諸方面都表現出色，繼而在文化革命的血火考驗中，也絕對沒有拉過稀，還出足了風頭。我以為我兌現了自己的設想，向黨向人民交了一份滿意的答卷，甚至——這樣說吧，大家談情說愛，而我，連這個敏感問題都頂住了，我有什麼理由不自豪？在十分模糊的「個人五年計劃」中，我的確也寫過一條，宣佈大學五年間必須集中全力學習，不得與任何女生談情拍拖。現在，我的五年計劃既然已經不折不扣地全部兌現，我可以理直氣壯地考慮自己的私人生活了。

我們班管畢業分配的小組長黎專門來報社找我。他問：你的畢業分配自願準備填報哪兒？他告訴我，同學們的分配自願表差不多都填寫好了。他還對我說，按我這樣好的條件，可以隨便挑好的地方、好的單位填，別人是沒法和我競爭的。他所說的我條件好，除了上面我說的那些，還有一條得天獨厚的就是：我沒有女朋友，分配時不存在考慮照顧「夫妻關係」的麻煩事。

我不假思索地反問：

「還有些什麼地方沒人填？」

黎說：「西藏。」

「西藏一共幾個名額？」我追問。

他答：「兩個。」

我說那好——依舊毫不猶豫。我說，我曾說過畢業後要到最艱苦的地方，我絕不食言，我就去西藏吧。

事情就這樣敲定了。我在他交給我的分配自願表上很痛快地填了如下三個自願：第一：「毛主席揮手我前進」；第二：「到最艱苦的地方去」；第三：「西藏」。

現在我必須承認，在冠冕堂皇說上面那些話的時候，其實我在暗中已有自己個人的打算。我之所以問西藏幾個名額，暗藏有一個非常虛偽的動機：我想冠冕堂皇地讓那一位姓Z的女孩和我一道去闖蕩天涯。我是那麼自負。我確信她將毫無疑義地選擇與我同行。

前面曾經說過，還上大一，在夾竹桃鮮花盛開的校園小路上，我曾邂逅了一位女孩並一見鍾情，從此後便一直執著地暗戀著她。只是大學時代的過於神聖的理想和政治高壓讓我一直未敢輕舉妄動，沒有機會更沒有勇氣對她吐露私情，這樣，另一位男同學似乎輕而易舉地和她相戀——文革的動亂環境更讓他們的戀情迅速進入更為實質的階段，後來甚至有了自己的孩子。與一切同時發生的，是另外一位女孩、我的同班同學——就是那個Z，多年來一直對我深報好感。她的好感讓我十分感動並且無法拒絕。一九六七年八月，當嘉陵江對岸的炮彈夜夜在頭頂呼嘯，給黑暗的天空粗暴地劃上一道又一道紅通通的弧線。在深垂窗帷、揮汗如雨的斗室，面對著死亡，我確信她是我最終的選擇了，於是我給她寫了一封信。我說，我隨時都準備死去。這封信很可能就是我們的永訣。我說，如果有一天戰爭會結束而我還能得以倖存，我們定然又會見面並且可能面臨未來命運的選擇，比如說：畢業分配。我說，我們相識五年，當是彼此瞭解甚深了。我等待你給我們之間的關係下一個結論：反正，我們都這麼大了，用不著臉紅……

那時，她已逃離重慶，蟄居在沱江岸邊綠樹遮映的老家。

我查閱了日記，這封信是八月十日寫的，但直到九月二日戰事平息才去郵局寄出。

她很快回了信。她在信中第一次正式向我表白了好感。表白得熱烈而且肯定。那時候，我對女性心理可說全然無知，這封信讓我的無知變成了一個極端的錯誤。我偏執地確信：我的人生選擇是如此地革命、如此的全無自私自利之心，而Z又是如此地愛我，毫無疑問，Z一定會對我的抉擇言聽計從，心甘情願跟我去浪跡天涯。和她討論分配去向完全是多此一舉——根本沒等到她返回學校，我就迫不及待向分配小組表了態。

我選擇西藏的「自願」很快被傳為美談，同時很自然地、極大地傷害了Z的自尊心。她返回學校，知道了我的選擇。她要我向她作出解釋。

這是重慶冬日一個晦暗的黃昏，我和她在嘉陵江邊一株巨大的黃桷樹下約會。我當然感覺到她是鼓了很大勇氣邀我見面的，一路上她卻片語不發。少女的沉默讓我深感難堪。我們一直在沿江馬路上並肩走過，走了很久很久，終於坐下了，是在枯樹下一個光溜溜的大石頭上。我如釋重負。面前是有名的風雨操場，巨大的盆地裏寂寞地排列著一層又一層空蕩蕩的看臺。Z仍然沉默不語。我終於局促地先開口了。我說：

「我已經填報了畢業自願，你聽說了吧？」

「知道了。」她說。

「那麼，」我問她，「你意見怎麼樣呢？」

她仍然低頭無言。夜色在寂寞的嘉陵江河谷彌漫，岸邊的漁火稀疏迷離。我終於有些急了，因為馬上要去出席一個重要會議：四川三大組織：重大八一五、成都紅成和南充臨聯的聯席會議，商量關於在全四川「倒劉（結挺）張（西挺）」的問題。Z一直不說話，我只好攤牌了。我說：

「現在事情已經很明白了：如果你願意和我一起去西藏，我們就永遠生活在一起了，如果你不願意——我們之間也就不再存在任何超過同志關係的友誼了……」

時過幾十年，我至今還記得非常清楚，我的原話就是這樣的：苛峻而乾巴，像最後通牒一樣冷漠和不可動搖。

她還是不說話，繼續用頑強的沉默進行抵抗。

我不得不再次追問：

「你願意嗎？」

又沉默許久。

她終於說了：

「我正在思想鬥爭。」

我鬆了一口氣。

我說好吧，「你再想一想吧！我等你消息。」

接著我非常殘忍地告訴她，我要去出席一個重要會議，我得提前走了。

人說時光如白駒過隙，當年的少男少女轉眼間都已年進花甲。我不知道那位可敬的Z有沒有可能讀到我的這段文字。但是，行文至此，我還是要深深地為自己的粗暴、無知和醜陋而痛悔不已。我希望能得到她的寬恕。

離開她，我徑直去重大校務辦公樓參加了整整三天的會議。前面說過，正是這次聯繫會議直接促成了我那篇混蛋文章，那個我一生都沒有走出的陰影：《大局已定，八一五必勝》。這也許就是人們所說的報應吧。我傷害了一位可敬的女孩Z，而命運對我進行了整整一生的懲罰。

我還必須坦白的是：就是我於炮火連天之夜給Z寫信後不久，一群中學武鬥人員從「江北淪陷區」兵敗撤退到了我們學校，一部分人還住進了我們所在的黨委小院。於是，有幾個天真爛漫的女孩就成了編輯部的常客。她們非常友善地還給我取了一個撮號，叫「常委」，因為她們認為機關報報社的主編，從級別上應該是總團常委一級的領導。在大學生面前，她們顯得那麼的幼稚無知，以至我們僅僅只能把她們當成不諳世事、調皮貪玩的一群娃娃。

但是我（甚至包括其他的編輯）很快就發現了，她們其中之一：S，對我卻表現出了超乎尋常的好感，她的天真無邪對我產生了一種陌生的、很難抗拒的誘惑。我不敢承認這種情緒，更不敢向她拒絕這種我自己尚以為模糊不清的東西，於是我給自己定出了一個規劃：等一等！等一等！反正什麼都還沒有發生——等到我和Z的事情一定下來，我就正式通知她，那時候，難題就不解自決了。

可是畢業分配方案遲遲定不下來。聽說四川省分辦主任、被八一五臭罵為「爛羅蔔」的張西挺對於重慶大學在一派掌權的環境下完成的分配方案理所當然地給予了斷然否決。事情無限期地拖下來了。

事實上，當時我對此毫不關心。我著急的是：Z幹嗎老不給我回音呢？我急於對我與S關係下個結論以便明確拒絕讓年輕人難以回避的激情，而畢業分配這馬拉松似的延宕把我搞得尷尬萬分，情急之下，我不能不托人給Z捎信了：沒有回音。接著又捎第二封信，仍如石沉大海。面對兩個女孩的好感和兩個方面都完全不確定的因素，我像迷途在三叉口，兩條歧路都那麼迷茫，都在向我召喚，我不知道盡頭在何方？

我的思想陷入了極大的危機。

能夠讓我解脫的，也許只有亂麻麻的社會動盪。我一如發狂的陀螺，需要鞭子不停地抽打以維持旋轉，一旦停住旋轉，我就會訇然倒下。這鞭子就是爭鬥、撕殺、狂熱。事情過了很久，當各方關係都已塵埃落定，Z曾非常寬容地告訴了我，那時候她並非不理解我的革命熱情也並非不願意和我一起奮鬥天涯，她只不過希望在我的思維框架內和我一起認真討論一些今後的實際生活，包括成家和生孩子，她說，聽人介紹，西藏恁高的海拔，懷上小孩都很難保得住呢，（天哪！當時滿腦子想著中國革命和世界革命的我，怎麼沒能考慮到這些啊？）而我，竟連一個商量的機會都不給她！她能不徹底失望嗎？而年輕的S，她比Z更多激情而且和我一樣對個人生活的所有細節一無所知，因此她毫無保留地對我的革命狂熱表示認同和欽佩。她宣佈她將義無反顧地和我奔赴天涯海角。我的虛榮心和她的欣賞發生了共振——命中註定我只能沿著這條荒唐之路，稀裏糊塗地繼續滑下去。

S後來成了我的妻子。

二十七、「必勝」出爐前後

「九・五命令」下達後的日子，是八一五派的節日。重慶大學整個兒沉浸在勝利的喜悅中。

和歷史上所有的勝利者一樣，我們開始做著勝利者們勝利後常常想做的事情，如：紀念英烈，如：謳歌勝利。還有，既然勝利了，那就必然要追究失敗者的責任，清算他們的罪行，窮追不捨，用當時的時髦話說，就是「宜將剩勇追窮寇，不可沽名學霸王。」

烈士陵園是修在松林坡頂上的。松林坡緊靠嘉陵江邊，一幢幢教授別墅沿坡而築，掩映於密密的松林間。山頭開闊的草坪是共青團員們過組織活動的絕佳去處。八月武鬥，死去的同學陸續埋進草坪中央的大坑裏，還把校內民主湖周圍的石欄拆掉，抬上山，為墓地砌成了圍欄。現在的工作就是把整個場面再完善一下，立個紀念碑，鋪一條路，按照設計，還在上山處豎一面詩屏，上刻毛澤東的浪漫詩句：「我失驕楊君失柳，楊柳輕颺，直上重霄九」。陵園落成於是年十月。

謳歌勝利的主要作品是《八一五風暴》，大型音樂舞蹈史詩。該「史詩」從武鬥期間就開始排練，幾經修改，現在正式上演了。劇本始由重慶一中一個叫扈來明的高三學生寫出劇本、繼而由重大文工團舒正國等人編導。其間我曾參加過劇本修改，所以有機會參看了最後的排練：地點是在新華路人民劇場進行。執導者為市歌舞團一對中年夫婦，女的叫黃茜，她的丈夫叫李光亨，胖，精力充沛，點子極多。有專業人士加盟，應該說節目是有一定質量了，雖然依舊是些張牙舞爪、大喊大叫的老套路。首演時間是十一月五日，地點是人民大禮堂。成都軍區司令員梁興初、中央調查組組長陳斌及駐軍首長全體出席觀看並接見全體演職員。從《八一五戰報》記錄的文字知道，梁在首演後接見演員曾如此表態：「我希望你們多給山城人民演幾場！多給山城八一五派演幾場！多給解放軍演幾場！」。

全川各地的八一五這時也帶著所謂「慰問團」和「宣傳隊」走親戚一般紛至遝來，彈冠相慶。據十二月十日出版的第五十一期《八一五戰報》載，前來重慶「串門」的「友好團體」計有：

「張思德同志的母親劉光友率領的南充臨聯赴渝慰問團」

「黃繼光烈士的母親鄧芳芝率領的成都地總、紅成赴渝慰問團」

「邱少雲烈士的父親率領的烈士家屬赴渝慰問團」

「中印邊界反擊戰戰鬥英雄吳元明率領的江津九七赴渝慰問團」

「三二一一一英雄鑽井隊英雄王有發、彭美鳳率領的瀘州赴渝慰問團」……

和「友好團體宣傳隊」的蹩腳演出同時進行的，還有大大小小的報告會、控訴會，控訴主題無一不是「反

文革前夕北京曾推出了歌頌中共黨史的「大型音樂舞蹈史詩」：《東方紅》，於是，全國各地的造反派們紛紛克隆，推出自吹自擂的微縮版。這是《八一五風暴》。

軍派」罪行及其黑後臺劉結挺、張西挺之其罪當誅。

我們已經看到了，這些派性「慰問團」的領隊，或明為領隊、實為傀儡者，全都是那年月中國政治宣傳領域裏的名人，他們的出現自然就把本已夠熱鬧的山城重慶，攪得更加熱鬧，也更加可笑了。

下面試舉一例：

抗美援朝的志願軍英雄黃繼光之母鄧芳芝，自五〇年代初便已風光無限，成了公眾人物，見過的世面和做過的報告均不計其數，可說久經鍛煉了。至於中印邊界反擊戰英雄、三二一一一鑽井隊英雄諸人，也絕非等閒之輩，上臺報告是決不會怯場的，問題出在那個張媽媽——《為人民服務》主人公張思德的媽媽劉光友。文革前尚無「老三篇」一說，知道張思德從而知其母者自然寥寥，皆因文革大鬧騰，「林副主席」著文倡導，延安那位辭世多年的燒炭兵一下子才和神話故事中的老愚公、大洋彼岸的洋大夫白求恩一起名列三甲，偉若天人。南充地區的革命群眾經過一番深挖細找，突然發現那位被毛澤東讚歎不置的張思德，其母親竟然還活在凡界，其興奮就不亞於基督教徒發現聖母瑪麗婭之在人間顯靈了。立即發掘而出，立即委以要職：南充「臨聯」

被年輕女孩燦爛笑容包圍的老太太，就是名滿天下的志願軍英雄黃繼光之母鄧芳芝。「黃媽媽」、「張媽媽」（名劉光友，革命經典「老三篇」三主人公之一張思德之母）和「冷媽媽」（冷月英，曾被編造自己在地主莊園飽受階級壓迫之苦，甚至坐過地主的「水牢」云云）因與八一五派政治觀點相同，故成了四川該派組織的座上賓

政委——問題是，張媽媽長期蟄居山村，什麼世面都沒有見過，更沒在大庭廣眾間露過臉，要她到大碼頭面對萬千陌生面孔發表演說，就不能不捉襟見肘、力不從心了，每次上臺就不能不由人在背後提線捉刀了。講話稿自是經酸秀才們事前認真編撰的，既身份貼切，又把捉刀者的意思說得明白，尤其注意把《為人民服務》中的毛澤東原話改頭換面，添油加醋，如：把「八路軍」改為「八一五」、把「根據地」已經「有幾百萬人口，但這還不夠，還有更大些，更多些」原話移植為「八一五解放區已經有幾百萬人口，但這還不夠，還有更大些，更多些」。還有什麼「反到底」的人替法西斯賣力，替剝削人民和壓迫人民的人去死，比鴻毛還輕。八一五的人死了，是『重如泰山』」——餘類推。張老太太畢竟初出此道，演講中即便全程提詞，牛頭不對馬嘴的情況仍時有發生。一天，張媽媽在重慶大學風雨操場演講，我們就有幸親眼目睹了這類笑話：講完了「革命戰士把連（「把連」係四川土話，「全部」之意——筆者注）要心連心，肝連肝，下定決心，不怕犧牲，排除萬難，去爭取勝利」之後，按照程式，老太太開始「振臂高呼」打倒走資派——麻煩這就出來了。那年頭需要打倒的官兒太多，北京街頭一張《群丑圖》，榜上有名的「黑幫」，大大小小，光中央就成十上百！再加上四川省的、重慶市的；各地縣的，誰記得明白？老太太辦事極認真，她絕不允許任何一個壞蛋漏網，同時，如此眾多的名字又讓她極不了然，因此把劉少奇、鄧小平「打倒」以後就不知下文，只好轉過頭問主持人：「還打哪個？」

主持人悄悄提示：「打陶鑄！」

老太太馬上高呼：「打倒陶鑄！」

打倒陶鑄以後，老太太又問：「還打哪個？」

主持人提示：「打彭真！」

老太太馬上又高呼：「打倒彭真！」

剩下的功夫都這樣，問一個打一個，慷慨激昂一直打了二、三十個，一直輪到「打倒劉家兩口子」，大會才勝利結束。

梁興初那段時間一直待在重慶，凡遇重要活動，他總要出席並且發表措辭強硬的講話，譴責「反到底」之反軍亂軍、圖謀不軌，講話中又總掩飾不住對他的同僚、「反到底」後臺劉結挺、張西挺的明伐暗討。梁興初是「四野」虎將，五十四軍是四野王牌。梁在五十四軍駐節地盤上的長時間存在，把八一五派對八二六派的進擊，從而把整個四川的「倒劉張運動」有效地鼓動起來了。這情況和文革肇始的情況有點相似：毛澤東以上海為基地策動了對北京的反叛。梁將軍則以重慶為基地策動對成都的反叛。毛澤東曾致書夫人江青，書云：文化革命「是一次全國性的演習，左派、右派和動搖不定的中間派，都會得到各自的教訓。」不管在文革中的命運如何？地位如何？所有中國人的政治權謀都被訓練得爐火純青。

梁興初在四野的地盤上的縱橫捭闔，從下面幾則講話可見一斑。

在渝期間，梁將軍至少單獨兩次接見過反到底派的頭頭，一次是十一月三日，另一次是十一月六日。從現在能看到的談話記錄來評判，那完全就不能叫接見，只能稱之為訓斥甚至審問，反到底的頭頭們第一回被罵了個狗血噴頭，第二次通知接見，完全就興趣索然、想躲而不可得了，而梁將軍一開頭就明確宣佈：反到底的頭目「都要來！只准多，不准少！」

下面是幾段對話：

梁興初這樣問徐光明——就是重慶大學那個可憐巴巴的「紅岩公社」、後來改稱為「反到底公社」的社長：

《人民戰爭救山城》是不是你寫的？

徐回答：「不是我寫的。」

梁立即打斷：「你是司令嘛，你沒有責任？《人民戰爭救山城》是十分錯誤的。你們報上的文章沒哪一張不是錯誤的？你們要揪軍內一小撮，要打倒這個打倒那個，要槍斃這個槍斃那個，還要絞死這個那個，你們能絞死嗎？誰給你們這樣大的權力？你們不要當狗頭軍師了。你們大學生都怕死。……」

徐光明辯解：「八一五把我們的廣播站砸了」

將軍一點不給好臉色，武斷宣佈：

「他們不砸我都要砸。你們宣傳的什麼呀？不宣傳大方向，而是把矛頭指向解放軍，對準革命群眾組織。……」

談話中，梁興初沒有忘記拿八一五作為反襯來寒磣反到底。梁說：八一五印了那麼多批判走資派的材料，你們搞了些什麼？

回答：我們搞了，沒地方印。

梁申斥：沒地方印，那些小報少印點不行嗎？你們的大批判專欄我也看了，大都是別人的。你們自己不會寫文章？《人民戰爭救山城》不是會寫嗎？

五十四軍的幾位處長之死和軍分區快艇之被擊沉，當然是讓軍人最為憤怒的。梁將軍在接見中拿著反到底印發的傳單向軍工系統反到底頭目鄧長春責問：黃紙黑字，還想抵賴！就憑這個就可以逮捕你！

他宣佈：「你是艦隊司令，由你打沉了幾隻船？你不要認為你有後臺，你們的後臺總有一天要垮臺的。我還不知道你哪個後臺是好是壞？你今年二十三歲了，夠槍斃了。鄧長春你還跑不跑啊？」

鄧，就是曾經指揮著三條改裝的軍艦在長江上所向披靡的艦隊司令。八月十八日為了給武鬥中罹難的副司令李魯沂祭靈，他曾親自下令親自遞槍，將八一五俘虜二人陪殺、二人槍決並拋屍江流。而現在，面對殺氣騰騰的將軍，他變得從來沒有過的可憐兮兮。他說：

「我能跑到哪裡去嘛！」

梁道：「你跑不了。你跑到天上，我們有飛機，有高射炮，還有地對空導彈。你跑到地下，我也要把你抓回來。你跑到外國去就是叛國！」

五十四軍軍長韋統太不失時機地把話題引向他們的腹心之仇：「你們打死了我們的處長，這筆帳一定要清算！」

梁興初接過話頭，向反到底的又一個頭目黃廉——就是前面說過的「四評四川時局」文中無中生有地描寫過的、「乜斜著醉意斕姍的眼睛」對新娘如此這般的新郎——追問：

「鋸掉曾處長大腿的那個人，你同不同意逮捕？」

黃答：「同意。」

又問：「他現在哪兒？」

警備區已有人補充：「那人現在醫院掃地。」

梁興初當即下令：

「馬上派部隊去把那人抓起來！」

《八一五戰報》載，梁發話之後，警備區當即派員離開會場前去執行抓捕任務了。而在其後第五十一期戰報續報此事時特別注明，說「殺害警司處長的第一工人醫院右派『醫生』李一士是砸派」，且「已上三十斤鐵鐐」。《山城戰報》三十九期和《八一五戰報》五十期的合刊，曾用整整一個版面刊登了「一場驚人的反革命謀殺案」記錄「警司處長曾惠平受害經過」，說八月二十二日，遭到襲擊的軍車共四輛，第一輛車乘員曾惠平，遭遇射擊後人被反到底人員綁架；第二輛車被襲擊後逃離火網，第三、四輛則繞去文化宮得以脫險。文章花了很多筆墨介紹曾惠平被綁後的遭遇。其中強調說，對曾實施截肢手術的醫生李一士是個右派。

行文至此，我突然產生了一個疑問：如果李確屬右派，那麼，在當時的政治環境下，他能夠公開參與砸派的活動嗎？如果他真是砸派，他又肯定不可能是個右派：砸派不可能讓一個「階級異己份子」滲和進來給自己添麻煩。上面說到的正在掃地而不是從醫，那麼他為右派這個結論應當成立。接下來，反到底故意讓一個本來該掃地的人來做這個手術，無疑是使用了暴力相挾迫，而他定然是在萬般無奈的情況下勉強為之，而最終成為了替罪羔羊。不管從哪個角度分析，李一士的被抓，甚至被上鐵鐐，都顯得十分冤枉！

至此，八一五這部政治戰車已經加足馬力、全速啟動了。原來，他們說到劉結挺、張西挺還半遮半掩，什麼「王力在四川的代理人」、「王力在四川的追隨者」，後來乾脆就直呼其名，直呼打倒，再後來乾脆就「爛蘿蔔」「野心家」「陰謀家」地喊得更加熱鬧。十二月七日，沙坪壩區六萬多人在師專廣場正式舉行誓師大會：「大樹毛主席絕對權威，大破劉張個人淫威」。其他各地區的活動更多熱火朝天。

所謂「二評四川時局」《大局已定，八一五必勝》一文，就在這種背景下應運而生了。

關於該文的寫作過程，在本文開始的時候我曾經做過描述：「頭腦發熱的編輯們在辦公室牆壁上畫了一張很可笑的全國地圖，還用鉛筆在上面畫滿紅圈、藍圈、紅箭頭、藍箭頭。就像歇斯底里的戰爭狂人一樣開始談天說地，浮想連翩，舞文弄墨……文章由四個同學分頭執筆，寫好後由我統一潤色定稿。」現在唯一需要補充的就是，除了我，其餘三個人的名字分別是：霍曉林、張宗雲和張國梁。

文章的反響是我們四人始料不及的，但寫作過程確實很平常，所以在日記中對此無任何特殊記錄。文稿寫完後我唯一曾讓看過的人，只有總團勤務員、和我一起鬧騰八一五事件的吳慶舉。他的大加讚揚讓我迫不及待地把文稿馬上就送去了《山城戰報》。主編李乃如看畢，當即提出兩報合刊——事情就這樣發生了。

時間是一九六七年十二月一日。

關於文章本身，我以為實在沒有什麼好說的。幾十年後重新檢看這篇莫名其妙被捧紅又莫名其妙被打黑的文章，我以為，有人將它與楊曦光諸人「中國向何處去」等文章相提並論，齊名為「五大毒草」，實在有點冤枉。該文實在沒有任何理論上的獨創，也談不上什麼異端，僅僅不過是停留在操作層面的事務性文章罷了，僅僅不過在敘事邏輯方面組織得相對嚴密、文字更加聳人聽聞、更富於煽動性罷了，它於偶然中被毛看見，從而說了一兩句模棱兩可的話，遂被人視為聖旨，開始了同樣莫名其妙的大張韃伐。

如果要補充些背景材料，那就是：「必勝」的轟動極大刺激了我的虛榮心，也加速了我和Z的分手。我對於畢業分配已經變得更加漠不關心，而她，卻在成天等待要同我認認真真商量日後的個人生活，包括生孩子、回鄉探望親人之類的細節瑣事：這些東西在當時的我看來，卻是如此滑稽、微不足道。我被捆綁其上的政治戰車正在風馳電掣。在人們的讚美和慫恿之下，我接著開始寫「二評」，寫「三評」——關於這，已經更加沒什麼好說了。我僅在此把題目照錄如後：

「二評」：《從王力的倒臺到新獨立王國的破產》。一九六七年十二月九日，刊登於兩報合刊：《山城戰報》第三十九期、《八一五戰報》第五十期。

「三評」：《把無產階級專政下的反復辟鬥爭進行到底》。一九六七年十二月二十六日，刊登於兩報合刊，《山城戰報》第四十一期、《八一五戰報》第五十四期。

「四評」——前面說過了，該文是延聘四川外語學院某中文老師、我心目中那位來無影去無蹤的文林高人所寫。我除了還記得反到底首領在潘家坪高級賓館舉行的那場子虛烏有的豪華婚宴，其餘的，我就只記得標題《再論把無產階級專政下的反復辟鬥爭進行到底——兼評，〈對重慶無產階級文化大革命若干問題的看法和建議〉》」。

「五評」是我從海南島回來後、甚至又過了一個多月才寫完的，剛剛脫稿，讓八一五派如臨地獄的災難性指示、即包含有「《大局已定，八一五必勝》叫反到底批的一塌糊塗」那道聖喻的「三・一五指示」下達了。我驚慌失措地躲在《山城戰報》給我專門安排的小屋裏，神不知鬼不覺地把厚厚的稿紙全部撕了，扔進抽水馬桶，乾淨地、徹底地全部沖走。除了題目。什麼都沒有留下：題目是：「把劉張推上歷史的斷頭臺」

二十八、校革委會的成立和吳慶舉的出走

一九六七年十二月二十七日，即毛澤東七十四歲華誕第二天，重慶大學革命委員會成立了。革命委員會成立當然就意味革命成功，意味著大權已經在握，不能不大大慶祝一番。

權力這東西太誘人又太害人。動亂年代，英雄豪傑窺視神器，策馬問鼎，總要殺得血流成河屍橫遍野；而在和平年代，要讓一個人墮落，只用讓他為官一年半載——不論官位大小——就綽有餘裕了。對於權力的崇拜，文革「副統帥」林彪一九六六年的「五一八講話」可謂到了極致，從而文革期間，老百姓由此衍生出的名言警句就更多了，什麼無產階級「想的是奪權，看的是奪權，幹的也是奪權」，什麼「權權權，命相連；有了權，蜜樣甜；沒有權，苦黃連」諸如此類。重慶大學革命委員會，作為重慶第一個一邊倒的權力機構，它的成立對於重慶乃至四川的八一五派，其鼓舞和激勵，不啻是一針巨大的強心劑。

革委會當然是想在毛生日那天成立的，只是報告呈送成都軍區審批時候遇到了麻煩，大約說是委員中沒有另一派的代表，事情不得不延宕下來。同樣的問題是，慶祝事宜其時已萬事具備，箭已在弦，不得不發，更何況軍區司令員梁興初正坐陣重慶指揮，這點面子誰能駁得？米已成飯，木已成舟，成都軍區只好賣個人情，批了。事情拖了一天，雖說是錯過領袖華誕，反正批了，這就一好百好。《八一五戰報》第五十六期文「革命洪流，不可抗拒」為此不無得意地宣稱：

重大革命委員會的成立，標誌著八一五為代表的

無產階級革命派，通過一年多的浴血奮戰，已經在重大取得了決定性的勝利。這個勝利，無可辯駁地說明了我們八一五革命派在『炮打司令部』、在大造李井泉、任白戈及其一小撮同夥的鬥爭中、在無產階級革命派大聯合，向黨內一小撮走資派奪權的鬥爭中、在緊跟毛主席的偉大戰略部署，牢牢掌握鬥爭大方向，反擊來自右的和左的反動逆流的鬥爭中、在大樹特樹毛主席，大樹特樹毛澤東思想、大樹特樹毛主席革命路線絕對權威的鬥爭中，大方向始終正確。

重大革委會的選舉是採用「公民投票」辦法產生的。委員會產生後為內部權利分配如何之勾心鬥角姑且不論，如果僅就委員的產生而言，我以為是真正民主的：張榜公佈的選舉結果足以證明這一點。榜示按得票多少順序排列，結果——誰都沒有料到——得票數額名列榜首的，竟是一位名不見經傳的、典型的好好先生賀爾金。這結果簡直有點莫名其妙！

賀，電機系三年級學生，一位從外到內都土得掉渣的普通後生，一付深度近視眼鏡，永遠低三下四地對人微笑——再豐富的想像力都難以把他往「造反」「領袖」之類的事情上扯。文革一年多，他確實沒有半點轟

備受爭議的重慶大學革命委員會成立大會現場照

轟烈烈的事蹟，沒有一句激動人心的說詞，乾脆說吧，他完全就口齒木訥，壓根兒就沒上過台出過任何風頭，一直擔任總團「財政大臣」而已。他成天就會給大家記帳報帳，工作任勞任怨，遂在民選中順利奪冠。票數排行第二的也是個著名老實人，人稱「老黃牛」的黃順義。吳慶舉得票第四，因他是名副其實的老造反，名氣不小，此外，還因為他在剛剛結束的武鬥期間敢於挺身而出，主動充任三〇一縱隊政委，大家覺得他夠漢子氣，他排位老四算是眾望所歸。最讓人匪夷所思的是，外間大名鼎鼎的周家喻，排名公然落在第十！同學們覺得該生就會出風頭、「泅上水」、很少幹實事。共產黨說：群眾的眼睛是雪亮的。斯言誠可信也！

同樣讓人深感蹊蹺的問題是：吳慶舉造反早，名氣大，而且事實上一直在總團擔任領導工作，無論從哪個角度講他都該是校革委當之無愧的負責人，可在校革委會公佈的最後名單中，他不僅沒有當上主任、副主任，甚至連常委都沒有搞到一個，僅僅只充了一個可有可無的一般委員——此事幾乎不是秘密：在革委會內部的權利分配中，他遭人暗算了。對此他自是惱怒萬端的：關於這個，我們留待下面再說。

慶祝大會原定在毛生日當天舉行——因為該慶典還有一個主題，就是重慶市「最先的、最大的、最高的」毛澤東塑像也將在那天同時舉行落成儀式。此事意義重大，不記可惜。

該毛塑像設計高度為九點一五米，是為紀念剛剛出道的「八一五戰士」上京告狀，於一九六六年九月十五日在天安門廣場覲見毛的「非常非常幸福」的日子；塑像加台高共十二點二六米——這個數字不言而喻，代表毛澤東降誕吉日。碑台四邊各寬八點一五米、像後八根八點一五米的旗桿，這兩個數字含意也不言而喻：象徵八派戰士緊緊圍繞老毛幹革命唄。俄羅斯哲人赫爾岑在敘述宗教建築時曾有如此定義：「教堂（廟宇）建築本身經常離不開神秘的儀式、譬喻、秘密的獻祭」，文革時期全國各地大造特造的毛澤東塑像，本質上也是一種宗教建築，在任何一座塑像的相關尺寸和造型特點上，都能找到神秘的隱喻和象徵。重大校園的毛塑像後面還有詩詞牆屏一座，上刻毛詞《滿江紅》「小小環球」一闋，詩屏初建成，字體用銅箔貼就，沒過多久就變質發黑，實在有損領袖墨寶形象，只好由警備司令部急批指標，派人去上海另購金箔回來重貼。這一補救措施十分重要，以至得以讓人們幾十年後再臨斯牆，還可看見龍飛鳳舞的「小小環球」光澤依然——可只可憐毛塑像卻早已在一陣炸藥的崩發中粉身碎骨，灰飛煙滅，讓孤零零的舊牆金字顯得落寞不已！

塑像肇建於六月底七月初，重慶大學專門禮聘四川美術學院教授、中國著名的毛塑像專家葉毓山先生親自來校操泥，下定決心要搞出藝術水準和幾何尺寸都大大超過全中國任何一個馬屁精的夢想。葉教授主塑，數十學生擔任小工，風雨無阻，日夜兼程，僅月餘，一尊碩大無朋的黃泥巨人果然便在第三教學大樓前的球場壩拔地而起。

剩下的就是翻制鋼筋水泥正身了。不料「八月國內革命戰爭」訇然而至，工程只好暫時擱置——倒不是哥兒們怕死，忠心耿耿敬塑偉大領袖的同學誰個怕死過？雖說嘉陵江對岸的「砸匪」每天都數百發數百發的炮彈向重大校園傾瀉而來：他敢炮轟六教樓，敢炮轟圖書館，敢炮轟松林坡教授宿舍區，可是，他敢往毛澤東塑像的方向發炮嗎？他們的炮彈只要敢把泥巴塑像擦掉一塊皮——信不信：他們絕對反革命！他們政治上絕對被動！「敬塑」工地絕對是當時全重慶最安全的地

照片上那尊高度恰好等同於毛澤東華誕吉日的十二點二六米高的宗教建築物——毛澤東塑像——既然象徵著造反學生的勝利，文革結束不久，重掌權柄的重慶大學當權派理所當然要在一夜之間將它炸得粉身碎骨。現在這兒是一座呆頭呆腦的鐘樓。

方！工程停工，皆因戰火阻隔，鋼筋水泥沒法運來，不能不停。

重慶武鬥打得熱熱鬧鬧那段時間，被反到底趕出來的八一五戰友紛紛避難於此。他們每天在重大校園閒遊浪蕩，除了喜歡去防空洞參觀死屍，另外最愛的，就是到三教樓前的球場壩看身高十二點二六的黃泥巨人。

有如此眾多看客捧場，為泥巴塑像日夜站崗的大學生就尤其洋洋得意，他們頭戴鋼盔，身背三八大蓋，煞有介事地恭身而立，接受參觀者的驚歎和敬意，非常敬業地介紹八一五如何用毛澤東思想指揮戰鬥，用最短的時間創造了奇跡。還有，三伏炎夏，久旱不雨，毛澤東泥身幹得滿身皴裂，八一五戰士深怕泥巴領袖身有不適，每天還得提著水桶於腳手架爬上爬下，頂著烈日給千溝萬豁的主席泥身澆水保養。好在參觀人眾，哥兒們虛榮心很是滿足，有時還裝模作樣圍坐在塑像前面認真學習「老三篇」；大雨之中推砂運漿，還要故意對著照相機鏡頭做嘻嘻微笑狀，非常前衛。

九月，戰爭終於結束了，塑像工程也終於全面提速了。重慶大學全是些工科腦袋，藝術環節一旦完畢，剩下的工藝問題就完全小兒科了：先澆碑台，接下來紮鋼筋、焊接、吊裝模具、攪拌水泥、離心澆鑄，最後砸掉模具：毛澤東出來了！像齊天大聖從石頭裏一蹦而出：果然巍乎高哉，蔚為壯觀，讓人望而驚歎、唏噓！

一九六七年十二月二十七日，毛澤東七十四歲華誕第二天，重大革委會成立大會就在這尊巨像之下舉行了。歎只歎偉大領袖在高臺還沒站上幾年，史無前例的大革命便莫名其妙宣佈結束。曾在運動中備受羞辱的當權者重掌權柄，他們每天看見那尊塑像就准做惡夢——於是，在「撥亂反正」那當兒，終於憋不住就一聲令下——在一個人不知鬼不覺的神秘之夜，好端端的毛就被他們用ＴＮＴ炸了個粉身碎骨：這是後話。

還說在毛的巨像之下舉行的重慶大學革命委員會成立大會。

梁興初和駐渝部隊高級將校韋統太、藍亦農等一字兒在前排就座。本校學生和外地的朝賀者數以萬計，氣球、彩旗、標語更多得無數不提。《八一五戰報》破天荒地出了六個大版，內容共用五個板塊和大量照片做了報導。第一板塊內容為「歡呼無產階級革命派最盛大的節日」，對革委會主任周家喻、副主任秦安全諸人及會場群眾場面進行了報導；第二板塊為「最大的關懷，最大的鼓舞」，對梁、韋、藍等做高規格報導；第三板塊為「軍民團結如一人，試看天下誰能敵」，共刊登照片三張：中印反擊戰鬥英雄陳代富大會發言、警備區武裝軍人為大會值勤和解放軍駐渝部隊參加修建大會廣場。第四板塊為「火樹銀花不夜天」，全是照片：廣場上禮花井噴之夜、重慶話劇團的話劇演出：《張思德》、重慶京劇團的京劇演出：《智取威虎山》、還有駐渝部隊、西南民族學院等的演出，當然都是文革經典動作：一個個張牙舞爪，裝腔作勢，其智慧和美感絕不高於現代機器人。最後一個板塊是「我們的朋友遍天下」，全是各代表發言和全國各地的賀電賀信。發言代表規格最高者當數李世英：文革伊始便名滿天下的西安交大學生領袖，其餘賀客及發信發電朝賀者為數甚眾而名人實少，茲將朝賀機構名單照錄如後：

北京大學文化革命委員會、新北大公社
同濟大學革委會東方紅兵團總部
山東紅代會紅衛兵山東指揮部
天大八一三
貴州省紅代會
青海大學八一八聯委
鄭州大學革命委員會
昆明八二三戰鬥兵團
吉林省紅革會長春市二總部
安徽省八二七革命造反兵團安徽工學院縱隊
新華工革委會
武漢新湖大革委會
武漢工造總司
大連工學院毛澤東主義紅衛兵總部
新廈大公社
新浙大聯總
焦作礦業學院革命委員會、河南二七公社焦作礦院八一八兵團總部
南京航空學院紅色造反團
新杭大公社、杭州大學革委會
中山大學紅旗公社
四川林學院一〇一戰鬥團
西昌一二·一三革命造反團
開江二一〇聯絡總部
夾江一〇一八司令部

四川石油學院紅岩公社
遼聯東北工學院毛澤東思想紅衛兵戰鬥團總團
首都中等學校紅代會辦公室
宜賓市紅代會
自貢紅井總
文紅籌紅衛兵內高總部（內江）
中國人民解放軍重慶軍分區
中國人民解放軍南充軍分區
中國人民解放軍雅安軍分區
中國人民解放軍內江軍分區
中國人民解放軍萬縣地區支左領導小組、萬縣軍分區
中國人民解放軍南充市人民武裝部
中國人民解放軍西充人民武裝部……

如此盛事，有人高興，當然就有人不高興：「反到底」自然是不高興的，劉結挺、張西挺自然也不高興——為此，他們還專門讓省革籌辦駐重慶聯絡員郭鳳岐寫了一個《我們對批准重大成立革命委員會的幾點意見》上報，說重慶大學「沒有實現革命大聯合」、是「犯了嚴重錯誤的『八一五』一派奪權」，「將捍衛『紅十條』的『重大井岡山公社』排斥在外」等等。以上這些人的反感非常合乎情理，不正常的情況是：重大八一五自個兒窩裏公然也有不高興的，最不高興的，就當數吳慶舉了。從『八一五』造反起，再早一點，為鄭思群鳴不平，反工作組，反市委，他從來都是領頭牽線的。現在革命成功，他公然連主席臺都上不了——其內心有多麼不平衡完全可以想像。

吳自尊心極強、性格又特別地倔，革委會成立慶典的主席臺說不完的風光，可偏偏不給他留下一個席位、投來半縷射燈！是可忍，孰不可忍？那一天，他有意擔任了大會的糾查隊長，站在指揮車上於人頭湧動的會場來回穿梭——他不躲在駕駛室，不呆在車廂裏，他偏偏要站在車門口，一手抓住車門，另一隻手臂就不停地瘋狂揮舞，向人們大喊大叫：我看得出他的憤怒。他需要向人們表示他的存在：那一刻，我對他的遭遇深表同情。

深夜了，慶典曲終人散盡，吳突然來編輯部約我出去散步。那時候「東方紅廣場」滿地寒光，一片清寂，只有毛塑像孤零零獨立高臺，巨臂直揮天穹，顯得那麼超凡脫俗。想起白日裏的「烈火烹油，鮮花著錦之

盛」，突然間讓人有些悲哀。吳和我一直在學生宿舍臨室而居，文革開始又一起造反，生生死死，悲悲歡歡，患難與共，現在革委會一旦成立，似乎一切都該結束了，而他的故事卻還在懸念迭起之中，我的未來也晦明莫辯。走在闃寂無人的廣場，我和他都有無限的感慨。

他突然對我說：

「周！你信不信，我們內部的有些仇恨，可能比敵對勢力之間還要嚴重！這種仇恨很可能會記一輩子！」

我知道他指什麼，也猜到他要說什麼人，很快把他的話頭堵了：我不希望革命剛剛「成功」，八一五又起蕭牆之禍。我故作輕鬆地笑笑，我說：「文革中發生這些恩怨，對我們個人來說，已經不重要了。我們不是馬上就分配了嗎？最後還不飛鳥各投林嗎？現在就讓你做個主任、副主任，又有什麼意義？」我真誠勸他：「別把作官不作官看那麼重！」

那晚上我的勸戒對他當然毫無作用。吳是一個事業心極強的青年，如果不是文化大革命意外給了那麼一段非凡經歷，換了和平年代，他也許會成為一個很有成就的傑出人物的。恰恰是文革的特殊經歷助長了潛意識中的不應有偏執和張狂，他最終被時代毀了。一九九五年，他因病離世的前一年，我回重慶看望他，他已是一個擁有十多台機床和其他加工設備的工廠主了。我倆應該說都已飽經滄桑，對世事的洞悉當是很冷峻了，可當我對他的商業成就表達真誠的讚歎，那一刻，他竟說了一句讓我哭笑不得的話：

「這算什麼啊？我們這種人，原本該是當××的角色！辛苦半生，才不過辦了這麼一個破廠！」

出於對朋友、對死者的敬意，我把××幾字隱去了——他說他該當××這話，太容易讓人想起項羽說「彼可取而代之」時的狂妄，對於當今的黨和國家領導人是大不敬的。我理所當然該將此話隱諱了。我祈願他焦躁多年的靈魂在陰界安息，阿門！

慶典次日一早，吳慶舉帶領校宣傳隊在毛澤東巨像前粗聲大氣地宣誓一番，接著便出發到南充演出去了。隊員們一律贋品軍裝和紅袖套，很是威風凜凜，吳領頌一句，眾人呼喊一句，氣勢悲壯肅殺，像是疆場殺賊的出征式——也許只有我最清楚，吳是用這種形式表達他的滿腔憤怒。吳很善於組織這類製造群眾氣氛的事情。這次外出巡演留給我的印象，除了吳想繼續向人們表示他個人影響力的存在，還有，就是溫棟樑之死。

溫棟樑，四川自貢人，機械系四年級學生，業餘時間專攻二胡。此外，文革大亂始讓人發現他除了音樂天才，雜文寫作亦十分了得：俚語笑料，信手拈來，嘻笑怒罵，皆成文章。把重慶的保守派命名為「痲子兵」，始作俑者，就是他——日後編撰重慶文革辭典，溫生的名字是不可忘記的。他的死事發生在南部縣。是日宣傳隊住二樓：他們本已演畢就寢，不知何處來了一批武鬥勇士，住在樓下並且開始擦槍，一顆誤發走火的子彈便向二樓飛去，正正擊中溫的下身，流血不止，當即送醫院搶救。倒楣的是，那一晚停電，整個南部縣一團漆黑，醫院無法手術。命中註定他該於那個暗夜離去。於是他死了。

我們可以這樣推論：如果革委會不成立，或者成立了卻讓吳慶舉如願以償，在其中謀了一官半職，他還會那麼心理失衡、還會那麼憤怒難抑嗎？他還有必要採用將宣傳隊拉去南充的行動來表明自己的存在嗎？那麼，這位好端端的溫姓小夥子還會被走火的子彈奪取生命嗎？

我們有理由這樣結論——雖然有些牽強——不管怎麼說，溫莫名其妙成了重慶大學革委會的第一道、也是重大文革的最後一道祭品：第二十四位死者。

二十九、一九六八新年，散淡的印象

一九六八年的新年，吳慶舉遭遇政治危機同時，我的私人生活也面臨著危機。

一年前的元旦，正值「無產階級大奪權」前夜。每一天都讓人熱血沸騰。大學時代讀美國記者裏德關於十月革命的實錄《震撼世界的十天》，總為自己未能趕上那些大革命天崩地裂的年代而扼腕。一九六七年初的「一月革命」終於為傻乎乎的年輕人提供了獻身「震撼世界」生涯的現實舞臺，我的興奮和自豪不言而喻。一年以後的情況卻完全變成了另外一回事。《必勝》的巨大成功讓我沉浸的歡樂中，但私人生活中的難題卻把我搞得焦頭爛額。

新年前後，我和Z的關係已無法挽回，於是匆匆忙忙和S確認了戀愛關係：這個決定很快使我的內心陷入了極大的迷亂。年輕人尚未泯滅的純真使我不敢和Z直接對面，同時又覺得必須向她作出解釋，祈望她的理解。我只能逃避。一九六八年一月十日的日記這樣記錄了我的困境：「我想馬上離開學校。如果不和她見面，我的心裏會好受一些」。

「她」就是指Z。

我給她寫了一封很長的信，如實回述了我和S相識的整個過程並真誠向她懺悔。信的末尾——我至今記得寫了一段現在看來依舊非常真誠卻頗顯可笑的話——我說，當我們年邁遲暮，回首往事之時，我相信我對黨對人民都將問心無愧，但有一件事我卻永遠會痛悔不已：這就是與她的關係：我處理得過於草率。

我選擇了一個很特別的時間把信交給她。全校正在召開批判「中國赫魯雪夫」劉少奇的群眾大會。地點是風雨操場。兩個月前那個寂寞的黃昏，巨大的盆地裏闃無人跡，我就是在那兒大義凜然地傷害了一位少女真誠的心。這當兒是白天，整個會場亂如蟻穴，我以為在這種政治氣氛極其熱烈的環境之中把信交給她，會讓私人情感上的創痛沖洗得淡漠些。

她果然在鬧嚷嚷的人群中。我於恁大會場上穿行許久，最後終於發現她正靠在最後面的一段圍牆邊上。看見我走過去，她顯得有些激動。我永遠記得她眼裏閃爍的喜悅之光。她的驚喜突然間讓我感到恐懼，我不敢看她，我甚至非常希望自己動搖。謝天謝地！和她同時背靠圍牆的還有一個人：和她同居一室的、和她最要好的重慶女孩SH。那一刻，SH成了我的救星。我慌亂無比地走上前將信交給SH便匆匆離去。後來SH告訴我，收信當天Z就哭倒在床，幾天不吃不喝。

這個消息讓我恐懼欲絕。我沒想到我對她傷害的嚴重程度會一至於此。直到了第二年冬天，我因《必勝》一文而被收審，內疚的心情才稍得緩減。我給她寫了一封短信——那天晚上她就將和未來的丈夫、曾經暗戀她多年的L一同奔赴貴州山區的分配地，開始屬於他們自己的個人生涯。我已經成為局外人了，而且我的「牛棚」日子剛剛開始，吉凶未卜。我在信中除了對她和男友正式「確認關係」表示真誠的祝福，另外我說了：直到現在，我才那麼慶幸我們在一年前結束了彼此的關係，要不，這一年裏，你將無端地為我倒楣的命運分擔太多痛苦！她非常寬容地接受了我的祝福。那是一個山城的寒冬之夜，我們在牛角沱車站告別。我剛剛發現一位純潔少女的心曾為我如此熱烈而美麗地燃燒過，而這個草率的愛情故事就已經走到終點。這讓我惆悵不已。看見她站在迷離夜色裏向我揮手，那一刻我幾乎沒有控制自己的感情。天上滿是冬日巴山慣有的密雨。我任雨絲肆無忌憚地爬在我臉上。我不知道自己是不是已經潸然淚下？在二十世紀六十年代的中國，徹底政治化背景裏長大的一代年輕人，他們對於自己最神聖的感情生活，表現得如此的陌生而無知！

個人生活中的初次危機完全令我猝不及防。一九六八年初，我只有遠遠避走一條路了。這樣，我終於第一次離開「戰鬥崗位」，去了一個完全陌生的地方：海口。

事前，我完全不知道南中國遙遠的海島有這麼一個美麗的地方。事實上，那兒的年輕人對四川的知識同樣少得可憐：僅僅知道有一種叫「涪陵榨菜」的食品特別好吃。滑稽的是，那兒偏偏有一個叫「紅衛兵海口第三司令部」的組織成了重大八一五的忠實崇拜者，這讓我們有點兒受寵若驚。邀請信送來戰報編輯部，崇拜者陌生的名字和特殊的地理位置使我有充分理由說服總團的勤務員們，順利地批給了一筆路費——我當然沒有向他們提及那一個段純屬私人的原因——這樣我就去了。

我說自己第一次離開「戰鬥崗位」，是因為自文革開始，我就覺得自己已經成了一名神聖的無產階級革命的「十字軍」軍士，我們將拯救正在急劇墮落的世界。我把這個虛無的責任看得如此神聖而莊重，好像自己須臾離開，整個世界就會發生毀滅性的災難。六六年秋天全國大串聯，許多同學免費外出旅遊，閱盡大山名川，從小渴望遊歷天下的我不曾半點兒心動。一九六七年夏天，戰火在整個川內蔓延，許多同學都回鄉避禍，當「逍遙派」、「胖左派」去了，我也沒有走，我甚至對他們的膽小怕事嗤之以鼻。惡臥於炮火連天的炎夏之夜，我依舊做著壯麗的獻身夢。而這一回，四川和重慶的政治舞臺什麼事情沒有發生，我卻走了。

海口給人印象如同四川郊縣的鄉鎮，荒遠又簡陋，窄窄的古街顯得冷落淒清，除了幾家烹飪精緻的粥店、五光十色的賣海石花和貝殼的棚戶，幾乎看不見商店，更鮮有內地司空見慣的大字報。小城的閒散和我的心十分熨貼，只是很奇怪，在外間鬧得你死我活的文革，不知道在這兒怎麼樣搞的？

確實召開了一個周年慶典，主人也確讓我在慶典會作過一次為時不算短的演講。大會很簡陋，是在一個非常普通的禮堂裏舉行的。它的簡陋讓我想起我一九六七年三月我到嘉陵江對岸參加的那次礦區反奪權大會。我的記憶至今還能保證我是慶典上唯一的外地代表，而重慶的武鬥，本身就有那麼多絕對動人的題材，我的演講大獲成功。接下來還和他們合出了一期合刊報紙。

合刊未署《八一五戰報》名，僅以《驚雷》第三十三期的名義付梓，時間是二月二十六日。我代表編輯部寫了祝賀文章：《敬禮，英雄的海口三司》，對等的是對方也發表了編輯部文章：《緊緊握住你們的手，英雄的山城八一五戰友》。現在重讀這些遊戲文字，我唯一能聯想到的就是克雷洛夫寓言的一句話：「為什麼公雞要吹捧烏鴉？因為烏鴉吹捧了公雞。」此外，我們還寫了「王關林和重慶八月戰爭」和「讓革命大聯合東風來得更猛烈些吧！」二文，算是對對方每天的熱情款待——天真爛漫的「三司」中學惟恐我不能吃到當地的美食，每天都要給我送來許多點心和小吃，還送給我許多貝殼和海石花——做了個交代。

海口的椰子樹極多，從碼頭到城區漫長的道路兩邊全都是，海風浩蕩吹過，不停地在林間抖下快活的沙沙聲。獨特的樹和獨特的南國景色讓我十分興奮。北方早已木葉凋殘，山殘水剩，這兒依舊一派鬱鬱蔥蔥，讓人感覺特別愜意。除此之外，我就是成天和三司一幫中學生廝混。閒來無事，我們一起去沙灘揀拾貝殼，睡大覺，聽海風和椰聲不停歇地吹過頭頂。無所事事地躺在南中國海暖洋洋的沙岸，我突然有了醉臥桃花源的感覺。正在震盪著整個中國命運的災難突然變得那麼遙遠。

二月下旬傳來消息，說是畢業分配已有結果，很快可以離校了。我於是匆匆忙忙返回重慶——那年二月月大，回到重慶是二十九日——回校後才發現是一場虛喜：畢業分配毫無動靜，依舊遙遙無期。我回電機系宿舍去，幾乎所有五年級的寢室都空空如也，同班同學——廣義地說——所有五年級同學，回學校把工資領了，一看局勢不妙，馬上又跑了個精光。

高年級學生們的心灰意懶一點兒也無傷這世界的熱鬧。重慶大學的校園裏依舊滿是新鮮的大標語：「打倒劉張，斬斷黑手，鏟剿派性，實現革命大聯合！」／「文攻武衛，徹底粉碎劉張之流武裝奪取專縣的反革命陰謀！」／「加強紀律性，恢復重大民兵師！」／「念念不忘專縣！」……

我很快把離校期間的「戰報」索來檢看，前一年秋天勝利成果鼓舞之下的低年級同學依舊在乘勝挺進。二月二十二日，全校還有滋有味地召開了一個「重慶大學首屆戰士代表大會」；一本正經地「給我團為保衛毛主席革命路線而英勇獻身的二十四位烈士的家屬，頒發了追認為我團優秀戰士的證明書」；通過了決議案：「發揚八一五革命造反精神，為建立省市革命委員會而拼死戰鬥！」

重慶大學的「戰士代表大會」前的二月七日，重慶市的十二所大專院校八一五派也在重慶建工學院緊鑼密鼓地召開會議，煞有介事地發表了一個所謂「建院公報」。《公報》確認，四川「形勢大好，不是小好。整個形勢比以往任何時候都好」，而「由於有毛主席親自批准的市革籌組的正確領導，有四川文化大革命的忠實保衛者——五十四軍和其他駐渝部隊這道偉大的長城，有無限忠於毛主席革命路線的八一五革命派的浴血奮戰，山城的文化大革命形勢空前大好」，公報號召全體八一五戰士為「為建立省市革命委員會而奮鬥！」

大概與會頭頭們已經難以回避大學生中日益彌漫的消極與失落，「建院公報」沒有忘記寫道：「會議嚴肅批判了『逍遙正確論』的錯誤思想。指出，逍遙派就是不革命派。」真有些無可奈何了。

恰恰在我返回重大的前一天，重慶大學赴京參加中央四川問題學習班的人員剛剛在毛澤東塑像前宣誓出發。這次學習班的成員極其龐大，雙方各約五百人。中央這回是動真格了，要正經八百解決四川問題了。文革兩年，稀裏糊塗，血雨腥風，你死我活，真是一場莫名其妙的大賭局，最後花落誰家？這次該揭曉了。兩派的主要頭目無一遺漏，全部出陣。重大一共去了多少人我不清楚，反正王亦富——就是那個喜歡唱《馬房放奎》，後來當過某軍軍長秘書、接下來成功自殺的文革幸運兒兼苦主——去了。他是作為「八一五戰報」的代表參會的。頭頭們出發前已有吩咐，為了配合北京的鬥爭，要求家裏人抓緊再掀「打倒劉張」的新高潮。

我一點兒也想不起當時具體想了些什麼？做了些什麼？文革開始一年多，我確實是第一次離開「戰場」這麼久，看到空空蕩蕩的高年級學生宿舍和熱熱鬧鬧的低年級同學大字報，我有一種外鄉人的陌生之感。我莫名其妙想起《鋼鐵是怎麼練成的》書中的插圖，重病初愈、死而復生的保爾•柯察金茫然坐在海邊孤獨的長椅上。戰爭結束了，人們都變得如此碌碌無為。柯察金準備自殺。對於我來說，Z已經不再存在，新的興奮點也不知道遁影何處？我當然沒有想到自殺，但是，我覺得該做點什麼事情要填充自己了。

三十、「三・一五」：四川的政治地震

《山城戰報》主編李乃如得知我已回渝，馬上托人帶信要我回去續寫「五評」。

正是重慶難得的晴日。早春的太陽透過薄薄的雲層恰到好處地向人們播灑溫暖，重慶大學滿眼蔥綠。李乃如帶著《山城戰報》全體編輯人員來重慶大學的毛塑像前面悠閒地旅遊一番，然後興致勃勃地合影留念。那一天主編李乃如的心情很好，他非常舒服地坐在籐椅上，全體編輯則眾星拱月一樣圍在他的身後。有人對我說過，李主編是頗有一番來歷的。最初在共產黨的地方黨報《四川日報》做編輯，再以前，共產黨執掌大陸政權的一九四七年，他還去過臺灣——可能就因為有了這一段特殊經歷，因此個人檔案袋就有點兒不清不白，不知最後為什麼就從黨報報社被搞出來，弄到普普通通一所中專校當了語文老師。再分析，照他這年齡、這經歷、這性格（明明都四十多歲老大不小的人了，偏偏跑來社會上攬一個什麼戰報主編來幹，實在有點不安分守己。文革的事，哪兒不是楞頭楞腦的年輕人充主角？），一九五七年為何沒倒楣？這很值得懷疑。莫非他也像那個不甘寂寞的羅廣斌？不見棺材不掉淚，不到黃河心不甘？總而言之，從照片上看，主編一定感覺勝利已經在望了，神情很自信的。

幾篇「四川時局」述評已讓《山城戰報》名聲大躁。前面說過，在我離渝期間，《山城戰報》李主編迫不及待約請四川外語學院一位老師續寫「四評」《再論把無產階級專政下的反復辟鬥爭進行到底》，其聲勢尤為巨大，由《山城戰報》、《八一五戰報》、《八一戰報》、《山城紅衛兵》、《星火燎原》、《機關戰報》六家報紙聯合出版。「四評」有個副標題：「兼評《對重慶無產階級文化大革命若干問題的看法和建議》」。文章中所稱的「看法和建議」是指「反到底赴京彙報小組」和「首都紅代會赴渝戰鬥兵團」在一九六七年八月，即社會上所謂「反軍亂軍」搞得最為熱鬧時起草的一個「絕密」文件，內容當然也該是「反軍亂軍」一類。這份半年前的陳穀子爛芝麻，不知道怎麼給八一五派給弄到手上，以為是打倒劉張的鋼鞭，於是趕在北京開會解決四川問題之前抓緊公開。

四川外語學院這位文林高手寫罷該文便絕塵而去，不知所止，我接著又被李乃如關進了交際處（《山城戰報》當時已搬該處）閉門造車。從時間推算，我花了約莫兩個星期把文章寫成了，取名：「把劉張推上歷史的斷頭臺」。從名字就可以看出，我們認定事情應該到頭了。北京很快就要對四川和重慶動手術了。已經用不著囉嗦，不需要像中共評蘇共那樣一傢伙就來九下子，劉張該跨台了。

文章是三月十七日脫稿的，等不及文章發排，四川的政治舞臺風雲突變。

文章脫稿的前兩天，一九六八年三月十五日，星期五的晚上八點正，周恩來、陳伯達、康生、江青、姚文元、謝富治、吳法憲、葉群、汪東興等中央領導在人民大會堂接見了四川省革籌組、成都軍區和五十軍、五十四軍的領導。接見凡四個半小時。出席接見的中央領導眾口一詞，把「紅成」和「八一五」幾個月之「倒劉張」行動罵了個狗血噴頭。康生稱：「反劉．張就是給李（井泉）、廖（按：指廖志高。四川省委書記）翻案。」周恩來加碼：「就是劉、鄧復辟。」一貫喜歡出風頭而又嚴重人格缺陷的江青又是指示又是插話，宣佈反劉張「是翻案嘛！是一股翻案風。」——雖然僅僅時過兩年多，一九七零年秋，劉張二人就被同一批領導人命定為「資產階級野心家、陰謀家」並逮捕法辦，判處有期徒刑十八年。「三．一五」，是曾經得意忘形的八一五派的黑色星期五。

參加過「三．一五」接見的反到底派領袖李木森在他的回憶錄「使反到底派欣喜若狂的『三．一五』指示」一節中這樣記錄了對立派的興高采烈和八一五的垂頭喪氣：「最讓反到底代表興奮的是，毛主席還專門為反到底派發出了最新最高指示，特別是那一句；『重慶八一五的《大局已定，八一五必勝》，叫反到底派批的一塌糊塗』，這條「最新最高指示」在學習班裏被使用得最多，最廣泛，有的反到底代表一見到八一五代表就背誦這條語錄，八一五代表只得忍氣吞聲，不敢有任何不滿的表示。有的反到底代表像話劇演員背臺詞一樣，一天到晚就在反覆背誦這條『最新最高指示』……」

所謂毛「專門為反到底派發出了『最新最高指示』」的情況如下：該次接見一開始，周恩來就講話了，他說：「主席看的比我們多，是主席看小報，看了給我們講的。主席許多小報都看了。重慶八一五的《大局已定，八一五必勝》，主席說叫反到底派批的一塌糊塗。」如果就事論事，僅僅從語法上看，這句話非常中性，不過陳述一個事實而已，並沒有傾向要愛誰恨誰。問題是，聯繫整個「講話」對於八一五派的騰騰殺氣，「必勝」一文的其罪當誅，卻再明白不過了。

文革那會兒的通訊條件相當落後，上述讓四川發生政治地震的這個講話直到第三天才傳來重慶。人類歷史上每一次科學發現：鐵器的出現、火藥的發明、原子能的使用……都曾經極大地推動了社會文明的進步，也帶來過巨大的災難。完全可以想像，如果當時的通訊水平能夠和幾十年後的今天那樣發達：人人手上都捏一隻手機哇哇啦啦打個不停，到處都有網吧供人發E－MAIL、QQ聊天，那麼，一九六六年八月肇始的大動盪、大破壞、「紅色恐怖」、大會造反、武鬥、「八月戰爭」……總之，所有文革引發的災難都將會被大大加速，變得更加慘烈，而文革本身的破滅也可能大大提前。對於一九六八年春天即將降臨的災難尚渾然不知的我，正非常敬業地蝸居於重慶市交際處山坡上的小屋，得意洋洋地在稿紙上宣佈對立派領袖的末日。那一段是重慶最好的季節，春夜格外地靜謐溫馨，我幾乎天天都寫作至深夜。三月十七日的日記這樣記錄「我完全沉浸在工作中。差不多熬了四、五個夜了。通過昏暗的玻璃窗，完全可以看得出我明顯地消瘦了。兩個星期，我寫了三萬字。取了個名字：『把劉張推上歷史的斷頭臺』」第二天，我們自己卻被告知，該上斷頭臺的不是劉張，而正是我們自己。三月十八日，我的日記劈頭蓋腦就是四個字：

「風雲突變。」

幾十年後，不管我怎麼動腦筋，總是想不起這個消息具體是什麼時候傳來的？怎麼傳來的？為了把這段往事補敘得更加明晰，我求問過許多過來人，可誰都想不起了。當年還在八一五戰報堅守崗位的黃肇炎告訴我，說只記得編輯部開了一個會，大家發發牢騷便一哄而散。他還記得編輯中只有一個人沒有表態，只抿笑著一語不發，接著就走了，並且再沒有回來。「當時我的印象就是，這人還挺成熟似的」他說。我接著打電話去成都，找到了這個「很成熟」——他剛剛從局長位置上賦閑回家。我問當時情況，他說他只是必須平靜地接受這個現實，很灰心，後來就天南地北到處玩了。

事實上，當時的大學生本身就夠困惑了，如已經置於斜坡的石頭，反正都是要跌進深淵的，推不推它都一樣。我在那則「風雲突變」的日記的末尾無奈寫了這樣一段話：「無產階級對於自己事業的必然勝利從來就是充滿信心的。哪怕在前進的道路上會遇到有多麼巨大的風暴，但是他們的決心是不會動搖的」，接下來，就把三萬多字的文稿燒了，然後把紙灰倒進抽水馬桶，在一陣訇然而至的水聲中沖了個乾乾淨淨。從那以後，我的日間一片空白，直到同年七月底。

聖光消失了。其實世界上本不存在聖光的。只是當人們習慣於信奉某種教義，習慣於期待某人賜予幸福、習慣於恐懼並非真實的災難降臨、習慣於對意圖指點自己的人輕信盲從，習慣於委託人代替自己思想，人世間就造出聖光了，接下來人們開始輕鬆地從神（或聖人）那兒找到自己生存的理由，並得到滿足。其實，他們只需要稍微花費一點力氣審視自己輕率皈依的、按照傳統去崇拜和敬畏的物件，很快就會發現：其實神（或聖人）和自己有什麼不同呢？悲劇在於，人們總是要等到完全絕望、等到被神（或聖人）狠狠給一巴掌，這時才會想到該抬起頭來，不再那麼膽怯地審看一下偶像和自己到底有何不同。宣告八一五派政治死刑的「三・一五指示」就是這樣的一巴掌。這時候他們才有可能不再那麼戰戰兢兢——不光是對關於自己個人的命運的段落，還包括他們所崇拜和恐懼過的一切——並把聖光完全剝去。

以往奉為聖典的所謂首長講話再也不神聖了。人們甚至感覺到他們簡直就在信口開河。時過幾十年，我還能記起「三・一五指示」中江夫人的無恥和霸道。這位無產階級文化革命的「旗手」，公然非常荒唐地宣佈道：「楊尚昆是惡霸地主，他的家屬沒有好的。」共產黨中央的辦公廳主任楊，不過一人開罪了最高領導，其遭遇竟有甚於封建時代的九族株連！重慶化龍橋某單位普通員工，楊的、八竿子都夠不著的遠房親戚，皆因楊在中央為官，逢人便喜歡吹噓此段血源——其實他從未從中得過半點好處——江青懿詔一出，這個倒楣蛋立即被雷厲風行揪出來實施了「群眾專政」。革命旗手還有一句指示尤其讓人噁心，也出自「三・一五」：「李大章同志，（按：李為四川省原省長，延安時期江的入黨介紹人）我為了接濟你，一天吃兩個燒餅。（你）要保持革命的晚節。」在顯然非常神聖的會議上，恬不知恥地要用幾十年前兩個區區燒餅來換取他人的所謂革命晚節——大學生們由此擴展開去，兩年多來多如牛毛的各種「指示」「講話」，類似無聊荒唐的東西比比皆是——如此下作的人竟執掌著八億大國的命脈，泱泱中華，其可哀也，何有甚哉？

我不再迷信了。

肯定是什麼事都不能幹了，我把「五評」燒掉，便徹底地回學校來了。

我開始為自己尋找安慰。我重新背起畫夾，漫無目的地沿著嘉陵江河谷遊蕩，春天的陽光照耀在白色沙灘上：我再一次發現它是那麼寬廣；水岸邊光滑的岩石，在我的眼裏重新變得輝煌而美麗。還有滿眼春色的磁器口小鎮，初綠的新樹像噴泉一樣生機勃勃，還有它身後透明的歌樂山，都變得和七年前我初來重慶時一樣充滿誘惑。我有一種久違的新奇和感激之情。我想起了古代哲人陶淵明的《歸去來辭》：「田園將蕪，胡不歸？既自以心為形役，奚惆悵而獨悲？悟已往之不諫，知來者之可追；實迷途其未遠，覺今是而昨非。」

除了畫畫，我還莫名其妙對二胡產生了濃厚的興趣。我把尚未派發完畢、胡亂堆碼在編輯部角落的宣傳材料、就是揭露「叛徒」羅廣斌「自絕於黨、自絕於人民」、自殺身亡的宣傳畫一張張裁開，用背後的白紙裝訂成八開大小的本子，工工整整地抄寫樂譜，接著嚴格地按照譜上標注的指法練習二胡演奏。我練得如此專注，以至在很短的時間內便從別人挖苦的「殺雞殺鴨」階段，直到能夠熟練地將《江河水》拉得如泣如訴，把《山村變了樣》、《豫北敘事曲》這類名曲拉得物我兩忘。還有，我開始沉迷於攝影。留守編輯、後來在雲南山區炸藥廠擔任總工程師的黃肇炎是一個工科天才，動手能力絕對一流——他和我在這個領域獲得了絕佳配合。我們倆成天在一起探討照片的反差和層次、上光和著色、契比索夫標準配方、柯達標準配方和矮克發標準配方、顯影液和定影液、米吐爾和幾奴尼、溴化鉀和無水磷酸鈉……黨委辦公室原來有一隻大得出奇的木制花架，我們毫不留情地將它的腿鋸掉，三面蒙死，一面裝上門，再鑿出散熱孔，改造成了一台放大機——比正規的放大機至少大上三倍。編輯部的資料庫是不常用的，我們把它佈置成一間暗房，再自製了一些稱量工具之類，自己配製些顯影和定影藥液……一切就準備停當了。

當時，未來的炸藥廠總工程師正忙於準備那一段後來被證實是很失敗的婚姻，成天都極端認真地把女友僅有的幾張玉照用各種手段進行加工處理：不同尺寸、著色、柔光、羽化……像製造一件對國計民生產生重大影響的工業產品。十八般武藝全都耗上來，他把照片上的小美人服侍得格外周到。

正在談清說愛的同學們也都趁機找上門來，要我們沖洗女友玉照，以及他們和女友一起的留影。熱戀情人在這些照片上或摟或抱或摸或吻，毫無顧忌，表現得十分親熱——如果把時間座標稍稍往前推移一段——比如一年——就憑照片上這些作派，把這廝戴一頂「資產階級生活方式」的政治帽子，揪上臺批鬥當是綽綽有餘的。現在不同了，除了開幾句善意而且下流的玩笑，對於同學們的類似要求，我們從不拒絕。還有人乾脆把「封、資、修」書籍上撕來的男女激情圖拿來翻拍複製，我們也來者不拒。這些激情畫中印象最深的，是一本書的插圖：雲淡風清的大海上飄蕩著一葉扁舟，靚女俊男正在船舷邊赤裸相擁，如癡如醉。書的名字叫《海涅詩選》，好像是馮至先生譯的。這位多愁善感的德國詩人據說和無產階級革命鼻祖馬克思私交甚篤，還被馬老先生大加讚揚的。複製這類東西絕對安全。其實，那時候需不需要革命導師認可已經不重要。大學生什麼都不怕了。即使被資本主義國家長期封殺的奇淫禁書，像三十年代上海出版的《查苔萊夫人的情人》之類，也開始在校園悄悄流行。

學生九舍「呆霸王誤入銷金帳」的故事就發生在那段時間。

九舍主要由機械系同學居住，一樓和二樓同時也雜居一些文工團同學和部分單身教師。文革開始後不久，單身教師陸續從九舍搬出，無人接管的空房就被機械系和文工團的造反派們強行入住了。四樓機械系學生房客某，不知何許人也，一人於一樓獨佔了空房一間。反正天下大亂，誰了管不了誰，於是某便行起了金屋藏嬌的好事。中學女生某某被他私匿其中，每當夜深人靜，何許人便鬼鬼祟祟從四樓潛下一樓來，躲進空房與心上人行魚水之歡。何許人行動自然詭秘，但群眾的眼睛則更加雪亮。後來某日，該多情種子的陰謀終於被居住一樓的文工團員發現——文工團的好事者很快自發組織起來展開捉姦活動。好戲擇日上演了。

且說某晚，何許人照例鬼鬼祟祟在夜深人靜之時從四樓潛下一樓，正欲進房，突然發現走廊上有人影比他更加鬼祟，於是掉頭走進一樓廁所暫避——這兒有必要補充說明，學生九宿舍只一樓衛生間設有大便坑，二、三、四樓則只有小便池。因此何許人夜半深更從四樓下到一樓便有一個非常理直氣壯的理由：大便。他在坑上假蹲許久，鬼鬼祟祟出來，發現走廊上的人影依舊可疑，於是上樓去了。

何許人的第六感觀完全正確。文工團的捉姦志願者當晚已精心排出陣容：誰誰誰值八點至十點班，誰誰誰值十點至十二點班，誰誰誰值十二點至凌晨兩點班……餘類推。上面說何許人第一輪下樓，他發現的正是潛伏既久、隨時準備出擊的捉姦隊員，他不得不悵然回屋了。

又說，其時登徒子滿腹慾火早已中燒難耐，身雖回屋，人焉能入睡？在冷床上折騰半天，又摸下樓來——走廊上的捉姦志願者依舊鬼影幢幢——何許人再次踅進一樓大便坑假蹲許久，又回去。如是上上下下凡三回，他確認今晚好事告吹，於是死心踏回四樓安睡去了。

再說輪值志願者廖某，電機系四年級學生，文工團二胡樂手，在一樓走廊鬼鬼祟祟巡遊多時，發現目標上樓後久不下來，自個兒憋不住淫心大作，色膽衝天，乾脆就想來個李代桃僵。心上人的房門本是虛掩的，廖生輕輕一推便開了，摸黑走近床頭，撲上去抱起女孩便親。中學女生開始還以為是好事降臨呢，發現來者原為陌生色狼，頓時怒喝流氓！大呼救命！

文工團的志願者枕戈待發，聽見深夜裏一聲吼，個個喜出望外，全從自個兒屋裏衝出來直奔事發地。燈已打開了，少女餘驚未消，只顧靠在床頭喘喘。眾人問她流氓呢？她說跑了。認識嗎？不認識。什麼樣子？沒看清。從哪兒跑的？翻窗跑的……不需要任何偵探常識，案情很快真相大白：留在床前的鞋子，正是該時段值班員廖某的。志願者們面面相覷，接著一哄而散。

廖果然失蹤了。畢業時班上通知事主家庭，父母親說已許久不知其子去向；後來再通知，說他的分配保留一年有效。一年後還是沒有任何反應。幾十年後，我遇到多位廖生同班同學，再問，依舊毫無下落。大家說，他當是在那個羞愧難言的晚上，跳嘉陵江自盡了。

這是當時大學校園裏的情況。毛澤東想把年輕一代變成清教徒，事情恰恰走向了它的反面——雖然這絲毫不影響在後來的時間裏，這些大學生中誕生出了許多社會主義建設事業的卓越領導人。難道社會主義建設的領導人只該是清教徒和偽君子嗎？更何況上帝都允許年輕人犯錯誤，為什麼我們不能？更何況，他們的荒唐本身就是對更加荒唐的時代的反叛。

下面繼續說我自己的故事。

三十一、如此中央學習班

我的攝影技術和二胡水平日臻完美，北京方面突然傳來消息，說學習班追查《必勝》風聲日緊，「王二麻」無法招架，急電我速去北京候處。時間是四月下旬。記得是一個黃昏，總團派摩托車徑直送至楊家坪一片山岩下的長江岸邊，再用一艘小艇把我送到朝天門，繞了這麼一大圈路，我才猜想城裏的局面一定很緊張了。後來看資料，知道當時重慶的零星武鬥又開始此起彼伏。被三一五指示激怒的八一五的鐵桿：重慶六中三二一一戰鬥團糾集若干對趾高氣揚的「反到底」已經忍無可忍的八一五武士，在三月下旬某天（記不起準確時間了），乾脆把工總司總部整個兒端了，強迫所有俘虜高舉雙手作投降狀，然後趕出大樓。反到底本不是省油的燈，素多六七年「八月國內革命戰爭」久經鍛煉的亡命之徒。重慶八一五和反到底，這兩隻被中央講話刺激得頸毛倒豎的烏眼雞，一有動靜，肯定又會打個死我活。只是那段時間我成天泡在暗無天日的沖映房，外面世界打沒打？重慶交通阻沒阻斷？我渾然不知。

出發是四月下旬，在輪船上無憂無慮地走川江，過三峽，盡閱高山流水，再慢悠悠地換車從武漢到北京，已時近「五・一」。恰恰在我上北京的旅途上，四川的政治局面莫名其妙突然緩解。四月二十七日，像是天上意外掉了餡餅似的，八一五得到一個利好消息：前述中央首長第二次接見了前述人員，並且又作了重要性不亞於「三・一五」的講話。

前面已經說過，三月那次講話之後，四川的八二六和反到底可說是得意忘形了。前述反到底領袖的回憶可讓人大體領略當時的熱鬧。該回憶錄如是寫：「『三一五指示』傳達後，反到底派歡天喜地，八一五派垂頭喪氣。反到底派的個別代表聽完傳達下來，馬上把八一五派和五十四軍一直想要結合的辛易之（注：原市委書記處書記）拉出來，用墨汁給他畫了花臉，畫上烏龜相，衣服、褲子也畫得花花的，把他拉到政治學院大門旁邊去低頭請罪。／學習班裏談大聯合時，有的反到底派代表說，八一五的錯完了，沒有資格進入革命委員會；有的說，八一五的自己也認為他們在革委會中可以占三到四成，反到底可以占六到七成；有的說，現在反到底還在受壓，還沒有翻身，要等翻身了再談聯合……總之，反到底派代表普遍是趾高氣揚，尾巴真的是翹到天上去了。」

八一五的後臺是五十四軍。五十四軍的後臺是成都軍區司令員梁興初，還有那個調去成都不久的軍區副政委、五十四軍原政委謝家祥。射人先射馬，擒賊先擒王，反到底當然急不可耐地要把背後這倆傢伙揪出來。想當初「九・五命令」下達，梁大板牙那廝在重慶一呆就是幾個月，成日價把八一五捧上天，把反到底訓成龜孫子，把劉、張損得一文不值。人說三十年河東三十年河西，沒承想不過半年河東就變了河西。此仇現在不報，更待何時？全四川的八二六、反到底又開始鬧起了亂子，要打梁倒謝，要徹底翻燒餅，要不依不饒。

毛澤東的文革已經搞得中國天下大亂，到處都勢同水火，到處都你死我活，到處都按下葫蘆起來瓢……北京的操盤手們對此絕對是傷透腦筋的。那時判定誰對誰錯有什麼真理標準？沒有。有什麼道德評價？沒有。有什麼行為規範？沒有。北京不需要誰再來造反再來懷疑一切打倒一切了，它就要你聽話。誰聽話誰規規矩矩誰就是左派，不聽話就是壞人，就是「黑手」，就有「幕後指揮」。以鼓動造反、批判「馴服工具論」肇端的文革，時過兩年，事情繞個圓圈又回到了起點。

北京的文革操盤手們需要對八二六、反到底這幫頭腦發熱的傢伙降降溫了。四月二十七日，發表「三・一五指示」的原班人馬第二次接見了四川各路諸侯並再次發表「重要講話」，要剛剛高興了一個多月的八二六、反到底馬上剎車，立即停止「打謝反梁」行動，同時順理成章又把五十四軍及八一五派安撫一番。「重要講話」再也不褒誰貶誰了，明確宣佈：兩大派都要抓壞人、抓「黑手」。「兩派裏都有壞人，有幕後指揮，還有黑手」操盤手們宣佈，現在，兩大派都要發動群眾，把矛頭對準兩派裏的壞人，要抓黑手，抓後臺，這樣才能聯合起來，建立革命委員會。「重要講話」當然沒有忘記特別提醒反到底：「現在你們如果再去壓八一五，同樣要犯錯誤，要上敵人的當。」

一個月前八一五挨了五十大板，一個月後反到底又挨五十大板，誰也別再指望把誰打倒。雙方真正的扯平了。北京已經把話已經說得很明白，誰再搗亂誰就成為壞人，成為「黑手」。學習班秩序重歸正常。那篇「毛主席批判過」的「必勝」已經成為隔日黃花，誰也沒有興趣去炒冷飯。它的作者也就沒必要再弄進學習班去作「無謂犧牲」了。總團安排我住進了前門外一條什麼胡同裏的高教部招待所，當聯絡員。

所謂聯絡員，顧名思義，工作任務就是上傳下達：每天和家裏（學校）通通電話，然後準時去中央學習班通風報信，交換情報。

我們管去學習班通風報信叫「探監」。所謂我們，包括四川各市、各地甚至各縣造反派派來京城的聯絡員。無論哪派，通通都把去學習班通風報信叫作「探監」。中央學習班位於玉泉路解放軍政治學院，即原中國科技大學的地盤。離城很遠，大門由持槍軍人嚴把死守，閒雜人等一律不得隨便出入，可是圍牆——準確說是一排長長的鐵欄杆，其功能酷似監獄探視時橫隔於探訪者和受訪者之間的鐵柵欄——各地各派聯絡員每天晚飯後都準時在欄杆外守候，彼此約定俗成，各占一定位置，彼此之間互不干涉。欄杆裏面的人憋得煩膩，也常有翻越欄杆外出遊玩者，彼此間也從不告密。「壞頭頭」們翻牆越欄次數多了，動作幾已爐火純青，讓人想起蒲松林筆下那位最擅破壁的嶗山道士，雖有高牆阻隔而來去自如。後來我發現有幾處欄杆實際上已被暗中砸斷，輕輕一抽就露開一條大縫，人從中出入遊刃有餘，出後把欄杆放置原處虛掩現場，誰也覺察不出來。

四川兩大派在政治問題上不管吵得如何天翻地覆，翻牆問題上始終保持高度一致。

挨了板子以後，兩派心裏都明白了，北京並不想寵一個虧一個的，兩派都該是他們的乖寶寶。北京分給您多大一塊蛋糕您就規規矩矩守著吃。甭想貪嘴。貪嘴只會挨屁股。寶寶們變得規矩了。彼此之間的矛盾開始退居次要，接下來的問題是，大家開始圍著自己的蛋糕爭大奪小。各派內部矛盾迅速上升。

自稱一貫代表正確路線的八一五派，在革委會席位問題上的爭奪也夠熱鬧。其間最具有爆炸性的事件是盛傳吳慶舉為了撈官兒做，公然暗中寫信向「敵酋」劉、張告密。謠傳起因是如後：

某日，八一五內部正在討論推舉何人去省革委當副主任為妥——周家喻其人雖然不怎麼樣，紅疤黑跡一大堆，可是因為反到底老喜歡拿他出氣，動輒就要摸他的「老虎屁股」，知名度無人可比，推舉他參選省革委當副主任幾乎眾口一詞了——討論正在好好的，突然間劉結挺發下話了，提議要吳慶舉來充任該職務。此提議頓時在八派中激起軒然大波。八一五內部沒任何人推舉過吳呀！如果不是本人告密自薦，劉結挺怎會拋出如此莫名其妙的動議？起因也逐漸有了說法，傳說吳在校革委組閣中失利，「堤內」損失想要「堤外」補回，有點兒汪精衛和蔣介石鬥，鬥輸了就要投靠日本賣國求榮。八一五的駐地當天晚上鬧翻了天，不管怎麼說，你吳慶舉的知名度怎能比得周家喻？更何況你告密叛變，實在可惡得很！周家喻就是個傻兒，我們也非要選他不可！

劉結挺這時候站出來發話了，既然你們內部意見統一不了，重慶的副主任位置就暫時不安排了。八派不安排，對等的反到底也就不安排了。問題是，原定進省革委班子的反到底一號種子選手黃廉和八一五的周家喻相比，名氣差著一大截呢！有點兒像田忌賽馬，八一五的上馬周家喻算得真正的上馬，反到底的上馬充其量不過中馬而已。將水平相差懸殊的兩匹上馬同時逐出賽場，吃虧的當然是高水準一方。劉結挺略施小計，便把八一五噎得喘不過氣。

現在輪著吃了大虧的八一五們把髒水往吳慶舉頭上潑了。關於吳的「叛變投敵」雖然僅僅是些謠傳，無法證實。但無法證實的謠傳其殺傷力恰恰比有法證實的事實更為兇險。吳是百口莫辯了。本來就滿頭白髮的吳變得更加孤立也更加消沉。知道我來了北京，有一天「探監」時他就翻欄出來，陪我一道去了頤和園，向我傾吐了滿肚子苦水。他說：

「有誰比你更瞭解我？你說吧，我能幹那種事嗎？」

他顯然想從我這兒得到否認謠傳真實性的結論，但我沒有滿足他。我不想對謠傳的真偽加以判斷。我說我對這些事一點兒興趣沒有。接下來我又重複了一遍幾個月前我在毛塑像下對他說過的話：

「文革中這些轟轟烈烈、恩恩怨怨，不過過眼雲煙罷了！我們不是馬上就分配了嗎？最後還不飛鳥各投林！慶舉，別把官場糾葛看得那麼重！」

那一天頤和園遊客甚少，很清靜。而且那一天我才知道頤和園還有個後園，有一院慈禧的專用戲臺。戲臺院內更是空無一人，我大吼了幾聲，連回聲都沒有。

中央學習班裏的情報事情好像沒有什麼需要傳了，甚至學習班內部也沒有必要吵鬧吵鬧了，反正上面怎麼說，雙方只管照辦就是，別動腦筋，准不會出問題。翻牆出來的人更多了。翻出來就絕不談政治，就散心，就逛大街、逛公園，玩，瘋。凡是有人——不管哪一派——說得出的景點，絕對都被通通一掃光，包括遠在門頭溝外那座衰微破敗的潭柘寺。北京完了，就去天津，去唐沽，看大海，與漁民神侃，侃得對方心甘情願把剛剛打起的生猛海鮮捐出來讓學生領袖們狂吃。

我想不起楊憲騰——就是在群眾大會上臭罵中央領導「給老子啷個搞起的」那個《橫眉》報主編——是什麼時候來北京的。他來北京，立即成了重大八一五這幫哥兒們的財神。他報紙沒過辦幾期，可辦報的經濟核算比我強得多。我心目中的紅衛兵小報從來是沒考慮過錢的，都是義務宣傳，楊卻把帳算得一清二楚：每張報紙固定成本多少？可變成本多少？發行多少份？可賺多少錢？他的經濟頭腦讓我目瞪口呆。他利用辦報之便，印了許多「大批判材料」：《打倒李井泉》，反正大量公費都無償攤消了，成本自然是很低了，厚厚一大本賣一五毛尚有可觀利潤。他和橫眉另一位姓孫的編輯把它們長途運來北京，就是看好京城市場。我沒事就幫他們賣書，學習班的哥兒們溜出來也來賣書。賺了錢大家就一窩蜂地下館子喝啤酒，一律由楊憲騰買單。啤酒喝得太頻繁，橫眉主編的肚子明顯地大起來，這使他非常苦惱。更苦惱的是：大家都來揩油，財政窟窿太大。他向我訴苦：「以後追查起來，我一個人還不起呀！」我的概念還是鬧文革啊，命都賠進去了，你何必愁這個？他連說你不懂你不懂！

儘管楊對財政問題憂心忡忡，但凡有玩機，他總不會錯過，大家也不允許他錯過。那次去天津唐沽看大海，八九個人也是幫他提著幾大捆《打倒李井泉》出發的。先是在勸業場大喊大叫，書錢全部交給楊就一起奔水上公園。去水上公園之前，還賣了一大包鹵豬腳去回民飯店喝酒，嚇得店主人只敢在心裏叨念真主，小心翼翼勸我們把吃剩的骨頭收好拿走。酒喝得太多，後來在公園裏開水仗就特別忘情，個個通身濕透。公園小湖中間有個小島，小島上原來不知是不是有座亭子被破四舊破了？反正我們去的時候小島光禿禿的。幾位來自中央學習班的學生領袖就把衣服褲子全部脫個精光，赤條條全裸上陣。我記得那天正是六一國際兒童節。園內遊人如織。領袖們的造反行動太前衛，嚇得我不能不提請他們注意一下影響。我記得尤其清楚，一位中央學習班成員回答我：

「怕什麼？人皆有之！他願看就看吧！」

照相術正讓我迷得發熱發燒，凡願外出遊玩散心者，我從來自告奮勇全程陪同並負責攝影留念。攝影是需要花錢的：這件事沒法沾楊的便宜，就鑽頭覓縫找竅門，聽說王府井的攝影器材商店有電影製片廠淘汰下來的過期電影膠片，二十七Din的作二十一Din使用一點問題沒有，馬上跑去採購許多。商店將這些過期的電影膠片剪成五米一段處理零售，每米平均價僅為兩毛一分，裝進一三五相機，可以照出四十多張來，很適合窮學生的消費水平——我於是有了一項十分愉快的日常工作：製作膠捲、照相、沖膠片。包膠捲和沖底片都是用被子蒙住，全憑經驗進行的。唯一不能做的就是沒暗房，無法洗放照片。我統計過，兩個月間，僅我個人自拍的照片就近一百五十張，在我此生幾十年中再無如此記錄。其他人的則更多：僅從照片的數量就足以說明學習班的哥兒們玩得有多野。這樣說吧，北京沒有我們沒有去過的地方。十三陵之類的通用景點，更被走得熟門熟道。而且常常是步行出遊。我們是在夕照蒼涼中沿著燕山山麓行走的，沿途也常會遇到北京大學生，三三兩兩，也作徒步之行，他們總是極其認真地撲在斑駁難辯的古石碑上，用作業紙和鉛筆小心翼翼地拓碑上的字。他們工作得極認真，我們問他，說有時候一天僅僅能拓幾個字。問他幹什麼？一位眼鏡聳聳肩膀，向我做一個北京人特有的高深莫測的表情，說：

「你看見了不是？凡是沒有被毀掉的石頭，上面總會有一種永恆的東西！」

回答如此認真，好像對付老師的課堂提問，我笑了，說：「你是北大哲學系的？」

「沒錯。北大哲學系的人不是個個都只會寫馬列主義大字報。」他說，然後撲回斷碣殘碑，用鉛筆認真地繼續地抹。

沒有被毀掉的石頭，還有夕陽中的十三陵，神道兩旁孤獨的石獸和石人；還有頹祀的長城；還有圓明園被劫火焚燒過的石柱石樑……它們確實讓人想起更多的永恆的東西。我們在那兒流連忘返。

兩年前的「紅八月」，毛澤東一聲令下，全中國的年輕人就轟轟烈烈破「四舊」、砸廟宇、燒字畫，摔古董，時間僅僅過去一年多，事情就完全卻變成了另外一個樣：年輕人對殘破的古代文化表現的熱情，真是對當年自己荒唐的革命激情的最好諷刺。

三十二、從武漢到重慶

重慶市革命委員會是六月二日成立的。四川革命委員會則在八月份成立。兩個大會自然都很熱鬧。但我一點兒不知道。一年以後，我已遠走邊疆，偶然遇到同時發配來此的四川大學中文系的女生P。她是我的對立派，但彼此間已完全沒有派性概念了。事實上，當時被發配到邊疆的四川大學生很多，八一五派、八二六派，反到底派……都有，他鄉聚首，大家突然間都不識派性為何物了，雖然不久前，任何一個觀點分歧都會讓雙方打個頭破血流。環境對人的影響很大。人們一旦去了個新地方、尤其是陌生的地方，為了自己的生存，大家馬上捐棄前嫌，成了好朋友。說起四川省革命委員會成立盛況，說到她們參加演出的《四川大有希望》，這位八二六「女戰士」還喋喋不休、激動萬分。《希望》也是一個所謂大型音樂舞蹈史詩，配合歌頌四川革命委員會成立的。四川革委會當時的實權控制在八二六派手上，它的成立是八一五的惡夢。這位「女八二六」對派性十足的四川省革委所表現的深情一點也沒讓我反感。相反，我覺得她唱出的曲調非常優美：「金色的葫蘆笙金色的歌，一人唱來萬人和，涼山九十九個火把節，不如今天多快活」。如果一年前聽她這麼唱，我很可能會找她拼命。現在完全變了，流落邊寨的外鄉人全都跟著她放聲高歌，像卡拉OK大獎賽上的多人組合。時間真是個好東西。讓人忘記仇恨，變得豁達大度——這是後來的事。

一九六八年的夏天，我已經對政治感覺漠然。從北京來到武漢，我又在姐姐家裏待了很久才啟程回重慶。武漢期間我依舊每天攝影和沖洗照片。姐姐家的廁所被我用布和紙板蒙得嚴嚴實實，改造成了臨時暗房。已進夏天。夏天的武漢是有名的大火爐，密閉的廁所裏溫度更是高得可怕。我成天就光著膀子、穿著褲叉在裏面折騰，勁兒夠瘋狂的。直到後來實在受不了了，這才硬著頭皮出發，開始極不情願的回校之行。

重慶至武漢這一段水道在我的心中是永恆的詩意航道。大學時代我的第一次遠行，就是沿這航道走出四川的。面對波瀾壯闊的大江，我完全像只會看圖識字的小學一樣，虔誠地坐在甲板上，一邊閱讀散文家劉白羽的《長江三日》，一邊讚拜兩岸悠悠而來的重崖疊嶂。通紅的陽光把平靜的江水照得玻璃一樣發亮，我曾有抑制不住的慷慨激越。「我象在一支雄偉而瑰麗的交響樂中飛翔。我在海洋上遠航過，我在天空上飛行過，但在我們的母親河流長江上，第一次，為這樣一種大自然的威力所震攝了。」我差不多能夠把劉白羽的散文大段大段背下來：「我們的詩歌是戰鬥的詩歌，正因為這樣，我們的生活是最美的生活。列寧有一句話說得好極了：『前進吧！這是多麼好啊！這才是生活啊！』……」

一九六八年夏天，當被嚮往已久的「革命生活」折騰得心灰意懶，這一條航道對我已經沒有了半點兒詩意。船上乘客本來不多，而且那年月出門在外，誰也說不清誰是幹什麼的，彼此間非常警惕。整個航段一忽兒屬於這派勢力範圍，一忽兒變成另一派管區。如果派別搞錯、甚至被人點了「水」，遭遇麻煩甚至發生性命之虞，隨時都可能的。輪船在山峽谷裏低沉地鳴著號，寂寞地逆流而上。進三峽了。過西陵峽、過巫峽……一路無事。船泊巫山，算是平安地到了四川省境，算是回到家鄉了，氣氛卻陡然變得異常緊張。船在巫山碼頭停靠了很久，久得連傻瓜都會到感覺不正常——確實不正常了：船員們在甲板、舷梯、貨艙和駕駛艙忙忙亂亂，先是卸什麼東西、裝什麼東西，接下來由開始花數倍時間在駕駛艙和機房等要害處堆壘砂袋。砂袋壘得極高，整個駕駛艙被遮掩得嚴嚴實實，像臨時構築的碉堡，僅留下幾個觀察孔。整條船成了準備到槍林彈雨中去等待挨打的活動載體。砂袋堆壘完畢，船員們很敬業也很嚴厲地將所有乘客統統趕下底艙，蓋上鐵板，這才起錨續行。透過緊閉的鋼窗縫隙往外看，岸邊山坡上果然不時有作戰工事劃過，碉堡裏的槍口炮口冷漠有光，大有惡戰將臨、一觸即發之勢。

乘客躲在底艙裏大氣不敢出。艙位非常仄逼。正是夏天，長江河谷本是盛出「火爐」地帶。中國著名的「三大火爐」重慶、武漢和南京都彙集在長江邊上。幾百人被杵進一隻擁擠不堪的活動「火爐」裏焙烤，那難受滋味實在教人非常容易就想起了奧斯維辛集中營或者別的什麼。我想到的是殖民時代的黑奴販運。歐洲殖民者向拉美販運非洲黑奴，都是將黑人像牲口一樣塞進船艙，經由海路長途顛簸而去的。人販子害怕黑奴在艙裏窩得太久，起岸時腿腳不靈便賣不出好價錢，每天總要把他們從擁擠不堪的艙中趕上甲板，敲打酒桶、鐵鍋，逼他們胡亂跳一通森巴舞。川江上的船員把我們趕下底艙當然是為了安全，但窩得太久，太難受了，我還真希望有人把我們趕上甲板敲打一會兒酒桶和鐵鍋呢。有類似想法的不光我一個。有旅客就和船員吵起架來，吵得很厲害，甚至揚言即使被打死也比悶死在活棺材裏強。這類吵鬧最後都以更多旅客的勸解和船員的勝利而告終。貪生怕死者畢竟占人類的絕大多數。

我在心裏默默地計算著航程，猜測應該經過或者該到達的景點，以此打發熱得直想輕生的難堪時光。離開巫山，就該過瞿塘峽了。瞿塘峽很短，我準確地記得它僅僅只有八公里。我還記得劉白羽的文章說過，瞿塘峽的特點是險峻雄奇，「……峽中，激流澎湃，濤如雷鳴，江面形成無數漩渦，船從漩渦中沖過，只聽得一片嘩啦啦的水聲。」峽口有許多摩崖石刻，不知誰寫的「夔門天下雄，艦機輕輕過。」當是其中最大的一幅……離開夔門，就該是奉節了。奉節碼頭有一溜煙高高的石階，石級頂端有一座古城，城頭三個大字「依斗門」，我一直不知道它典出杜甫的詩「夔府孤城落日斜，每依南斗望京華」。奉節過了就該是雲陽了。雲陽縣城對岸山上有一座張飛廟，我記得廟前有「江上風清」四個大字……實在悶得難受，想著想著我就不能再堅持下去。事實是我根本就不知道已經走到多遠？走到哪兒了？當時最大的願望就是到甲板上去透一口新鮮空氣。

終於被放出來，乘客們全都像迎接解放一樣衝去甲板上。兩岸青山處處，讓人感到特別爽。好像這時才發現自己還在地球上。我突然有了得隴望蜀的意思：下一個碼頭，我一定上岸去，甚至一定要裝模作樣地用手去觸摸一下岸上的土地。

終於又該靠岸了。船員告訴說，前面將船泊涪陵碼頭。前面我已經介紹了，涪陵的榨菜比整個四川省的知名度還要高。每次過往船隻停泊，在一陣慣有的忙亂之後，總有很多賣榨菜的農民挑著擔兒湧上躉船。榨菜都用一種很袖珍的土壇封裝，外面還套上一隻小竹筐，非常精緻典雅。可現在我一聽涪陵心裏就發怵：涪陵是有名的砸派窩點呀！我這個八一五派不大不小的知名人士，絕對不敢輕易下船，自投羅網了。

事情比我想像的還要嚴重得多。剛剛船靠碼頭，還沒停穩，一群武裝人員已虎狼一般衝上甲板，像電影上參加南京大屠殺的日本人，一個房間一個房間地驅趕，把所有人全部趕到頂層甲板上接受檢查。我囫圇地往亂七八糟的隊伍中間擠，這時突然想起了：我衣袋裏還裝著《八一五戰報》的工作證呀！心裏不禁暗暗叫苦，自以為這次被抓，當是凶多吉少了。一九六七年四月那次被沙市紗砸派抓獲，其時武鬥尚未開打，人多少還講點兒文明。現在有了「八月國內革命戰爭」的血腥鍛煉，殺個把人，簡直就如同一碟小菜。有一剎那，我簡直就自暴自棄了。我悄悄對排站在我邊上的同行者說了，如果我出事，你到重慶找誰找誰，幫我報個信。同行者也是我一派的，成都人，他只管安慰我別著急。

幾百人先是排成幾道蜿蜒長蛇陣，按順序一個個盤查，PASS的就站後面去。現場的混亂讓我的機會主義惡性膨脹。事實上後來果然出現了機會。前排有一被查者突然間和武裝人員大吵大鬧起來。好像是有人點他的「水」，說他的八一五的什麼首惡分子，將他強拖出隊伍。他宣佈他壓根兒就是逍遙派，而且還非常強硬地宣佈他認識砸派某某大人物。雙方幹得熱鬧，本來就混亂的隊伍越發混亂。我趁機溜出隊伍摸到最後一排站好。後排全是通過檢查的人。「日本鬼子」雖然手執武器，但人太少，PASS的人更顧不過來，於是，我趁著混亂，眼疾手快地將《八一五戰報》工作證掏出，一下子就扔進了身後長江滔滔奔流的波濤之中。

這此歷險成為了一個象徵：我的紅衛兵小報經歷，在經過最後一次劫難之後，結束了。

我現在完整保留的報紙共有六十期，即從一九六六年十二月九日出版的創刊號至一九六八年三月二十日出版的第六十期。第六十期是和《山城戰報》合刊的。只有兩版。和創刊號的氣吞山河壯志凌雲形成鮮明對比的是，六十期滿紙都是政治高壓下的無可奈何與言不由衷。這差不多就是一個表徵：紅衛兵作為毛澤東時代一個畸形的政治群落，從被利用到被遺棄，它短若蜉蝣的生命，已經開始消亡。六十期第一版通欄標題是：「緊跟毛主席偉大戰略部署牢牢掌握鬥爭大方向，認真學習堅決擁護中央首長三一五重要指示」。下面是重慶八一五革命造反聯合委員會通知：「號召全體戰士堅決擁護中央首長三一五重要指示，堅決貫徹落實紅十條紅五條為奪取無產階級文化大革命全面勝利而奮鬥」；還有就是重大八一五戰鬥團「關於堅決擁護中央首長三一五指示的聲明」。第二版也只有兩篇文章。其一為社論：「毛主席是舵手，八一五跟著走」；其二，兩報編輯部「關於撤銷《大局已定，八一五必勝》並歡迎無產階級革命派進行批判的聲明」。根據我當時在藏報上作的記錄，這篇「撤銷聲明」是由我執筆寫的，足見相當滑稽了。其後《八一五戰報》又出了多少？什麼內容？除零零散散保存了幾張外，我一概不再了然了。

我所知道的只是，八一五戰報的後任主編王亦富從北京學習班回來以後，就實際上全部負起了報紙的出版工作，雖然當時誰也不再關心這個，《八一五戰報》已經可有可無。王以一個小縣城的孩子而能出人頭地、能參加中央舉辦的學習班，能和重慶市的最高軍界人物同機飛返，這些都足以讓他非常自豪的。從北京回來後他情緒極好。於是後來，他被進駐學校的軍人相中，入了伍，當了軍官。那時候，重慶大學最後分配出去的大學生，全部趕去攀枝花鐵路建設工地接受軍人的「再教育」。日日風吹雨打。在歷盡了幾年劫難，所有的人和事都不再神聖的中國，那一身象徵最後政治權威的黃軍裝，曾讓掙扎於山區工地的同學們羨慕不置。他當然也有理由很得意。再後來，他當了軍長秘書。再後來，他開槍自殺：那時文革剛剛結束，中國百廢將興。

三十三、走邊疆

下面是當時的幾段日記：

「一九六八年八月五日。事情和我預料的完全一樣，事情鬧大了，自然牽涉到我個人：這個寫『必勝』的罪魁。階級鬥爭太殘酷了。有什麼辦法呢？既然當初我們是把他們當作無產階級的敵人來看待，那麼，他們勝利之後，也必然要把我們當作階級敵人來看待，這有什麼奇怪？」

「八月九日。到處都傳抄著省革委首長接見重大八一五代表的講話：『必勝』的作者分配到哪兒呀？『必勝』是毛主席點了名的，反動的，你們知道嗎？……」

那段時間最喜歡來找我的是武鬥隊一些哥兒們，尤其採礦系五年級同學、三〇一武鬥隊的後勤主管陳捷。陳身坯粗壯，頭大，說起話來又口無遮攔。如果刮一個「禿瓢」，他活脫脫就成了一個時尚歌星，或者警匪片裏的一號反派。那段時間他像一位末日預言者，一進編輯部就喜歡和我聊蹲監獄的事。他說：「周兄，你可抓緊多吃點飯啊！我落實啦：石板坡監獄，每天只給犯人配六兩定量啊！」其時，我對那個領域我實在一無所知，我只有洗耳恭聽的份兒。一年後我去雲南邊疆了，這才聽說已經分配到重慶塗山煤礦的「時尚歌星」果然被當局抓了起來。同時從天南地北抓回重慶的還有十幾個同學，包括前面提到過的「屍長」鄭志勝。大約因武鬥血案牽連，十幾個大學生真的都被監禁多年。這時我才想起，陳向我津津樂道的監獄狀況，真是經過認真調查研究的。當時他對自己的命運定然已有了明確預感，想通過和我開這類玩笑尋找些同病相憐的安慰。

陳出獄後兩手空空，生活全然沒有著落。他就去重慶大學的門前擺地攤，賣些小百貨為生。他還把大學本科畢業證書，和指甲剪、打火機、手絹、清涼油之類的小玩藝兒擺放在一起兜售，讓路人、尤其重慶大學的老師學生不禁感慨欷噓。

如果說「必勝」帶來的厄運僅僅屬於我一個人，那麼整整一代中國知識份子，也正好在那些天開始了自己漫長的災難。就在我寫下上述日記的前幾天，七月二十七日，毛澤東派出由北京市革委組織的數萬工人和軍隊官兵——號稱「毛澤東思想宣傳隊」——開進清華。氣焰囂張的井岡山「團派」首領不知此事系偉大領袖親自所為，公然進行拼死抵抗，並於當日打死工人和軍人五名，傷七百三十一名。中央高層大為震怒。毛於次日凌晨緊急召見北京紅衛兵五大領袖，冷嘲熱諷地痛加批評，繼而指示「無產階級的金棍子」姚文元撰寫「一篇指導當前政治的文章」；文畢，毛對姚文三次作認真修改，定題為：《工人階級必須領導一切》，於八月公開發表。

姚文把毛澤東用以策動文革的高等學校、即所謂「知識份子成堆的地方」，正式斥之為「大大小小的『獨立王國』」、「『多中心即無中心』論者盤踞的地方」；文章毫不客氣地宣佈：「那種把工人當成『自己』以外的異己力量的人，如果不是糊塗，他自己就是工人階級的異己分子，工人階級就有理由專他的政。」文章中有一段話尤其醒目，是毛親自加上的：「有些自己宣佈為『無產階級革命派』的知識份子，一遇到工人階級觸動他那個小小的『獨立王國』的利益的時候，就反對起工人來了。這種葉公好龍的人物，在中國還是不少的。這種人就是所謂輕視工農、愛擺架子、自以為了不起的人物，其實不過是現代的一批葉公而已。」姚文把知識份子和「那些患了近視症但還不是死不改悔的走資本主義的當權派們」相提並論，居高臨下地加以「奉勸」，實則是一併加以申斥——從此以後以至很久，「知識份子」緊隨「地（主）、富（農）、反（革命）、壞（分子）、右（派）、叛徒、特務、走資派」這八種專政對象之後，正式列名第九，簡稱「臭老九」，成了准專政對象。

七十年代，我曾在某工廠當過為時不短的電工，師傅們對大學生動輒就「老臭」「老臭」地喊得順口。

開始我心裏還有一些反感，時間一久，也就習慣了。無非一種稱謂罷了，何必自己找氣生呢？在這個問題上，王二麻的態度一開始就很豁達：「人家姚文元又沒有奉勸我。他奉勸的是那些輕視工農、自以為了不起的知識份子嘛！老子從來瞧得起工農兵！一看見工農兵，老子就忙不迭喊爹喊媽：爹！媽！——他奉勸我幹嗎？」

工宣隊進駐重慶大學那天，哥兒們與其說是自發前去歡迎，不如說是去看熱鬧。正是吃飯時間，大家擠在校園道路兩邊，把手中的飯碗敲得震天價響。發現隊伍中有不少女工，大家尤其興奮，尤其很多女宣傳隊員正值花季妙齡，相貌可人，不少同學暗暗動了凡心。

得知大學生們將和我一起倒楣的消息時，我想不起自己是不是也有過些許安慰？

八月二十八日工宣隊開進重大校園前後很長一段時間，我的日記都沒有任何記錄，大約心情太壞。到十月十六日，日記本上又開始有了些斷斷續續的記錄：「堅強起來吧！樂觀起來吧！天塌不下來的，哪怕再大的苦難，哪怕再大的風浪，你都應該經得起。」十月二十一日日記：「不管是自我欺騙，還是其他什麼，總之，我還是希望著，還是追求著，我願意把我的前面看作綠柳春光，而不是黃花秋葉。往事不堪回首，我願意它們通通死去，而後踏著這具屍體，更加穩健地向前走去。」

到十月二十二日那天，我把珍藏多年的信件全部燒了。日記上僅留了一首七絕：

縷縷火煙焚錦書
西風颯颯冬涼初
韶華如灰歸去也
還望邊陲葉正綠

這幾則日記，估計是在我被弄進學習班審查之前寫的。當時已風聲日緊，我需要作些準備，同時也不敢再多記什麼給自己添麻煩，我的日記便到此為止了。後來，一直到工作之後，也就再也沒有了完整的日記。

不久後，我被審查。

兩派有爭議的人物都被扣留下來不予分配。八一五當然多些。他們人多，幹的事情多，名氣太大，惹的麻煩也多。「智擒李井泉」的、參加武鬥的、處理屍體的、虐待戰俘的……問題隨便一抓一大把，不管問題為真為假。反到底派「井岡山公社」人數寥寥，人們印象中，他們好像什麼像樣的事情都沒幹過，你能抓他什麼把柄？沒把柄。所以我印象中，他們的人一個都沒有揪出來。苦了的倒是一些代人受過的「右派」。一九五七年被打的年輕右派趁一九六二年政策短暫放寬之際，不少又返校復讀，沒承想因為同情了反到底觀點，於是就被八一五揪出來陪綁，弄我們一起挨審查了。某晚學習結束已經很晚，我從冷清清的六教學樓走下來，電機系四年級右派學生韓公第，一個弱不禁風的瘦高個兒，看見四下無人，趕上來將我拽住，可憐巴巴地說他挨得好冤！他向我申辨他絕無反八一五之心，皆因無辜被疑，多次被班上的同學打得遍體鱗傷，說著就撩開衣服要我看他的滿身傷痕。他的痛述使我很受感動。他說我們人多勢眾，和工軍宣隊的關係又好，他懇請我替他代為疏通。其時，我和他同時被審，觀點相同或者相悖已沒有任何意義，重要的是，我們「同是天涯淪落人」，而我亦正為自己的檢討書而焦頭爛額，又何能對他援之以手？再說，不管怎麼說，他是一個身份明確的右派，階級敵人，而我，我依舊認為自己是個堂堂正正的革命左派，我無辜被審，不過是一時冤枉而已，我怎能和他同流合污？我對他表示了同情，至於別的，我斷然回絕了。

除了個別的如韓公第者流，學習班裏寫檢討的，全都是文革中的風雲人物。有時去參加全校的大會，我們這幫人一走入會場，全體同學便起而哄笑——稱我們為新的「牛鬼蛇神隊」——甚至掌聲雷動。其意也，我們知道：有善意的嘲諷，也有無奈的酸楚。我們於是就友善地向全場哥兒們揮手致意。

韓公第說我們和工軍宣隊的關係好，這話確實沒錯。在整個審查過程中，軍人宣傳隊員和工人宣傳隊員確實沒有為難過我們誰。審查我們，他們無非是要給氣勢洶洶的老想給八一五過不去的「省分辦」主任張西挺做個姿態、有個交代而已。如下一件事情可說明軍代表的仁義。某同學Y因被審查，其分配山東濟南的女友，一到工作地便給他寄來絕交書一封。其書概云：到了工作崗位，她在老工人的幫助下，認真學習了毛主席著作，經過了鬥私批修，深感她和Y的關係是沒有革命基礎的，故而正式分手，云云。讀罷來信，Y的心中怒火不打一處來。下午整個學習時間他都心不在焉，獨個兒撲在桌上寫字，就寫一句話：「火可以燒死人，水可以淹死人，但水比火更可怕，因為她有一幅溫柔的面孔」，這句話翻來覆去地寫，白紙寫得漆黑一團，翻過來又接著寫，直到把背面也寫得漆黑一團了，再翻過來又寫……軍代表發現他對政治學習心猿意馬，於是點他的名了，專門要他發言。Y正當氣頭，開口便罵娘：

「說老子炮打林彪，炮打林彪，老子什麼時候炮打過？現在好了，你們查了半天，查出沒有？你們問題沒查出來，老子的婆娘倒搞吹了！這算怎麼回事呀？你說說，這算怎麼回事！」

軍代表聽罷，當即也一拍桌子，大吼：

「你婆娘搞吹了關我屁事！說明她對你不忠嘛！這點考驗都經不住，這種婆娘拿來幹啥？再說你婚都沒結，算什麼婆娘？吹了，再找一個不就完了！」

軍代表話猶未了，Y倒嚎啕大哭起來，哭罷，悻悻地摔門而去。這次種極不禮貌的行為，軍代表不過一笑置之，並沒有找任何麻煩。不久，Y和我們同時離開四川。他去了遙遠的北方。八十年代，他又遠渡去國，成了美利堅公民。

我的問題關鍵是交出後臺。據說上峰發過話，說像「必勝」這樣高水準的東西，年輕人是寫不出來的，尤其工科大學的年輕人。我能有什麼好交呢？該「大毒草」整個兒就是我自己的主意。雖然四個人執筆，但最後卻系我個人統籌潤色而成。一次交不出來後臺，又繼續交代；不行再交——後來實在走投無路，便有朋友給我出了個餿主意，說《山城戰報》主編李乃如在「清理階級隊伍」的高潮中已被揪出啦！他問題嚴重得很呢！一九四八年他就去過臺灣，後來不知道怎麼又跑回來，很可能是潛伏特務。開始他在《四川日報》做編輯，皆因歷史問題才弄下來教書的。我的朋友們動員我，說反正李是在劫難逃了，在他本已非常嚴重的問題上多加一條罪狀，沒有什麼本質的不同。再說，他本身就是《山城戰報》主編，說他黑後臺也不冤枉——我接受了這個主意。我對李印象一直不錯，但為了保我自己過關，我終於在交代材料裏違心地誣陷了一位可尊敬的長者——幾十年後，檢討自己一生行為，我為此深感痛悔。如果李先生健在，我願意真心地向他表示我的歉意。

我被放逐了。所有八一五被審查的人員幾乎都一齊被放逐了。四川是我的故鄉，卻又是個是非之地，我是那樣地眷戀它又那麼地仇恨它。擔心夜長夢多，事有突變，我甚至來不及去信告訴父母，拿到「報到證」當晚，我便急急忙忙買車南下了。時間是一九六九年舊曆歲末，春節悄然將臨。我已不敢在故鄉靜靜等待節日。那一夜，重慶火車站夜色如磐，連一顆星星都沒有。我走了。

火車擁擠不堪。和我同樣亡命天涯的一撥中學生在車上和我意外相遇。他們認出我，還有同時發配雲南的「學習班」班友「老黃牛」黃順義和張應田——張是冶金系五年級的畢業生，性格靦腆，一見人就會客客氣氣地笑。我實在搞不明白為什麼會有人揭發他殺過人，並且非常冤枉地和我們一起寫這麼久的檢查——中學生認出我們三人，馬上主動上前攀談了。當時上山下鄉運動已經開始，他們不想去「廣闊天地練紅心」，而八一五的「親密戰友」五十四軍剛剛調防雲南，中學生們想前去那兒從軍。我們三個大學生，加上這一撥中學生，隊伍夠熱鬧了。大家淪落天涯，陌路相遇，夜夜作達旦之談，絲毫不感覺困倦。

真正的寂寞是從昆明開始的。我和大家作別，繼續單獨驅車西向，從此大家各赴東西，為未知的命運奔忙。張應田去了一個民族自治地方，和我通過幾封信就再無音信，後來知道他已死於工傷。黃順義在昆明僅僅呆了半年便揪回重慶審查。而那一幫中學生——記得我乘坐的班車從楚雄縣車站繼續向西出發，我突然看見他們正行色匆匆地步行前來。天還沒亮，群山籠罩在寒冷的夜色裏。他們跑來車窗下向我喊話，說他們沒錢趕車，已經走了一夜啦！接著便消逝在迷離的晨光之中。我和他們的短暫友誼便從此、並且永遠地結束了，連一個姓名都沒有留下。

那真是漫長的路程啊！從昆明到邊疆保山，幾十年後的今天僅僅八個小時的車程，而那時需要整整四天！橫斷山重岩疊嶂，陡峭的山路斷弦遊絲般在崖頭飄動。車過風城下關，幽黑的蒼山山頭還飛著碎雪。越往後道路越加險峻了。山兩旁的雲團像沉屙不起的巨獸，一群一群地偃臥峽谷中。第三天黃昏住宿在一個叫大栗樹的峽谷中。小旅店就懸在傾斜的山岩上。從旅舍的視窗仰望，兩邊山高萬仞，非至亭午夜分，不見曦月。第二天沿瀾滄江峽谷續行，再翻越重重青山，終於走出山峽，終於看見了一個狹長的、滿眼灰黃的壩子。牛車在土路上毫不動氣地緩緩行過，輻條四射的木輪像古老的太陽化石，慢悠悠地碾著山裏悠長的日子。坐我旁邊的當地乘客告訴我說：保山到了。

我突然鬆了一口氣。我知道，這塊荒遠的土地上終有一個屬於我的生活驛站。面對陌生邊地，我口占了一首七絕：

蒼山雪嶺腳下踏
橫斷山頭驅長車
花街燈市何足戀
邊陲自古男兒家

我預感到我很快又將同命運進行新的抗爭。我將會遭遇更多的悲歡、厄運、成功和失敗，還有我無法拒絕也無法知曉的生活故事。

記錄這些故事將是另一篇文章的任務了。

【附一】大局已定，八一五必勝——評四川時局

《山城戰報》、《八・一五戰報》編輯部

一九六七年七、八月，在中朝邊境的延邊，發生了一件叛國投敵的反革命暴亂，在呼嘯的槍聲中，一小撮反革命匪徒在狂吠「金××萬歲！」……

在同一個時間裏，我國的東海前哨——福建前線司令部被強佔了……

在同一個時間裏，停泊在我國南大門——廣州港的滿載援越物資的輪船被搶劫了……

在同一個時間裏，上海、山東、山西、黑龍江、貴州，刮起了一股炮打革委會的黑風……

在同一個時間裏，歌樂山麓、瀘州城下、烏江岸邊、錦江河畔，處在一片彌漫的硝煙中……

在這些鐵和血的日子裏，山城八一五革命派和全國的無產階級革命派，經歷了最嚴峻的考驗。

在這兩個階級、兩條道路、兩條路線大決戰的關鍵時刻，全國的無產階級革命派都在思索，在考慮著這樣一連串的問題：

為什麼在無產階級文化大革命勝利向前的一派大好形勢下，革命卻出現了這樣的曲折和反覆？

為什麼有人大整我們敬愛的周總理的黑材料，企圖動搖和分裂以毛主席為首的黨中央？

為什麼有人竟敢冒天下之大不韙，動用他們所把持的宣傳機器，公開宣揚「揪軍內一小撮」的反動口號，企圖動搖和破壞無產階級專政的主要柱石——偉大的中國人民解放軍？

為什麼有人大肆攻擊毛主席親自批准的革命委員會「執行了資產階級反動路線，是資本主義復辟的工

具」？

為什麼這些反革命的政治勢力，在全國的行動是這樣的一致，步調是這樣的統一，氣焰是這樣的囂張？……

平地一聲驚雷，江青同志「九二」講話，姚文元同志《評陶鑄的兩本書》發表了！它們像紅色的閃電劈開萬里妖霧，驅散了七、八月的烏雲。原來，在這一連串嚴重政治事件的後面，有一個「龐然大物」在牽線，這個「龐然大物」網羅了美蔣特務、蘇修特務、日本特務、黨內「走資派」、地富反壞右，用極「左」的口號，欺騙了一部分受蒙蔽的群眾，瘋狂地向周總理奪權，向黨中央奪權，向毛主席奪權，企圖搞垮人民解放軍，從而篡黨竊國，從極「左」的方面將中國的赫魯雪夫的地位取而代之。這個赫魯雪夫式的野心家，這個陶鑄式的反革命兩面派，這個袁世凱式的竊國大盜不是別人，正是竊踞中央文革要職的、被他在四川的代理人吹捧為「馬列主義毛澤東思想理論家」的王力！

一、兩個基地、幾股黑線

王力是怎樣來實現他的篡黨竊國的反革命復辟大陰謀的呢？他是通過兩個基地、幾股黑線來進行的。

中央首長九月一日講話指出：「一切革命群眾必須保持高度的革命警惕性，嚴防國內外階級敵人挑撥離間，混水摸魚。堅決鎮壓美蔣特務、蘇修特務、地富反壞右的反革命破壞活動。」事實上，這個曾經因為鼓吹「三降一滅」而幾乎得到赫智曉夫大動章的、早就和國際修正主義眉來眼去、勾勾搭搭的王力，他所進行的反革命復辟的陰謀活動正是在國內外階級敵人的緊密配合下進行的。請看他的兩個基地，擁有豐富的煤、鐵、石油資源的我國重要工業基地東北，雄踞白山黑水，北禦蘇修，西拒蒙修，東敵朝修，是我國反修的前哨陣地。早在解放初期，高饒反黨集團就企圖把東北變為獨立王國，與以毛主席為首的無產階級司令部分庭抗禮。

號稱天府之國的四川，是祖國大西南的政治、軍事、經濟，文化的中心，是三線建設的要地，是援越抗美的橋頭堡，是抗禦印、緬反動派的前線。長期以來，劉、鄧通對李井泉、任白戈之流把四川變為復辟資本主義的大本營，進而實現他們在全國的反革命復辟陰謀。

正因為東北、四川這樣重要，王力、關鋒這個企圖篡黨竊國的反革命集團登臺以後，就看中了這兩塊地方，並把它作為他們反共反人民反毛澤東思想的基地。由關鋒插手東北，而王力則赤膊上陣，插手四川。

伸入這兩個地方的黑線有三條，

一、「五一六」兵團以及某些賣狗皮膏藥的「救世主」；

二、《××社》、《××日報》、《××雜誌》、《×××報》的某些所謂記者；

三、王力、關鋒之流的代理人。

而王、關反革命集團則坐鎮北京指揮，有計劃、有組織、有步驟、有目的地進行反革命活動。請看：

一月三十一日，王力在接見他的「好苗子」東北人大紅旗司令趙××和自稱「王力秘書」的林××（北地東方紅千將）之後，×代會東北戰鬥兵團頭頭李××就發出「現在長春市沒有真正的革命左派組織，現在的組織需要重新分裂，重新大亂」的叫囂，拋出「革命的大亂好得很」的大毒草；

與此同時，在一月二十三日，王力在人民大會堂叫囂：「西南要統統打亂，徹底打亂。」王力的應聲蟲×司赴渝聯格總站的頭頭張××不甘寂寞，破門而出，狂吠「山城八一五派必須大動盪、大分化、大改組」。

在「一月革命」的風暴裏，二月初，吉林省的真正無產階級革命派——長春二總部，一舉奪了吉林省委一小撮走資派的權，在五一六分子的煽動下，地、工、光、野便退出二總部，成立了長、東二社，公開拉起分裂主義的破旗；

與此同時，二月一日，五一六分子勾結大叛徒羅廣斌和砸派壞頭頭黃廉之流，退出八一五派，敲起了臭名昭著的「聯絡站」的開張鑼鼓。

二月十四日，在東北工大造大大隊長以上的勤務員會上，《××日報》的記者公開亮相，支持工大造大，並提出三點意見：一、退出二總部理由不足，還必須詳細佔有材料；二、打軍區必須注意策略；三、應該把觀點公開亮出來；

與此同時，在二月十日，早在八二八時期，就大整八一五黑材料，向李井泉獻媚取寵的《××社》重慶記者站的某些所謂記者，一反常態，從極右跳到極「左」，操著「大動盪、大分化、大改組」的「左左」調，拋出所謂幾點「粗淺看法」，亮了一個砸相。

在我們緊跟毛主席的偉大戰略部署，向中國的赫魯雪夫展開大批判、大鬥爭的關鍵時刻，關鋒居心險惡地叫囂「吉林省委又要照常上班了」，企圖全盤否定東北的「一月革命」；

與此同時，王力在《××日報》社別有用心地胡說：「整個四川都翻過來了」，利用成都軍區個別負責人所犯的方向路線錯誤，借題發揮，妄想否定毛主席的好部隊——五十四軍在四川的「三支」「兩軍」的顯著成績，為在四川建立他的反革命基地大造輿論。

四月初，北地的「救世主」林××公然在東北宣稱：「我們是王力派來的！」

與此同時，竄入重慶的北地東方紅《敢把皇帝拉下馬》，在渝大肆吹噓：「我們是中央文革派來的！」這是什麼「中央文革派來的」？說穿了，就是王力派來的。

四月十七日，在關鋒的支使下，長、東二社無理查封《長春日報》，在長春第一次挑起大規模的武鬥；

與此同時，四月二十一日，在王力使者北地的幾個小丑的煽動下，西師八三一在北碚對八一五戰士大打出手，挑起重慶第一次大規模武鬥。

吉林三軍一開始就支持了革命左派——二總部，本著嚴格要求自己的精神，他們向毛主席和黨中央作了檢查，中央認為這個檢查是「正確的」，「是痛痛快快的，而不是吞吞吐吐、扭扭捏捏」，並號召「在吉林應該開展擁軍愛民活動。加強軍民團結。」而關鋒卻給工大造大打電話，聲稱什麼「部隊已經公開承認方向路線錯誤……你們要高舉擁軍大旗，對你們有利。」在關鋒的煽動和鼓勵下，長社一小撮人得寸進尺，高叫要揪「吉林的趙永夫」，并揚言與「黑二保血戰到底」；

在中央關於重慶問題的紅五條肯定五十四軍的「三支」「兩軍」的顯著成績之後，王力在七月十四日接見重慶兩派時說：「這不能怪同志們，不能過多的過重的責怪無產階級革命派。」「我相信同志們給五十四軍提意見還是為了五十四軍好，為了部隊好。」給正在「揪軍內一小撮」的砸派火上加油，於是砸派「揪軍內一小撮」急劇升級，臭名昭著的北地東方紅黑「警司」還狂妄地向重慶警司宣戰，發誓「要把軍權奪過來」。

在他們「揪軍內一小撮」已經走頭無路的時候，他們企圖分裂偉大的中國人民解放軍，在吉林提出「打軍區，拉〇九（指駐吉的××軍），空軍是我們的好朋友」；

與此同時。砸派在重慶提出「蘭白靠邊站，唐司令員大膽幹」，妄圖挑撥和分裂駐渝部隊的親密關係。

在東北，長社制定了「紅色五月暴動計畫」，提出「六月大幹，七月奪權，八月結合」，在一小撮壞人的操縱下，六至八月武鬥急劇升級，在王、關的走卒東北戰鬥兵團的煽動下，瘋狂地進行斷水斷電，殺人放火，私設電臺，裏通外國，而七月底八月初的延邊叛國投敵的反革命暴亂實際上正是王、關妄圖實行全面反革命武裝暴亂的嘗試，在這場暴亂中，東北戰鬥兵團充當了急先鋒！

與此同時，重慶砸派一小撮壞頭頭精心炮製的《人民戰爭救山城》這篇反革命武裝暴亂的宣言書在王力及其四川的代理人慫恿下出籠了，他們幻想著「奮鬥的六月，決戰的七月，勝利的八月．美妙的九月」，瘋狂地實行戰爭升極，強佔國防工廠，搶劫銀行糧庫，用數十萬發炮彈把山城投進了戰爭的火海，實行殘酷的三光政策，大搞反革命暴亂，而王力在四川的代理人劉張夫妻店在這場暴亂中充當了砸派的黑司令部。

所有這些事實，步調這樣一致，時間這樣湊巧，計畫這樣周密，難道不是充分地暴露了王、關之流企圖以東北、四川作為反革命復辟的基地的大陰謀嗎？難道不可以明顯看出王、關之流的幾條黑線嗎？通過這些事實，難道不是可以清楚地看出王、關之流利用竊據的大權背著毛主席和黨中央，大搞篡黨竊國的狼子野心嗎？

事實上，王力、關鋒一夥正是通過這兩個基地，操縱這幾條黑線，向全國其他地方推進、發展反革命勢力。設在四川××縣的由王力在四川的代理人劉結挺之流一手控制的，由××八二六、重慶砸派、貴州四一一派拼湊威的所謂「大西南聯絡站」，實際上就是王力之流用來控制大西南的特務機構。臭名昭著的××八二六，自從「新生」之後，馬上就拍淨膝蓋上的泥土，藏起了在成都大廣場上倒掛過的白旗，到全國各地去揪軍內一小撮，去反新興的革命政權，為他的黑主子王力的反黨陰謀立下了汗馬功勞。王力的倒臺，敲響了極「左」派徹底覆滅的喪鐘，王力的倒臺，使得他在四川的代理人手忙腳亂，心驚肉跳。現在他們拼命銷毀罪證，急急忙忙從四川各專縣收回三十五萬多冊《王力語錄》；他們重新挑起大規模武鬥，企圖挽回敗局，從中撈取半根救命稻草，他們在政治上收買個別像××八二六那樣的學生組織為他們充當打手，他們利用手中掌握的宣傳機器，大造反革命輿論。妄圖用這一系列的反革命措施作垂死的掙扎，維持劉、張新獨立王國的統治。

但是，劉、張的新獨立王國的統治是保得了的嗎？王、關一夥徹底滅亡的命運是救得了的嗎？不行！你看，由毛主席親自點燃的文化大革命的烈火，已經把大江南北，長城內外，把整個中國都燃得通紅通紅！這一片空前壯麗的空前偉大的革命群眾運動的熊熊烈火已經把劉、鄧的黑司令部，李任死黨的皇宮燒得灰飛煙滅，今天，如果誰還膽敢反對毛主席，反對偉大的毛澤東思想，誰還膽敢重踏劉鄧李任的老路，企圖在紅色的中國的土地上營造自己的獨立王國，那麼他也就只能會和劉鄧李任一樣，被文化大革命的熊熊烈火燒為一片灰燼！

王力、關鋒之流的下場是這樣。

他們在四川的代理人劉、張之流的下場也只能是這樣。

二、王力在四川的代理人上臺後幹了些什麼？

在七、八月的反復中，有這樣一個奇怪的現象：

自稱「最擁滬省革籌」的王力在四川的代理人劉結挺的走狗的××八二六一小撮人，竟在全國到處賣破爛，在上海支持上柴聯司大反以張春橋、姚文元同志為首的市革委會；在山東支持山大「翻案兵」大反以王效禹同志為首的省革委會；在貴州支持四一一極「左」派大反以李再含同志為首的省革委會；在黑龍江支援哈市山下派大反省革委會；在重慶夥同砸派大反以藺、白、唐為首的市革籌……

他們的黑掌櫃王力之流在全國也正是支持這些「衝派」、「砸派」、「炮轟派」、「山下派」、「翻案兵」、「麻子兵」，而獨獨在四川卻支持××八二六大捧他在四川的代理人劉結挺，並在他的四川之行中，肉麻地吹捧劉結挺「是堅貞不屈的馬列主義者，是毛主席的好學生」，「他的整個生命就是保衛毛主席的革命路線」，「支持劉、張就是革命派」，「我們支持他是因為他代表一條正確的路線」，其肉麻完全到了無以復加的程度。

難道張春橋、姚文元同志都背離了毛主席的革命路線嗎？難道王效禹、李再含同志背離了毛主席的革命路線嗎？難道藍亦農、白斌、唐興盛也都背離了毛主席的革命路線嗎？難道偌大一個中國就恰恰只有他在四川的代理人「是堅貞不屈的馬列主義者」、「整個生命就是保衛毛主席的革命路線」嗎？不，事實恰恰相反，王力在四川的代理人和他一樣，完完全全是一個陶鑄式的反革命兩面派，完完全全是一個赫魯雪夫式的個人野心家，王力在四川的代理人上臺以後一系列事實也說明，這個小丑完完全全是王力安插在四川搞資本主義反革命復辟的急先鋒。

王力在四川的代理人劉結挺上臺之後，按王力的旨意，完成了政治、軍事、組織上的一系列周密的反革命部署，以便取西南的土皇帝李井泉的地位而代之，把四川搞成劉家的天下，把四川變為王力篡黨竊國的反革命基地。

一、在政治上，毛主席說：「凡是要推翻一個政權，總要先造成輿論，總要先做意識形態方面的工作。革命的階級是這洋，反革命的階級也是這樣。」王力在四川的代理人為了配合其主子反革命復辟的陰謀活動，從輿論上拼命詆毀偉大的毛澤東思想在四川七千萬人民心目中建立起的絕對權威，與此同時，卻大樹特樹王力的絕對權威，大樹特樹他們自己的絕對權威。

就是他，狗膽包天，竟然停下印刷《毛主席語錄》的機器，大量印刷又臭又長的《王力語錄》，並把它作為必讀檔，盜用省革籌的名義發行全川，要大家「擠出時間，加緊學習，改造思想，轉變感情」。試問：你們要改造什麼恩想？你們要轉變什麼感情？說穿了，就是要把四川七千萬人民、廣大革命幹部和中國人民解放軍駐川部隊指戰員對毛澤東思想的無限熱愛的深厚感情，轉變為對王力及其在四川的代理人的無限迷信。

就是他，利用他的狗腿子田禾獨攬了《四川日報》的大權，把黨報，變成八二六的派報，變成王力、劉結挺的喉舌，僅從九月九日川報被劉張接管之後的短短兩個月中，劉結挺被吹捧和報導的次數竟和川報十幾年來吹捧李井泉的次數不相上下，通過這一例便可以看出，新老土皇帝，何其相似乃爾。

就是他，曾經抱著西南土皇帝李井泉的大腿痛哭流涕地祈禱，我「辜負了黨和李政委十多年來的教導利期望」，並信誓旦旦地說要「老老實實地」作一個農民，決不進行不利於黨的活動，甚至還奴顏媚骨地「衷心祝賀李政委身體健康。」曾幾何時，四年後的今天，他把這篇自白書揣在褲包裹，厚顏無恥地自我吹噓「我們沒有一點私心雜念，如果有一點私心雜念，就不敢和李井泉鬥爭了」，恬不知恥要在他給李井泉寫自白書的地方，勞師動眾，大興土木，動用三萬六千元鉅款，大修劉張紀念館，為自己大立其婊子牌坊。

就是他，收羅一些御用文人著書立傳，編演了《金沙激浪》、《敢把皇帝拉下馬》、《人間正道是滄桑》、《敢教日月換新天》等臭氣熏天的丑戲，為自己歌功頌德，尤為反動的是，這些御用文人們為了討得黑主子半根孬蘿蔔的賞賜，竟狗膽包天，把劉張和我們心中最紅最紅的紅太陽相比，稱這兩口子是什麼「宜賓紅日」，還咿咿呀呀地胡唱什麼「打倒李井泉，全靠劉結挺」，真不知道人間還有羞恥！張西挺還嫌不夠，赤膊上陣，親自偽造日記，欺騙黨中央，欺騙毛主席，欺騙四川人民。

二、在組織上，劉結挺吸取劉．鄧反黨集團和李任死黨搞獨立王國的反革命經驗，自粉墨登臺之後，就結黨營私，招降納叛，拉攏親信。排除異己，拼湊一個反革命陰謀的小集團。

在幹部路線上，劉結挺培植心腹，安插黨羽，把他們的一些嘍羅爪牙統統安插在四川的各個要害部門。在省籌辦和宜賓地革籌中，有李井泉的忠實走狗、三反分子、民憤極大的惡棍何允夫，有三青團員兼國民黨員的雙料蔣介石的走卒，現竊踞川報和川台重要職務的田禾，有大吹特捧鄧小平、包庇鄧小平兄弟鄧自力、江安縣走資派的郭一民，還有什麼妻室親朋也分侯封爵，飛黃騰達起來。為了壯大聲勢，劉結挺還招降納叛，把走資派、叛徒、蛻化變質分子等統統收羅在自己的卵翼之下，拼湊所謂「紅囚徒」這樣的反動組織為自己充當打手。尤其發人深省的是，西南土皇帝李井泉的幾乎全部秘書：楊人健、劉國真、朱學偉（原係袁世凱的秘書）、張西原（原鄧錫侯的秘書）、和平（原閻秀峰的秘書）等等，也統統被劉結挺拉入偽籌辦，為劉張建立自己的獨立王國出謀劃策。為了將李井泉的獨立王國招牌換記，取而代之，劉結挺真是連一塊遮羞布也顧不上要了。企圖把全四川搞成劉家的天下。劉結挺和古今中外一切資產階級政客一樣，慣用黨同伐異的伎倆，對於堅持毛主席革命路線的革命幹部無情打擊，殘酷迫害，軟硬兼施，文武並用，無所不用其極。在劉、張兩口子的手下多少革命幹部竟然不明不白地死去，真是順我者昌，逆我者亡！

今年二月，由於成都軍區個別負責人犯了方向路線的錯誤，使四川的文化大革命走向了「鎮反運動」的歧路。毛主席親自批准的「紅十條」迅速糾正了成都軍區個別負責人的錯誤，使四川廣大革命造反派得到新生，這是毛主席對四川革命造反派對中國人民解放軍駐川部隊的最大關懷，這是毛主席革命路線在四川的偉大勝利，可是，劉結挺這個政治大騙子，卻趁此機會，唆使他的黑打手××八二六，用「全盤否定二月鎮反」這個口號到全川招搖撞騙，企圖貪天之功，把毛主席革命路線在四川的勝利記在劉結挺的功勞賬上，把新生的革命造反派對救星毛主席的無限深情轉變為對劉結挺的感恩，企圖在四川人民的心目中，把劉張兩挺棒上普渡眾生、大慈大悲的觀世音的蓮台寶座，從而為劉張在四川建立獨立王國奠定群眾基礎。

王力有這樣一個混蛋邏輯：「支持劉張就是革命派」，劉結挺正是按著這一旨意辦事的，對敢於和他們進行鬥爭的紅成・八一五等革命造反派就打擊、追害、鎮壓，偽造中央文件進而訴諸武力進行圍剿，妄圖把革命造反派置之死地而後快。不是嗎，瀘州城下狼煙滾滾？不是嗎，涪陵江邊血肉橫飛？劉張一夥，調集二十五個縣市的兵力，湊成十九個半連的武裝人員，糾集諸如《猛虎團》之類的牛鬼蛇神，使用了最現代化的武器，威風凜凜，殺氣騰騰，東克涪陵，西征瀘州，睡在黃粱亭上，夢想一舉拿下南充，再揮戈直搗重慶，然後蕩平全川，把轟轟烈烈的無產階級文化大革命變成「剿匪運動」，氣焰囂張，不可一世。

無數鐵的事實證明，劉、張夫婦自登臺以後，搞的是「任人唯親」的政策，豈止是拉一派、打一派而已，簡直是拉一派、殺一派，武裝一派，消滅一派，劉、張夫妻店完全是全川武鬥的總後台，完全是屠殺革命人民的劊子手，完全是鎮壓群眾運動的罪魁禍首。

三、軍事上，配合著在政治上、組織上的反革命部署，劉、張在軍隊內大搞破壞和分裂活動。他們挑撥部隊之間的關係，他們熱衷於在武裝部內製造派別，製造軍隊之間的對立情緒，使他們團結煥散、意見分歧，嚴重破壞「三支兩軍」的工作；他們片面支持空字〇二八部隊，排斥成字六〇一部隊，他們把群眾組織中的派性灌輸到軍隊中來，他們把全省各專縣的武裝部幹部弄到成都去整訓，大學王力語錄・大學八二六鬥爭史，聲稱是「改造思想。轉變感情」，實則是八二六化軍隊。

企圖把毛主席的支左工作變成劉家的支派活動。對這種違反毛澤東思想的罪惡行動堅決抵制的軍隊幹部，他們則實行威脅・恐嚇、打擊、鬥爭。南充軍分區十二縣市武裝部長因抵制劉氏支派活動而被揪鬥二十五次之多。宜賓專區武裝部的部分幹部因不同意劉氏武裝一派屠殺一派而受到嚴重的政治迫害，戰鬥在三支兩軍工作第一線的重慶軍分區因堅決支持無產階級革命派也受到威脅和打擊。為了在全川儘快剿滅非「八二六」的「匪徒」，劉結挺一手制定了「武裝內部，準備兩手」的反革命的八字方針，指使某些縣市的武裝部把槍支發給八二六和砸派，上搞人民軍隊，下殺革命群眾，企圖用革命人民的鮮血染紅他的頂子，用頭顱營造他的王宮，用屠刀支撐他的寶座。

姚文元同志的文章說得好：「歷史的前進，總是使那些過高估計反動派力量，過低估計人民力量，昏頭昏腦地想把自己武裝成『英雄』的倒行逆施的人物，很快成為令人嗤笑的小丑」，「歷史的邏輯就是這樣，誰跳出來，反對毛主席的革命路線，反對無產階級文化大革命、反對廣大革命人民，誰就一定要垮臺，越是表演得充分，垮臺就越徹底。」這一段話，不就是對劉、張的維妙維肖的寫照嗎？

「機關算盡太聰明，反誤了卿卿性命。」

劉結挺上臺半年以來的精彩表演和他的反革命主觀願望相反，非但沒有把四川的文化大革命鎮壓下去，非但沒有能夠動搖我們偉大的長城，非但沒有使他的反革命復辟的陰謀如願以償，反而把他的反革命兩面派的嘴臉暴露無遺。最後，他必將葬身於偉大的群眾運動汪洋大海之中，身敗名裂，遺臭萬年！

三、五十四軍是四川文化大革命的中流砥柱

一九六七年的五月五日，春天的山城處在大決戰的激戰前夜……

「叮」……

在五十四軍軍部——重慶警備區司令部的機要室裏，電話鈴聲響了。一位正在北京參加解決四川問題的部隊首長打來特急長途電話……

事情是這樣的，由於五一六分子、八二六和砸派一小撮壞頭頭欺騙黨中央和毛主席，造謠中傷五十四軍和山城八一五派，由於王力一手遮天，一個全盤否定五

十四軍「三支」、「兩軍」的顯著成績和山城八一五派的《十三條》將盜用中央名義發往全國。此時，這位元部隊首長從北京打回電話，語重心長地叫五十四軍的同志們要作好思想準備轉向。

這天夜裏，警司×號會議室燈火通明，七個駐渝部隊的首長根據這個電話進行了激烈的討論，會議一直延續了兩天兩夜。最後，大家一致認為，五十四軍支左沒有錯！五十四軍支持的是革命左派！經過鄭重考慮決定，五十四軍以軍部名義向最高統帥毛主席發出了建軍以來的第二封「通天電報」，紅色的電波帶著五十四軍全體指戰員和山城八一五革命戰士的深情厚誼，飛向北京的金山上，飛向中國革命和世界革命的最高司令部……

五月八日，毛主席根據五十四軍的彙報情況，指示，重慶問題專案解決。

五月十六日，《中共中央處理重慶問題的意見》下達了。《紅五條》指出：五十四軍在「三支」「兩軍」工作中取得了顯著成績。

王、關之流企圖搞垮五十四軍的罪惡計畫遭到了徹底的破產！

早在今年二月二十三日，王力伸向山城的黑手——×司駐渝聯絡站就在一次黑會上對五十四軍發出叫囂：「挑起部隊打內戰，讓他們狗咬狗！」

早在今年四月七日，王力在重慶培植的極「左」勢力西師八三一的「先驅」就發瘋似地嚎叫：「勒令警司三天交出軍權」。

早在今年四月十八日，反動組織五一六分子——北地東方紅《敢把皇帝拉下馬》也在山城狂吠：「揪出警司中一小撮鎮壓群眾的劊子手。」……

王力為什麼這樣仇恨五十四軍？為什麼千方百計要把五十四軍置於死地？

因為五十四軍是毛主席在井岡山親自締造的英雄部隊；因為五十四軍跟著最高統帥毛主席，踏過了二萬五千里的革命征程；因為五十四軍在解放戰爭、在抗美援朝、在西藏平叛、在中印邊界自衛反擊戰等一系列戰役裏，為黨為人民立下了赫赫戰功。

王力仇恨五十四軍，還因為五十四軍從五八年入川以來，屹立蜀水巴山，與李任死黨進行了長期的，艱苦的鬥爭，粉碎了李任死黨妄圖把四川變為獨立王國，變為劉鄧反革命復辟基地的大陰謀。正因為如此，多年以來，英雄的五十四軍，就像毛主席手中的一柄倚天長劍，斬斷了劉鄧伸向大西南的黑手！

英雄的五十四軍巍然屹立四川，這是四川人民的幸福！

英雄的五十四軍巍然屹立四川，這是一切國內外反動派妄圖把四川作為中國反革命復辟基地的最大障礙！

英雄的五十四軍巍然屹立四川，這是毛主席最天才的預見！最英明的決策！最偉大的部署！

正因為這樣，王力這個竊國大盜，為了實現他篡黨竊國的陰謀，也就必然地和劉鄧李任一樣，把英雄的五十四軍視為眼中釘、肉中刺，在他一跳上臺，也就千方百計地企圖把五十四軍搞垮。毛主席說：「帝國主義者和國內反動派決不甘心於他們的失敗，他們還要作最後的掙扎」。竊國大盜王力就是這樣一個反動傢伙。紅五條宣判了王力企圖搞垮五十四軍的陰謀破產，但是他並不甘心失敗，經過一番精心策劃之後，他又和他的幾個嘍羅爪牙向五十四軍展開了新的攻勢。

一、繼續盜用中央名義向五十四軍進行威脅，要他們支左轉向，八月初，王力利用七二〇事件中貪天之功撈取的一筆政治資本，企圖在全國掀起一股「揪軍內一小撮」的反革命黑風，就在這時，他得意忘形，公然對抗毛主席親自批准的「紅五條」，背著中央向五十四軍施加高壓：「五十四軍的支左感情必須轉過來，支持反到底派（即雜砸派）。」

二、配合他在全國刮起的「揪軍內一小撮」反革命黑風，王力通過劉結挺，五一六兵團等幾支黑手，繼續在山城煽動砸派大揪「五十四軍一小撮」。

眾所周知，臭名昭著的山城砸派，是靠「揪軍內一小撮」起家的大雜燴，是極左思潮在山城的代表。在紅五條下達之後，他們由於政治資本輸得精光，已經風雨飄搖，面臨著徹底崩潰的邊緣，就在這時，劉結挺跳出馬門，給這個大雜燴授了一連串的錦囊妙計。

劉結挺六月二十三日，在接見砸派時說：「不要在報刊上寫打倒白斌、藍亦農，這樣不策略」。

七月初，劉結挺在對砸派的一次訓話中又說：「我們支不支持你們，你們是明白的，大家心照不宣，但你們最大的問題是不講策略」。

八月初，劉結挺對清華井岡山赴瀘學生說：「五十四軍是罪魁禍首，五十四軍支左犯了方向路線錯誤」。

寥寥幾例，劉結挺企圖搞垮五十四軍的反動嘴臉不是已經統統暴露無遺了嗎？

劉的「親密戰友」張西挺在一次會上竟然還大耍其政治破鞋的手腕，對砸派公開造謠說什麼「警司一小撮肯定是有的，白斌就不姓白，而姓楊，叫楊白斌，是楊尚昆的弟弟。」在劉、張之流的煽動下，山城砸派「揪五十四軍一小撮」的反動氣焰在紅五條下達之後，不但沒有收斂，反而繼續升級，從狂吠「絞死匪首白×、藍××」一直到槍殺解放軍指戰員，到武裝攻佔市革籌組，反動氣焰何其囂張！

在這樣的情況下劉張黑主子王力在七月十四日親臨重慶登臺表演，用他反革命的兩面手法，給砸派火上加油，竟然關懷備至地把這個極「左」派、保守派、走資派、牛鬼蛇神的大雜燴譽為「無產階級革命派」，說什麼砸派企圖搞垮五十四軍的反革命行動是「為了五十四軍好」、要革命派同志不要「過多的，過重的」責怪他們。

主子既至，奴才當然也不甘落後，七月二十五日，劉結挺也學著王力的腔調，說砸派的「心情是可以理解的。」也難怪山城砸派不打自招地在報紙上供認：「王力同志對我反到底革命派作了十分親切的指示，特別是對我們如何掌握政策，掌握策略方面作了十分重要的指示。對我反到底革命派更加指示了前進的方向。」

王力給他的走狗指示了什麼「方向」？砸派一小撮壞頭頭用他們的累累罪行和血淋淋的屠刀給我們作了最好的回答：

這就是，繼續揪五十四軍「一小撮」，用最新式的武器槍傷槍殺了數以千計的解放軍指戰員，其中包括師級幹部兩名，擊沉解放軍快艇一艘，被搶劫的軍用物資更是不計其數；

這就是，把重慶市的文化大革命搞成武化大革命，變成了最現代化的戰爭，砸派的數以萬計的炮彈，把山城的高樓大廈變成一片焦土和瓦礫。

三、王力除了通過劉結挺和五一六分子在山城砸派一小撮壞頭頭胡作非為之外，還直接通過當時被他操縱的××社和××日報從輿論上不斷地對英雄的五十四軍施加壓力。

今年七月以來，××社和××日報對於在四川支左的部隊進行了多次的報導，而這些報導中卻偏偏沒有毛主席曾經在今年八次表揚過的五十四軍！七二〇反革命事件發生之後，英雄的五十四軍舉行聲勢浩大的武裝示威遊行，對於這樣重大的事件，為什麼××社、××日報仍舊守口如瓶，隻字不提呢？（最後，五十四軍以軍部的名義向中央發了報告，××社方才對此事作了簡單的報導）。

而與此同時被劉結挺稱為支左模範的「××武裝部」卻得到王力的青睞，被××社不厭其煩地大肆吹捧。知道內情的人，這面紅旗，竟然是武裝屠殺瀘州革命群眾的急先鋒（在武裝圍剿中，這面紅旗還丟了三條輕於鴻毛的打手性命）這面紅旗竟然在他們所控制的黨報「紅××報」上赤膊上陣，公開叫囂什麼「藍白一小撮步陳再道後塵」決沒有好下場的小丑。這是什麼紅旗？明明是一面大書「劉」字的杏黃旗！

四、在前面的一系列陰謀都沒有得逞的時候，王力和他的劉奴才結挺川驢技窮，使出了最後的看家本領，妄圖把五十四軍趕出四川。七二〇事件發生之後，王力竄回北京大撈政治資本，得意忘形之際，竟圖謀不軌，企圖強行調走五十四軍，在遭到以毛主席為首的無產階級司令部的堅決反對之後，他一不做，二不休，利用他的小保寶××八二六和砸派一小撮環頭頭在川內大造輿論，聲稱什麼「三十八軍十一軍入川支左」云云，混淆視聽，煽惑人心。

對於王力、劉結挺之流的這一系列軟的和硬的反革命圍剿，對於這一切來自右的和極「左」的反動政治勢力，英雄的五十四軍給予了有力的抵制和堅決的回擊，如果說，在今年二、三月份，五十四軍沒有完全頂住成都軍區個別負責人把文化大革命變成鎮反運動的方向路線錯誤的話，那末，在紅五條下達以後半年多的艱巨複雜的鬥爭中，英雄的五十四軍完全頂住了王、劉一夥企圖搞垮偉大長城，企圖把文化大革命變為剿匪運動的反革命陰謀！英雄的五十四軍在兩個階級、兩條道路、兩條路線的大決戰中，為四川人民，為文化大革命立下了新的不朽的功勳！五十四軍不愧為毛主席的好部隊，不愧為人民的優秀子弟兵，不愧為四川人民的驕傲！

正因為如此，當四川廣大革命群眾識透了王力、劉結挺妄圖搞垮五十四軍，把四川變成復辟資本主義基地的反革命陰謀之後，也就自然而且必然地對堅持毛主席革命路線的五十四軍更加熱愛，更加信賴，更加擁護！

也正因為如此，英雄的五十四軍也就自然而且必然地在四川無產階級文化大革命中越來越發揮出的重要的決定性的作用！

我們衷心祝願毛主席的好部隊五十四軍在無產階級文化大革命運動中立新功！

向英雄的五十四軍致以八一五戰士最崇高的戰鬥敬禮！

四、八一五革命派勇敢戰鬥

紅旗，在藍天裏飄揚。

戰歌，在山野裏迴盪。

十一月的山城，高高的紅岩屹立在初冬的大氣裏，經過一場又一場嚴峻鬥爭的洗禮，她變得更加鮮紅，更加燦爛。

毛主席說：「全國的無產階級文化大革命形勢大好，不是小好。整個形勢比以往任何時候都好。形勢大好的重要標誌是人民群眾充分發動起來了。從來的群眾運動都沒有像這次發動得這麼廣泛，這麼深入」。

毛主席還指出：「有些地方前一段好像很亂，其實那是亂了敵人，鍛煉了群眾。」

亂了那些敵人？

亂了王力、關鋒、林傑之流，陶鑄式的反革命兩面派，赫魯雪夫式的個人野心家。曾幾何時，這一小撮歷史上的小丑，氣勢洶洶，不可一世，他們操縱全國的極左派，企圖動搖和分裂以毛主席為首的無產階級司令部，動搖和分裂無產階級專政的主要柱石——偉大的中國人民解放軍，可是在偉大的毛澤東思想的強大威力下，他們終於變成了不齒於人類的狗屎堆。

王力的垮臺，使全國的極左勢力的陣線開始全線崩潰！

亂了五一六這樣的反革命組織。曾幾何時，他們打著「中央派來」的金字招牌，欽差大臣滿天飛，把黑手伸向全國的各個地方，糾集各個角落的牛鬼蛇神，地富反壞右，帝修反特務，極左分子，結成反革命神聖同盟，大整敬愛的總理和伯達、康生等中央首長的黑材料，在全國到處揪趙永夫、陳再道，妄圖向無產階級司令部奪權；妄圖搞垮無產階級專政；曾幾何時，他們跑江湖，賣膏藥，發聲明，到處招搖撞騙，唯我獨左，妄圖把真正無產階級革命派打為「新老保」「右傾」「上中農」等等，曾幾何時，他們一面抱著大毒草《紅岩》的炮製者，大叛徒羅廣斌的大腿，一面又在全國兜售破爛，把山城八一五革命派打成「叛賣集團」。可是，在無情的歷史面前，這些響噹噹的「救世男女」終究和他們的黑主子王、關一夥，被革命的人民扔進了歷史的垃圾堆！

亂了劉結挺、張西挺之流的小丑。曾幾何時、他們學著赫光頭的模樣，厚著臉皮到處發臭演講，賣假日記，當婊子，立牌坊，躍躍乎忙得不可開交；曾幾何時，他們和砸派的一小撮壞頭頭眉來眼去，「心照不宣」，大揪五十四軍一小撮；曾幾何時，他們拉一派殺一派，對四川的革命群眾進行瘋狂的武裝鎮壓，把四川的文化大革命變為剿匪運動，可是，在毛澤東思想指引的群眾運動面前，他們的反革命嘴臉，終於統統暴露無遺！

亂了八二六和重慶砸派中的一小撮壞頭頭。曾幾何時，他們肉麻地吹捧他們「最信任的」黑主子王力「是我們傑出的馬克思列寧主義毛澤東思想理論家」；曾幾何時，他們用高八度的音調為和他們「心照不宣」的「海軍第一政委」「好幹部」劉張一夥大唱讚美歌：「劉．張是毛主席的親密戰友」，「緊跟劉、張奮勇前進」；曾幾何時，他們到處殺人、放火，姦淫虜掠，把無數的援越物資變成屠殺革命群眾的屠刀。樹倒猢猻散，今天，王力的倒臺，劉張的「亮相」，已經使他們風雨飄搖，全線崩潰。

周總理九月二十六日指出：「砸派是一種社會思潮，他要表演一番。青年人好動，搞打、砸、搶，今後他們大多數會回到毛主席的革命路線上的。你們也要幫助他們回到毛主席的革命路線上來，但這是個過程，不付予一點代價是不行的」，總理的這一席話，代表無產階級司令部，對山城砸派作出了歷史判決，他們的末日就要來到了！就在反革命的陣線亂得分崩離析，瀕於徹底瓦解的時候，毛主席派來的親人——中央調查團，來到了山城，他門經過三個多月周密調查，指出，五十四軍向中央反映的情祝是完全屬實的，中央調查團最公正的結論，使「挺記」偽籌辦所苦心經管的搞五十四軍的黑材料在鐵的事實面前，統統變成了白紙黑字不容抵賴的反革命的罪證！

也就在這個時候，我們的梁司令員從毛主席身邊來到了凱歌入雲的山城，帶來毛主席黨中央對英雄的五十四軍，山城八一五革命派和山城四百萬人民的最親切的關懷和最巨大的鼓舞。梁司令員來渝後的鮮明態度，已經使那些裝腔作勢地高呼「張梁劉張好幹部」的砸派歌手們啞巴吃黃連，只好悄悄地帶上黑材料，到北京告梁司令員的狀去了，那些以省革籌「當然衛士」自居的癩蛤蟆們這幾天也默不作聲，只好偷偷地躲進陰溝裏咀咒幾聲：「梁興初拉一派打一派絕沒有好下場。」

也就在這個時候，四川的無產階級革命派，從巴山蜀水，從四川的各個專縣來到英惟的山城向中央調查團和梁司令員，向五十四軍彙報情況，和山城八一五革命派交流革命經驗，他們「字字血、語語淚」的控訴，像一排排怒吼的炮彈，把劉、張兩挺剛剛奠基的獨立王國的黑宮殿震得風雨飄搖！

四川無產階級革命派最盛大的節日來到了！

四川無產階級文化大革命最後勝利的日子來到了！

但是，歷史也正如毛主席所指出的那樣：「敵人是不會自行消滅的。」劉結挺、張西挺一夥，在他們的黑主子王、關倒臺之後，在他們自己即將徹底覆滅的前夜，狗急跳牆，孤注一擲，又開始策劃著一場新的反撲了。

挺記川報雙十一的黑社論打著紅旗反紅旗，破門而出，為劉、張的反革命大反撲打響了第一炮！

劉、張兩挺感到末日的到來，於是以攻為守，大罵五十四軍派往省革籌的幹部是袁世凱張國燾二世，妄圖挽回敗局。在劉、張的一手策劃下山城砸派又蟻聚蓉城，秣馬勵兵企圖重演「八月戰爭」；

南充的「指揮捧」又將兵卒屯集南充專區唯一的砸派據點岳池，準備配合合川砸派，攻佔華鎣山；

省籌辦的一位劉張信徒對著紅成的群眾發出絕命的嚎叫：「就是劉結挺該殺頭，也要你們的頭先落地！」重慶砸派中的一小撮也跪在王力的十字架前立下山盟海誓：「劉張坐牢我坐牢，劉張砍頭我砍頭」……

反撲的陰雲，已經隨著猛烈的山風，在四川晴朗的藍天裏遊蕩，暴風雨就要來了！

革命，這是無產階級的節日。對於劉．張的大反撲，我們面無懼色，含笑相迎，「曾經滄海難為水，除卻巫山不是雲！」七月的圍剿，八月的戰爭，我們都統統頂住了，劉張臨死前的幾聲淒厲，幾聲抽泣，又何足懼哉！歷史上的一切反動派對於人民所作的種種迫害，其結果只會加速自己的失敗和滅亡，劉張兩口子也無法逃脫這歷史的辯證法！

各式各樣的代表人物，各式各樣的思潮，總是要登臺表演一番，各人要走什麼道路，完全可以由他們自已選擇，但是，有一點是我們深信不疑的：「歷史必將按照馬克恩列寧主義所揭示的規律前進，必將按照十月革命的道路前進！」

讓王力企圖把四川作為篡黨竊國的反革命基地的陰謀見鬼去吧！

讓劉張兩挺企圖把四川變為劉氏獨立王國的黃粱美夢見鬼去吧！

「快把那爐火燒得通紅，趁熱打鐵才能成功！」全川無產階級革命派聯合起來，打倒王力，打倒劉張，讓毛澤東思想的陽光永遠照耀著巴山蜀水！

大局已定，八一五必勝！全國的無產階級革命派必勝！毛澤東思想必勝！

讓我們舉起雙手，迎接革命的暴風雨，迎接四川無產階級文化大革命的最後勝利吧！

新四川是我們的！

【附二】

鄭思群之死和重慶的八一五運動

周孜仁

鄭思群，廣東潮汕人，早年留學日本並參加中共，曾任著名馬列主義哲學家艾思奇秘書，抗戰期間在延安任「抗大」某分校教務長，解放後則一直任重慶大學校長兼黨委書記。行政七級幹部。

一九六六年六月二十一日，鄭以莫須有的罪名被重慶市委正式點名批判，市委工作組對其進行了多次內部批判圍攻之後，於七月十九日將鄭押赴松林坡隔離。時值山城酷暑，路地焦燙灼人，據目睹現場的同學說，老頭亂髮覆額，形容憔悴，被人押解赤足而行。十天後，即七月三十日，工作組公佈鄭的「十大罪狀」並正式劃定為「反黨反社會主義分子」。再三日後，即八月二日凌晨五時，鄭在監護地用半片剃鬚刀割喉自盡，頸動脈血噴如注，將白牆壁塗染得鮮紅狼籍。事發，工作組匆匆清洗現場，殮屍火化；再次日，即八月三日，重慶市委宣佈鄭自絕於黨自絕於人民，將其開除黨籍。是日晚，工作組緊急召開全校師生大會，由市委副書記魯大東親自到場宣佈該決定並強令師生批判之。

第二日，校園內就出現了大字報，質疑市委並公然為鄭思群鳴不平。囂聲既起，重大校園裏壓抑既久的憤懣之情便如火之燎原、水之決堤，愈演愈烈，一發而不可收。

又十一天，即八月十五日，重慶大學便爆發了轟動全川的「八一五事件」，並由此而在雲詭波譎的四川文革舞臺演繹了長達數年的政治鬧劇。

一九六六年的中國夏天是令人激動又讓人心悸的。數不清的「紅衛兵」、「造反派」因為反對校領導、因為打倒老師和「學術權威」而在全國各個角落呼囂而出。而為一個冤死的大學校長鳴不平並起而造反，重慶大學的「八一五行動」，是一個特例。

筆者作為該事件的目擊者和參與者，以為有必要把這段歷史記下來。

鄭思群之死是八一五事件的導火線

文革初期，重慶市委及西南局要將鄭思群無端揪出來批判打倒，這件事在經歷了幾十年風風雨雨、對政治遊戲的秘訣已稔熟於心的國人來說，應該說是再平常也再正常不過的事情了。文革肇起，其勢洶洶，要打倒這樣橫掃那樣，西南局和重慶市委不主動揪出一兩個「黑幫」批判打倒，何以交差？再說，據知情人事後介紹，鄭思群孤高自傲，很不合群，且又在無礙政局的教育部門為官，拋出他來確屬輕而易舉。鄭自然成了政治犧牲品的最佳人選。

遺憾的是，一九六六年重慶大學的熱血青年們對此一無所知。他們對共產黨崇拜備至，對共產黨的幹部崇拜備至；尤其鄭思群。鄭不苟言笑，身材瘦而高，爬

重慶大學校長鄭思群不堪市委工作組迫害，於一九六六年八月二日自殺身亡，消息傳來，舉校震驚。筆者當晚即傻乎乎地寫信狀告恰恰是迫害鄭的幕後主使：西南局書記李井泉；接著還畫一幅畫為鄭悼亡。這是筆者有幸保存下來的那一幅小畫。

滿額頭的皺紋記錄著令年輕人羨慕不已的光榮歷史，活脫脫就是一個典型無產階級革命家的形象。問題又偏偏在於，這位身居高位的老人對年輕娃娃平易得異乎尋常，從不擺架子，不罵人，噓寒問暖，和老父親一樣和藹可親。上課時，同學們常常會看見他悄悄坐在後排聽講，有時還掏出手絹擦拭玻璃窗上的灰塵。到食堂巡視，他甚至當著學生的面，把掉在桶邊的飯粒兒從地上撿起來吃掉。電機系六七級有位同學叫鄭志勝，家窮，沒錢買鞋，就赤腳去上課，正好遇上校長了：是在五教學樓的階梯上。校長問他為何不穿鞋？問他在哪個系？哪個班？第二天便發生了奇跡：一位十分和藹的陌生人悄然來到鄭志勝的寢室，給他送來一雙嶄新的解放鞋：他很快知道了：這位陌生的送鞋人，正是校長秘書。文革中，鄭志勝因多起血案牽連而被監禁十餘年，出獄後兩鬢斑白，萬念俱灰。我曾問他：當年，你何以要如此鐵心死保鄭思群？如此狠心毒打市委工作組長余躍澤？並最後參加八一五造反？他眼神木訥，沉思良久，極其認真地回答：

「就為了那一雙鞋呀！」

鄭思群在少不更事的娃娃心目中既然創造了如此形象，他的冤枉和屈死對大學生的神經中樞將會帶來難以承受的刺激和反應，就不足為怪了。

從六一七到六一九

重慶大學的文革和全國同步。從一九六六年六月一日北京大學聶元梓的大字報為發端，全校「停課鬧革命」，半月多混亂愈演愈烈。六月十七日這天黃昏，正當學生們在校園熱熱鬧鬧張貼大字報，批判北京的「三家村」和與之對應的本校意識形態主管：校黨委宣傳部長鄧時澤及團委書記劉稚民，學生三宿舍門前突然出現了一張聳人聽聞的大字報，該大字報在提出幾個捕風捉影的疑問之後斷然宣佈：《以鄭思群為首的校黨委是一個反黨反社會主義的大黑幫》，文章既出，很快便被驚詫萬分的學生圍得水泄不通。大字報的作者之一：冶金系四年級學生佘國華，趁機跳上三舍前一棵榕樹的石臺上大發演講，重複大字報上那幾條的捕風捉影的疑問，反復號召大家對「鄭思群黑幫」，要「狠狠地打！狠狠地打！」佘，四川遂寧人，大學畢業後分配四川樂山大渡河鋼廠，後官至該市市長、四川省經委主任。據和他共過事的同學說，幾十年官宦生涯，權力所及，他對校友們很夠義氣的：包括文革當年反對過他的同學。他說話舌頭有點大，口齒不清，「打」字總被他說成「假」。筆者擠在週邊，只聽見他不停地喊叫：

「狠狠地假！狠狠地假！狠狠地假！」

這份聳人聽聞的大字報，雖然純係空穴來風，但事情發生在全校學生均處於群體無意識的背景下，其煽動效果卻是很可觀的。那一夜，整個學校被攪翻了天。有人認為，既然校長都是黑幫，整個學校豈不已危若壘卵？於是一群一黨地衝去校武裝部，要奪取槍支保衛學校；動力系食堂門前，學生們扛出飯桌搭成高臺——筆者去時，正見該系六七屆一位周姓學生站在臺上痛心疾首地發表演講，他反復號召：「同學們哪！大家快回到自己的系班去呀！你們看這麼亂糟糟的！怎麼搞文化革命呀！」那動作和口氣，很容易讓人聯想起抗日時期北平的救亡青年。機械系二年級七個學生還連夜徒步進城，要求市委書記任白戈接見。

那天晚上，重慶大學真正的輿論熱點是佘國華所在學生五宿舍。幾乎各系各班都有學生湧去他房間要求公佈「鄭思群黑幫」的確切材料。人太多，以致該宿舍的學生不得不派人舉著棍棒把守大門，問明來人身份和政治面貌（家庭出身、黨員或者團員）方可放行。

文革開始以來，這個第一次把校園攪得如此熱鬧的事件，叫做「六一七事件」。

「六一七事件」很快就露出了許多破綻，佘國華當晚即被前來走訪的同學追問得無以對答，只能無可奈何地搪塞道，說四十八小時之內，保證向大家公佈鄭「黑幫」的「鋼鞭材料」。其次，有人發現，大字報的五個作者，全是校團委和校學生會的幹部，於是人們開始懷疑：這篇大字報的出現，是不是宣傳部長鄧時澤及團委書記劉稚民「金蟬脫殼」？為了保自己而讓佘國華等人寫出該大字報以將禍水他引？

最先提出疑問的恰恰是佘國華的中學同學、後來八一五風潮的主要發起人吳慶舉。吳也是遂寧人，機械系四年級學生、時任校文工團樂隊隊長。重慶大學黨委宣傳部非常重視文體工作，故而讓各系各班的文工團員和體育隊員全部集中居住。正常年月，校內學生彼此之間交流很少的，而文工團員和體育隊員的集中居住從客觀上造成了一種可能：將全校的資訊在這兒迅速集中並加以發散——重慶大學的造反派領袖多出在文工團和體育隊，就順理成章了。六月十七日晚，吳慶舉到冶金系宿舍質詢佘國華歸來已是深夜。他滿面潮紅敲開我的門——當時我在美術隊任隊長，與吳隔壁而居——吳告我說大字報肯定是個大陰謀。他說等到四十八小時拿不出東西，我們必須起而揭露之。他的分析讓我佩服無疑，夤夜便起草了一則大字報稿，題目是：《千萬，千萬，千萬警惕更大的陰謀》。

對於吳慶舉和我，六月十八日是非常漫長的一天。我們躍躍欲試，急於向全校同學公佈我們的新發現，可我們又必須等待四十八小時的到來。更要命的是：佘國華的大字報事實上已經把大學生們革命的歇斯底里觸發起來，暈眩而激動的年輕人整日價惶惶串聯，整個學校躁動不安。月初，市委曾派有一象徵性的工作組進校「協助校黨委領導文化大革命運動」，六月十八日當天中午，為穩定局勢，市委急急忙忙宣佈直接由工作組代行黨委職權。此舉頓時讓輿論大嘩。是日晚，無線電系學生在一教學樓前自發集會，宣佈校黨委和工作組一樣：通通都是黑幫，必須通通打倒、趕走，由學生自己鬧革命。大會派人去郵局及當地駐軍聯繫向北京發電，請求中央直接派工作組來校，均遭發電人拒絕，於是數千人在校內連夜示威遊行，洶湧澎湃幾至天明乃止。

那一晚，我、吳以及文工團和我們觀點一致的學生也通宵未眠。我們看見無線電系的同學在宿舍外喧囂而過，心情極其複雜緊張。佘國華承諾的四十八小時早已過去，他的「鋼鞭材料」顯然是子虛無烏有了，但是，如果我們在目前氣氛下貼出大字報為鄭開脫，顯然是逆流而動，很可能將立即遭致全校同學的反對甚至圍攻。年輕人的偏執和自尊使我和吳別無選擇。我們只求有更多人和我們共禦風險，攜手同行。遊行隊伍在校園裏洶湧澎湃，我們卻秘密地拿著那份「警惕更大陰謀」的大字報徵集簽名，開始只在文工團內部秘密進行，接下來，後來在四川理工大學擔任教授的美術隊隊員代玉松自告奮勇，主動回到他所在的電機系宿舍挨戶敲門，像地下工作者一樣宣傳觀點，尋找同志。代，四川成都人，忠厚本份，口齒木吶，但那一晚他竟然很快為我們徵集到幾十個同盟者，使人對他刮目相看，也使我們信心大增。天將破曉，我們壯著膽將大字報貼上一塊木板，然後橫架於九舍和二、三舍之間的路的正中：這是學生們吃早餐必經之地。我們躲在房內窺視動靜。

不久曙色放明，打早餐的同學果然很快聚集在木板前嘰嘰咋咋，不少人還當場取出鋼筆批註：「堅決支持你們的觀點！」「我們受騙了！」「找佘國華算帳去！」我們於是終以勝利者的身份從宿舍裏走出來，在大字報前得意洋洋公開了自己的觀點。

整個學校局面又轉向了。被嘲弄了的同學再次紛紛走訪佘國華——冶金系那一間斗室再次成了整個大學的新聞熱點——佘國華卻逃遁了。若干年後，吳慶舉告訴我，佘是他幫助藏匿的，地點是廢棄的校辦鋼廠的樓上。佘的室友無法招架紛至遝來的質詢者，睡覺時候也不得不在自己的身上蓋一張紙，上書：我不是佘國華，請不要叫醒我！

既然大家已經認同倒鄭事件是宣傳部和校團委合謀的一樁詭計，水落石出，順理成章的結果當然是大家重新回過頭來，繼續對鄧時澤和劉稚民進行「革命大批判」。當時，我剛好以優異成績作完畢業設計，心中曾經竊想：這下好了，等到鄧、劉倒臺，重大的文革就該勝利結束，我們也就該桃飛李散，到社會主義的建設崗位去報效祖國了。

我根本不知道，動亂才剛剛開始呢。

市委想借刀殺人，沒想到反而引火燒了自身

「六一七」和「六一八」的同學上訪，使重慶市委得到一個錯誤資訊，他們顯然認為此時對鄭動手，該是水到渠成了。六月二十一日，《重慶日報》頭版頭條刊登了重慶市委關於讓鄭思群停職檢查並派工作組進駐重大的決定。二十二日，以副市長佘躍澤為首的高規格工作組開赴重大。佘在全校大會上躊躇滿志地發表演說，聲稱這次他到重大，就是來支持革命師生，來揪「鄭思群黑幫」摸「鄭老虎」屁股的。佘躍澤在市裡分管財貿商業，工作幹勁和敬業精神很有口碑，市委安排的事情他從來幹一件成一件。佘營養良好，胖，說起話來中氣極足，一付志在必得的神情。他根本沒想到，風景秀麗的重慶大學，恰恰成了他、還有重慶市委的「滑鐵盧」。

佘的表態把學生們再次搞懵了。不是才弄明白所謂「鄭思群黑幫」是某些人的陰謀嗎？為什麼工作組偏偏跟著起哄？偉大領袖毛主席教導我們：一切結論只能產生於調查研究之後。市委工作組下車

伊始，什麼情況都沒有調查，為什麼就匆匆忙忙宣佈鄭思群是「黑幫」，這中間莫非又有什麼陰謀？於是，質問《重慶日報》和工作組的大字報再次蜂擁而至。在報紙上表態擁護市委決定的「左派」學生（這些學生後來一直成了工作組倒鄭的中堅分子）受到普遍奚落。工作組駐地成了同學們最喜歡光顧的地方。辦公室主任孟凡均顯然是個精明能幹之輩，但每天面對滿屋子能言善辯、把毛澤東語錄背得滾瓜爛熟的大學生，他除了用一些歷史暗示對無知的年輕人進行威脅恫嚇外，實在沒有更好的辦法。工科學生在工作組大門口貼了一幅對聯非常有名：

曲率半徑處處相等

摩擦係數點點為零

橫批：又圓又滑

工作組一再要求學生們把鬥爭矛頭對準校、系兩級領導，而到現在為止，學生們的矛頭偏偏對準了市委及其工作組本身了。工作組員都是些「老江湖」，他們有理由相信文革不過是過去某次政治運動的翻版而已，面前這些個跳得很高的糊塗蟲，很快就會明白什麼叫「陽謀」、什麼叫「引蛇出洞」、什麼叫「後法制人」，到時候他們哭還哭不過來呢。按照一貫的經典做法，他們開始在學生中「發展左派，團結中間派，孤立右派」。七月四日，余組長召開全校團幹部及「左派」學生的秘密大會，再次重申必須集中火力對準校系兩級幹部，同時大義凜然地宣佈：重慶市委是高舉馬列主義、毛澤東思想的堅強堡壘，書記任白戈是堅強的馬列主義者，是經過考驗的好班長！任何懷疑都是錯誤的！演講說到激昂處，他拍案而起，險些把茶杯震翻在地。

余當時肯定確信他的恫嚇足以大收奇效。不料北京偏偏馬上和他開了個玩笑：秘密會議第二天，即七月六日，全國各地黨報同時轉載《紅旗》雜誌署名文章《「國防文學」是王明機會主義的口號》。文章在兩條注釋中定義：任白戈是「大黑幫」周揚的「另一個追隨者」。毫無疑問，這篇文章對感覺良好的重慶市委不啻是當頭棒喝，同時也是對「一小撮右派學生」的極大鼓舞。反鄭和反市委兩種政治力量的對比再度出現新的平衡。要想速戰速決，把大學生們發動起來大張旗鼓「批鄭」顯然已經不再可能。工作組只好退而求其次，一邊繼續依靠左派學生向右派學生施壓，一邊組織最可靠的精兵強將對鄭思群實施閉門批鬥，輪番圍攻。以後的事實披露，這篇文章下來不久，和任白戈關係極鐵的西南局書記李井泉即將其以「海外僑胞」的身份隱匿鄉下去了——這是另一個故事。

客觀地說，文化大革命到底要幹什麼？老於世故的市委領導和年幼無知的學生娃娃一樣，都是一群白癡。毛澤東在武漢暢遊了一番長江之後回到北京，次日，七月十九日便指出派工作組是錯誤的，說運動搞得冷冷清清，犯了方向、路線錯誤。接下來，毛精力充沛地聽彙報、發指示，給清華附中紅衛兵寫信支援造反，甚至直接寫大字報，指責「從中央到地方的某些領導同志」「站在反動的資產階級立場上……圍剿革命派，壓制不同意見，實行白色恐怖……」面對咄咄逼人的政治形勢，劉少奇只有節節敗退一法。七月二十九日，北京「新市委」在人民大會堂召開首都大專院校和中學文革積極分子大會，正式傳達毛指示：撤銷工作組。劉少奇灰溜溜地在會上承認錯誤，說自己是「老革命遇到了新問題」，「革命怎麼革？我老老實實回答你們，我誠心地回答你們：我也不曉得。我想中央其他許多同志也不曉得」。

山雨欲來，重慶市委應該有感覺了，他們顯然想抓緊時間給自己的工作組打一個完美的句號，然後體體面面打道回府。對鄭的迫害開始提速。工作組調兵遣將，新增隊員二百餘，確保每個班均有人嚴守死守，督師批鄭，他們放出風聲：「誰還對鄭思群抱有幻想，誰就是立場問題！」。其時，鄭已被押赴松林坡頂原蘇聯專家招待所看管，日日由左派學生批鬥，行前全身被搜，赤足而行，僅容帶《毛選》一冊。鄭恰恰將半片剃鬚刀夾帶其間，上山了。

二十八日，工作組正式公佈《關於鄭思群同志的材料（初稿）》的審查材料，發全校革命師生批判。該材料採用無中生有、無限上綱的手段為鄭羅致了所謂「反黨反社會主義十大罪狀」。五十年代來校任教的蘇聯教授離渝返國，學校按禮贈送校園風景照一冊，亦被認定為「裏通外國」間諜鐵證，其餘「罪狀」之荒唐，可見一斑了。這樣的材料理所當然又在學生中遭到質疑。只是「左派」當道，滿校高壓，喏大重大，已沒有多少人敢發雜音了。

鄭思群是八月二日晨五時自殺的。學生們得到消息已是晚飯時分，採礦系同學李遠旭衝進我們寢室大呼：「鄭校長自殺啦！」全室頓然驚駭，同學們當即將碗盤一砸，或慨然無言，或仰天長歎，甚至掩面痛哭……年深日久，筆者已無法準確記起那一晚學校發生的所有細節，而我自己幹的事情卻清晰依舊：那一夜我通宵無眠，待同學們酣然入睡，我獨個兒憤激難平，匆匆給西南局及書記李井泉寫了一封狀告重慶市委及工作組的信。信畢已近子夜，我又急急敲醒了臨屋的吳慶舉。我滿以為他會起而應合，義無反顧的和我從容前行，與工作組血刃相博。出乎意料，吳看完信稿，緊張地退還我，說：「快收起來！快收起來！這樣做太危險！」

我無話可說。第二天，我一人上街，把信付了郵。

這已是八月三日的事情。那天校園裏特別清靜，有點暴風雨前的感覺，整個學校都停了擺。重慶市委仿照北京規模，在市中心人民大禮堂召開全市大專院校和中學文革積極分子大會，正式傳達毛的指示，還有劉少奇關於「老革命遇到了新問題」等講話。果然，閃電很快挾狂風驟至：開會的代表還沒有回來，消息先到學校了。

午飯剛過，火爐山城毒日當頭，走在水泥地面如行炮烙。我們美術隊幾位學生憋不住激情如沸，全都光著腳丫跑去宿舍前的馬路地上寫標語，就四句話：「擁護黨中央，擁護毛主席，趕走工作組，自己鬧革命」

標語的轟動效應沒維持多久。開會代表回校，所有謎底便已揭曉。重大的文革故事應該翻到新的一頁了，只是固執的工作組——拿當時流行的話說——還不想輕易退出歷史舞臺。這場莫名其妙的鬥爭註定還要演下去，而且愈演愈烈。

八一五風潮山雨欲來

八月三日晚，吳慶舉非常著急地找到我，問：「你那封信的底稿還在嗎？」我說在。他說行，「時機成熟了。抄成大字報，公佈出去！」

大字報題目是：《就鄭思群自殺事件給西南局、李政委的一封信》，由吳和我聯合署名。文章張貼出去已過熄燈時分。學生們聞訊從四面八方趕來，興致勃勃地用手電筒照看、議論。無數黃色光影像節日夜的探照燈光柱，在大字報上你追我逐，剎是熱鬧。第二天一早起床，二舍和九舍之間的路邊已一字兒排開體育隊好幾份殺氣騰騰的回應文章。其中一篇的標題我還記得清楚：「我們要怒吼一聲：鄭思群事件必須重審！」接下來，各系各班的大字報也如潮再起，直撲工作組。

市委馬上還以顏色。當晚，工作組緊急召開全校聲討大會，由市委代書記魯大東代表市委宣佈開除鄭思群黨籍，接下來將所有學生領回各自班級強行表態。同時連夜組織「左派」學生趕寫擁護市委決定的大字報。

其實，這些努力已屬徒勞，無非再給大學生對失敗者的嘲笑增添一些笑柄而已。大學生已經不滿足於在工作組駐地來幾張漫畫、幾副對聯或者打油詩，不滿足於把余躍澤、孟凡均弄出來圍攻挖苦一通。有好事者從松林坡現場偵察回來，突然暴出一大堆只有福爾摩斯才能夠解答的疑團，推論是：鄭思群不是自殺，而是：他殺！罪魁禍首不可能是別人，只能是：工作組！

於是同學們紛紛湧向松林坡，在專家招待所附近的牆壁、草坪和石階上到處查找疑點，有人爬上圍牆，說是發現了血跡，於是把長滿青苔的磚頭撬回去，用報紙小心翼翼包好，準備送北京交黨中央備查。為保護自殺現場，同學們完全不經意地便形成了某種組織，松林

一九六六年八月十五日，重慶大學數千「革命學生」前往重慶師範專科學校聲援兩個小得可憐的激進派組織「輕騎」和「排炮」，與師專校當局發生激烈衝突，繼而把造反鋒芒直接指向重慶市委，正式掀起四川文革中有名的八一五風潮。這是兩張現場記實照。

坡成了重慶大學的「斯莫爾尼」。大家自覺地晝夜輪流值守，並派出人員與市委、市公安局進行交涉，同時做些籌款之類的工作以備不時之需。這個行動的領頭羊，就是吳慶舉。吳後來成為八一五事件的發起人，算是水到渠成了。那些天，隨時都會從松林坡上傳下些聳人聽聞的新進展，每一條新消息都足以把重慶市委推上斷頭臺。工作組雖然根據市委指示還在重大賴著不走，但對於學生們日復一日浪潮似的倡狂進攻，完全一籌莫展。

這兒，筆者有必要補充一件幾十年一直沉積於心的往事。正是大夥兒在松林坡鑽頭覓縫搜索工作組實施謀殺計畫的蛛絲馬跡時，八日下午，我和採礦系學生蔡增其秘密潛去市委黨校走訪了鄭思群夫人、該校副校長吳耕書。吳聽說來人是重大學生，稱病不見，而我們則堅持不見不走——僵持許久，她妥協了。秘書把我們領進她的辦公室，吳非常謹慎地把門窗嚴閉，這才開始同我們對話。我首先出示了鄭思群「十大罪狀」的抄寫件並自報家門，迫不及待地說明我們的觀點及同學們保鄭的凜凜決心。年輕人的幼稚和真誠顯然把老太太征服了，那天下午，她公然向兩個素昧平生的不速之客說了許多在當時看來十分危險的話。這些話如被告發，她的政治前途將十分可怕。

我們當然希望她能證實他的丈夫死於謀殺，因為工作組公佈的材料中曾提到：將鄭押赴松林坡隔離前，曾讓他們夫妻有過一夜團聚。而八月二日上午，工作組通知吳回校告別丈夫遺體，卻被吳明確拒絕。我們以為，老太太對鄭的死因一定有足夠的判斷依據。不料老太太非常肯定地對回答，聽工作組通知鄭自殺身亡，她就毫不懷疑事情的真實性。「我相信他肯定是自殺了。」她說。

這個武斷的結論令我們大失所望。不用再追問，她很坦白地告訴我們，和鄭訣別那一夜，他倆都徹夜未眠。鄭對她發了很多牢騷。鄭說他把政治看透了。鄭說彭德懷、黃克誠這樣戰功赫赫的人都要批就批要整就整，我算得了什麼？活著還有什麼意義？他還說了蘇聯對史達林焚屍揚灰和其他一些黨史上讓人齒寒的、我們這兩個剛剛走進政治幼稚園的大學生聽聞或不曾聽聞的故事。末了，她勸我們：你們還年輕，政治鬥爭複雜得很呢！你們就少過問吧。那些日子，大學生目空一切，頭腦發熱，以天下事為己任，可面對老太太此番驚世駭俗的教導，竟無話可說。我和蔡相約：為了保護老太太，也不至於給學校裏對工作組的鬥爭帶來影響，我們把對吳耕書的訪問以及她的談話瞞下來——一瞞就瞞了幾十年，直到現在：我們自己都已年邁。

事實上，運動到了那一步，鄭是自殺還是謀殺已經沒有任何意義。仇恨已被激化，狂熱已被點燃，動亂已如流水下灘，不可阻擋。八月八日晚，中共中央《關於無產階級文化大革命的決定》（十六條）在廣播裏宣佈，校園一片歡呼。更大的動亂正式開始了。原來，市委曾通知工作組於八月五日晚二十四時撤除，後不知何故又宣佈無休止延期，只是將辦公地從黨委小樓撤到七教學樓，致使七教樓又遭到學生們好些天的奚落和圍攻。十六條公佈當天下午四時，工作組卻悄然遁走，撤了個精光。

學校已成權力真空。學生們感到從來沒有過的痛快和自由。他們可以大鬧天宮了。

清華附中的《革命造反精神萬歲》「一論」「再論」「三論」的傳單在校園裏四處揮灑，造反歌大行其大道。批判鄧時澤和劉稚民的文章當然要繼續做下去，只是他們已經毫無還手之力。更重要的是，欺負學生近兩月時間的工作組及其後臺：重慶市委，他們有那麼多極具刺激性的事情等待學生們去湊熱鬧哩。而要解決市委的問題，單單靠重大一個學校顯然不行。於是六月十八日晚上無線電系徹夜遊行時提出過的命題重新被提出來，那就是：殺出校門，打向社會！毛澤東不是教導過嗎：青年學生不和工農大眾相結合，只會一事無成。

十二日晚上，已經初嘗領袖滋味的吳慶舉又找到我，商量到外校串連的事。重慶的大專院校，離重大最近的是建工學院，當然該第一個去串聯。於是定下來，讓我連夜起草一份大字報。大字報摘要如下：

> 在這些日子裏，我們多麼幸福，多麼振奮啊！我們最最敬愛的黨中央公佈了八屆十一中全會公報，制定了關於無產階級文化大革命的偉大綱領，我們最最敬愛的毛主席在首都會見了革命群眾。
>
> 這一切啊，怎麼不叫人欣喜萬分，熱淚橫溢，鬥志高昂！讓我們振臂高呼：毛主席萬歲！萬歲！！萬萬歲！！！
>
> 在毛澤東思想陽光照耀下，目前，我們學校「萬馬齊喑」的局面打破了！敢於革命、敢於鬥爭

的同志們站出來了！千萬張大字報，象狂暴的旋風、怒吼的排炮，在揪出學校牛鬼蛇神，深入揭發校系兩級的同時，對於以余躍澤為首的市委工作組一月多來的許許多多違反毛澤東思想的錯誤言行，對於三十年代周揚的積極追隨者任白戈在六十年代兜售的大連黑貨，對於《重慶日報》一九六二年紛紛出籠的大批毒草，進行了無情的轟擊和嚴肅的批判。

毛主席教導我們：「馬克思主義的道理千條萬緒，歸根結底，就是一句話：造反有理」

要革命！！要造反！！那就顧不上幾個罎罎罐罐。老一輩打天下，拋頭顱，灑熱血，咱今天為無產階級保江山，就要敢於迎困難、擔風險！有毛主席領路，有共產黨撐腰，還怕什麼?！一切反動派都是紙老虎，他們並沒有什麼了不得的力量。在轟轟烈烈的革命運動面前，他們越抵抗，他們就只能完蛋得更快！失敗得更慘！是革命的海燕就要敢於頂風冒雨展翅高飛！是孬種，是混蛋，就鑽進你那個人主義的蝸殼裏去吧！……

……不管你是誰，不管你有多高職務，多大的權威，多老的資格，只要你反對毛澤東思想，我們都要批判！都要打倒！！毫不留情！！！一個都不例外！！！

……讓我們永遠永遠跟著毛主席，在階級鬥爭的大風大浪中奮勇前進！

稿子擬好，又讓文工團戲劇隊毛筆字寫得最棒的劉錫玉正楷抄好。題目是：「致全市大專院校革命師生的一封公開信」。在群眾組織編寫的「文革大事記」上，這份公開信曾被吹捧為「轟動山城第一炮」「重慶市的第一張馬列主義大字報」，後來開會遊行，有好事者還把它抄得老大，抬在隊伍前面開道。八月十二日晚上，我們對此全無所想。

第二天吃畢早飯，大字報就由戲劇隊、舞蹈隊和美術隊的一些熱心分子拿去鋪在三舍門前的路上徵集簽名。大字報後的空白處簽滿了，又接一張紙繼續簽，完了，又繼續鋪紙。簽名的人太多，紙張從三舍門口鋪去，一直到民主湖還在繼續延伸，足有百米以上，簽字的人數很快上升至數千。事前，我們只是打算幾十個人到建院把大字報貼上就完事，沒想到聲勢一搞就這麼大，我們都有點不知所措。

好在，那幾年政治活動多如牛毛，開會遊行多如牛毛，好些年級的學生還去部隊作過為期不短的軍訓，開展大型活動的紀律準備和道具準備完全沒有問題，於是有人提議：讓樂隊的同學把銅管樂器統統拿去廣場耀武揚威地吹起來！所有簽名的人一齊開出去！

這一招真靈！幾千學生很快就舉著毛的畫像和語錄牌從四面八方湧來，按系按班整齊有序地排好了隊伍，文工團的學生臨時又趕寫了些「革命造反精神萬歲」之類的大標語，整個排場就很象一回事了。這就開出去，開進了建工學院的校園。

建院毫不設防，重大學生如入無人之境︙確如無人之境：該院的工作組還把學生關羊一樣全關在房間裏學檔。對這一幫天外來客般的不速之徒，循規蹈矩的學生只敢把頭伸出窗外去偷窺片刻，作一番無奈的感歎。重大學生在兄弟學院順順當當走了一圈，只在建院廣場草草舉行個儀式，自拉自唱地把公開信念一通，便得意洋洋地打道回府了。回得重大，餘興未盡，順手捎帶又把鄧時澤、劉稚民無辜地帶一回高帽遊一回街侮辱一番，串聯行動勝利結束。

這就是所謂的重慶8１3革命行動。八一五行動的預演。需要補充的是，事件當天下午，在文工團戲劇隊的房間裏，由吳慶舉召集了一個總結會，各系都派代表參加了。筆者還記得的，體育隊有周家喻、冶金系有熊代富、查正禮：這幾個人，後來便成了聲名顯赫的八一五戰鬥團的主要領袖人物。

八一五事件記略

八一三第二日是星期日，鬧事之後，正好美美睡上一天。事情當然不可能這樣。拿當時林彪的話說，文化大革命就是要鬧得資產階級睡不著覺，無產階級也睡不著覺。8１3當天晚上，建院一個叫何德林的學生就顫顫巍巍潛來重大對我們表示感謝還要我們幫忙轉交告狀材料（何現為雲南省設計院高工），好像我們這麼一鬧，就已經升格為黨中央代言人。對方尋找地下黨一樣的急切和巴望使我們的虛榮心得到極大滿足。第二天，重慶師範專科學校乾脆來了一幫。他們自稱是該校慘遭黨委壓制的兩個戰鬥隊「排炮」和「輕騎」的代表，要求我們聲援。我和吳慶舉是在九舍門外的地壩裏和他們進行座談的。對方為首的唐忠明是該校中文系學生，口才極好，後來成了該校造反派的一號領袖。座談會後吳馬上把前一天總結會的各系代表約來文工團議事。有813經驗，搞這種活動應該是輕車熟路了，很快制定好第二天行動計畫，然後便各自回系分頭行事。

我的任務是去師專和校當局聯絡，安排場地茶水諸項事宜。接待我們的是一位女士，姓名已不詳，是師專所謂「文革領導小組」的組長。女強人態度強硬，拒不接待，我方挾勢凌人，胡攪蠻纏，吵架至深夜，最後不歡而散乃歸。回校後接著抄寫大字報、印傳單，又把那份後來被稱為「轟動山城第一炮」的「公開信」抄寫一遍，事畢已東方既白。原先估計事情與813不會有何差異，無非遊行一通就萬事大吉。怠倦難支，我乾脆臥床慨慨地酣睡起來。

待中午一覺醒來，發現同學一個都沒回來，知道出事了。匆匆趕去師專，沒進門，就覺情景不祥。原來，對方既已知道我們將前往鬧事，也連夜作好準備。學校大門口的馬路上，用石灰水寫滿殺氣騰騰的大標語：「我們不要救世主！」「重大一小撮右派滾回去！」「誓死捍衛黨的絕對領導！」云云。校園內更是喧聲如沸，混亂非凡。操場中間紅旗標語亂搖一片，重大學生竄動其中，歌聲吼聲雷湧瀑響。場地四周則全站滿師專的學生和不知哪兒請來的工人，一派虎視眈眈，衝突隨時有一觸即發之勢。山城八月，氣溫達38攝氏度。大家在烈日暴曬下對峙數小時而毫無退意，其情勢之爆裂，現在想來，尤讓人欷嘘！

先是，師專曾企圖阻止鬧事學生入校，可畢竟重大人多勢眾，阻止不得，只好退守回去，圍在操場四周起哄，並多約些工人前來助威。我開我的會，你起你的哄，本也可相安無事，後來就出了一件小事：那時候，雙方本來就都想尋事，任何一點火星都足以惹得大火燎原，這小事情自然馬上就鬧成大衝突了。情況是：操場前面一幢辦公樓正在修繕，重大學生就想把毛主席像掛上樓前的腳手架，師專方當然反對，施工工人遂被人驅前阻止，於是衝突在腳手架便開始發生，全場由此大嘩而且雙方的爭辯對罵很快提升到對毛主席、對毛澤東思想、對文化大革命的政治感情、政治立場的高度。攻擊愈演愈盛而顯然不可能有結果，黨中央太遠，只好先找市委斷個公道。當天下午，鬧事學生派出由張洪濟為代表的多批代表進城情願，張係動力系研究生，做事風風火火，膽大心細。市委人員以禮相待，客客氣氣讓學生代表坐在大廳休閒，還請吃饅頭喝開水之類，只是領導堅辭不出。事情就一直僵持下來了。這就是我趕去師專時發生的情況。

事情一直到晚上，雙方學生還不依不饒。已是下班時間，前來看熱鬧的工人和市民如趕廟會，越聚越多，如果市委不解決，局面將更難收拾。市委副書記辛易之臨危受命，硬著頭皮來了。重大學生當然要他宣佈這是革命行動，師專當局當然要他表態為反革命行動。事實是：文化大革命到底要幹什麼，市委副書記當時也絕對蒙在鼓裏，他能表什麼態？裝聾作啞頂牛頂了幾個小時，頂得重大的學生們實在沒耐心了，行動只好無果而終，各自打道回府。

隊伍撤回學校已是深夜，而重慶大學卻無人入睡。《辛易之是屠殺群眾運動的劊子手》《打倒重慶市委！》之類的大字報，從那一夜開始，就開始向喏大山城，鋪天蓋地地蔓延而去。其後十年，重慶再無寧日了。

血歷史15　PC0213

新銳文創
INDEPENDENT & UNIQUE

一個紅衛兵小報主編的文革記憶

作　　者　周孜仁
主　　編　蔡登山
責任編輯　林千惠
圖文排版　邱瀞誼
封面設計　王嵩賀

出版策劃　新銳文創
發 行 人　宋政坤
法律顧問　毛國樑　律師
製作發行　秀威資訊科技股份有限公司
114 台北市內湖區瑞光路76巷65號1樓
電話：+886-2-2796-3638　傳真：+886-2-2796-1377
服務信箱：service@showwe.com.tw
http://www.showwe.com.tw
郵政劃撥　19563868　戶名：秀威資訊科技股份有限公司
展售門市　國家書店【松江門市】
104 台北市中山區松江路209號1樓
電話：+886-2-2518-0207　傳真：+886-2-2518-0778
網路訂購　秀威網路書店：http://www.bodbooks.com.tw
國家網路書店：http://www.govbooks.com.tw

出版日期　2012年4月　初版
定　　價　440元

國家圖書館出版品預行編目

一個紅衛兵小報主編的文革記憶 / 周孜仁著. --
初版. -- 臺北市：新銳文創, 2012.04
面； 公分
ISBN 978-986-6094-65-1（平裝）

1. 文化大革命

628.75 101002690

讀者回函卡

感謝您購買本書，為提升服務品質，請填妥以下資料，將讀者回函卡直接寄回或傳真本公司，收到您的寶貴意見後，我們會收藏記錄及檢討，謝謝！如您需要了解本公司最新出版書目、購書優惠或企劃活動，歡迎您上網查詢或下載相關資料：http:// www.showwe.com.tw

您購買的書名：＿＿＿＿＿＿＿＿＿＿＿＿＿＿＿＿＿＿＿＿

出生日期：＿＿＿＿年＿＿＿＿月＿＿＿＿日

學歷：□高中（含）以下　□大專　□研究所（含）以上

職業：□製造業　□金融業　□資訊業　□軍警　□傳播業　□自由業

□服務業　□公務員　□教職　□學生　□家管　□其它＿＿＿

購書地點：□網路書店　□實體書店　□書展　□郵購　□贈閱　□其他

您從何得知本書的消息？

□網路書店　□實體書店　□網路搜尋　□電子報　□書訊　□雜誌

□傳播媒體　□親友推薦　□網站推薦　□部落格　□其他＿＿＿＿＿

您對本書的評價：（請填代號　1.非常滿意　2.滿意　3.尚可　4.再改進）

封面設計＿＿　版面編排＿＿　內容＿＿　文／譯筆＿＿　價格＿＿

讀完書後您覺得：

□很有收穫　□有收穫　□收穫不多　□沒收穫

對我們的建議：＿＿＿＿＿＿＿＿＿＿＿＿＿＿＿＿＿＿＿＿

＿＿＿＿＿＿＿＿＿＿＿＿＿＿＿＿＿＿＿＿＿＿＿＿＿＿

＿＿＿＿＿＿＿＿＿＿＿＿＿＿＿＿＿＿＿＿＿＿＿＿＿＿

＿＿＿＿＿＿＿＿＿＿＿＿＿＿＿＿＿＿＿＿＿＿＿＿＿＿

請貼
郵票

11466
台北市內湖區瑞光路 76 巷 65 號 1 樓
秀威資訊科技股份有限公司 收
BOD 數位出版事業部

....

（請沿線對折寄回，謝謝！）

姓　名：__________ 年齡：______ 性別：□女　□男

郵遞區號：□□□□□

地　址：__________________________

聯絡電話：(日) __________ (夜) __________

E-mail：__________________________